Mit einem herzlichen
Dank für die
Mitgestaltung dieser
"Festschrift"

Dein
Andreas
(21 Sept 2000)

Ulrich Schiefele & Klaus-Peter Wild (Hrsg.)

Interesse und Lernmotivation

Untersuchungen zu Entwicklung,
Förderung und Wirkung

Waxmann Münster / New York
München / Berlin

Die Deutsche Bibliothek – CIP-Einheitsaufnahme

Interesse und Lernmotivation : Untersuchungen zu Entwicklung,
Förderung und Wirkung / Ulrich Schiefele & Klaus-Peter Wild (Hrsg.).
– Münster ; New York ; München ; Berlin: Waxmann, 2000
  ISBN 3-89325-881-7

ISBN 3-89325-881-7

© Waxmann Verlag GmbH, 2000
Postfach 8603, D-48046 Münster

http://www.waxmann.com
E-mail: info@waxmann.com

Umschlaggestaltung: Pleßmann Kommunikationsdesign, Ascheberg
 Druck: Zeitdruck GmbH, Münster
Gedruckt auf alterungsbeständigem Papier, DIN 6738

Ulrich Schiefele und Klaus-Peter Wild

Vorwort

Dieses Buch ist Andreas Krapp zu seinem 60. Geburtstag am 3. Juli 2000 gewidmet. Wir möchten diesem Band daher einige Anmerkungen zur Person voranstellen.

Andreas Krapp begann seine akademische Laufbahn 1960 mit dem Studium der Pädagogik für das Lehramt an Volksschulen an den Pädagogischen Hochschulen Bamberg und München-Pasing. Bereits 1963 nahm er jedoch das Studium der Psychologie auf, das er 1967 mit dem Diplom abschloss. Direkt im Anschluss war Andreas Krapp als wissenschaftlicher Mitarbeiter am Institut für Unterrichtswissenschaft an der Pädagogischen Hochschule Augsburg tätig. Dieses Institut wurde damals von Hans Schiefele und Rolf Oerter geleitet. Im Jahre 1969 erhielt Hans Schiefele einen Ruf an die Ludwig-Maximilians-Universität in München und Andreas Krapp folgte ihm als wissenschaftlicher Assistent. Die Promotion im Fach Pädagogik erfolgte 1972. Die Dissertation erschien 1973 unter dem Titel „Bedingungen des Schulerfolgs". Es handelte sich um eine Längsschnittuntersuchung zur Leistungsentwicklung eines geschlossenen Schülerjahrgangs von Grundschülern der Stadt Augsburg. Die Arbeit kann auch aus heutiger Sicht als wegweisend und methodisch bestechend gelten und wird wohl auch deshalb noch immer in einschlägigen Arbeiten zitiert.

Die der Dissertation folgende rege Publikationstätigkeit vor allem zu Fragen der Diagnostik und des Schulerfolgs wurde schließlich mit der Habilitation 1978 gekrönt (1979 unter dem Titel „Prognose und Entscheidung" publiziert). Nicht zuletzt dieses Werk hat entscheidend zu dem hervorragenden Ruf von Andreas Krapp als Pädagogischer Psychologe beigetragen, und zwar als einem, der nicht nur in einem eng umschriebenen Spezialgebiet ausgewiesen ist, sondern das Fach als Ganzes nie aus den Augen verloren hat. Diese Eigenschaften prädestinierten Andreas Krapp auch als Lehrbuchautor und -herausgeber. Gemeinsam mit Bernd Weidenmann hat er 1986 das wohl erfolgreichste Lehrbuch der Pädagogischen Psychologie der jüngeren Vergangenheit herausgegeben. Eine völlig neu bearbeitete Auflage wird in Kürze erscheinen.

„Interessant" war nun die inhaltliche Neuorientierung, die Andreas Krapp 1979 nach seinem Ruf an die Universität der Bundeswehr in Neubiberg bei München vollzog. Seine Arbeiten verlagerten sich zunehmend auf ein besonderes Gebiet der Motivationsforschung: Die theoretische Fassung und empirische Untersuchung von Interessen und ihren motivationalen Wirkungen auf das Lernen in verschiedenen Lebensbereichen. Anknüpfend an die Interessenforschung Hans Schiefeles hat Andreas Krapp, gemeinsam mit Manfred Prenzel, entscheidend dazu beigetragen, den damals einseitig auf die Leistungsmotivationsforschung begrenzten wissenschaftlichen Diskurs um eine neue – und wie sich herausstellen sollte – sehr tragfähige Komponente zu erweitern. Seinen empirischen Niederschlag hat diese Neuorientierung in vielen gemeinsamen Projekten mit den Herausgebern dieses Bandes und in dem eben beendeten sechsjährigen DFG-Projekt zur Lernmotivation in der kaufmännischen Erstausbildung gefunden. Zentral für seine Publikationstätigkeit war jedoch vor allem die theoretische Auseinandersetzung mit dem Interessenkonstrukt und die Entwicklung eines Modells der Interessenentwicklung.

Das Interessenkonstrukt in seiner „Münchner" Ausprägung ist inzwischen auch für andere Forschungsgruppen zu einem attraktiven Untersuchungsgegenstand geworden. Die

Vielfalt dieser Forschungsbemühungen ist in einer Reihe von Sammelbänden dokumentiert, an deren Entstehung Andreas Krapp ebenfalls maßgeblich beteiligt war (Hoffmann, Krapp, Renninger & Baumert, 1998; Krapp & Prenzel, 1992; Renninger, Hidi & Krapp, 1992).

Da wir wussten (bzw. hofften), dass Andreas Krapp einer „typischen" Festschrift zu Ehren seiner Person kritisch gegenüber stehen würde, hat der vorliegende Band eine besondere Gestalt bekommen. Er bemüht sich *thematisch* der Person gerecht zu werden, und zwar mit jenem Thema, das ihn seit mehr als einer Dekade in den Bann gezogen hat: Das Konzept des Interesses in allen seinen Facetten und seinen Verbindungen zur Motivation. Wir haben uns daher bemüht, ein inhaltlich kohärentes Werk zu diesem Themenkomplex zusammenzustellen, das eine Legitimation als Festschrift nicht unbedingt benötigt, sondern auch für sich alleine stehen kann. Wir möchten daher auch all jene um Verzeihung bitten, die Andreas Krapp ebenso nahe stehen, wie die in diesem Band versammelten Autorinnen und Autoren, die sich aber aus unserer Sicht inhaltlich doch zu stark von der Thematik dieses Bandes unterschieden hätten.

Die einzelnen Arbeiten dieses Bandes kreisen um zwei große Fragenkomplexe: (a) Wie kommt es zu einer hohen Ausprägung von Interesse und Lernmotivation und (b) welche Folgen hat dies für das Lernen? Der erste Teil, *die Entwicklung und Förderung von Interesse und Lernmotivation*, beinhaltet sieben Kapitel. *Prenzel, Lankes und Minsel* beschäftigen sich mit der Entwicklung von Interessen im Kindergarten- und Grundschulalter. Sie gehen dabei u.a. auf die Frage ein, inwiefern das Interessenkonzept in einer strengen Definition auf diese Altersstufe(n) angewendet werden kann und präsentieren in der Folge einen Überblick über die bisherigen Forschungsergebnisse.

Alle folgenden Kapitel des ersten Teils beziehen sich auf ältere Schüler, Auszubildende oder Studierende. Die ersten drei Arbeiten nehmen eine ontogenetische Perspektive ein: Es geht um die Untersuchung von Veränderungen des Interesses und der Lernmotivation über längere Zeiträume hinweg. *E. Wild und Hofer* berichten Ergebnisse einer Längsschnittstudie, die den Einfluss elterlicher Erziehungspraktiken auf die Ausprägung und Entwicklung intrinsischer und extrinsischer motivationaler Orientierungen untersucht. *Lewalter und Schreyer* drehen die Perspektive der üblichen Interessenforschung um und fragen nach den Gründen für die Entwicklung von inhaltlichen *Abneigungen*. Ihre Ergebnisse basieren auf einer längsschnittlichen Studie mit Berufsschülern. Dies gilt auch für *K.-P. Wild*, der sich das Ziel gesetzt hat, die spezifischen Auswirkungen der Merkmale betrieblicher Lernumgebungen auf die langfristige Entwicklung intrinsischer motivationaler Orientierung zu ermitteln. Er hat sein Augenmerk dabei vor allem auf solche Merkmale der Lernumwelt gerichtet, die in Theorien der intrinsischen Motivation und in der Münchner Interessentheorie thematisiert werden.

Die folgenden drei Kapitel nehmen eher eine aktualgenetische Perspektive ein: Sie fragen nach der Bedeutung von Lernumgebungen für die Ausprägung von Interesse und Lernmotivation. *Stark und Mandl* widmen sich der Frage, welche Bedeutung motivationalen Konstrukten im Rahmen von Ansätzen des situierten Lernens zukommt. Ihr theoretischer Integrationsversuch könnte dazu beitragen, dass auch in der Empirie künftig mehr Verbindungen zwischen Lernmotivation und situierter Instruktion hergestellt werden. Hier setzt der Beitrag von *Weidenmann* an. Sowohl in theoretischer als auch in empirischer Hinsicht kann er (bei Studierenden) zeigen, dass multimediale Lernumgebungen ein großes Motivierungspotential aufweisen. Auch *Winteler* bewegt sich im Bereich der Hochschulforschung, allerdings geht es ihm nicht nur um die Bedeutung der Lernumgebung, sondern auch um die Effekte der Lehrkonzepte von Lehrenden auf die motivationale und kognitive Orientierung der Studierenden.

Der zweite Teil dieses Bandes thematisiert *die Bedeutung von Interesse und Lernmotivation für das Lernen.* Er umfasst vier Kapitel. Der Beitrag von *Rheinberg und Vollmeyer* kann gewissermaßen als Beleg dafür gelten, dass – nach anfänglich kontroverser Auseinandersetzung – die Forschungsbereiche des Interesses und der Leistungsmotivation heute eher als Ergänzungen denn als Gegensätze verstanden werden. *Rheinberg und Vollmeyer* prüfen die Hypothese, dass leistungsthematische Anregung („Herausforderung") eine Voraussetzung für Interesseneffekte beim Lernen darstellt.

Köller, Baumert und Schnabel widmen sich der Bedeutung des Interesses für die Leistung im Schulfach Mathematik. Auch sie können auf einen beeindruckenden längsschnittlichen Datensatz zurückgreifen. Ausgehend von zahlreichen Befunden, die eine geringe Wirkung des Interesses auf die Mathematikleistung in der Sekundarstufe I belegen, prüfen sie die Annahmen, dass (a) Interesse von besonders großer Bedeutung für die Kurswahl in der gymnasialen Oberstufe ist und (b) infolge des Zurückgehens extrinsischer Anreize und des Zunehmens von Handlungsspielräumen der Einfluss des Interesses auf die Mathematikleistung in der gymnasialen Oberstufe zunimmt.

In dem Beitrag von *U. Schiefele und Urhahne* wird der Versuch unternommen, die Bedeutung von Studieninteresse im Rahmen eines allgemeineren Modells der Studienleistung zu prüfen. Dabei geht es vor allem um die Frage, welchen Beitrag Interesse relativ zu anderen motivationalen und volitionalen Konstrukten zur Vorhersage der Studienleistung in quantitativer und qualitativer Hinsicht leisten kann. Auch das Kapitel von *Helmke und Schrader* lässt sich dem Bereich der Hochschulforschung zuordnen. Sie gehen von einem Phänomen aus, das zumindest den beiden Herausgebern dieses Bandes durchaus bekannt ist: die Neigung nämlich, die Erledigung dringender Aufgaben zu verschieben. Dieses als „Procrastination" in der Literatur bekannte Phänomen ist im deutschsprachigen Raum bislang kaum untersucht worden. Die Autoren berichten von der Entwicklung eines Fragebogens zur Erfassung von Procrastination und gehen der Frage nach, welche Zusammenhänge zwischen Procrastination und Studieninteresse sowie einer Reihe weiterer motivationaler und volitionaler Merkmale bestehen.

Schließlich freuen wir uns ganz besonders, dass wir *Hans Schiefele* dafür gewinnen konnten, die hier versammelten empirischen und theoretischen Arbeiten zu diskutieren und aus historischer Perspektive kritisch zu würdigen.

Wir möchten allen Autorinnen und Autoren dieses Bandes für die ausgezeichnete Zusammenarbeit und die große Geduld bezüglich unserer (manchmal zahlreichen) Rückmeldungen danken. Unser Dank gilt auch Frau Dr. Ursula Heckel vom Waxmann Verlag, die Vertrauen in unser Projekt gesetzt und sein Erscheinen in Buchform ermöglicht hat. Die Kosten für den Druck hat erfreulicherweise die Universität der Bundeswehr München übernommen. Schließlich möchten wir uns ganz besonders bei Julia Kauffmann und Katharina Remy bedanken, die alle Beiträge mit großer Sorgfalt Korrektur gelesen, inhaltliche Probleme aufgedeckt und die Druckfassung des Buches erstellt haben.

Literatur

Hoffmann, L., Krapp, A., Renninger, K. A. & Baumert, J. (Eds.). (1998). *Interest and learning*. Kiel: IPN-Schriftenreihe.

Krapp, A. (1973). *Bedingungen des Schulerfolges*. München: Oldenbourg.

Krapp, A. (1979). *Prognose und Entscheidung*. Weinheim: Beltz.

Krapp, A. & Prenzel, M. (Hrsg.). (1992). *Interesse, Lernen, Leistung*. Münster: Aschendorff.

Krapp, A. & Weidenmann, B. (Hrsg.). (in Druck). *Pädagogische Psychologie*. München/Weinheim: Psychologie Verlags Union.

Renninger, K.A., Hidi, S. & Krapp, A. (Eds.). (1992). *The role of interest in learning and development*. Hillsdale, NJ: Erlbaum.

Weidenmann, B. & Krapp, A. (Hrsg.). (1986). *Pädagogische Psychologie*. München/Weinheim: Psychologie Verlags Union.

Inhalt

Diskussion

Manfred Prenzel, Eva-Maria Lankes und Beate Minsel

Interessenentwicklung in Kindergarten und Grundschule: Die ersten Jahre

Die Interessenforschung ist so alt wie die Pädagogik und die Pädagogische Psychologie. Man könnte sogar sagen, dass Interesse eines der Themengebiete war, mit denen die wissenschaftliche Arbeit dieser Disziplinen begann. Es gibt nur sehr wenige Forschungsbereiche, die – wie Interesse – über die zweihundertjährige Geschichte weiter verfolgt wurden. Dass dabei zeitweise mit unterschiedlicher Intensität Interessenforschung betrieben wurde, ist in Anbetracht einer insgesamt wenig kontinuierlichen Theorieentwicklung in der Pädagogik und in der Pädagogischen Psychologie nicht erstaunlich. Vor diesem Hintergrund muss man Interesse als ein wichtiges, vielleicht sogar grundlegendes Forschungsgebiet der Pädagogik bzw. Pädagogischen Psychologie bezeichnen.

Vor ungefähr 25 Jahren wurde der hohe Stellenwert des Interessenkonzeptes für die pädagogische und pädagogisch-psychologische Forschung wieder entdeckt. Interesse, ein aus behavioristischer Sicht mentalistisches, und deshalb für einige Jahrzehnte verbanntes Konstrukt, war mit der kognitiven Ausrichtung der Theorieansätze wieder salonfähig geworden. Es entsprach dem kognitiven Subjektmodell und der inhaltlichen Orientierung von Theorien des Wissensaufbaus sehr viel besser als viele Motivationskonzepte, die sich erst von ihrer behavioristischen Vergangenheit befreien mussten.

Dass die Initiative für eine verstärkte und pädagogisch orientierte Interessenforschung von München ausging, mag Zufall sein. Immerhin konnte hier an theoretische Traditionen angeknüpft werden. Der „bayerische Weg", das Anschließen an Traditionen einerseits, an moderne Theorien der Kognition und Emotion andererseits, zeichnet die „Münchner Interessentheorie" aus, die Hans Schiefele und Andreas Krapp zusammen mit weiteren Mitarbeitern entwarfen. Die Bemühungen, ein kohärentes theoretisches Interessenmodell mit pädagogischer Ausrichtung zu entwickeln, verfolgten einen hohen Anspruch und stießen auf Schwierigkeiten, gelegentlich auf Unverständnis. Die konsequenten Anstrengungen waren jedoch aus der heutigen Perspektive nicht vergebens: Interesse ist zu einem Thema der internationalen pädagogischen und pädagogisch-psychologischen Forschung geworden, das zunehmend Beachtung findet.

Betrachtet man die neuere Interessenforschung in der Pädagogik und der Pädagogischen Psychologie, dann fällt eine Konzentration auf bestimmte Bereiche auf. Der größte Teil der empirischen Untersuchungen erfolgt an Studierenden (z.B. U. Schiefele, 1996) oder Schülerinnen und Schülern der Sekundarstufe I (vgl. Ames, 1992; Baumert & Köller, 1998). Die vorauslaufende Interessenentwicklung in der Grundschule oder auch im Kindergarten und im Elternhaus findet kaum Beachtung. Das ist insofern erstaunlich, als gerade die empirischen Studien früherer Interessenforscher sich ausführlich dem Vorschul- und Schulalter widmeten (z.B. Claparede, 1911; Lunk, 1927; Nagy, 1912; Ostermann, 1912).

Gründe für die derzeitige Vernachlässigung des Grundschulalters könnten darin liegen, dass im Augenblick andere Ansprüche an die empirische Beschreibung von Interesse gestellt werden. Die Theorien verlangen Indikatoren für komplexe internale Konstrukte bzw. Prozesse; die Probanden müssen auf differenzierte Weise über sich selbst Auskunft geben können, möglichst in schriftlicher Form. Auch die Befürchtung, in jüngeren Jahren noch nicht auf stark ausgeprägte und stabile Interessen zu stoßen, mag ein Grund für die Zurückhaltung sein. Zu bedenken ist außerdem, dass derzeit immer noch selten empirisch zur Grundschule geforscht wird (Einsiedler, 1997; Roßbach, 1996), auch nicht von den Disziplinen, die dafür zuständig wären. Besonders schlecht untersucht ist der Bereich von Einstellungen und Motiven in der Grundschule (Helmke, 1997).

Dennoch versucht der vorliegende Beitrag Bilanz zu ziehen. Unter Rückgriff auf einschlägige Befunde soll der Stand der Forschung zum Interesse im Grundschulalter zusammengefasst und diskutiert werden. Der Beitrag zielt darauf ab, Perspektiven und theoretisch begründete Fragestellungen für eine Interessenforschung im Grundschulalter zu beschreiben.

Grundlage des Überblicks ist die angesprochene „Münchner Interessentheorie", die zur Bearbeitung pädagogischer wie pädagogisch-psychologischer Problemstellungen entwickelt wurde. Auf diesen theoretischen Ansatz gehen wir kurz ein, um einige besondere Schwierigkeiten der Interessenforschung in diesem Altersbereich anzusprechen. Es folgt ein kurzer Abschnitt, der den Stand der Interessenforschung im Vorschulalter skizziert. Dann werden empirische Studien und Befunde zur Interessenentwicklung im Grundschulalter vorgestellt. Das Kapitel schließt mit einem Ausblick auf vordringliche und reizvolle Forschungsfragen.

Eine Interessenkonzeption mit pädagogischem Anspruch

Erinnert man sich heute an die sechziger und siebziger Jahre zurück, dann ist es immer wieder erstaunlich, mit welcher Selbstverständlichkeit damals zur Erklärung von Lernen (als Kompetenzaufbau) Motivationstheorien herangezogen wurden, die sich mit etwas ganz anderem befassten, nämlich den Bedingungen, unter denen jemand Performanz (von etwas bereits Gelerntem) demonstriert. Die motivationspsychologische Perspektive ignorierte zugleich die Inhalte und Ziele des Lernens und Lehrens, also Sachverhalte, die aus pädagogischer Sicht hoch relevant sind. Es war Hans Schiefele (1974), der auf diese Probleme aufmerksam machte. Er schlug vor, an die Tradition der Interessenkonzeptionen anzuknüpfen, um Lernveranlassungen in pädagogischen Kontexten zu erklären. Das Konzept des Interesses war ja früher genutzt worden, um die Dynamik von Bildungsprozessen zu beschreiben. Es bedurfte aber einer Aktualisierung und einer Weiterentwicklung zu einer empirisch prüfbaren und pädagogisch handlungsrelevanten Theorie (Krapp, 1989, 1992; Prenzel, Krapp & H. Schiefele, 1986).

Besonderheiten von Interesse

Bereits die ersten Interessentheoretiker (z.B. Herbart, 1806/1965) haben es geschafft, ein Konstrukt zu entwerfen, das bis heute nicht immer in seiner Besonderheit bzw. Differenz zum Motivationskonzept verstanden wird. Deshalb seien im Folgenden einige Charakteristika von Interesse aufgeführt, die bei einer Abgrenzung helfen.

Die Bezeichnung „inter-esse" beschreibt, darin stimmen die meisten Interessentheoretiker überein, eine Relation zwischen Person und Gegenstand. Während diese Relation in Herbarts Gedankengebäude sich vor dem Tun aufbaut, wird sie Dewey (1913/1976) zufolge durch das gegenstandsbezogene Handeln konstituiert. In beiden Denkansätzen ist

Interesse notwendig auf einen Gegenstand bezogen. Wie dieser Gegenstand zugeschnitten ist oder verstanden wird, hängt maßgeblich von der Person ab. Diese konstruktivistisch zu nennende Vorstellung von Gegenständen trifft man bereits bei den ersten Interessenkonzeptionen an. Freilich muss man heute betonen, dass Interessengegenstände (bzw. das Verständnis von Gegenständen) in sozialen und kulturellen Kontexten konstruiert werden. Vergleichbare komplexe und moderne Grundvorstellungen wurden in der Motivationspsychologie nur in einzelnen Ausnahmefällen entwickelt (z.B. Deci & Ryan, 1993; Deci, 1998).

Dass sich die Relation zwischen Person und Gegenstand ständig verändert, ist ein weiteres Kennzeichen von Interesse. Es ist epistemisch orientiert. Über das interessierte gegenstandsbezogene Handeln werden Weltbereiche erschlossen, Wissensbestände generiert und Kompetenzen entwickelt. In diesem Sinn ist Interesse eine Lernmotivation oder, besser gesagt, die motivationale Grundlage für Bildungsprozesse (Prenzel, 1994).

Mit dem Kunstbegriff der Selbstintentionalität hat die Münchner Gruppe (H. Schiefele, Prenzel, Krapp, Heiland & Kasten, 1983) eine besondere Art der Handlungsveranlassung bezeichnet, die sich von der Instrumentalitätsannahme einiger Motivationskonzepte (Heckhausen, 1980; dagegen: Rheinberg, 1989) abhebt. Damit war zunächst nur gemeint, dass bereits die auf den Interessengegenstand bezogenen Tätigkeiten und deren unmittelbare Ergebnisse handlungsveranlassend sind (Prenzel, 1981). Interessenhandlungen benötigen keine anderen instrumentellen Zwecksetzungen; sie sind gewissermaßen autotelisch (Csikszentmihalyi, 1985). Auf eine andere Möglichkeit, Selbstintentionalität zu konzipieren, hat Krapp (1992, 1998) aufmerksam gemacht: Interessenhandlungen werden selbstbestimmt veranlasst, sie sind mit dem (sich entwickelnden) Selbst verträglich (Deci, 1998).

Die Dynamik von Interesse wiederum ist eng mit einer emotionalen Komponente verbunden. Positive, anregende und bewegende Gefühle, die Handlungen begleiten oder – als gefühlsbezogene Valenzen (Krapp, 1999; U. Schiefele, 1996) – auf Gegenstandsaspekte gerichtet sind, indizieren Interesse.

Mit den genannten Besonderheiten wurden auch wichtige Grundmerkmale einer pädagogischen Interessentheorie genannt. Sie markieren den Ausgangspunkt, an dem die Münchner Arbeitsgruppe um H. Schiefele und A. Krapp ansetzte. Im Verlauf der Zeit sind aus dieser Gruppe und ihrem wachsenden Umfeld differenziertere Theorieentwürfe und zahlreiche Projekte hervorgegangen, die hinsichtlich der genannten Grundmerkmale nach wie vor weitgehend übereinstimmen.

Begriffe

Im Austausch mit anderen Arbeitsgruppen, die sich mit interessentheoretischen Fragen befassten, vor allem aber im internationalen Diskurs, wurde versucht, Bezeichnungen abzustimmen und eine gemeinsame konzeptuelle Basis herzustellen (vgl. Hoffmann, Krapp, Renninger & Baumert, 1998; Krapp & Prenzel, 1992; Renninger, Hidi & Krapp, 1992). Die Verständigung führte zum Beispiel dazu, die Unterscheidung zweier Aspekte der Person-Gegenstands-Relation nun als situationales (aktualisiertes) Interesse versus individuelles (dispositionales) Interesse zu bezeichnen. Interessenforscher unterschiedlicher theoretischer und geographischer Provenienz teilen damit zum Beispiel die Auffassung, dass aus einem situationalen Interesse sich (im Verlauf der Zeit, über weitere Aktualisierungen) ein individuelles Interesse entwickeln kann (aber nicht muss), oder dass individuelle dispositionale Interessen Vorhersagen über die Aktualisierung von Interesse in einer Situation gestatten.

Auf diese Weise hat sich auch Stück um Stück Konsens über wichtige Kriterien für die Beschreibung von Interesse entwickelt. Es ist klar, dass die Gegenstandsseite identifiziert und benannt werden muss. Als hilfreich hat sich hier die Unterscheidung von drei Aspekten oder Facetten des Interessengegenstandes erwiesen (nämlich Inhalt, Tätigkeit, Kontext), die zunächst bei den IPN-Studien zum Physikinteresse (und später in anderen Studien) erfolgreich angewendet worden war (Häußler, 1987; Häußler, Hoffmann & Rost, 1986; Hoffmann, Häußler & Lehrke, 1998). Es zeichnet sich auch weit gehender Konsens dahingehend ab, dass Kriterien oder Indikatoren für epistemische Orientierung (zumindest im Sinne von „mehr erfahren wollen"), für selbstintentionale Handlungstendenz (z.B. aus eigenen Stücken, persönlich wichtig) und für die affektive Besetzung (positive Gefühle) ausschlaggebend sind, um Interesse zu erfassen und zu beschreiben.

Es liegt also ein Grundbestand an Annahmen, begrifflichen Vereinbarungen und Präzisierungen vor, der den Einstieg in die empirische Interessenforschung, unabhängig von der Altersgruppe oder dem institutionellen Kontext erleichtert. Die grundschulbezogene Interessenforschung kann auf einer ausgearbeiteten theoretischen Basis aufsetzen (Prenzel & Lankes, 1995).

Probleme einer Anwendung auf den Vorschul- und Grundschulbereich

Die leitende theoretische Vorstellung, dass sich aus Person-Umwelt-Verhältnissen epistemische, selbstintentionale und gefühlsbesetzte Bezüge zu bestimmten Gegenständen herausbilden, macht das frühe Lebensalter zu einem besonders reizvollen Gebiet für die Interessenforschung. Die Übergänge in pädagogische Einrichtungen wie Kindergarten und Grundschule, mit ihren unterschiedlichen Gegenstandsangeboten, Strukturierungen und Anforderungen sind ein attraktives Feld für eine pädagogisch orientierte Interessenforschung. Auch wenn die theoretische Grundvorstellung von Interesse als Relation zwischen Person und Gegenstand gut für Forschungsansätze im Grundschulalter geeignet zu sein scheint, bleibt zu fragen, ob der Theorieansatz auf den Altersbereich Grundschule und darunter ertragreich angewendet werden kann.

Inwieweit kann man zum Beispiel bei Kindern in diesem Altersbereich sinnvoll von selbstintentionalem Handeln sprechen? Nimmt man das Spielen als typisches Beispiel für eine autotelische Aktivität, dann wird mit solchen Aktivitäten der größte Teil der Tageszeit, insbesondere im vorschulischen Alter verbracht. In ähnlicher Weise könnte man argumentieren, dass die Kindheit insgesamt durch (im Vergleich zum Jugend- und Erwachsenenalter) positive Gefühlserlebnisse gekennzeichnet sei, was dazu führen könnte, dass fast alle Aktivitäten der Kinder als interessiert gelten müssten. Aber auch wenn dies so wäre, blieben wichtige Fragen, etwa dahingehend, womit und wie sich denn die Kinder beschäftigen und wodurch die Auswahl, Ausdauer und Ausgestaltung ihrer Aktivitäten veranlasst oder gesteuert wird. Da Kinder auch schon vor dem Kindergarten oder der Grundschule mit Anforderungen konfrontiert werden, die instrumentelles Handeln nahe legen, öffnet sich ein weit reichendes Aufgabenfeld für die Interessenforschung.

14

Ernsthafte Probleme für eine Interessenforschung im Grundschulalter könnten vielmehr durch eine andere theoretische Besonderheit hervorgerufen werden, nämlich durch die Gegenstandskonzeption. Sie bringt einige Tücken mit sich.

Der Interessentheorie (Prenzel et al., 1986; Prenzel, 1988) zufolge werden Gegenstände konstruiert. Die Gegenstandskonstruktion erfolgt in sozialen Kontexten; Gegenstände sind somit auch immer kulturell oder sozial bestimmt. Erkennbar ist dies schon an den Bezeichnungen von Interessengegenständen und am Diskurs von Personen, die sich für etwas Vergleichbares interessieren. Auf der Seite der Person werden Interessengegen-stände im Verlauf der Entwicklung ausdifferenziert, erweitert, ergänzt, mit anderen Gegenständen verkoppelt und womöglich zu komplexen Gegenstandsbereichen integriert. Die „Gegenstandsseite" von Interesse befindet sich damit ständig im Fluss.

Mit welchem Recht kann man also von einem (relativ stabilen, dispositionalen) individuellen Interesse sprechen, wenn sich dessen Gegenstandsseite mehr oder weniger mit jeder Aktualisierung verändert? Wenn man an die angesprochenen Facetten denkt, dann können ja Inhalte, Aktivitäten oder Kontexte, je nachdem, konstant bleiben oder variieren.

Entsprechende Variationen sind harmlos (oder geradezu Stoff für die Interessenentwicklung), wenn sich zum Beispiel jemand für Vogelstimmen interessiert, eine ihm bis dahin unbekannte Vogelstimme hört und aufzuklären versucht. Es ist – theoretisch gesehen – weniger harmlos, wenn im Laufe der Zeit aus dem Vogelstimmeninteresse ein breiteres ornithologisches, ökologisches oder kulinarisches Interesse wird. Können wir hier von einem „stabilen" dispositionalen Interesse sprechen, wenn sich doch der Gegenstand erheblich verändert hat? Rechtfertigt es das Element „Vogel", von einem Interessengegenstand zu sprechen?

Mit dieser Tücke wird man besonders dann konfrontiert, wenn sich kognitive Konzepte und Gegenstandsvorstellungen schnell ändern. Das ist dann wahrscheinlich, wenn subjektiv neue Umweltbereiche mit wenig Vorwissen oder allgemeinem Weltwissen erschlossen werden. Da ständig neue Aspekte auftauchen, dürften über relativ kurze Zeitstrecken gravierende Veränderungen in den Gegenstandskonzeptionen erfolgen. Aus diesen Gründen ist mit einer geringeren Stabilität der Gegenstandsseite bei Kindern zu rechnen.

Diese Probleme könnten nun dazu veranlassen, mit möglichst allgemeinen oder breiten Etiketten für Gegenstände zu arbeiten, dies auch bei Erhebungen (Beispiele dafür werden später dargestellt). Ein Mädchen, das (selbstintentional und mit Freude) Flöte spielt, könnte als „musikalisch interessiert" klassifiziert werden. Aber interessiert es sich tatsächlich schon für Musik? Könnte man auf ein Musikinteresse schließen, wenn es nach zwei Jahren Flöte mit dem Klavier beginnt? Lassen sich die Lego-Aktivitäten eines Dreijährigen mit denen eines Zehnjährigen vergleichen, nur weil sie bestimmte Objekte gemeinsam haben? Die Veränderung der Gegenstandsseite ist dann weniger ein Problem, wenn sie auf einer Differenzierung beruht. Schwieriger ist es, wenn sich unter der Hand der Gegenstandsbereich verändert hat (das zehnjährige Kind die Legosteine nur noch nutzt, weil es Sensorbausteine und die Möglichkeit gibt, computergesteuerte Anlagen zu programmieren). Man kann also je nach Wahl von Gegenstandskategorien und -bezeichnungen eine Stabilität individueller Interessen bei Kindern beschreiben, die bei genauerer Betrachtung hinfällig wird.

Nimmt man die interessentheoretische Gegenstandskonzeption ernst, dann ist es ein durchaus anspruchsvolles Unterfangen, im Vor- und Grundschulalter Interessen zu erheben und zu klassifizieren. Die Schwierigkeit besteht darin, ein gestuftes Verfahren zur Ordnung von Interessengegenständen zu entwickeln. Die Unterscheidung von Inhalts-,

Aktivitäts- und Kontextaspekten kann innerhalb eines Gegenstandsbereichs (z.B. Musik oder Physik) Ordnung schaffen helfen; sie gelangt an Grenzen, wenn mehrere, unterschiedliche und schlecht abgegrenzte Gegenstandsbereiche mit in den Blick genommen werden sollen oder müssen.

Ausgeprägte Interessen schon im Vorschul- und Grundschulalter?

Von Seiten der Grundschulpädagogik wird gerne die Frage gestellt, ob man denn bei Kindern im Vorschul- oder Grundschulalter schon von Interesse sprechen könnte, noch dazu von Interesse im anspruchsvollen Sinne der Interessentheorie (vgl. Hartinger, 1997). Dabei wird auf eine Formulierung in einem Aufsatz von Kasten und Krapp (1986, S. 178) verwiesen, die besagt, dass die im Vorschulalter vorfindbaren Interessen noch nicht den voll ausgeprägten Interessen von Jugendlichen und Erwachsenen entsprechen. Die Autoren betonen, dass die Gegenstandsauseinandersetzungen im Vorschulalter relativ stark von der jeweiligen Situation bestimmt sind, in einem zeitlich begrenzten Rahmen verfolgt werden und eher spielerischen Charakter aufweisen. Diese Feststellung scheint Missverständnisse auszulösen.

Ohne Zweifel ist das Interesse bei Kindern im Vorschul- oder Grundschulalter anders ausgeprägt als bei Erwachsenen. Dennoch kann (und muss) man bei Kindern in diesem Alter von Interesse sprechen. Die entscheidende Frage lautet, welche der Gegenstandsbezüge, die ein Kind aufgebaut hat, aufgrund der theoretischen Kriterien als Interessen gelten können. Bei der Frage nach den Unterschieden zwischen den Interessen von Kindern und Erwachsenen hilft eine Regel weiter, die Piaget (1969) formuliert hat. Wir können davon ausgehen, dass das Interesse im Kindesalter nach gleichen Prinzipien funktioniert wie im Erwachsenenalter, sich aber in der Struktur deutlich unterscheidet. Wenn man möchte, kann man diese Aussage zu prüfen versuchen, ansonsten kann man sich auf die Suche nach den Funktionen einschließlich ihrer Bedingungen oder nach den strukturellen Unterschieden begeben. Dementsprechend wäre es zweckmäßig, Funktionsfragen unter dem Blickwinkel der Forschung zum aktualisierten, situationalen Interesse zu betrachten, und Fragen nach der Struktur im Zusammenhang mit individuellen, dispositionalen Interessen.

Interessenentwicklung vor der Schule

Dieser Abschnitt fasst in knapper Weise Befunde aus Untersuchungen zur Interessenentwicklung zusammen, die den Altersbereich vor Eintritt in die Grundschule betreffen.

Entwicklungsmodelle

Folgt man Piaget (1969, 1974, 1981), dann kann man vom ersten Lebenstag an ein funktionierendes Interesse unterstellen. In seiner Theorie repräsentiert das Interesse den dynamischen Aspekt der Assimilation. Wie bereits angesprochen, kann man das Interesse von Säuglingen oder Kleinkindern, was Inhalte und Tätigkeiten anbetrifft, nicht ohne weiteres mit dem Interesse von Jugendlichen oder Erwachsenen vergleichen. Dass es aber gute

Gründe gibt, schon in der frühen Kindheit von Interesse zu sprechen, hat Piaget mit differenzierten Beobachtungen belegt: Vom ersten Tag an wendet sich das Kind aktiv Personen und Objekten seiner Umwelt zu, versucht diese zu ergreifen und zu erfassen. Piaget beschreibt, wie sich das Kleinkind Umweltbereiche aktiv erschließt, indem es etwa Objekte wiederholt aufsucht und ergreift, diese auf unterschiedliche Weise „bearbeitet" und in neue Handlungszusammenhänge einbettet. Das Kleinkind erschließt sich aus eigenem Anlass seine unmittelbare Umwelt, es manipuliert und experimentiert, es entwickelt kognitive Strukturen über Personen und Objekte dieser Umwelt, auch schon lange bevor es sprechen kann.

Travers (1978) zufolge richten sich die Interessen im Vorschulalter selten mit großer Konstanz auf einen bestimmten Gegenstandsbereich, sondern auf sehr verschiedene Umweltbereiche. Die Suche nach Struktur in den ersten Lebensjahren ist wenig fokussiert, Travers spricht deshalb von einem „universellen Interesse" (1978, S. 76) an allem, was die Umwelt zu bieten hat. Die Wirkmechanismen, die nach Travers hinter dem Interesse stehen, hängen mit der (naturhaften) Suche nach Struktur in der physikalischen und sozialen Umwelt zusammen. Sie kann zu Aktivitäten führen, die als unmittelbaren Effekt ein Verstehen mit sich bringen. Dieses Verstehen beinhaltet zwei Ergebnisse (Travers, 1978, S. 113): Erstens führt das Verstehen zu neuen Fragen, und damit zu einer erneuten Suche nach Struktur. Zweitens entwickelt sich eine Eigendynamik. Die Aktivitäten, die zum Verstehen geführt haben, werden selbst energetisiert und zu einem Teil des kindlichen Aktivitätsrepertoires, auf das es sich regelmäßig einlässt. Was die Richtung dieser Interessen betrifft, sieht es Travers als selbstverständlich (und entwicklungspsychologisch notwendig) an, dass das Kind im Vorschulalter in der Gesamtbreite oder Vielfalt seiner Umwelt nach Struktur sucht. Eine enge Kanalisierung des Interesses auf bestimmte Bereiche ist eher die Ausnahme und wenn, Folge besonders ausgeprägter Fähigkeiten in einem Bereich oder Ausdruck einer besonderen Bedürfnislage, die aus einer Einschränkung auf bestimmte Umweltbereiche resultiert. Hier spielen nach Travers Familienkonstellationen oder Mutter-Kind-Interaktionen eine wichtige Rolle. Stabilere Bezüge zu bestimmten Bereichen entwickeln sich nach Travers erst später, wenn als Grundlage eine relativ allgemeine Struktur der Umwelt gefunden wurde. Neue Interessen entstehen jedoch nicht, solange sich vorhergehende Interessen noch in der Expansionsphase befinden (Travers, 1978, S. 109). Travers sieht hier etwa auch die schulische Gegenstandsvorgabe als Problem, die stark vom Erwachsenendenken bestimmt und nicht der Struktursuche der Kinder angepasst ist.

Während Piaget und Travers aus einer vergleichbaren theoretischen Position nach Funktionen und Strukturen der Interessenentwicklung im Vorschulalter fragen, fokussiert Todt (1990; Todt & Schreiber, 1998) die Entwicklung individueller dispositionaler Interessen aus einer differentialpsychologischen Perspektive. Dieses Interessenkonzept ist nach wie vor relativ stark durch eine Orientierung an Berufsinteressen bestimmt. Todt greift auf Travers' Konzept des universellen Interesses zurück, um die Entwicklung während der ersten beiden Lebensjahre zu charakterisieren. Danach beginnt nach Todt eine für die Entwicklung von Interessendifferenzen neue Phase, wenn sich Kinder ihres eigenen Geschlechts bewußt werden und gleichzeitig beginnen, ihre soziale Umwelt auch unter der Geschlechtskategorie zu betrachten. Die Interessenentwicklung wird ab dem dritten Jahr sinngemäß durch die Frage gesteuert, die Todt (1990) in Anlehnung an Kohlberg so formuliert: „Welche Objekte, welche Tätigkeiten passen zu mir als Mädchen bzw. Junge?" Todt unterstellt, dass die Interessenwahl relativ stark und früh durch das geschlechtsbezogene Selbstkonzept beeinflusst wird. Die von Todt formulierte Leitfrage mag auf lange Sicht für die Frage der Berufswahl eine Rolle spielen, sie lässt aber den epistemischen Charakter von Interesse und dessen Funktion als Lern- oder Bildungsmotivation außer Betracht. Wollte man den epistemischen Charakter von Interesse berücksichtigen, müsste die Frage anders formuliert werden: „Zu welchen Weltbereichen müsste ich als Junge/Mädchen etwas wissen und verstehen oder beherrschen?"

Es liegt auf der Hand, dass Kinder in diesem Alter Vorstellungen über „passende" Objekte oder Tätigkeiten nur in dem Rahmen aufbauen können, den sie vorgelebt bekommen. Das heißt, die Interessen (genauer: die wahrnehmbaren Konkretisierungen im Handeln mit Gegenständen) der Eltern und anderer relevanter Bezugspersonen vermitteln nicht nur ein Bild, welche Gegenstands- oder Weltbereiche wichtig und erschließenswert sind, sondern sie zeigen auch, was für einen Jungen oder ein Mädchen mehr oder weniger angemessen ist. Verstärkend wirken zusätzlich Rückmeldungen. Allerdings sollte nicht vergessen werden, dass unterschiedlichste Objekte oder Tätigkeiten zu Mädchen bzw. Jungen passen und Kinder innerhalb der Klassen „passender" Objekte vielfältige Möglichkeiten haben, individuelle Präferenzen zu setzen. Für die Auswahl passender Objekte ist – vor allem bei Kindern, die noch nicht den Kindergarten besuchen – Voraussetzung, dass ihnen die Objekte zugänglich sind. Handelt es sich um ein Einzelkind oder um ein Kind mit nur gleichgeschlechtlichen Geschwistern, dann ist die Wahrscheinlichkeit groß, dass im Haushalt vor allem geschlechtstypisches Spielzeug vorhanden ist und das Kind geschlechtsspezifische Spielinteressen entwickelt (Minsel, 1990c). Geschwister oder auch deutlich jüngere oder ältere Spielkameraden schwächen diese Entwicklung ab bzw. können zu einer größeren Bandbreite von Interessen veranlassen (Griebel, Minsel & Niesel, 1996; Griebel & Minsel, 1998).

Mit dem Schuleintritt wird nach Todt die Einschätzung (das Selbstkonzept) der eigenen Fähigkeit zu einem kritischen Faktor der Interessenentwicklung. Die Frage nach der eigenen Kompetenz wird durch die Anforderungen im Schulkontext aktiviert. Objekt- und Tätigkeitsbereiche, in denen Kinder sich als wenig kompetent erleben, werden aufgegeben. Diese Aussage betrifft wiederum vorwiegend die Entwicklung individueller dispositionaler Interessen (Berufs- oder Freizeitinteressen), weniger die Anregung von situationalem Interesse im Unterricht. Die Aktualisierung von Interesse im Unterricht (speziell der Grundschule) und die Entwicklung einer fachbezogenen Interessiertheit gestaltet sich, wie noch gezeigt wird, deutlich komplexer, und wird von zahlreichen weiteren Faktoren beeinflusst (vgl. auch Todt, 1985).

Befunde aus dem Interessengeneseprojekt

Auf der Grundlage der pädagogischen Interessentheorie erfolgte bisher eine einzige, längsschnittlich angelegte Untersuchung zur Interessenentwicklung im Vorschulalter.

Auf der Basis intensiver Fallanalysen gelangen Kasten und Krapp (1986) zu einigen Feststellungen, die möglicherweise generalisiert werden können. Sie beobachten bei den Kindern insgesamt eine ausgeprägte Regelmäßigkeit in den Beschäftigungen und Spielgegenständen. In der Ausbildung von Präferenzstrukturen erkennen die Autoren eine gewisse Grundlage für die weitere Interessenentwicklung, die damit aber keineswegs festgelegt ist. Kasten und Krapp finden aber auch Hinweise, dass sich die Kinder interindividuell in der Klarheit und Stabilität der Präferenzen für Beschäftigungen und Spielgegenstände unterscheiden. Die Stabilität der Präferenzstruktur ergibt sich vor allem durch das Beibehalten von Beschäftigungen (z.B. Bauen) über Situationen und Zeit, weniger durch gleich bleibende Objekte. Die Untersuchung der Übergangsphase in den Kindergarten weist darauf hin, dass stabile Gegenstandsbezüge durch vergleichbare Umweltangebote in Elternhaus und Kindergarten unterstützt werden.

Mit dem Datensatz der Interessengenesestudie haben Fink (1989, 1992) und Krapp und Fink (1992) genauere theoriegeleitete Analysen durchgeführt. Sie zeichnen sich durch einen komplexen Interpretationszugang aus, der die Interessengenese im Kontext der Entwicklung des Verhältnisses des Kindes zu seiner Umwelt betrachtet. So unterscheidet Fink (1992) Facetten komplexer Person-Gegenstands-Bezüge (z.B. Zentrierung auf Tätigkeit, Referenzobjekte, Themen, Situationen). Anhand dieser Aufschlüsselung werden verschiedene Stränge der Interessenentwicklung abgebildet (z.B. können Objekte variieren, aber Themen oder Tätigkeiten konstant bleiben). Anhand von Fallbeispielen weist Fink auf Evidenz für unterschiedliche Verlaufsmodelle der Interessenentwicklung hin (Wachstums-, Kanalisierung- und Überlappungsmodell), die mit dem Datensatz freilich nicht systematisch geprüft werden konnten.

Die theoretischen Modelle und Forschungsansätze zur vorschulischen Interessenentwicklung sind bisher nicht mehr weitergetrieben worden. Auch die Möglichkeiten, Bezüge zu anderen theoretischen Ansätzen herzustellen, blieben damit ungenutzt. Stellt man die Ansätze nebeneinander, ergeben sich vielfältige Fragestellungen für weiterführende, theoretisch und praktisch relevante Untersuchungen. So drängt sich beispielsweise die Frage auf, ob und wie die Leitfragen der Interessenentwicklung, die Todt (1990; Todt et al., 1998) formuliert hat, die Entwicklung komplexer Interessenbezüge im Sinne von Fink (1991, 1992) beeinflussen: Wirkt sich eine Berücksichtigung der Geschlechtsangemessenheit stärker auf die Wahl von Objekten und Tätigkeiten, oder aber von Themen und Situationen aus? Um dies an einem Beispiel zu verdeutlichen: Mädchen wie Jungen können über lange Entwicklungsabschnitte gleichermaßen mit Lego (Objekt) bauen (Tätigkeit), dabei aber unterschiedliche Themen (z.B. Pferde vs. Raumschiffe) und Kontexte verfolgen, möglicherweise auch in Abhängigkeit von verfügbaren Spielpartnern (gleich- vs. gegengeschlechtlich), und sie können nicht zuletzt dabei Verständnis oder Kompetenz für unterschiedliche Umweltbereiche entwickeln. Eine andere theoretisch weiterführende Forschungsfrage könnte Auswirkungen von Kompetenzeinschätzungen im Rahmen unterschiedlicher Verlaufsmodelle der Interessenentwicklung (z.B. Kanalisierung vs. Überlappung) thematisieren.

Speziell zur Übergangssituation Familie-Kindergarten haben Krapp und Fink (1992) explorativ verschiedene Hypothesen geprüft. So stellen sie fest, dass in der Übergangssituation die vorher aufgebauten herausgehobenen Person-Gegenstandsbezüge unverändert weiterverfolgt werden. Erst allmählich, in gewisser Weise mit einer Verzögerung, lassen sich Veränderungen in den Gegenstandsbezügen nachweisen, die auf Erfahrungen aus dem Kindergarten zurückgeführt werden können (z.B. Einbeziehen neuer Elemente). Gerade in der Übergangsphase scheinen die Interessen und Gegenstandsbezüge als Sicherheitsanker zu fungieren. Das heißt jedoch nicht, dass Anregungen durch neue Gegenstandsangebote oder durch die Gleichaltrigengruppe (Modellierungen) nicht registriert würden. Veränderungen in der Interessenstruktur erfolgen auch in dieser frühen Altersphase (und bei beträchtlichen Änderungen in der Ökologie durch den Eintritt in den Kindergarten) nur sehr langsam und kontinuierlich. Der Eindruck der Kontinuität mag von der Gründlichkeit und Tiefe der Analyse abhängen. Ein auf den ersten Blick feststellbarer

Wechsel in Objekten und Beschäftigungen kann sich bei einer strukturellen Betrachtung als wenig dramatische Veränderung eines eher nebensächlichen Aspektes erweisen. Akzeptiert man die theoretischen Ansprüche einer Person-Gegenstands-Konzeption von Interesse, dann wären in Zukunft gründliche strukturelle Analysen unbedingt erforderlich. Dass dabei noch andere Untersuchungszugänge als Fallanalysen mit Beobachtungs- und Interviewtechniken zu anregenden, vielleicht sogar handfesteren Befunden führen können, zeigt der folgende Abschnitt.

Interessenkonzepte von Vorschülern und ihre Wirkungen

Einen originellen Forschungsansatz zu Interesse im Vorschulalter präsentiert O'Sullivan (1997), unter Bezugnahme auf frühere Arbeiten von Miller (1982, 1985). Sie untersuchte die Theorien von Vorschulkindern über Zusammenhänge zwischen Interesse, Anstrengung und Erinnerungsleistungen, und testete zugleich die Veridikalität dieser Annahmen, indem sie den Kindern unterschiedlich interessante (spielerische) Gedächtnisaufgaben präsentierte. Der Studie liegt damit ein alltagsnaher Interessenbegriff zugrunde. Bereits im Vorschulalter nehmen Kinder an, dass Interesse die Aufmerksamkeit, das Verständnis und das Erinnern fördert. O'Sullivan fand, dass die Kinder eine stärkere Anstrengung unterstellen, wenn eine Aufgabe interessant ist. Die meisten Kinder gehen davon aus, dass diese Anstrengungen zu einer besonders guten Erinnerungsleistung führen. Vor allem die Jungen strengten sich dann tatsächlich in der realen Situation stärker an, wenn sie sich für die Aufgabeninhalte interessierten. Das führte aber nicht zu einer besseren Erinnerungsleistung – zumindest nicht bei den expliziten Erinnerungsaufgaben, die O'Sullivan stellte. Bei impliziten Erinnerungsaufgaben hatte etwa Newman (1990) durchaus Effekte auf die Erinnerungsleistung feststellen können. Diese Studie wirft die Frage auf, wie alltagspsychologische Überzeugungen (folk psychological beliefs) entstehen und kulturell bzw. über Generationen transportiert und verändert werden. Erstaunlich ist es ja, dass die naiven Theorien von Vorschulkindern einige Annahmen wissenschaftlicher Theorien teilen, obschon letztere freilich in mancher Hinsicht differenzierter und (hoffentlich) realistischer sind. Die Studie zeigt jedenfalls, dass die Zusammenhänge zwischen Interesse und Gedächtnis komplexer sind, als die Vorschulkinder annehmen. Der Untersuchungszugang von O'Sullivan bietet jedoch reizvolle Möglichkeiten, Wirkungen von situational erzeugten oder bereits verfestigten Interessen, unter Berücksichtigung der Perspektiven der Kinder, im Vorschulalter bzw. im weiteren Entwicklungsverlauf zu studieren.

Befunde zum Interesse im Grundschulalter

Der Überblick zur Forschung über Interesse im Grundschulalter gliedert sich in zwei Abschnitte. Im ersten Teil werden beispielhaft einige Untersuchungszugänge und deren Ergebnisse skizziert und kommentiert. Der zweite Teil diskutiert zusammenfassende Aussagen über den derzeitigen Erkenntnisstand zu Interesse im Grundschulalter.

Wie Interesse im Grundschulalter untersucht wird: Beispiele

Seit mehreren Jahren befasst sich einen Arbeitsgruppe um Fölling-Albers mit Interesse im Grundschulalter (Fölling-Albers, 1995a; Fölling-Albers & Hartinger, 1998; Oßwald, 1995). In den Publikationen wird meist von Studien mit Pilotcharakter berichtet. Dabei wurden die Schülerinnen und Schüler auf relativ direkte Weise mit geschlossenen Fragen zu ihren Interessen befragt. Die Kinder konnten zusätzlich in offenen Fragen Konkretisierungen vornehmen bzw. ihr Wissen und Können im jeweiligen Interessengebiet einschätzen. Unter diesen Vorgaben zeichnet sich eine ungefähres Bild von selbstbekundeten Freizeitbeschäftigungen ab (Fölling-Albers & Hartinger, 1998). Aufgrund des Erhebungszugangs und anhand des Datenmaterials lassen sich jedoch kaum Aussagen darüber treffen, wofür sich die Kinder – im Sinne einer theoretischen Interessenkonzeption – interessieren. Die Daten, die aus den schriftlichen Befragungen berichtet werden, beziehen sich auf Kategorien mit sehr unterschiedlicher Reichweite und deutlichen Überschneidungen. Inwieweit die häufige Nennung von interessanten Tätigkeiten (gegenüber Inhalten) auf die Fragebogenvorgaben zurückzuführen ist, muss dahingestellt bleiben.

Es fehlen somit bis heute einigermaßen aussagekräftige Surveydaten zu Interessen im Grundschulalter. Minimale Voraussetzung für einen entsprechenden Überblick wäre eine Erfassung von Interessen, die systematisch Aspekte oder Facetten unterscheidet, zumindest Inhalte, Tätigkeiten und Kontexte (z.B. in Anlehnung an die bereits erwähnten IPN-Fragebogen zum Physikinteresse).

Sinnvoll könnte dabei in Zukunft eine Konzentration auf Sachbereiche sein, die in irgendeiner Weise mit dem Curriculum der Grundschule bzw. einem grundschulbezogenen Bildungskonzept zu tun haben (Lankes, 1995; vgl. Duncker, 1994). Der explorative Ansatz der Arbeitsgruppe um Fölling-Albers führte in den Teilstudien, die Abgleiche zwischen den Interessenangaben und den Themen des Sachkundeunterrichts der letzten beiden Schuljahre vornahmen, zu anregenden Befunden bzw. Aussagen: „Es stellte sich heraus, dass es keinerlei Übereinstimmungen zwischen den Heimat- und Sachkunde-Themen und den individuellen Interessen der Kinder gab. Zum Teil konnten die Kinder nicht einmal das aktuell behandelte Sachkunde-Thema benennen" (Fölling-Albers, 1995b, S. 24). Dies ist ein klarer Hinweis darauf, dass die behandelten Sachkundethemen bzw. die Art der Behandlung kein Interesse (oder nur eine minimale Interessiertheit) bei den Schülerinnen und Schülern hervorgerufen haben.

Eine andere Möglichkeit, Interessenforschung im Grundschulalter zu nutzen und zu betreiben, zeigen Arbeiten von Richter (1996, 1998), die sich auf den Schriftspracherwerb beziehen. Ausgangspunkt war die Feststellung, dass Kinder Wörter, deren Inhalte mit ihren Interessen zu tun haben, häufiger richtig schreiben als andere. Auf der Basis dieser Beobachtungen schlägt Richter eine interessenbezogene Methodik des Rechtschreiblernens vor. Wesentlicher Bestandteil des Konzeptes ist es, Gelegenheit zur Verschriftung eigener Interessenbereiche und zum Lesen persönlich bedeutsamer Texte zu geben (Richter, 1998). Dieser methodische Ansatz und die zugrundeliegenden Annahmen bedürfen noch einer gründlicheren empirischen Prüfung. Dabei wäre auch eine theoretische Anlehnung an andere Arbeitsgruppen (z.B. Alexander, Kulikowich, Jetton, 1994; DeSousa & Oakhill, 1996; Harp & Mayer, 1997; Hidi & Anderson, 1992; Hidi & Berndorff, 1998; Hidi, Weiss, Berndorff & Nolan, 1998) zu denken, die Lese- und Schreibprozesse im

Interessenzusammenhang untersucht haben, allerdings vorwiegend bei deutlich älteren Schülern.

Eine stärker unterrichtsbezogene Untersuchung zur Interessenentwicklung im Grundschulalter hat Hartinger (1995, 1997) durchgeführt. Im Blickpunkt stand der Sachunterricht und das Themengebiet „Leben am Gewässer" in der dritten Jahrgangsstufe. Unter Bezugnahme auf die interessen- und motivationstheoretischen Ansätze von Prenzel et al. (1986) bzw. von Deci und Ryan (1993) verglich Hartinger die Interessenentwicklung in vier Klassen anhand verschiedener Indikatoren, die mit strukturierten Erhebungsverfahren erfasst wurden. Er stellte dabei Klassen gegenüber, die sich im Ausmaß an Handlungsorientierung und Autonomieunterstützung unterschieden (bzw. eine Kontrollklasse, in der kein Unterricht zu diesem Thema erfolgte). Die (eine) Klasse mit einem ausgeprägt handlungsorientierten und autonomieunterstützenden Unterricht erzielte in fast allen Indikatoren für einen Interessenzuwachs und für einen Lerngewinn höhere Werte als die (beiden) Klassen mit einem wenig handlungsorientierten und autonomieunterstützenden Unterricht. Die Befunde bekräftigen die theoretischen Vermutungen, sind aber aufgrund der kleinen Zahl von Klassen nur mit Vorsicht zu interpretieren. Es ist nicht auszuschließen, dass die festgestellten Unterschiede durch die generelle Qualität der instruktionalen Unterstützung bzw. durch die besondere didaktische Kompetenz und Anstrengung einer Lehrkraft bedingt wurden. Immerhin hat Hartinger mit seiner Dissertation einen Schritt in Richtung einer unterrichtsbezogenen Interessenforschung im Grundschulbereich unternommen.

Umfassende, systematisch gewonnene Daten zum Grundschulunterricht hat die SCHOLASTIK-Studie erbracht (Weinert & Helmke, 1997). In dieser Studie hat man allerdings darauf verzichtet, die Interessenentwicklung der Kinder zu verfolgen. Die Schüler erhielten jedoch einfache und kurze Skalen zur Einschätzung der Lernfreude, um die affektive Tönung von Einstellungen zu verschiedenen Lerngegenständen und -aktivitäten zu erfassen (Helmke, 1993, 1997). Die Skalen thematisierten die Schulfächer Mathematik und Deutsch, mit einzelnen Items für spezielle Aspekte (z.B. Kopfrechnen oder Diktate). Wenn man will, kann man diese Skalen (mit aller Vorsicht) auch als Indikatoren für schulfachbezogene Vorlieben oder Interessen interpretieren. Aufgrund der sehr pragmatischen Skalenkonstruktion verlangen die Items aber nur eine pauschale Wahrnehmung von Aspekten der Schulfächer (die sich nur zum Teil mit deren curricularen Ansprüchen decken). Das Sachinteresse an Mathematik (vgl. Bikner-Ahsbahs, 1997) oder an Deutsch/Lesen (H. Schiefele & Stocker, 1990) ist in dieser Studie allenfalls am Rande erfasst.

Dennoch sind die Befunde (Helmke, 1997) aus interessentheoretischer Sicht durchaus anregend. Sie zeigen, dass die Lernfreude in Mathematik und Deutsch über die Grundschulzeit schwach, aber eindeutig abnimmt. Die Korrelation der fachbezogenen Lernfreude mit der Testleistung und der Schulnote im Fach liegt etwa bei $r = .30$, und entspricht damit in der Höhe den oft festgestellten Zusammenhängen zwischen Indikatoren intrinsischer Motivation und Leistung (nebenbei bemerkt fällt hier auf, dass Korrelationen anderer Motivationsparameter, einschließlich der in der Studie auch gemessenen Leistungsmotivation, mit Leistungsmaßen nicht berichtet werden). Die Daten weisen auf interindividuelle Unterschiede in den Veränderungen der Lernfreude hin, d.h. etwa auf beträchtliche Anteile von Schülerinnen und Schülern mit einem sehr konsistenten oder wenig konsistenten Entwicklungsverlauf. Hervorzuheben ist weiterhin, dass die Schulklassenunterschiede nennenswerte Varianzanteile der Lernfreude (8% bzw. 12%) aufklären.

Als Prädiktoren spielen vor allem das Klassenmanagement, die Klarheit und Verständlichkeit des Unterrichts, das soziale Klima in der Klasse und die Selbstständigkeitserwartungen der Lehrkräfte sowie ihre Attributionen von Lernschwierigkeiten eine wichtige Rolle. Damit werden Unterrichtsbedingungen genannt, die sich in Untersuchungen anderer Altersbereiche und Domänen ebenfalls als bedeutsam erwiesen haben für die Unterstützung von Interesse (Ames, 1992; Krapp, 1996a, 1996b; Lewalter, Krapp, Schreyer & Wild, 1998; Prenzel, Drechsel & Kramer, 1998).

Ergebnisse – eine Zusammenschau

Die berichteten Beispiele vermitteln einen Eindruck von der grundschulbezogenen Interessenforschung in Deutschland. Der Blick in die internationale Forschung erbringt jedoch kein deutlich anderes Bild. Es gibt bisher nur wenig grundschulbezogene Forschung (d.h. bis zur 4. Jahrgangsstufe), die gezielt und theoriegeleitet Interessen unter Entstehungs- und Entwicklungsbedingungen untersucht. Dennoch lassen sich, wenn auch mit Vorbehalten, einige verallgemeinernde Aussagen treffen.

Renninger (1998) hat in einem Forschungsüberblick entsprechende generalisierende Aussagen gewagt, die im Folgenden aufgegriffen und kommentiert werden:

Sie stellt fest, dass es eine große Bandbreite in den Interessen von Kindern gibt, die nach unterschiedlichen Gesichtspunkten (z.B. Freizeit-, Schul- oder Berufsinteressen) klassifiziert werden können. Unter einer allgemeinen Interessenbezeichnung (z.B. für Tiere), können sich sehr unterschiedliche thematische Ausrichtungen verbergen. Bei einer feinkörnigen Betrachtung unterscheiden sich also auch die individuellen Interessen von Kindern deutlich (Renninger, 1992). Diese Feststellungen von Renninger folgen in gewisser Weise bereits aus der Formulierung eines Interessenbegriffs und sind in dieser Allgemeinheit nicht anzuzweifeln. Um genauere Aussagen treffen zu können, müssen die Verfahren zum Erfassen der Gegenstandsseite theoriegeleitet sehr viel stärker ausdifferenziert werden, als dies in den meisten vorliegenden Studien geschehen ist.

Dass die Entwicklung der Interessen auch in diesem Altersbereich durch Eltern, Lehrkräfte und Gleichaltrige beeinflusst wird, wie es Renninger (1998) zusammenfasst, ist ebenfalls unstrittig. Es bleibt aber die Frage, wie und wodurch diese Einflüsse erfolgen oder in welchem Wechselspiel Einflüsse der genannten Gruppen bzw. ökologischen Settings wirksam werden. Dazu liegen bisher kaum Studien vor. Neben der Frage nach Bedingungen und Kontexten (vgl. Prenzel et al., 1999) wäre zu klären, inwieweit Kinder durch zunehmend stabilere personale Interessen Gelegenheitsstrukturen aktiv suchen und schaffen bzw. sich gegen Einflüsse immunisieren, die mit ihren Interessen unverträglich zu sein scheinen.

Demgegenüber sind die Feststellungen von Renninger (1998), dass die Interessen im Vor- und Grundschalter schon recht stabil sind, aber sich im Verlauf der Zeit ändern, anregender. Einigermaßen stabil zu sein scheinen die Gegenstandspräferenzen (vgl. Minsel, 1990a). Freilich lassen umfassende, allgemeine Gegenstandskategorien und kurze Betrachtungszeiträume die Wahrscheinlichkeit für stabile Präferenzmuster steigen. Innerhalb solcher Präferenzordnungen können die Interessen weiterentwickelt werden, z.B. durch Differenzierung, aber auch durch Kombinationen, mit oder ohne allmähliche Schwerpunktverschiebungen. Solange aber keine längsschnittlich angelegten Studien zu Interessenentwicklung im Grundschulalter durchgeführt werden, bleiben solche Überlegungen zur Stabilität und Veränderung von Interessen spekulativ.

Für die Feststellung schließlich, dass Interesse den Umgang mit Aufgaben und die Performanz positiv beeinflusst, kann Renninger (1998) auf einige empirische Evidenz verweisen. Prinzipiell ist auch zu erwarten, dass ein gegenstandsbezogenes Interesse die Qualität des Umgehens mit diesem Gegenstand eher fördert denn beeinträchtigt. Über welche Prozesse und eventuell andere Konstrukte dieser Einfluss abgebildet werden kann, ist derzeit noch unklar. Die Wirkungen auf die Aufgabenbearbeitung hängen dann wiederum in einem beträchtlichen Maße von Kontextmerkmalen ab (experimentelles vs. reales Unterrrichtssetting; kurz- vs. langfristige Anlage der Untersuchung bzw. Aufgabenstellungen usw.). Ungeklärt sind die Wirkungen von Interesse auf die Aufgabenbearbeitung für Konstellationen, unter denen sich die individuellen Interessengegenstände nur teilweise mit den Gegenständen decken, die in Aufgaben präsentiert werden. Derzeit kann z.B. auch nicht gesagt werden, was geschieht, wenn über längere Zeiträume neue Aufgaben mit anderen und zunehmenden Anforderungen gestellt werden. Entwickelt das Kind seinen Interessengegenstand in vergleichbarer Weise, oder beharrt es auf seinem ursprünglichen Interesse? Welche Effekte hat dabei die Erfahrung von Kompetenz und Selbstbestimmung?

Im Überblick von Renninger (1998) wird deutlich, dass sich die internationale Forschung zum Grundschulalter vorwiegend mit dem individuellen, dispositionalen Interesse befasst. So gibt es kaum Studien, die Bedingungen der Aktualisierung von situationalem Interesse in der Grundschule untersuchen (z.B. Hidi & Baird, 1988). Insbesondere fehlen Untersuchungen, die über längere Zeiträume hinweg verfolgen, wie im Unterricht Interesse aktualisiert wird und wie sich auf dieser Basis eine fach- oder gegenstandsbezogene Aufgeschlossenheit oder Interessiertheit entwickelt. Wünschenswert wäre weiterhin eine explizite Berücksichtigung von Interessenindikatoren bei Evaluationsstudien zu innovativen Unterrichtskonzepten für das Grundschulalter (Goldman, Mayfield-Stewart, Bateman & Pellegrino, 1998).

Ausblick: Fragestellungen für die zukünftige Interessenforschung

Interesse ist eine äußerst wichtige Grundlage für Bildungsprozesse in der Schule. Es gibt zahlreiche Hinweise darauf, dass Interesse die Qualität des Lernens in kognitiver wie emotional-affektiver Hinsicht fördert (z.B. U. Schiefele, 1996; K.-P. Wild & Krapp, 1996). Interesse gewinnt besondere Bedeutung als Voraussetzung für das Weiterlernen über die Schullaufbahn, aber auch darüber hinaus, über die gesamte Lebensspanne (Krapp & H. Schiefele, 1989; Prenzel, 1999). In der Grundschule wird die Basis gelegt für die Entwicklung von Interesse, zum einen für die Ausprägung eines persönlichen Interessenprofils, zum anderen für die Sicherung der Aufgeschlossenheit oder Interessiertheit gegenüber zentralen Kulturbereichen.

Vor diesem Hintergrund benötigen wir fundiertes empirisches Wissen über die Interessenentwicklung vor und während der Grundschulzeit und über die Bedingungen und Möglichkeiten einer pädagogischen Unterstützung. Lässt man den derzeitigen Erkenntnisstand zum Interesse im Grundschulalter Revue passieren, dann zeichnet sich ein beträchtlicher Forschungsbedarf ab. Im Folgenden werden einige Vorschläge unterbreitet, wo und wie theoretisch fundierte Interessenstudien in der nächsten Zukunft ansetzen könnten.

Erforderlich sind ohne Frage solide *Bestandserhebungen* über das Interesse von Kindern im Grundschulalter. Allerdings müssen solche Überblicksstudien inhaltlich auf bestimmte Gegenstandsbereiche konzentriert werden, eventuell auf Bereiche, die im späteren Schulcurriculum oder in Hinblick auf absehbare gesellschaftliche Anforderungen besondere Bedeutung gewinnen. Derzeit gibt es z.b. in Deutschland keine Studie, die darüber informiert, ob und wie sehr sich Kinder in der Grundschule für Mathematik bzw. für mathematische Inhalte, Kontexte und Tätigkeiten interessieren. Entsprechende Einengungen auf Gegenstandsbereiche sind erforderlich, um die Interessen der Kinder theoretisch aussagekräftig und einigermaßen präzise abbilden zu können. Für die Erhebungsverfahren müssen mit besonderer Sorgfalt mögliche Interessengegenstände aufgeschlüsselt werden. Dabei dürfte sich eine Zusammenarbeit mit den für die Gegenstandsbereiche einschlägigen Fachwissenschaften und Fachdidaktiken als notwendig und hilfreich erweisen.

Die Erhebungsverfahren sollten sich nicht darauf beschränken, Indikatoren für dispositionale Interessen im Sinne herausragender individueller Interessen zu erfassen. Vielmehr sollten auch Aussagen darüber getroffen werden können, inwieweit die Kinder im Verlauf der Schulzeit wichtigen Gegenstandsbereichen und den entsprechenden Schulfächern aufgeschlossen und interessiert gegenüberstehen.

Aus verschiedenen Gründen dürfte es sinnvoll sein, Querschnittstudien zur Bestandserhebung mit kleinen *Längsschnittstudien* zu kombinieren. Ein solcher Untersuchungszugang bietet Möglichkeiten für vielfältige und theoretisch reizvolle Analysen, die weit über eine Abbildung von Entwicklungsverläufen hinausgehen. So könnte z.B. der Frage nachgegangen werden, wie sich im Fachzusammenhang aus wiederholten Aktualisierungen von Neugier und von einem situationalen Interesse im Lauf der Zeit eine stabilere Interessiertheit gegenüber Inhaltsgebieten oder Fächern oder gar eine klare Präferenzstruktur entwickelt. In umgekehrter Weise kann man mögliche Interessenreduzierungen oder Demotivierungen untersuchen (vgl. Prenzel, 1997), die ebenfalls höchst aufschlussreich sind. Theoretisch wie praktisch weiterführend wären Analysen des Wechselspiels von außerschulischen und schulbezogenen Interessen bzw. von schulischen und außerschulischen Anregungen und Gelegenheitsstrukturen zur Interessenentwicklung. Besonders zu berücksichtigen wären dabei Bedingungen im Elternhaus (Minsel, 1990b; Minsel, Krapp & Fink, 1989; E. Wild, 1999; K.-P. Wild et al., 1995).

Um pädagogisch relevantes Erklärungs- und Handlungswissen (vgl. Krapp, 1979; Prenzel, 1992) gewinnen zu können, muss auf geeignete Theorieansätze und Untersuchungsformen zurückgegriffen werden. Im Rahmen von Längsschnittstudien können (und sollen) durchaus aussagekräftige Bedingungsanalysen durchgeführt werden. Eine angemessene Prüfung handlungsrelevanter Theorien ist freilich nur durch Unterrichtsexperimente und Interventionsstudien möglich. Entsprechende Untersuchungsformen blieben in der grundschulbezogenen Interessenforschung bisher weitgehend ungenutzt. Neben gezielten Studien über die Wirkungen theoretisch begründeter Maßnahmen zur Interessenförderung könnten grundschulpädagogische oder -didaktische Reformansätze mit dem Kriterium der Interessenunterstützung auf ihre Effektivität geprüft werden. Dass gründliche und kritische Prüfungen solcher Ansätze erforderlich sind, haben Untersuchungen an Lehramtstudierenden gezeigt (z.B. Lankes, Hartinger, Marenbach, Molfenter & Fölling-Albers, 2000). Eine Studie von Drechsel (1999) zeigt, dass es sich außerdem rentieren dürfte, die pädagogischen und fachlichen Interessen von Lehrkräften der Grundschule zu untersuchen. Auf dieser Wissensgrundlage könnte besser entschieden werden, wo angesetzt werden muss, wenn man die Interessenentwicklung im Grundschulalter anregen und unterstützen möchte. Nicht zuletzt wird auf der Ebene der Lehrerbildung zu klären sein, inwieweit Grundschullehrerinnen und -lehrer über eine berufliche Kompetenz verfügen, die hohen Anforderungen genügt (Oser, 1997; Prenzel & Lankes, 1989): Durch die Gestaltung des Unterrichts Interesse anregen und unterstützen.

Literatur

Alexander, P., Kulikowich, J. M. & Jetton, T. L. (1994). The role of subject-matter knowledge and interest in the processing of linear and nonlinear texts. *Review of Educational Research, 64,* 201-252.

Ames, C. (1992). Classrooms: Goals, structures, and student motivation. *Journal of Educational Psychology, 84,* 261-217.

Baumert, J. & Köller, O. (1998). Interest research concerning secondary level I: An overview. In L. Hoffmann, A. Krapp, K. A. Renninger & J. Baumert (Eds.), *Interest and learning* (pp. 241-265). Kiel: IPN-Schriftenreihe.

Bikner-Ahsbahs, A. (1997). *Mathematikinteresse – Eine Studie mit mathematisch interessierten Schülerinnen und Schülern.* Kiel: Christian-Albrechts-Universität.

Claparede, E. (1911). *Kinderpsychologie und experimentelle Pädagogik.* Leipzig: Barth.

Csikszentmihalyi, M. (1985). *Das Flow-Erlebnis.* Stuttgart: Klett-Cotta.

Deci, E. L. & Ryan, R. M. (1993). Die Selbstbestimmungstheorie der Motivation und ihre Bedeutung für die Pädagogik. *Zeitschrift für Pädagogik, 39,* 223-228.

Deci, E. (1998). The relation of interest to motivation and human needs – the self-determination theory viewpoint. In L. Hoffmann, A. Krapp, K. A. Renninger & J. Baumert (Eds.), *Interest and learning* (pp. 146-162). Kiel: IPN-Schriftenreihe.

DeSousa, I. & Oakhill, J. (1996). Do levels of interest have an effect on children's comprehension monitoring performance? *British Journal of Educational Pschology, 66,* 471-482.

Dewey, J. (1913/1976). *Interest and effort in education.* Boston: Riverside.

Drechsel, B. (1999). *Subjektive Lernbegriffe und das Interesse am Thema Lernen und Lerntheorien bei angehenden Lehrerinnen und Lehrern.* Unveröffentlichte Dissertation, Universität Kiel.

Duncker, L. (1994). Die Entfaltung von Interesse als grundschulspezifische Aufgabe. *Pädagogische Welt, 7,* 296-300.

Einsiedler, W. (1997). Empirische Grundschulforschung im deutschsprachigen Raum: Trends und Defizite. *Unterrichtswissenschaft 25,* 291-315.

Fink, B. (1989). *Das konkrete Ding als Interessengegenstand.* Frankfurt: Lang.

Fink, B. (1991). Interest development as structural change in person-object relationships. In L. Oppenheimer & J. Valsiner (Eds.), *The origins of action: Interdisciplinary and international perspectives* (pp. 175-204). New York: Springer.

Fink, B. (1992). Interessenentwicklung im Kindesalter aus der Sicht einer Person-Gegenstands-Konzeption. In A. Krapp, & M. Prenzel (Hrsg.), *Interesse, Lernen, Leistung* (S. 53-83). Münster: Aschendorff.

Fölling-Albers, M. (1995a). Mit Interesse lernen. *Grundschule, 27* (6), 8-9.

Fölling-Albers, M. (1995b). Interessen von Grundschulkindern. *Grundschule, 27* (6), 24-26.

Fölling-Albers, M. & Hartinger, A. (1998). Interest of girls and boys in elementary school. In L. Hoffmann, A. Krapp, K. A. Renninger & J. Baumert (Eds.), *Interest and learning* (pp. 175-183). Kiel: IPN-Schriftenreihe.

Goldman, S. R., Mayfield-Stewart, C., Bateman, H. V., Pellegrino, J. W. & the Cognition and Technology Group at Vanderbilt. (1998). Environments that Support Meaningful Learning. In L. Hoffmann, A. Krapp, K. A. Renninger & J. Baumert (Eds.), *Interest and learning* (pp. 184-196). Kiel: IPN-Schriftenreihe.

Griebel, W. & Minsel, B. (1998). Schulkinder/Hortkinder in Einrichtungen mit breiter Altersmischung – Ergebnisse aus dem Modellprojekt „Weiterentwicklung von Kindertageseinrichtungen". *Bildung Erziehung Betreuung IFP-Infodienst, 3 (2)*, 16-21.

Griebel, W., Minsel, B. & Niesel, R. (1996). *Ergebnisse der Kinderbefragung*. München: Staatsinstitut für Frühpädagogik.

Harp, S. F. & Mayer, R. E. (1997). The role of interest in learning from scientific text and illustrations: On the distiction between emotional interest and cognitive interest. *Journal of Educational Psychology, 89*, 92-102.

Hartinger, A. (1995). Interessenentwicklung und Unterricht. *Grundschule, 27* (6), 27-29.

X Hartinger, A. (1997). *Interessenförderung. Eine Studie zum Sachunterricht*. Bad Heilbrunn: Klinkhardt.

Häußler, P., Hoffmann, L. & Rost, J. (1986). *Zum Stand physikalischer Bildung Erwachsener – Eine Erhebung unter Berücksichtigung des Zusammenhangs mit dem Bildungsgang*. Kiel: IPN-Schriftenreihe.

Häußler, P. (1987). Measuring students interest in physics – design and results of a cross-sectional study in the Federal Republic of Germany. *International Journal of Science Education, 9*, 79 – 92.

Heckhausen, H. (1980). *Motivation und Handeln*. Berlin: Springer.

Helmke, A. (1993). Die Entwicklung der Lernfreude vom Kindergarten bis zur 5. Klassenstufe. *Zeitschrift für Pädagogische Psychologie, 7*, 77-86.

X Helmke, A. (1997). Entwicklung lern- und leistungsbezogener Motive und Einstellungen: Ergebnisse aus dem SCHOLASTIK-Projekt. In F. E. Weinert & A. Helmke (Hrsg.), *Entwicklung im Grundschulalter* (S. 59-76). Weinheim: Beltz.

Herbart, J. F. (1806/1965). *Allgemeine Pädagogik, aus dem Zweck der Erziehung abgeleitet*. Düsseldorf: Küpper.

Hidi, S. & Anderson, V. (1992). Situational interest and its impact on reading and expository writing. In K. A. Renninger, S. Hidi & A. Krapp (Eds.*), The role of interest in learning and development* (pp. 215-238). Hillsdale, NJ: Erlbaum.

Hidi, S., & Baird, W. (1988). Strategies for increasing text-based interest and students' recall of expository texts. *Reading Research Quarterly, 23*, 465-483

Hidi, S. & Berndorff, D. (1998). Situational interest and learning. In L. Hoffmann, A. Krapp, K. A. Renninger & J. Baumert (Eds.), *Interest and learning* (pp. 74-90). Kiel: IPN-Schriftenreihe.

Hidi, S., Weiss, J., Berndorff, D. & Nolan, J. (1998). The role of gender, instruction and a cooperative learning technique in science education across formal and informal settings. In L. Hoffmann, A. Krapp, K. A. Renninger & J. Baumert (Eds.), *Interest and learning* (pp. 215-227). Kiel: IPN-Schriftenreihe.

Hoffmann, L., Häußler, P. & Lehrke, M. (1998). *Die IPN-Interessenstudie Physik*. Kiel: IPN-Schriftenreihe.

Hoffmann, L., Krapp, A., Renninger, K. A. & Baumert, J. (Eds.) (1998). *Interest and learning*. Kiel: IPN-Schriftenreihe.

X Kasten, H., & Krapp, A. (1986). Das Interessengenese-Projekt – eine Pilotstudie. *Zeitschrift für Pädagogik, 32,*175-188.

Krapp, A. (1979). *Prognose und Entscheidung*. Weinheim: Beltz.

Krapp, A. (1989). Neuere Ansätze einer pädagogisch orientierten Interessenforschung. *Empirische Pädagogik, 3*, 233-255.

Krapp, A. (1992). Das Interessenkonstrukt. In A. Krapp & M. Prenzel (Hrsg.), *Interesse, Lernen, Leistung* (S. 297-329). Münster: Aschendorff.

Krapp, A. (1996a). Die Bedeutung von Interesse und intrinsischer Motivation für den Erfolg und die Steuerung schulischen Lernens. In G. W. Schnaitmann (Hrsg.), *Theorie und Praxis der Unterrichtsforschung* (S. 88-111). Donauwörth: Auer.

Krapp, A. (1996b). Psychologische Bedingungen naturwissenschaftlichen Lernens: Untersuchungsansätze und Befunde zu Motivation und Interesse. In S. Duit & C. v. Rhöneck (Hrsg.), *Lernen in den Naturwissenschaften* (S. 37-68). Kiel: IPN-Schriftenreihe.

Krapp, A. (1998). Entwicklung und Förderung von Interessen im Unterricht. *Psychologie für Erziehung und Unterricht, 44,* 185-201.

Krapp, A. (1999). Interest, motivation and learning: An educational-psychological perspective. *European Journal of Psychology of Education, 14,* 23-40.

Krapp, A., & Fink, B. (1992). The development and function of interests during the critical transition from home to preschool. In K.A. Renninger, S. Hidi & A. Krapp (Eds.), *The role of interest in learning and development* (pp. 397-430). Hillsdale, NJ: Erlbaum.

Krapp, A. & Prenzel, M. (Hrsg.) (1992). *Interesse, Lernen, Leistung.* Münster: Aschendorff.

Krapp, A. & Schiefele, H. (1989). Haben Sie Interesse. *Psychologie heute, 16* (12), 40-45.

Lankes, E.-M. (1995). Sammeln – ein Interesse im Grundschulalter. *Grundschule, 27* (6), 18-19.

Lankes, E.-M., Hartinger, A., Marenbach, D., Molfenter, J. & Fölling-Albers, M. (2000). Situierter Aufbau von Wissen bei Studierenden: Lohnt sich eine anwendungsorientierte Lehre im Lehramtsstudium. *Zeitschrift für Pädagogik, 46* (3).

Lewalter, D., Krapp, A., Schreyer, I. & Wild, K.-P. (1998). Die Bedeutsamkeit des Erlebens von Kompetenz, Autonomie und sozialer Eingebundenheit für die Entwicklung berufsspezifischer Interessen. *Zeitschrift für Berufs- und Wirtschaftspädagogik, Beiheft 14,* S. 143-168.

Lunk, G. (1927). *Das Interesse* (2 Bände). Leipzig: Klinkhardt.

Miller, P.H. (1982). Children's integration of information about noise and interest levels in their judgements about learning. *Journal of Experimental Child Psychology, 33,* 536-546.

Miller, P.H. (1985). Children's reasoning about the causes of human behavior. *Journal of Experimental Child Psychology, 39,* 343-362.

Minsel, B. (1990a). Beschäftigungspräferenzen von drei- bis sechsjährigen Kindern. *Nachrichtendienst des Staatsinstituts für Frühpädagogik und Familienforschung, 6* (17), 2-3.

Minsel, B. (1990b). Die Bedeutung gemeinsamer Interessen für die Gestaltung der sozialen Beziehung zwischen dem ausgegliederten Elternteil und dem Kind nach der elterlichen Trennung. *Informationsdienst der DGfE, Nr. 8,* 17-18.

Minsel, B. (1990c). *Gemeinsame Beschäftigungen von Müttern und Kindern – Alters- und geschlechtsspezifische Aspekte.* Beitrag zum 37. Kongreß der Deutschen Gesellschaft für Psychologie, Kiel.

Minsel, B., Krapp, A. & Fink, B. (1989, März). Vortrag anläßlich der Tagung der Sektion Frühpädagogik der Deutschen Gesellschaft für Erziehungswissenschaft, Köln.

Nagy, L. (1912). *Psychologie des kindlichen Interesses.* Leipzig: Nemnich.

Newman, L.S. (1990). Intentional and unintentional memory in young children: Remembering vs. playing. *Journal of Experimental Child Psychology, 50,* 243-258.

Oser, F. (1997). Standards in der Lehrerbildung. Teil 1: Berufliche Kompetenzen, die hohen Qualitätsmerkmalen entsprechen. *Beiträge zur Lehrerbildung, 15,* 26-37.

Oßwald, C. (1995). Interessen fördern durch offene Lernsituationen. *Grundschule, 27* (6), 22-23.

Ostermann, W. (1912) *Das Interesse. Eine psychologische Untersuchung mit pädagogischen Nutzanwendungen.* Oldenburg: Schulze.

O'Sullivan, J. (1997). Effort, interest, and recall: Beliefs and behaviors of preschoolers. *Journal of Experimental Child Psychology, 65,* 43-67.

Piaget, J. (1969). *Das Erwachen der Intelligenz beim Kinde.* Stuttgart: Klett.

Piaget, J. (1974). *Theorien und Methoden der modernen Erziehung.* Frankfurt: Fischer.

Piaget, J. (1981). Intelligence and affectivity: Their relationship during child development. In T. A. Brown, & M. R. Kaegi, (Eds.) *Annual Review Monographs.*

Prenzel, M. (1981). Wie weit ist das „erweiterte Motivationsmodell" Heckhausens? In H. Kasten & W. Einsiedler (Hrsg.), *Aspekte einer pädagogisch-psychologischen Interessentheorie* (Gelbe Reihe, Arbeiten zur Empirischen Pädagogik und Pädagogischen Psychologie, Nr. 1, S. 62-84). München: Universität, Institut für Empirische Pädagogik, Pädagogische Psychologie und Bildungsforschung.

Prenzel, M. (1988). *Die Wirkungsweise von Interesse.* Opladen: Westdeutscher Verlag.

Prenzel, M. (1992). Überlegungen zur Weiterentwicklung der pädagogisch-psychologischen Interessenforschung – der präskriptive Anspruch. In A. Krapp, & M. Prenzel (Hrsg.), *Interesse, Lernen, Leistung* (S. 331-352). Münster: Aschendorff.

Prenzel, M. (1994). Mit Interesse in das dritte Jahrtausend! Pädagogische Überlegungen. In N. Seibert & H. J. Serve (Hrsg.), *Erziehung und Bildung an der Schwelle zum dritten Jahrtausend* (S. 1314-1339). München: Pims.

Prenzel, M. (1997). Sechs Möglichkeiten, Lernende zu demotivieren. In H. Gruber & A. Renkl (Hrsg.), *Wege zum Können* (S. 32-44). Bern: Huber.

Prenzel, M. (1999). Lernen über die Lebensspanne aus einer domänenspezifischen Perspektive: Naturwissenschaften als Beispiel. In F. Achtenhagen & W. Lempert (Hrsg.), *Lebenslanges Lernen. Entwicklung eines Programmkonzepts.* Bonn: Bundesministerium für Bildung, Wissenschaft, Forschung und Technologie.

Prenzel, M., Drechsel, B. & Kramer, K. (1998). Lernmotivation im kaufmännischen Unterricht: Die Sicht von Auszubildenden und Lehrkräften. *Zeitschrift für Berufs- und Wirtschaftspädagogik, Beiheft 14,* 169-187.

Prenzel, M., Krapp, A. & Schiefele, H. (1986). Grundzüge einer pädagogischen Interessentheorie. *Zeitschrift für Pädagogik, 32,* 163-173.

Prenzel, M. & Lankes, E.-M. (1989). Wie Lehrer Interesse wecken und fördern können. In S. Bäuerle (Hrsg.), *Der gute Lehrer* (S. 1-27). Stuttgart: Metzler.

Prenzel, M. & Lankes, E.-M. (1995). Anregungen aus der pädagogischen Interessenforschung. *Grundschule, 6* (27), 12-13.

Prenzel, M., Merkens, H., Noack, P., Duit, R., Hofer, M. Klieme, E. Krapp, A. & Pekrun, R. (1999). *Die Bildungsqualität von Schule: Fachliches und fächerübergreifendes Lernen im mathematisch-naturwissenschaftlichen Unterricht in Abhängigkeit von schulischen und außerschulischen Kontexten* (Antrag auf Einrichtung eines DFG-Schwerpunktprogramms). Kiel: IPN.

Renninger, K. A. (1992). Individual interest and development: Implications for theory and practice. In K. A. Renninger, S. Hidi, & A. Krapp (Eds.), *The role of interest in learning and development* (pp. 361-395). Hillsdale, NJ: Erlbaum.

Renninger, K. A., Hidi, S. & Krapp, A. (Eds.). (1992). *The role of interest in learning and development.* Hillsdale, NJ: Erlbaum.

Renninger, K. A. (1998). The roles of individual interest(s) and gender in learning: An overview of research on preschool and elementary school-aged children/students. In L. Hoffmann, A. Krapp, K. A. Renninger & J. Baumert (Eds.), *Interest and learning* (pp. 165-174). Kiel: IPN-Schriftenreihe.

Rheinberg, F. (1989). *Zweck und Tätigkeit.* Göttingen: Hogrefe.

Richter, S. (1996). *Unterschiede in den Schulleistungen von Mädchen und Jungen.* Regensburg: Roderer.

Richter, S. (1998). *Interessenbezogenes Rechtschreiblernen.* Braunschweig: Westermann.

Roßbach, H.-G. (1996). Lage und Perspektiven der empirischen Grundschulforschung. *Empirische Pädagogik, 10,* 167-191.

Schiefele, H. (1974). *Lernmotivation und Motivlernen.* München: Ehrenwirth.

Schiefele, H., Prenzel, M., Krapp, A., Heiland, A. & Kasten, H. (1983). *Zur Konzeption einer pädagogischen Theorie des Interesses* (Gelbe Reihe, Arbeiten zur Empirischen Pädagogik und Pädagogischen Psychologie. Nr. 6.) München: Universität, Institut für Empirische Pädagogik, Pädagogische Psychologie und Bildungsforschung.

Schiefele, H. & Stocker, K. (1990). *Literaturinteresse.* Weinheim: Beltz.

Schiefele, U. (1996). *Motivation und Lernen mit Texten.* Göttingen: Hogrefe.

Todt, E. (1985). Die Bedeutung der Schule für die Entwicklung der Interessen von Kindern und Jugendlichen. *Unterrichtswissenschaft, 13,* 362-376.

Todt, E. (1990). Entwicklung des Interesses. In H. Hetzer (Hrsg.), *Angewandte Entwicklungspsychologie des Kindes- und Jugendalters* (S. 213-264). Heidelberg: Quelle & Meyer.

Todt, E. & Schreiber (1998). Development of interests. In L. Hoffmann, A. Krapp, K. A. Renninger & J. Baumert (Eds.), *Interest and learning* (pp. 25-40). Kiel: IPN-Schriftenreihe.

Travers, R. M. W. (1978). *Children's interests.* Kalamazoo, MI: Michigan University, College of Education.

Weinert, F. E. & Helmke, A. (Hrsg.). (1997). *Entwicklung im Grundschulalter.* Weinheim: Psychologie Verlags Union.

Wild, E. (1999). *Motivation in Schule und Familie.* Unveröffentlichte Habilitationsschrift Universität Mannheim.

Wild, K.-P. & Krapp. A. (1995). Elternhaus und intrinsische Lernmotivation. *Zeitschrift für Pädagogik, 41,* 579-595.

Wild, K.-P. & Krapp, A. (1996). Die Qualität subjektiven Erlebens in schulischen und betrieblichen Lernumwelten. Untersuchungen mit der Erlebens-Stichproben-Methode. *Unterrichtswissenschaft, 24,* 195-216.

Elke Wild und Manfred Hofer

Elterliche Erziehung und die Veränderung motivationaler Orientierungen in der gymnasialen Oberstufe und der Berufsschule

Während der letzten dreißig Jahre spielte in der Motivationsforschung die Theorie der Leistungsmotivation in ihren vielfältigen Modifikationen und Weiterentwicklungen eine dominierende Rolle (vgl. Heckhausen, 1989). Sie erklärt Lernabsichten im Wesentlichen aus der Bedeutsamkeit, die Ergebnisse von Lernhandlungen (bzw. deren Folgen) für den Schüler haben, sowie aus der Erfolgswahrscheinlichkeit von Lernhandlungen, nicht jedoch aus dem Anreiz, der vom Lerninhalt ausgeht. Dies änderte sich mit dem Aufkommen von Überlegungen, die Lernhandlungen weniger durch äußere Bedingungen als durch Interesse am Lerngegenstand motiviert sehen. Ein entscheidender Impuls für interessentheoretische Überlegungen ging von Hans Schiefele aus, dessen Ansatz insbesondere von Andreas Krapp ausformuliert und weiterentwickelt wurde (z.B. Krapp, 1998, 1999; Krapp & Prenzel, 1992). Auch das Konzept der *intrinsischen Motivation* wurde zu neuem Leben erweckt und für das schulische Lernen fruchtbar gemacht. Von intrinsischer Motivation wird allgemein dann gesprochen, wenn Schüler ohne äußeren Anstoß entweder aus Interesse am Gegenstand (gegenstandszentrierte intrinsische Motivation) oder um der Tätigkeit selbst willen (tätigkeitszentrierte intrinsische Motivation) lernen (vgl. Schiefele, 1996). Weil die intrinsische Motivation als Prototyp selbstbestimmter Formen der Lernmotivation gilt, wird sie häufig einer *extrinsischen* motivationalen Orientierung gegenübergestellt, die an der Orientierung der Lerner an antizipierten äußeren Anreizen, d.h. an von der Lernhandlung separierbaren Folgen festgemacht wird. Beiden motivationalen Orientierungen ist gemein, dass sie zwei zeitlich überdauernde Verhaltenstendenzen darstellen, die in der Persönlichkeitsstruktur verankert sind und in konkreten Lernsituationen eine bestimmte Qualität von Lernmotivation handlungswirksam werden lassen (vgl. K.-P. Wild & Krapp, 1995, S. 580).

Wenn die intrinsische Motivation intensiver untersucht wurde als andere motivationale Orientierungen, dann nicht zuletzt deshalb, weil sie als wichtige Voraussetzung für selbstgesteuerte Lernprozesse und tiefenorientiertes Lernen erachtet wird (Schiefele & Schreyer, 1994). Folgt man den Überlegungen Ingleharts (1998), dann könnte in diesem Trend zugleich ein durchgängiges Phänomen des gesellschaftlichen Wandels zum Ausdruck kommen. In seiner groß angelegten kulturvergleichenden Studie konnte Inglehart nämlich einen generellen Rückgang in der „Leistungsmotivation" von Menschen aus industrialisierten Ländern seit den Achtzigerjahren feststellen. Auf dieses Ergebnis und früheren, etwa von McClelland (1966) vorgelegten Befunden zum Zusammenhang zwischen wirtschaftlichem Erfolg von Ländern und der Ausprägung von Motivindizes mit Leistungsthematik auf gesellschaftlicher Ebene, gründet Inglehart seine These, dass eine ausgeprägte Leistungsmotivation insbesondere in solchen Ländern und Epochen „funktional" ist, in denen Menschen unter Bedingungen ökonomischer Deprivation aufwachsen. In diesen Zeiten könne das Streben nach Handlungserfolgen (auch materieller Art) als Teil einer „protestantischen Ethik" gesehen werden, die nach Max Weber eine wesentliche Voraussetzung für Industrialisierung und materiellen Wohlstand ist. Gerade der auf diese Weise erzielte Wohlstand ließe aber in der Folge – so in der heutigen nachindustriellen Zeit – eben jene alten Werte als dysfunktional erscheinen, so dass sie zunehmend von anderen (postmaterialistischen) Motiven und Zielen abgelöst würden. Übereinstimmend mit dieser These zeigt sich in Jugendstudien, dass diese ihre Präferenzen für Aktivitäten der verschiedensten Art wesentlich danach ausrichten, ob sie Spaß machen und interessant sind (beispielsweise bei freiwilliger sozialer Arbeit; s. Hofer, 1999).

Diese Arbeit soll nun in zweierlei Hinsicht einen Beitrag zur Erforschung der Genese motivationaler Orientierungen leisten. Im ersten Teil fragen wir nach Veränderungen in der intrinsischen und extrinsischen motivationalen Orientierung von Gymnasiasten von der 12. zur 13. Klasse sowie von Berufsschülern vom zweiten zum dritten Lehrjahr. Auf diese Weise soll geprüft werden, ob sich der in der Sekundarstufe I durchgängig zu beobachtende Abfall der Lernmotivation in der gymnasialen Oberstufe bzw. der beruflichen Erstausbildung fortsetzt, oder ob es eher zu einer Konsolidierung insbesondere der intrinsischen Lernmotivation kommt. Letzteres ist aufgrund von Erklärungsansätzen anzunehmen, die das Absinken der Lernmotivation auf intra-psychische Veränderungen oder Merkmale des (schulischen) Umfelds von Schülern zurückführen.

Im zweiten Teil dieses Beitrags werden längsschnittliche Analysen zum Einfluss elterlicher Erziehungspraktiken auf die Ausprägung und Entwicklung beider motivationaler Orientierungen berichtet. Wir setzen hier an einem Forschungsdefizit an, das sich aus der Ausrichtung der Pädagogik auf außerfamiliale Institutionen und der traditionell engen Fokussierung der Pädagogischen Psychologie auf das Setting „Schule" erklärt (Krumm, 1990, 1996; Pekrun, 1997). Diese haben dazu beigetragen, dass Unterschiede in lern- und leistungsrelevanten Schülermerkmalen selten als Funktion familialer Sozialisationsbedingungen untersucht worden sind und erst in jüngerer Zeit Studien zur Rolle der Familie für die Genese motivationaler Orientierungen vorgelegt wurden (zusf. E. Wild, 2000). Aufgrund ihrer querschnittlichen Anlage liefern diese jedoch keine Aussage über die Vorhersagekraft elterlicher Erziehungspraktiken für Veränderungen in den motivationalen Orientierungen.

Problemstellungen

Intraindividuelle Veränderungen in der Lernmotivation und deren Verursachung

Ein aus motivationspsychologischer Sicht interessantes und empirisch gut abgesichertes Phänomen ist das Absinken der Lernmotivation im Verlauf der Schulzeit. In mehreren Quer- und Längsschnittstudien (zusf. Anderman & Maehr 1994; Fend, 1997) konnte eine wachsende *Schulverdrossenheit* während der Sekundarstufe I festgestellt werden, die mit einem Abfall im *Wohlbefinden* (Czerwenka, Nölle, Pause, Schotthaus, Schmidt & Tessloff, 1990; Fend, 1997), in einer Reihe von *Interessengebieten* (Todt, 1990) und insbesondere auch mit einem Absinken in der *intrinsischen Lernmotivation* von Schülern einhergeht (Pekrun, 1993). Über vorliegende Studien hinweg zeichnet sich dabei ab, dass das Absinken in der Lernmotivation bereits in der Grundschule einsetzt (Helmke, 1993), im Verlauf der Sekundarstufe I aber ungleich deutlicher ausfällt (zusf. Anderman & Maehr, 1994). Ob sich dieser Trend auch in der gymnasialen Oberstufe bzw. in der Berufsschule fortsetzt, lässt sich aufgrund der bislang schmalen Befundlage kaum beantworten. Studien zur Entwicklung der intrinsischen und extrinsischen Lernmotivation im ersten Jahr der kaufmännischen Erstausbildung (vgl. Prenzel, Kristen, Dengler, Ette &

Beer, 1996; K.-P. Wild, in diesem Band; K.-P. Wild & Krapp, 1996) sprechen zwar für einen anhaltenden Motivationsabfall. Möglicherweise wurde hier aber nur ein zeitlich auf den Beginn der Ausbildung begrenzter Prozess der „Ernüchterung" angesichts (zu) hoher Erwartungen an den Kontextwechsel erfasst, wie er ähnlich nach dem Wechsel von der Grundschule in eine weiterführende Schule zu beobachten ist (Helmke, 1993).

Für die Formulierung von Hypothesen über die Entwicklung der Lernmotivation am Ende der Ausbildung ist entscheidend, worauf der beschriebene Prozess der Demotivierung zurückzuführen ist. Die bisher diskutierten Erklärungsansätze lassen sich den beiden folgenden Gruppen zuordnen.

(1) Desinteresse an schulischen Belangen als entwicklungstypisches Verhalten

Zu dieser Kategorie zählende Ansätze interpretieren den Motivationsabfall als eines der vielen Anpassungsprobleme, die den Eintritt ins Jugendalter markieren, und führen ihn auf intrapsychische (alterskorrelierte) Veränderungen zurück. Dafür spricht, dass das Absinken der schulischen Lernmotivation nicht nur hierzulande, sondern in einer Reihe von westlichen Industrieländern mit unterschiedlichen Bildungssystemen wie den USA (vgl. Roesner & Eccles, 1998) oder der Schweiz (Fend, 1997) beobachtet wurde.

Insbesondere zwei Ursachenkomplexe wurden in der pädagogischen Motivationsforschung intensiver diskutiert: die Folgen der kognitiven Entwicklung für Veränderungen im Selbstkonzept Jugendlicher sowie die Implikationen der in der Adoleszenz fortschreitenden Ausdifferenzierung von Interessen für die Haltung Jugendlicher zum breiten Spektrum der Unterrichtsfächer.

Hinsichtlich der Selbstkonzeptentwicklung wird postuliert, dass die sich in der frühen Adoleszenz entwickelnde Fähigkeit zu abstraktem Denken Heranwachsende in die Lage versetzt, die eigenen Leistungen und Fähigkeiten auf der Basis sozialer Vergleichsprozesse zu bewerten. Solche an der sozialen Bezugsnorm orientierten Bewertungen sollten sich insbesondere bei leistungsschwächeren Schülern in einem schlechteren akademischen Selbstkonzept und darüber hinaus auch in einer verringerten Lernmotivation niederschlagen (zusf. Pintrich & Schunk, 1996).

Mit Blick auf den Interessenabfall weisen entwicklungspsychologisch orientierte Arbeiten darauf hin, dass persönliche Interessen im Sinne einer spezifischen und überdauernden Person-Gegenstand-Beziehung erst im Laufe des Jugendalters erkennbar sind (Krapp, 1998). Die in der Adoleszenz einsetzende Interessendifferenzierung könnte zur Folge haben, dass Jugendliche ihre Aufmerksamkeit auf ausgewählte Gegenstände ihres Interesses konzentrieren und ihre Energie von Schulfächern abziehen, die als uninteressant erlebt werden. Zudem nimmt die Zahl der leistungsrelevanten Schulfächer im Laufe der Schulkarriere zu. Damit erhalten Schüler zwar eine größere Chance, ihr persönliches Interesse in einem Schulfach zu realisieren. Doch steigt zugleich die Zahl der Fächer, in denen keine gegenstandsspezifische intrinsische Motivation vorhanden ist.

Gegen eine (rein) entwicklungspsychologische Erklärung sprechen Längsschnittstudien, denen zufolge nicht von einer dramatischen Verschlechterung des Selbstkonzeptes Jugendlicher gesprochen werden kann und in Teilbereichen (z.B. Kontrollüberzeugungen, Selbstwirksamkeitserwartungen) sogar ein Anstieg nach dem Wechsel in die Sekundarstufe I zu verzeichnen ist (Anderman & Maehr, 1994; Fend, 1997). Schwer vereinbar ist ferner die Beobachtung, dass die Lernfreude schon vor der sechsten Klassenstufe abzusinken beginnt, also noch vor dem Erreichen des Stadiums des formal-operativen Denkens (Czerwenka et al., 1990; Helmke, 1993). So stellt sich die Frage, welche Faktoren jenseits der genannten intrapsychischen Veränderungen den beobachteten Motivationsabfall verursachen könnten.

(2) Demotivation als Konsequenz einer mangelnden Passung von Kontext und Werten

In ihrer „Stage-Environment-Fit-Theorie" (zusf. Eccles & Midgley, 1989; Eccles et al., 1993; Roesner & Eccles, 1998) heben Eccles und Kollegen (schulische) Kontextbedingungen hervor, die zunehmend weniger auf die sich entwickelnden Werte und Bedürfnisse der Schüler abgestimmt seien. So würde das im Jugendalter ansteigende Bedürfnis nach Selbst- und Mitbestimmung im Verlauf der Sekundarstufe durch den stark lehrergesteuerten Unterricht zunehmend frustriert. Auch blieben Jugendliche mit Gefühlen der Verunsicherung, die sich angesichts der Pubertät und den nun einsetzenden körperlichen und psychischen Veränderungen einstellen, oft allein, da es viele Lehrer vor allem in höheren Schulstufen nicht länger als ihre Aufgabe ansähen, sich mit den persönlichen Problemen von Schülern zu befassen. Dabei ist auch die Beziehung zu Mitschülern durch den Wettbewerb um gute Noten und durch das weit gehende Fehlen kooperativer Lehr-Lern-Arrangements in der Sekundarstufe erschwert.

Hinsichtlich der empirischen Bewährung des Stage-Environment-Fit-Ansatzes ist festzuhalten, dass die Befundlage zur demotivierenden Bedeutung von Veränderungen im schulischen Kontext bislang schmal ist. Gleichwohl handelt es sich um einen umfassenden Ansatz, der zugleich den – ebenfalls vielfach dokumentierten – generellen Zuwachs an distanzierten und kritischen Haltungen von Schülern gegenüber den Lehrern und der Schule erklären kann.

Mit Blick auf die in diesem Beitrag interessierende Frage, ob das Absinken vor allem in der intrinsischen Motivation und den schulischen Interessen auch nach der Sekundarstufe I anhält, ist aufgrund der skizzierten Erklärungsansätze *keine* Fortsetzung des Trends zu erwarten. Irritationen, die typischerweise mit dem Beginn der Pubertät und der neu erworbenen Fähigkeit zum abstrakten Denken einsetzen, sollten bei 17-18-jährigen Spätadoleszenten, die sich am Ende der gymnasialen Oberstufe bzw. der beruflichen Erstausbildung befinden, bereits bewältigt worden sein. Auch sollten die Wahlmöglichkeiten, die Jugendlichen in der gymnasialen Oberstufe geboten werden, dazu beitragen, dass deren wachsendes Bedürfnis nach Selbstbestimmung zumindest stärker befriedigt wird als in der Mittelstufe. Zudem sollten die durch das Kurswahlsystem ablaufenden Prozesse der Selbstselektion dazu beitragen, dass in den einzelnen Leistungs- und Grundkursen mit größerer Wahrscheinlichkeit Schüler mit vergleichbarem Vorwissen zusammentreffen. Zusammengenommen müssten diese Bedingungen in der gymnasialen Oberstufe dazu führen, dass der motivationale Abwärtstrend nicht nur gebremst, sondern sogar umgekehrt wird.

Ähnliches nehmen wir für die Berufsschüler an, die sich bei ihrer Berufswahlentscheidung ja vornehmlich an ihren persönlichen Interessen orientieren (Krapp, 1998) und auch in der Berufsschule stärker mit solchen Inhalten konfrontiert sind, die für den gewählten Beruf und die aktuellen Erfahrungen im betrieblichen Ausbildungsteil relevant sind. Darüber hinaus geht der Übergang von der allgemein bildenden in die Berufsschule mit einem Wechsel in den intellektuellen Anforderungen und im sozialen Vergleichsmaßstab einher, der sich positiv auf das Kompetenzerleben von Schülern auswirken sollte. Somit dürften auch auf Seiten der Berufsschüler gute Voraussetzungen für die Entwicklung und Aufrechterhaltung einer intrinsischen Motivation gegeben sein.

Die vorangehenden Überlegungen beziehen sich auf Veränderungen in der intrinsischen Motivation von spätadoleszenten Schülern in verschiedenen schulischen Kontexten. Vorhersagen bezüglich der Entwicklung der extrinsischen Motivation nach Abschluss der Sekundarstufe I sind aus vorliegenden Theorien und Befunden nur schwer ableitbar. Theoretisch müsste zunächst die Vielzahl äußerer Anreize klassifiziert werden, um im zweiten Schritt Annahmen über die Bedeutsamkeit verschiedener Klassen von Ergebnissen und Folgen von Lernhandlungen (z.b. soziale, materielle oder selbstwertrelevante Folgen) formulieren zu können.

Wir beschreiten in diesem Beitrag einen anderen Weg, indem wir uns auf Reaktionen von Eltern als einer Teilmenge von sozialen Anreizen konzentrieren. Für diese kann einerseits angenommen werden, dass Jugendliche zunehmend weniger danach streben, Enttäuschung und Ärger auf Seiten der Eltern zu vermeiden. Insbesondere Berufsschüler sollten solche Überlegungen weniger stark bei ihrem Kosten-Nutzen-Kalkül berichtsichtigen, da Jugendliche den Beginn einer Berufstätigkeit und die damit verbundene größere finanzielle Unabhängigkeit als einen wichtigen Schritt hin zum Erwachsenwerden und Autonomsein erachten (Greene, Wheatley & Aldava, 1992). Andererseits dokumentieren Arbeiten zur Entwicklung der Eltern-Kind-Beziehung in der Adoleszenz einen Rückgang der Autonomiebestrebungen Jugendlicher und der Zahl der Familienkonflikte sowie eine qualitative Veränderung der Beziehung in Richtung einer größeren Partnerschaftlichkeit (Hofer & Buhl, 1998; Pikowsky & Hofer, 1992). Dies könnte dazu führen, dass Jugendliche nicht länger den Ärger ihrer Eltern fürchten, wohl aber die elterlichen Wünsche und Erwartungen stärker akzeptieren und in ihrem Handeln berücksichtigen.

Zusammengenommen erwarten wir angesichts der skizzierten, in ihrer Wirkung gegenläufigen Veränderungen der Eltern-Kind-Beziehung im Jugendalter keine deutliche Veränderung in der extrinsischen Motivation Jugendlicher.

Elterliches Erziehungsverhalten und schulische Lernmotivation

Unsere Erwartungen zur Bedeutung familialer Sozialisationsbedingungen für die Entwicklung der Lernmotivation basieren auf der Selbstbestimmungstheorie von Deci und Ryan (1985, 1993; Grolnick, Deci & Ryan, 1997; Ryan, 1995), die in einer Reihe von Punkten mit der Person-Gegenstands-Theorie des Interesses (z.B. Krapp, 1998, 1999; Prenzel, 1988) konvergiert und auch mit dem oben beschriebenen Stage-Environment-Fit-Ansatz kompatibel ist.

Für die Entwicklung der intrinsischen Motivation und anderer selbstbestimmter Formen der Lernmotivation ist die Annahme zentral, dass Menschen ein natürliches Streben mitbringen, sich über die aktive Auseinandersetzung mit ihrer Umwelt weiterzuentwickeln, d.h. ihre Fähigkeiten und Selbsterkenntnisse kontinuierlich auszudifferenzieren und kohärent ins eigene Selbstkonzept zu integrieren. Dieses Streben bleibt bestehen, solange drei grundlegende psychologische Bedürfnisse (basic needs) befriedigt werden: das Bedürfnis nach Autonomie, nach Kompetenzerleben und nach sozialer Einbindung. Vor allem das zuletzt genannte Bedürfnis wird dabei als entscheidend dafür angesehen, dass Heranwachsende eine generelle Bereitschaft mitbringen, von außen an sie herangetragene Werte, Normen und Erwartungen in ihr Selbstkonzept zu integrieren und damit ursprünglich fremdbestimmte Handlungen in selbstbestimmte zu überführen. Ob die hierfür relevanten Prozesse der Internalisierung und Identifikation stattfinden oder nicht, hängt stark davon ab, ob der Entwicklungskontext den psychologischen Grundbedürfnissen Rechnung trägt. Ist dies nicht der Fall, ist eine störungsfreie Persönlichkeitsentwicklung gefährdet. Dagegen trägt die Befriedigung der Grundbedürfnisse zu einer gelungene Autonomieentwicklung bei, die beim Lernen in einer selbstbestimmten Lernmotivation zum Ausdruck kommt. Eine selbstbestimmte Beschäftigung mit schulischen Inhalten kann sich dabei aus dem Spaß an der Handlung und dem Interesse am Lerngegenstand ableiten oder aber aus persönlichen Überzeugungen hinsichtlich des Werts von Lernen (Handeln auf der Stufe der „identifizierten extrinsischen Regulation"; vgl. Ryan, 1995).

Auch wenn es an längsschnittlich angelegten Feldstudien und Interventionsstudien mangelt, um die Selbstbestimmungstheorie ohne Einschränkung als bewährt bezeichnen zu können, sind in den letzten Jahren zahlreiche Befunde aus Querschnittstudien und Laborexperimenten vorgelegt worden, die in Einklang mit dieser Theorie stehen. So wurde wiederholt gefunden, dass die intrinsische Motivation umso höher ist, je mehr Lehrer Möglichkeiten zur Mitbestimmung einräumen, je mehr sie auf direktiv-kontrollierende Verhaltensweisen verzichten und je positiver ihre Beziehung zu Schülern ist (zusf. Deci & Ryan, 1993).

Während inzwischen ein breites Spektrum von Merkmalen der schulischen Lernumgebung in ihrer Vorhersagekraft für Unterschiede und Veränderungen in der intrinsischen und extrinsischen Lernmotivation untersucht wurde, ist die Bedeutung der Familie vergleichsweise selten zum Gegenstand empirischer Studien geworden. Dabei belegen zahlreiche Studien die kurz- und langfristigen Effekte elterlicher Erziehung auf Bildungsentscheidungen (Ditton, 1992; Merkens, Classen & Bergs-Winkels, 1997; E. Wild, 1997) und Bildungsaspirationen von Schülern (Majoribanks, 1994; E. Wild & K.-P. Wild, 1997) sowie schulische Leistungen (zusf. Ryan & Adams, 1995). Aus der Perspektive der Selbstbestimmungstheorie ist zu vermuten, dass der lern- und leistungsfördernde Effekt familialer Sozialisation wesentlich über Veränderungen der Lernmotivation vermittelt wird. Eltern – ebenso wie Lehrer oder andere Bezugspersonen – können danach durch eine an den Bedürfnissen Heranwachsender orientierte Gestaltung der Lern- und Entwicklungsumgebung dazu beitragen, dass die intrinsische Motivation zur Auseinandersetzung mit neuen Erfahrungen aufrechterhalten bleibt und der Prozess der Internalisierung (auch schulbezogener) Werte und Standards voranschreitet.

Indirekt gestützt wird diese These durch Arbeiten zur Rolle elterlicher Erziehungspraktiken für die *schulbezogenen Einstellungen* Heranwachsender (Steinberg, Lamborn, Darling, Mounts & Dornbusch, 1994), ihre *Leistungsmotivation* (Trudewind, 1975; Trudewind & Windel, 1991) und ihre *Anstrengungsbereitschaft* (E. Wild & K.-P. Wild, 1997). Ein hoher Anregungsgehalt in der Familie und ein „autoritativer" Erziehungsstil, der sich in Begriffen der Selbstbestimmungstheorie als eine Kombination von Struktur, emotionaler Zuwendung und Autonomieunterstützung beschreiben lässt, geht danach mit einer größeren Bereitschaft einher, sich ausdauernd mit schulischen Inhalten auseinander zusetzen. Umgekehrt scheint ein autoritäres Erziehungsverhalten, welches durch ein hohes Maß an Kontrolle und Konformitätsdruck, durch Einsatz von Strafen in Form von Liebesentzug oder auch körperlicher Züchtigung und durch emotionale Kälte gekennzeichnet ist, mit einer externalen Persönlichkeitsstruktur (Schneewind, Beckmann & Engfer, 1983) und speziell beim Lernen mit einer negativeren Einstellung zur Schule sowie einer unreiferen Arbeitshaltung einherzugehen (z.B. Steinberg, Lamborn, Dornbusch & Darling, 1992).

Besonders aufschlussreich für diesen Beitrag sind Untersuchungen, in denen Zusammenhänge zwischen familialen Sozialisationsbedingungen und motivationalen Orientierungen von Schülern direkt aus der Perspektive der Selbstbestimmungstheorie untersucht wurden (Ginsburg & Bronstein, 1993; Grolnick & Ryan, 1989; Grolnick, Ryan & Deci, 1991; Grolnick & Slowiaczek, 1994; E. Wild, 2000; K.-P. Wild & Krapp, 1995). Teilweise konnten hier theoretisch postulierte Zusammenhänge zwischen der intrinsischen Motivation Heranwachsender und dem Ausmaß, in dem Jugendliche das Erziehungsverhalten ihrer Eltern als emotional zugewandt, autonomieunterstützend und stimulierend beschrieben, gefunden werden. Teilweise wurden aber auch lediglich negative Zusammenhänge zwischen autonomieunterstützendem Elternverhalten und der extrinsischen Motivation von Schülern beobachtet.

Insgesamt lässt die schmale und nicht ganz konsistente Befundlage keine abschließenden Aussagen über die Rolle des elterlichen Erziehungsverhaltens bei der Genese motivationaler Orientierungen zu. Dies gilt umso mehr, als es sich bei den genannten Arbeiten um Querschnittstudien handelt, aus denen nur mit großem Vorbehalt kausale Aussagen abgeleitet werden können. Auch konzentrieren sie sich auf jüngere Schüler (Dritt- bis Siebtklässler) und lassen daher offen, ob sich motivfördernde Effekte elterlicher Erziehung auch noch am Ende der Schulzeit, also im ausklingenden Jugendalter nachweisen lassen.

In diesem Beitrag wird mit Ryan (vgl. Ryan, 1995; Ryan, Stiller & Lynch, 1994) davon ausgegangen, dass Jugendliche kontinuierlich in alltäglichen Interaktionen mit den Eltern Beziehungserfahrungen sammeln, die sich zu "inner working models" verdichten und als kognitiv repräsentierte Beziehungsmodelle das Verhalten und Erleben Heranwachsender auch in außerfamilialen Kontexten beeinflussen. Aus diesem Grund und weil die Mehrzahl der Eltern-Kind-Beziehungen durch eine hohe emotionale Verbundenheit über das Jugendalter hinweg gekennzeichnet ist (E. Wild & Hofer, 1999), ist zu vermuten, dass Eltern über das gesamte Kindes- und Jugendalter hinweg Einfluss auf die Gründe nehmen sollten, aus denen heraus Jugendliche lernen. Konkret erwarten wir einen positiven Zusammenhang zwischen autoritativem Elternverhalten und intrinsischer Motivation einerseits und autoritärem Elternverhalten und extrinsischer Motivation andererseits.

Methode

Stichprobe

In diesem Beitrag greifen wir aus Daten aus dem Forschungsprojekt „Individuation und sozialer Wandel" zurück, in dem Jugendliche mit ihren Eltern aus den alten und neuen Bundesländern von 1992 an über einen Zeitraum von sechs Jahren begleitet wurden.[1] Die längsschnittlichen Analysen basieren auf den Angaben von 346 Schülern und Schülerinnen aus Mannheim und Leipzig, die sich zum vierten und fünften Erhebungszeitpunkt (Frühjahr 1995 und 1996) in der 12. und 13. Klasse bzw. im ersten und zweiten Lehrjahr befanden. Aus inhaltlichen Gründen wurden Klassenwiederholer und Jugendliche, die

---

[1] Das Projekt wurde von der Deutschen Forschungsgemeinschaft unterstützt und von einer Forschergruppe aus Mannheim (Manfred Hofer, Peter Noack, Elke Wild, Bärbel Kracke, Monika Buhl, Bernd Puschner) und Leipzig (Wolfgang Kessel, Udo Ettrich, Ullrich Jahn, Rolf Krause) durchgeführt.

entweder die Schule oder die Ausbildung abgebrochen hatten oder ohne Lehrstelle „jobbten", von der Analyse ausgeschlossen. Von den durchschnittlich 17,7 Jahre alten Schülern und Schülerinnen, deren Angaben in die Analyse eingingen, besuchten 144 (48% männlich) die gymnasiale Oberstufe (davon 72% aus Mannheim), weitere 202 Schüler und Schülerinnen (59% männlich) absolvierten ihre berufliche Erstausbildung (davon 52% aus Mannheim). Erwartungsgemäß unterschieden sich diese beiden Schülergruppen hinsichtlich der Schulbildung ihrer Eltern (χ^2 = 38.0; df = 2; p < .001) und deren Berufsabschlüsse (χ^2 = 33.1; df = 2; p < .001). Während bei den Eltern der Gymnasiasten diejenigen, die Abitur gemacht und studiert haben, mit 51% (vs. 20% bei den Berufsschülern) deutlich überrepräsentiert waren, waren Eltern mit Realschulabschluss (36% vs. 50%) oder maximal Hauptschulabschluss (12,5% vs. 30%) in dieser Teilstichprobe seltener anzutreffen. Auch hatten Gymnasiasten seltener einfache Angestellte (28,5% vs. 37,5) oder un- bzw. angelernte Arbeiter (28% vs. 72%) als Eltern.

Messinstrumente

Alle verwendeten Instrumente basieren auf vierstufigen Ratingskalen, die von „stimmt gar nicht" bis „stimmt völlig" einzuschätzen waren.

(1) Zur Erfassung der *motivationalen Orientierungen von Schülern* wurden je drei Items aus einem von K.-P. Wild, Krapp, Schiefele, Lewalter und Schreyer (1995) entwickelten Inventar verwendet, in dem die Schüler nach den Gründen für ihr Lernen gefragt werden (z.B. „In der [Berufs-]Schule lerne ich und beteilige mich am Unterricht, weil mir die Beschäftigung mit den Unterrichtsinhalten Spaß macht"). Eine hohe *intrinsische Motivation* wurde für die Schüler angenommen, die aus Spaß oder Interesse lernen. Schüler mit einer hohen *extrinsischen Motivation* gaben an, dass sie ihren Lerneinsatz von den antizipierten Reaktionen der Eltern abhängig machen. Die zu beiden Messzeitpunkten auch in den betrachteten Untergruppen ermittelten internen Konsistenzen fallen zufrieden stellend aus (vgl. Tabelle 1). Darüber hinaus unterstreichen die bei Null liegenden Korrelationen zwischen der intrinsischen und extrinsischen Motivation (bei Gymnasiasten zu t1: r = -.03 und zu t2: r = .01; bei Berufsschülern zu t1: r = -.08 und zu t2: r = -.11) die Auffassung, beide Orientierungen nicht als Endpole einer Dimension, sondern als unabhängige Dimensionen zu konzeptualisieren.

(2) Das *elterliche Erziehungsverhalten* wurde mit Rückgriff auf die Selbstbestimmungstheorie und in Anlehnung an die moderne Erziehungsstilforschung gefasst. Unterschieden wurde zwischen einem *autoritären Erziehungsverhalten*, welches durch Kontrolle und den Einsatz bestrafender Disziplinierungstechniken geprägt ist, und einem *autoritativen oder demokratischen Erziehungsverhalten*, das sich durch Interesse am Kind, durch aktive Unterstützung selbstbestimmten Handelns und durch rationale (induktive) Disziplinierungsstrategien auszeichnet. Beide Formen von Erziehung wurden aus Sicht der Jugendlichen erfragt. Die fünf Items zur Erfassung der autoritären Erziehung (z.B. „Meine Eltern wollen, dass ich ihnen gehorche", „Meine Eltern meinen, in Auseinandersetzungen sollte ich eher zurückstecken, als andere Leute ärgerlich zu machen") stammen ebenso wie die acht Items zur Erfassung demokratischer Erziehungspraktiken (z.B. „Wenn meine Eltern wollen, dass ich etwas tue, erklären sie mir warum", „Meine Eltern lassen mich selbst Pläne für Dinge machen, die ich tun will") aus einem Instrument von Steinberg, Mounts, Lamborn und Dornbusch (1991).

(3) Um die ermittelten Ergebnisse möglichst eindeutig als Folge elterlicher Erziehungspraktiken interpretieren zu können, wurden etwaige Effekte einer Reihe von Hintergrundvariablen kontrolliert. Neben der *regionalen Zugehörigkeit* (Schüler aus alten vs. neuen Bundesländern) und dem *Geschlecht* der Schüler wurde deren *schulische Leistungsfähigkeit* berücksichtigt. Diese wurde über den Durchschnitt der zum ersten Messzeitpunkt erfragten Zeugnisnoten in den Fächern Mathematik, Deutsch und Englisch operationalisiert. Darüber hinaus wurde die *soziale Herkunft* der Schüler über die Schulabschlüsse der Eltern (kein Abschluss / Hauptschulabschluss / Mittlere Reife / (Fach-)Abitur) und deren Berufsabschlüsse (kein Ausbildungsabschluss / handwerkliche Lehre / kaufmännische Lehre / Abschluss eines (Fach-)Hochschulstudiums) erfasst.

Tabelle 1: Interne Konsistenz der verwendeten Skalen, Mittelwerte und Standardabweichungen

	Gymnasiasten (N = 139)		Berufsschüler (N = 198)		Gesamt 1. Messzeitpunkt			Gesamt 2. Messzeitpunkt		
	α_{t1}	α_{t2}	α_{t1}	α_{t2}	α	M	SD	α	M	SD
Intrinsische Motivation	.80	.83	.79	.87	.87	2.58	.58	.84	2.64	.63
Extrinsische Motivation	.83	.82	.87	.85	.80	1.97	.83	.86	2.03	.79
Autoritative Erziehung	.74	.76	.76	.82	.76	2.99	.46	.81	3.00	.49
Autoritäre Erziehung	.60	.60	.65	.70	.64	1.93	.53	.66	1.89	.54

Ergebnisse

Im Folgenden werden nach einer kurzen Zusammenfassung der Voranalysen zunächst die Befunde zu Veränderungen in der Lernmotivation von Gymnasiasten und Berufsschülern dargestellt. Anschließend wird querschnittlichen Zusammenhängen zwischen elterlicher Erziehung und motivationalen Orientierungen nachgegangen. Der Abschnitt schließt mit den Ergebnissen aus längsschnittlichen Analysen.

Voranalysen

Um dem Effekt sozioökonomischer und anderer Hintergrundvariablen Rechnung tragen zu können, wurden diese in vorgeschalteten univariaten Varianzanalysen geprüft. Zweifaktorielle ANOVAs ergaben signifikante Ortseffekte (t1: $F(1,333) = 9.61$, $p < .01$; t2: $F(1,333) = 5.58$, $p < .05$) und Geschlechtseffekte (t1: $F(1,333) = 6.06$, $p < .05$; t2: $F(1,333) = 10.05$, $p < .01$) für die extrinsische Lernmotivation. Westdeutsche Jugendliche und weibliche Schüler erzielen in dieser Skala niedrigere Werte als ostdeutsche und männliche Schüler. Darüber hinaus finden sich Geschlechtsunterschiede bezüglich der kindperzipierten Erziehungspraktiken. Männliche Jugendliche nehmen ein höheres Ausmaß an autoritären Verhaltensweisen der Eltern wahr als weibliche (t1: $F(1,331) = 8.21$, $p < .01$; t2: $F(1,331) = 5.49$, $p < .05$) und zum zweiten Messzeitpunkt auch ein geringeres Ausmaß an demokratischen oder autoritativen Erziehungspraktiken (t2: $F(1,309) = 5.49$, $p < .05$). Weder in den motivationalen Orientierungen noch im kindperzipierten Erziehungsverhalten sind Unterschiede in Abhängigkeit von den Schul- und Berufsabschlüssen der Eltern zu beobachten.

Veränderung in den motivationalen Orientierungen

Die Ergebnisse zum Verlauf der intrinsischen und extrinsischen Lernmotivation zeigt Abbildung 1. Über den betrachteten Ein-Jahres-Zeitraum zeigt sich für die intrinsische Lernmotivation bei den Gymnasiasten ein signifikanter Anstieg von der 12. zur 13. Klasse und bei den Berufsschülern vom zweiten zum dritten Berufsschuljahr ($F(1,335) = 4.12$, $p < .05$).

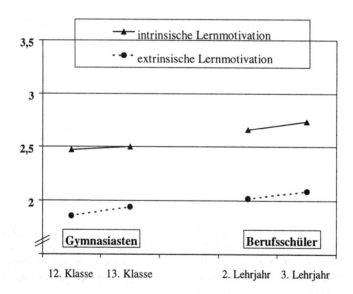

Abbildung 1: Veränderungen in den motivationalen Orientierungen bei Gymnasiasten und Berufsschülern.

Für die extrinsische Lernmotivation ergab sich lediglich ein tendenzieller Haupteffekt über die Zeit ($F(1,336) = 3.54$, $p < .06$). Beide Zeiteffekte sind bei Kontrolle der Region und des Geschlechts nicht mehr nachweisbar (*intrinsisch*: $F(1,334) = 1.34$, *ns; extrinsisch*: $F(1,336) = 1.28$, *ns*). Da sich weder für die intrinsische Lernmotivation ($F(1,335) = 0.58$, *ns*) noch für die extrinsische Lernmotivation ($F(1,336) = 0.06$, *ns*) Wechselwirkungen zwischen Zeitpunkt und Schülertyp ergaben, ist auch nicht von differenziellen Entwicklungsverläufen für Gymnasiasten und Berufsschüler auszugehen.

Mit Blick auf den schulischen Kontext sind die Unterschiede in der Höhe der Lernmotivation zwischen beiden Schülergruppen interessant. Berufsschüler berichteten über eine signifikant höhere intrinsische Lernmotivation ($F(1,335) = 14.18$, $p < .001$) und eine tendenziell höhere extrinsische Motivation als Gymnasiasten ($F(1,337) = 3.57$, $p < .06$).

Schulische Lernmotivation und elterliche Erziehung

Werden Zusammenhänge zwischen elterlichen Erziehungspraktiken und den ein Jahr später erhobenen motivationalen Orientierungen berechnet, ergeben sich für Gymnasiasten und Berufsschüler leicht unterschiedliche Zusammenhangsmuster. Dies geht aus den bivariaten Korrelationen hervor (vgl. Tabelle 2), die zudem erste Anhaltspunkte zur Spezifikation der Strukturgleichungsmodelle (s.u.) geben.

Zunächst weisen die Autokorrelationen (grau unterlegte Koeffizienten) auf eine höhere Stabilität in der intrinsischen und extrinsischen Motivation bei Berufsschülern hin. Darüber hinaus lassen sich in beiden Schülergruppen die erwarteten positiven Zusammenhänge zwischen einem autoritativen Erziehungsverhalten und der intrinsischen Motivation einerseits sowie einer autoritären Erziehung und einer extrinsischen Motivation andererseits nachweisen (umrandete Koeffizienten). Bei den Gymnasiasten fällt der zuerst genannte Zusammenhang zum zweiten Messzeitpunkt allerdings deutlich schwächer aus.

Um Beziehungsmuster unter Berücksichtigung von Messfehlern zu bestimmen, wurde eine Reihe von Strukturgleichungsmodellen berechnet. Der Einbezug von Messmodellen erlaubt einen Vergleich auf der Ebene der Konstrukte (d.h. der latenten Variablen), ohne bei den manifesten Variablen identische Messfehler in beiden Teilstichproben voraussetzen zu müssen.

Die Berechnungen erfolgen in drei aufeinander aufbauenden Schritten. (1) Zunächst werden die motivationalen Orientierungen Jugendlicher als Funktion der ein Jahr früher erfassten kindperzipierten Erziehungspraktiken untersucht. In einem zweiten Schritt (2) werden dann *Hintergrundvariablen* (als manifeste Variablen) in das Strukturgleichungsmodell aufgenommen um zu prüfen, ob der Zusammenhang zwischen Erziehung und Lernmotivation auf die Wirkung einer Drittvariable – wie beispielsweise der Schichtzugehörigkeit oder der schulischen Leistungsfähigkeit Jugendlicher – zurückgehen könnte. In einem letzten Auswertungsteil (3) wird der Einfluss der Eingangsmotivation berücksichtigt, um die Bedeutung elterlicher Erziehung für die *Veränderung* der Lernmotivation abschätzen zu können. Alle Berechnungen wurden mit der Strukturgleichungssoftware EQS (Bentler & Wu, 1994) auf der Basis von Kovarianzmatrizen durchgeführt. Zur besseren Interpretierbarkeit werden jedoch die Pfadkoeffizienten standardisiert wiedergegeben.

(1) Unterschiede in den motivationalen Orientierungen als Funktion vorangehender Erziehungserfahrungen

Am Ausgangspunkt einer Serie von Strukturgleichungsmodellen stand das vollständige theoretische Strukturmodell, das als Prädiktoren den autoritativen und autoritären Erziehungsstil sowie als Kriterien die intrinsische und extrinsische Motivation enthält. Die

Elke Wild, Manfred Hofer

Messmodelle für die beiden motivationalen Orientierungen bestehen jeweils aus den drei bei der Skalenbildung berücksichtigten Items als manifesten Variablen. Für die latenten Variablen "autoritative Erziehung" und "autoritäre Erziehung" bestehen die Messmodelle jeweils aus split-half-Skalen. Das Strukturgleichungsmodell sieht Pfade von beiden Prädiktoren auf beide abhängige Variablen vor, lässt aber auch Interkorrelationen zwischen den beiden Erziehungsstilen bzw. den beiden motivationalen Orientierungen zu, da diese für die hier interessierende Fragestellung unerheblich sind.

Da sich bei den Modellberechnungen für das vollständige Regressionsmodell weder in der Gesamtstichprobe noch in beiden Teilstichproben eine signifikante Beziehung zwischen autoritären Erziehungspraktiken und intrinsischer Lernmotivation ergab, wurde in einem zweiten Schritt der Modellfit für das reduzierte Strukturgleichungsmodell berechnet.

Tabelle 2: Interkorrelationen zwischen Erziehungspraktiken und motivationalen Orientierungen zu beiden Messzeitpunkten

Gesamtstichprobe	2)	3)	4)	5)	6)	7)	8)
1) intrins. Motivation t1	.01	.25*	-.10	.60*	-.09	.27*	-.07
2) extrins. Motivation t1	1.00	.07	.35*	.05	.62*	-.01	.22*
3) autoritative Erz. t1	.07	1.00	-.24*	.24*	-.02	.72*	-.14*
4) autoritäre Erz. t1	.35*	-.24*	1.00	-.10	.34*	-.30*	.50*
5) intrins. Motivation t2	.05	.24*	-.10	1.00	-.01	.29*	-.02
6) extrins. Motivation t2	.62*	-.02	.34*	-.01	1.00	.00	.30*
7) autoritative Erz. t2	-.01	.72*	-.30*	.29*	.00	1.00	-.20*
8) autoritäre Erz. t2	.22*	-.14*	.50*	-.02	.30*	-.20*	1.00

Koeff. für Gymnasiasten/ Berufsschüler	2)	3)	4)	5)	6)	7)	8)
1) intrins. Motivation t1	-.03 | .01	.27* | .28*	-.11 | -.11	.48* | .65*	-.13 | -.09	.27* | .30*	-.13 | -.06
2) extrins. Motivation t1		.12 | .07	.33* | .36*	.06 | .02	.47* | .69*	.05 | -.02	.27* | .20*
3) autoritative Erz. t1	.12 | .07		-.31* | -.21*	.15 | .32*	.01 | -.02	.70* | .72*	-.10 | -.15*
4) autoritäre Erz. t1	.33* | .36*	-.31* | -.21*		-.02 | -.15*	.25* | .39*	-.24* | -.33*	.50* | .49*
5) intrins. Motivation t2	.06 | .02	.15 | .32*	-.02 | -.15*		.01 | -.05	.23* | .37*	.05 | -.08
6) extrins. Motivation t2	.47* | .69*	.01 | -.02	.25* | .39*	.01 | -.05		.12 | -.04	.30* | .30*
7) autoritative Erz. t2	.05 | -.02	.70* | .72*	-.24* | -.33*	.23* | .37*	.12 | -.04		-.11 | -.23*
8) autoritäre Erz. t2	.27* | .20*	-.10 | -.15	.50* | .49*	.05 | -.08	.30* | .30*	-.11 | -.23*	

Anmerkungen. Die mit * gekennzeichneten Korrelationen sind mindestens auf dem 5%-Niveau abgesichert.

Wie erwartet, ergab sich weder in der Gesamtstichprobe ($\chi^2(33) = 79.987$, $p < .001$; $CFI = .95$; $\Delta\chi^2(1) = .01$, *ns*) noch in der gymnasialen Stichprobe ($\chi^2(33) = 52.36$, $p < .001$; $CFI = .95$; $\Delta\chi^2(1) = .29$, *ns*) oder der Berufsschulgruppe ($\chi^2(33) = 64.81$, $p < .05$; $CFI = .95$; $\Delta\chi^2(1) = .59$, *ns*) eine *signifikante* Verschlechterung des Modellfits gegenüber dem Ausgangsmodell.

Abbildung 2 gibt für das reduzierte Modell die Pfade zur Erklärung der motivationalen Orientierungen wieder. In Einklang mit den theoretischen Überlegungen berichteten Gymnasiasten und Berufsschüler über eine höhere intrinsische Lernmotivation am Ende der Oberstufe bzw. der beruflichen Erstausbildung, je mehr sie das elterliche Erziehungsverhalten ein Jahr zuvor als autoritativ beschrieben hatten. Ebenso durchgängig und sogar enger fällt der erwartete Zusammenhang zwischen dem Ausmaß autoritärer Erziehungspraktiken und der Höhe der extrinsischen Lernmotivation von Schülern aus.

Theoretisch nicht vorhergesagt wurde die in der Gesamtstichprobe beobachtbare positive Beziehung zwischen autoritativer Erziehung und extrinsischer Motivation. Diese ist bei getrennter Betrachtung der beiden Teilgruppen allerdings nur auf der Basis der Angaben der Berufsschüler statistisch abzusichern. Um nun die für beide Schülergruppen ermittelten Strukturmodelle direkt vergleichen und prüfen zu können, ob autoritative Erziehungspraktiken nur bei Berufsschülern zur Aufklärung von Unterschieden in beiden motivationalen Orientierungen beitragen, wurde etwaigen Unterschieden in den Prädiktor-Kriterium-Beziehungen mittels LM-Test nachgegangen (vgl. Bentler & Wu, 1994). Dieser Test prüft, ob die Annahme der Gleichheit der Pfadkoeffizienten (z.B. zwischen autoritärer Erziehung und extrinsischer Lernmotivation) für beide Teilstichproben zu einer signifikanten Verschlechterung des Modellfits führt. Zu diesem Zweck wurde die Modellpassung (χ^2/df-Statistik) für ein unrestringiertes Modell („constraints" nur im Messmodell und nicht im Strukturmodell) als Vergleichsbasis bestimmt.

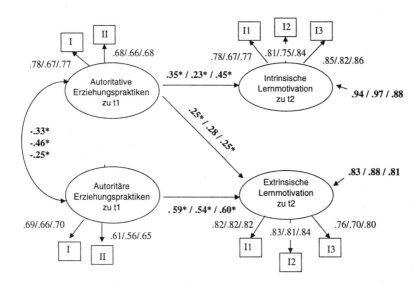

Abbildung 2: Zusammenhänge zwischen elterlichen Erziehungspraktiken und den motivationalen Orientierungen von Schülern ein Jahr später (Pfadkoeffizienten für die Gesamtstichprobe und die Teilgruppe der Gymnasiasten sowie der Berufsschüler).

Der ermittelte χ^2-Wert ($\chi^2(66) = 117.17$) wurde mit der Modellpassung verglichen, die sich ergibt, wenn das Strukturmodell in beiden Teilstichproben als gleich angenommen wird ($\chi^2(70) = 121.10$). Die Differenz der χ^2-Werte ($\Delta\chi^2(4) = 3.93$; *ns*) weist die Modelle *nicht* als signifikant verschieden aus, so dass von einer Gleichheit der Pfadkoeffizienten auszugehen ist. Dennoch sind in Tabelle 3 der Vollständigkeit halber die Ergebnisse des Vergleichs der Faktorladungen aufgeführt. Es zeigte sich, dass bei univariater Testung nur einer der drei Vergleiche tendenziell signifikant ist, und zwar der Zusammenhang zwischen autoritativer Erziehung und intrinsischer Motivation.

(2) Unterschiede in den motivationalen Orientierungen als Funktion von vorangehenden Erziehungserfahrungen und Hintergrundvariablen

Nach der Ermittlung der theoretisch bedeutsamen Zusammenhänge zwischen elterlichen Erziehungspraktiken und motivationalen Orientierungen wurden in einem zweiten Auswertungsschritt vier Merkmale als manifeste Variablen in das Strukturgleichungsmodell aufgenommen, um etwaige Einflüsse von Hintergrundvariablen kontrollieren zu können. Neben der regionalen Zugehörigkeit der Schüler und ihrem Geschlecht sind dies die Schulabschlüsse der Eltern und die zum ersten Messzeitpunkt erfasste Durchschnittsnote der Jugendlichen in den Kernfächern Mathematik, Deutsch und Englisch.

Tabelle 3: Prüfung der Unterschiede der Pfadkoeffizienten für das unrestringierte und restringierte Modell

Pfadkoeffizienten	$\chi^2(1)$	p
Autoritative Erziehung / Intrinsische Motivation	3.490	0.062
Autoritäre Erziehung / Extrinsische Motivation	0.154	0.695
Autoritative Erziehung / Extrinsische Motivation	0.030	0.863

In einer Serie von Modellen wurden die Einflüsse dieser Variablen geprüft. Da ihnen jedoch weder für die intrinsische noch für die extrinsische Motivation eine prognostische Bedeutung zukam und sich auch keine bedeutsamen Veränderungen für die übrigen Pfadkoeffizienten ergaben, wird auf eine vollständige Darstellung der Ergebnisse verzichtet. Stattdessen wird exemplarisch eine Rechnung vorgestellt, bei der zunächst das vollständige theoretische Ausgangsmodell unter Berücksichtigung aller genannten Hintergrundvariablen geprüft wurde. Obwohl die für die Gesamtstichprobe ermittelten Fit-Indizes des Ausgangsmodells zufriedenstellend ausfielen ($\chi^2(56) = 112.69$, $p < .001$; *CFI* = .95; *GFI* = .95; *AGFI* = .90), wurde erneut geprüft, welche Pfadkoeffizienten verzichtbar sind.

In Abbildung 3 ist das reduzierte Modell ($\chi^2(54) = 108.98$, $p < .001$; *CFI* = .95; *GFI* = .95; *AGFI* = .91) mit sämtlichen theoretisch und statistisch bedeutsamen Koeffizienten wiedergegeben. Aus Gründen der besseren Übersichtlichkeit wurde auf eine Darstellung von Pfaden zwischen einzelnen Hintergrundvariablen (z.B. der sozialen Herkunft und den Schulleistungen der Schüler) verzichtet.

Zunächst ist hinsichtlich der hinzugenommenen Prädiktoren festzuhalten, dass das Geschlecht der Schüler in keiner statistisch bedeutsamen Beziehung zu einem der beiden Erziehungsstile oder zu den motivationalen Orientierungen stand und daher aus dem reduzierten Modell herausfällt. Auch die regionale Zugehörigkeit und soziale Herkunft der

Schüler ist lediglich insofern bedeutsam, als ostdeutsche Schüler über eine höhere extrinsische Motivation berichteten und Schüler eine umso geringere intrinsische Motivation mitbringen, je höher der Schulabschluss ihrer Eltern ist. Unter theoretischen Gesichtspunkten interessant sind die Zusammenhänge zwischen den Noten, dem Grad der intrinsischen Motivation und dem Ausmaß autoritärer Erziehungspraktiken. Schüler unterschiedlicher sozialer Herkunft, die sich im Elternhaus mit starker Kontrolle und Konformitätsdruck konfrontiert sehen, kämpfen danach in der Schule mit Leistungsproblemen und lernen (deshalb?) weniger aus Spaß oder Interesse am Lerngegenstand.

(3) Veränderungen in den motivationalen Orientierungen als Funktion von vorangehenden Erziehungserfahrungen und Hintergrundvariablen

Ob das Erziehungsverhalten in einem kausalen Sinne die motivationalen Orientierungen Heranwachsender beeinflusst, lässt sich mit den berichteten Korrelationen nicht zweifelsfrei belegen. Genaueren Aufschluss geben längsschnittliche Auswertungen, in denen die zum ersten Messzeitpunkt erfasste intrinsische und extrinsische Motivation jeweils auspartialisiert wurde, um die Vorhersagekraft elterlicher Erziehung für Veränderungen in der Lernmotivation über das beobachtete Jahresintervall zu untersuchen.

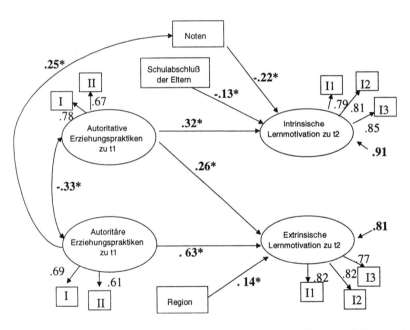

Abbildung 3: Zusammenhänge zwischen elterlichen Erziehungspraktiken und den motivationalen Orientierungen von Schülern ein Jahr später bei Kontrolle von Hintergrundvariablen (alle Pfadkoeffizienten beziehen sich auf die Gesamtstichprobe).

Wiederum wurde ausgehend vom vollständigen theoretischen Modell, das sämtliche Pfade zwischen beiden Prädiktoren und Kriterien zulässt, ein sparsameres Modell zu identifizieren versucht. Es zeigte sich, dass im Rahmen der längsschnittlichen Analysen bei einem Verzicht der Pfade von der autoritativen Erziehung zur extrinsischen Lernmotivation und der autoritären Erziehung zur intrinsischen Lernmotivation ein im Vergleich zum Ausgangsmodell gleich guter Modellfit erzielt werden kann (Gesamtstichprobe: $\chi^2(96) = 212.44$, $p < .001$; $CFI = .94$; $\Delta\chi^2(2) = .64$, *ns*; Gymnasiasten: $\chi^2(96) = 134.98$, $p < .01$; $CFI = .95$; $\Delta\chi^2(2) = .87$, *ns*; Berufsschüler: $\chi^2(96) = 171.94$, $p < .001$; $CFI = .94$; $\Delta\chi^2(2) = 2.65$, *ns*).

Auf der Basis des reduzierten Modells, das in Abbildung 4 veranschaulicht ist, wurde anschließend der Frage nachgegangen, ob die o.g. Hintergrundvariablen über die Eingangsmotivation und die beiden Erziehungspraktiken hinaus einen eigenständigen Beitrag zur Vorhersage der intrinsischen und extrinsischen Motivation leisten. Da dies nicht der Fall war, wurde das reduzierte Modell abschließend für den Vergleich der Zusammenhänge in den beiden Teilstichproben zugrunde gelegt.

Die getrennt für Gymnasiasten ($\chi^2(96) = 134.98$, $p < .01$, $CFI = .95$; $GFI = .89$; $AGFI = .84$) und Berufsschüler ($\chi^2(96) = 174.94$, $p < .001$, $CFI = .94$; $GFI = .88$; $AGFI = .83$) ermittelten Strukturgleichungsmodelle sind ebenfalls in Abbildung 4 festgehalten.

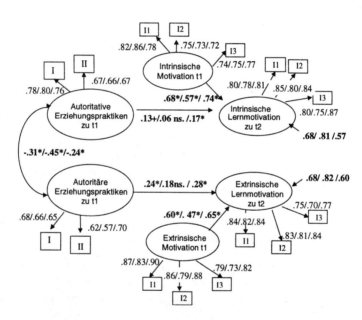

Abbildung 4: Längsschnittliche Zusammenhänge zwischen elterlichen Erziehungspraktiken und nachfolgenden motivationalen Veränderungen (Pfadkoeffizienten sind für die Gesamtstichprobe, die Gymnasiasten und die Berufsschüler aufgeführt).

Während erwartungsgemäß beide Erziehungsstile prognostisch bedeutsam sind für die Vorhersage der Veränderung der motivationalen Orientierungen von Berufsschülern, lassen sich die entsprechenden Pfadkoeffizienten bei den Gymnasiasten nicht statistisch absichern. Deshalb wurde in einem letzten Schritt geprüft, ob die Strukturgleichungsmodelle für beide Teilstichproben im statistischen Sinn als gleich angenommen werden können.

Hierzu wurde wiederum die Modellpassung (χ^2/df-Statistik) für ein restringiertes (χ^2(194) = 311.24, p < .001; CFI = .94) und unrestringiertes Modell (χ^2(192) = 309.92, p < .001; CFI = .94) bestimmt. Die Differenz der χ^2-Werte ($\Delta\chi^2$(2) = 1.32; ns) weist die Modelle als nicht signifikant verschieden aus, so dass die Pfadkoeffizienten in beiden Strukturmodellen als gleich angenommen werden. Im gemeinsamen Modell ist nur noch der Pfad von den autoritären Erziehungspraktiken zur extrinsischen Motivation statistisch abzusichern.

Diskussion

Am Ausgangspunkt unserer Überlegungen stand der vielfach dokumentierte Abfall in der intrinsischen Lernmotivation und die Frage, ob sich dieser Trend auch nach der Sekundarstufe I bei Schülern der gymnasialen Oberstufe und bei Berufsschülern fortsetzt. Auf der Basis unserer Ergebnisse ist diese Frage zu verneinen: Anstelle des Rückgangs findet sich sogar ein signifikanter Anstieg in der intrinsischen motivationalen Orientierung und eine tendenziell ansteigende extrinsische Motivation. Selbst wenn man angesichts der geringen Effektstärken vorsichtig von einer Konsolidierung beider Formen der Lernmotivation spricht, kommen wir für die Phase am Ende der beruflichen Erstausbildung zu einem anderen Ergebnis als K.-P. Wild und Krapp (1996) sowie Prenzel et al. (1996) für den Beginn der beruflichen Erstausbildung. In zukünftigen Arbeiten wäre es daher interessant, möglichst die gesamte Zeitspanne vom Ende der Sekundarstufe I über den Übergang in die berufliche Erstausbildung bis zu deren Abschluss zu analysieren.

Während sich in unseren Ergebnisse also keine globalen alterskorrelierten Veränderungen in der Lernmotivation von Schülern zeigen, und auch keine differenziellen Entwicklungsverläufe von Gymnasiasten und Berufsschülern erkennbar sind, lassen sich klare Unterschiede in der durchschnittlichen Ausprägung der motivationalen Orientierungen von Schülern in verschiedenen schulischen Kontexten beobachten: Schüler in der beruflichen Erstausbildung erzielen in beiden motivationalen Orientierungen höhere Werte als gleichaltrige Schüler in den letzten Klassen der gymnasialen Oberstufe. Es liegt nahe, diese Differenzen auf Unterschiede in der schulischen Lernumgebung und hier insbesondere auf den starken Anwendungsbezug der Lerninhalte in der Berufsschule zurückzuführen. Eine solche Interpretation bleibt jedoch ebenso spekulativ wie alternative Erklärungsansätze, die stärker auf Unterschiede in früheren (außer-)schulischen Lernerfahrungen abheben, solange nicht auf Befunde aus Längsschnittstudien zurückgegriffen werden kann, die die Entwicklung verschiedener Formen der Lernmotivation über die gesamte Spanne der schulischen und beruflichen Ausbildung hinweg abbilden.

Als bedeutsamsten Beitrag dieser Arbeit sehen wir den Nachweis, dass Merkmale elterlicher Erziehung eine theoriekonforme Vorhersage über die Entwicklung der Lernmotivation von Schülern am Ende des Jugendalters erlauben. Unsere Befunde unterstreichen damit die Fruchtbarkeit von Bemühungen, Veränderungen in der Lernmotivation jugendlicher Schüler nicht allein als Funktion schulischer Kontextbedingungen anzusehen. Sie erweitern auch die bisherige Befundlage zum Zusammenhang zwischen elterlicher Erziehung und der Entwicklung motivationaler Orientierungen und liefern empirische Evidenz für selbstbestimmungstheoretische Überlegungen. So zeichnet sich bei Jugendlichen, die sich in der 12. Klasse bzw. im zweiten Lehrjahr in ihrer Selbständigkeit unterstützt und von den Eltern angenommen fühlen, im Vergleich zu anderen Jugendlichen eine ausgeprägtere Neigung ab, sich ein Jahr später mit schulischen Inhalten intensiv auseinander zusetzen und sich dabei primär vom Spaß an der Sache und dem Interesse am Gegenstand leiten zu lassen. Umgekehrt scheinen Eltern, die dem Bedürfnis der Jugendlichen nach Autonomie wenig Rechnung tragen, die Herausbildung einer externalen Persönlichkeitsstruktur zu fördern, für die eine eher instrumentell-kalkulierende Lernhaltung kennzeichnend ist. Einschränkend sei jedoch festgehalten, dass unsere Ergebnisse auf den kindperzipierten Einschätzungen elterlichen Erziehungsverhaltens basieren. In zukünftigen Arbeiten sollen diese erlebnisdeskriptiven Daten deshalb mit Verhaltensdaten verknüpft werden, die im vorliegenden Projekt in Form von Familiengesprächen erhoben wurden (vgl. Kracke & Noack, 1998; E. Wild, 2000).

Bezüglich der Bedeutung etwaiger Drittvariablen ergeben unsere Analysen, dass sich die genannten Zusammenhänge auch bei Kontrolle soziodemographischer Variablen beobachten lassen und sich keine Hinweise auf eine vermittelnde oder moderierende Rolle von Merkmalen wie dem Geschlecht der Schüler oder ihrer sozialen Herkunft finden. Ansonsten zeigt sich die Bedeutung der erfassten Hintergrundvariablen vor allem darin, dass leistungsschwächere Schüler im Vergleich zu leistungsstärkeren eine niedrigere intrinsische Motivation aufweisen. Dieses Ergebnis fügt sich in vorliegende Befunde (z.B. Fend, 1997) ein und kann sowohl selbstbestimmungstheoretisch mit der Frustration des Bedürfnisses nach Kompetenzerleben als auch als Ausdruck der leistungssteigernden Wirkung von Interessen interpretiert werden.

Erwähnenswert ist weiterhin der Zusammenhang zwischen der sozialen Herkunft und den motivationalen Orientierungen von Schülern. Entgegen alltagspsychologischen Annahmen sind Schüler umso weniger intrinsisch motiviert, je höher die Schulabschlüsse der Eltern ausfallen. Ausgehend von Befunden zur sozialen Chancenungleichheit (zusf. Ditton, 1992) könnte die geringere Lernfreude sozial privilegierterer Jugendlicher darauf zurückzuführen sein, dass der Besuch des Gymnasiums hier mit größerer Selbstverständlichkeit erfolgt und Akademikereltern selbst bei Klassenwiederholungen seltener als Arbeitereltern einen Wechsel auf eine andere Schulform erwägen. Jugendliche, die sozial weniger privilegiert sind und „trotzdem" die gymnasiale Oberstufe besuchen, stellen im Vergleich dazu vielleicht eine positiv selegierte Gruppe besonders leistungsfähiger und motivierter Schüler dar.

Mit der Lernmotivation von Schülern wurde in diesem Beitrag ein Aspekt der schulischen Entwicklung herausgegriffen, der sowohl für sich genommen, als auch unter dem Aspekt der Funktion motivationaler Orientierungen für die Lernleistung Heranwachsender, als eine wichtige Zielgröße pädagogischer Bemühungen betrachtet werden kann. Hinsichtlich der leistungsfördernden Funktion motivationaler Orientierungen belegen vorliegende Metaanalysen einen positiven Zusammenhang zwischen den schulischen Leistungen Heranwachsender und der Höhe der intrinsischen Lernmotivation (Schiefele & Schreyer, 1994) sowie der extrinsischen motivationalen Orientierung (Fraser, Walberg, Welch & Hattie, 1987). Unter Berücksichtigung dieser Korrelationen, die vermutlich als Ergebnis positiver Rückkopplungsprozesse zu interpretieren sind, legen unsere Befunde nahe, dass sowohl von autoritativen als auch von autoritären elterlichen Verhaltensweisen ein leistungssteigernder Effekt ausgehen kann, der über interindividuell unterschiedliche motivationale Orientierungen vermittelt wird. Besonders interessant sind die querschnittlichen Ergebnisse, denen zufolge ein autoritativer Stil mit einer höheren Ausprägung beider motivationaler Orientierungen assoziiert ist. Möglicherweise bringen somit Jugendliche, die sich von ihren Eltern emotional angenommen und in ihrer Autonomie unterstützt fühlen, eine stärkere Bereitschaft als autoritär erzogene Schüler mit, sich an den Erwartungen und Reaktionen der Eltern zu orientieren und sich deren lernbezogene Ziele und Ansprüche soweit zu Eigen zu machen, dass sie mit dem Gefühl der Selbstbestimmung lernen und sich ihr Interesse an den Lernhalten verstärkt.

Allerdings ist bei dem Versuch, unsere Ergebnisse technologisch umzusetzen, Vorsicht angebracht. Zwar finden wir keine Belege für die in der Selbstbestimmungstheorie enthaltene „Korrumpierungsthese", wonach stark kontrollierende erzieherische Umwelten ein Absinken der intrinsischen Motivation erwarten lassen (Ryan & Deci, 1996). Man wird Eltern aber dennoch kaum empfehlen können, im Sinne einer „Breitbandmotivierung" gleichzeitig die intrinsische und extrinsische Motivation zu beeinflussen, um dadurch die Leistungen ihres Kindes zu befördern. Denn die extrinsische Motivation stellt sich primär als eine Funktion autoritärer Erziehungspraktiken dar und die negative Korrelation zwischen dem Einsatz autoritärer und autoritativer Erziehungsstile zeigt, dass diese logisch wie empirisch in einem inkompatiblem Verhältnis zueinander stehen. Es dürfte daher kaum Erfolg versprechend sein, wenn Eltern, die „natürlicherweise" einen autoritativen Erziehungsstil realisieren, autoritäre Disziplinierungsstrategien mit dem Ziel einer „doppelten Leistungsförderung" in ihr Repertoire an Erziehungsmethoden aufzunehmen versuchen.

Gleichwohl stützen unsere Ergebnisse generell die Forderung nach einer Stärkung der Elternverantwortung für schulisches Lernen, wie sie bislang vor allem im Ruf nach einer intensivierten Eltern-Lehrer-Kooperation zum Ausdruck gekommen ist (Krumm, 1996; Pekrun, 1997). Zugleich weisen sie darauf hin, dass die in Ländern wie den USA propagierten und mit Erfolg praktizierten Maßnahmen zum „parental involvement and empowerment" (vgl. Chrispeels & Coleman, 1996; Graue, Weinstein & Walberg, 1983; Griffith, 1996) nur einen möglichen Weg darstellen. Während diese Programme auf eine verstärkte Beteiligung der Eltern am schulischen Leben und eine intensivierte Eltern-Lehrer-Kooperation abheben, lassen es die hier berichteten Ergebnisse aussichtsreich erscheinen, auch auf eine von schulischen Belangen losgelöste Elternberatung zu setzen, um die intrinsische Lernmotivation und das Interesse Jugendlicher an schulischen Lerninhalten zu fördern.

Literatur

Anderman, E. M. & Maehr, M. L. (1994). Motivation and schooling in the middle grades. *Review of Educational Research, 64*, 287-310.

Bentler, P. M. & Wu, E. J. C. (1994). *EQS/Windows User's Guide, 4.* Los Angeles, CA: BMDP Statistical Software.

Chrispeels, J. & Coleman, P. (1996). Improving schools through better home-school partnerships. *School Effectiveness and School Improvement, 7*, 291-296.

Czerwenka, K., Nölle, K., Pause, G., Schotthaus, W., Schmidt, H.-J. & Tessloff, J. (1990). *Schülerurteile über die Schule.* Frankfurt a.M.: Lang.

Deci, E. L. & Ryan, R. M. (1985). *Intrinsic motivation and self-determination in human behavior.* New York: Plenum.

Deci, E. L. & Ryan, R. M. (1993). Die Selbstbestimmungstheorie der Motivation und ihre Bedeutung für die Pädagogik. *Zeitschrift für Pädagogik, 39*, 223-238.

Ditton, H. (1992). *Ungleichheit und Mobilität durch Bildung.* Weinheim: Juventa.

Eccles, J. S. & Midgley, C. (1989). Stage-environment fit: Developmentally appropriate classrooms for young adolescents. In C. Ames & R. Ames (Eds.), *Research on motivation in education, Vol. 3: Goals and cognition* (pp. 139-186). New York: Academic Press.

Eccles, J. S., Midgley, C., Wigfield, A., Buchanan, C. M., Reumann, D., Flanagan, C. & MacIver, D. (1993). Development during adolescence. The impact of stage-environment fit on young adolescents' experiences in schools and families. *American Psychologist, 48,* 90-101.

Fend, H. (1997). Der Umgang mit Schule in der Adoleszenz. Göttingen: Hogrefe.

Fraser, B. J., Walberg, H. J., Welch, W. W. & Hattie, J. A. (1987). Syntheses of educational productivity research. *International Journal of Educational Research, 11,* 145-252.

Ginsburg, G. S. & Bronstein, P. (1993). Family factors related to children's intrinsic/extrinsic motivational orientation and academic performance. *Child Development, 64,* 1461-1474.

Graue, M. E., Weinstein, T. & Walberg, H. J. (1983). School based home instruction and learning. A quantitative synthesis. *Journal of Educational Research, 76,* 351-360.

Green, A. L., Wheatley, S. M. & Aldava, J. F. (1992). Stages on life's way: Adolescents' implicit theories of the life course. *Journal of Adolescent Research, 7,* 364-381.

Griffith, J. (1996). Relation of parental involvement, empowerment, and school traits to student academic performance. *Journal of Educational Research, 90,* 33-41.

Grolnick, W. S. & Ryan, R. M. (1989). Parent styles associated with children's self-regulation and competence in school. *Journal of Educational Psychology, 81,* 143-154.

Grolnick, W. S. & Slowiaczek, M. L. (1994). Parents' involvement in children's schooling: A multidimensional conceptualization and motivational model. *Child Development, 65,* 237-252.

Grolnick, W. S., Deci, E. L. & Ryan, R. M. (1997). Internalization within the family: The self-determination theory perspective. In J. E. Grusec & L. Kuczinsky (Eds.), *Parenting and children's internalization of values: A handbook of contemporary perspectives* (pp. 135-161). New York, NY: Wiley.

Grolnick, W. S., Ryan, R. M. & Deci, E. L. (1991). Inner resources for school achievement: Motivational mediators of children's perceptions of their parents. *Journal of Educational Psychology, 83,* 508-517.

Heckhausen, H. (1989). *Motivation und Handeln* (2. Aufl.). Berlin: Springer.

Helmke, A. (1993). Die Entwicklung der Lernfreude vom Kindergarten bis zur 5. Klassenstufe. *Zeitschrift für Pädagogische Psychologie, 7,* 77-86.

Hofer, M. (1999). Community service and social cognitive development in German adolescents. In M. Yates & J. Youniss (Eds.). *Roots of civic identity* (pp. 114-134). Cambridge: Cambridge University Press.

Hofer, M. & Buhl, H.M. (1998). Experiments with the role-playing method in the study of interactive behavior. In M. Hofer, J. Youniss & P. Noack (Eds.), *Verbal interaction and development in families with adolescents* (pp. 31-48). Norwood, NJ: Ablex.

Inglehart, R. (1998). *Modernisierung und Postmodernisierung. Kultureller, wirtschaftlicher und politischer Wandel in 43 Gesellschaften.* Frankfurt a.M.: Campus.

Kracke, B. & Noack, P. (1998). Continuity and change in family interactions across adolescence. In M. Hofer, J. Youniss & P. Noack (Eds.). *Verbal interaction and development in families with adolescents* (pp. 65-81). Norwood, NJ: Ablex.

Krapp, A. & Prenzel, M. (1992). *Interesse, Lernen, Leistung.* Münster: Aschendorff.

Krapp, A. (1993). Die Psychologie der Lernmotivation. *Zeitschrift für Pädagogik, 39,* 187-206.

Krapp, A. (1997). Selbstkonzept und Leistung: Dynamik ihres Zusammenspiels. In F.E. Weinert & A. Helmke (Hrsg.). *Entwicklung im Grundschulalter* (S. 325-339). Weinheim: Psychologie Verlags Union.

Krapp, A. (1998). Entwicklung und Förderung von Interessen im Unterricht. *Psychologie in Erziehung und Unterricht, 44,* 185-201.

Krapp, A. (1999). Interest, motivation and learning: An educational-psychological perspective. *European Journal of Psychology of Education, 14,* 23-40.

Krumm, V. (1990). Ein blinder Fleck der Unterrichtswissenschaft: Die Vernachlässigung außerschulischer Faktoren in der Unterrichtsforschung. *Unterrichtswissenschaft, 18,* 40-44.

Krumm, V. (1996). Über die Vernachlässigung der Eltern durch Lehrer und Erziehungswissenschaft. In A. Leschinsky (Hrsg.), *Die Institutionalisierung von Lehren und Lernen* (S. 119-137). Weinheim: Beltz.

Majoribanks, K. (1994). Families, schools and children's learning: A study of children's learning environments. *International Journal of Educational Research, 21,* 439-555.

McClelland, D. C. (1966). *Die Leistungsgesellschaft.* Stuttgart: Kohlhammer.

Merkens, H., Classen, C. & Bergs-Winkels, D. (1997). Familiale und schulische Einflüsse auf die Konstituierung des Selbst in der Jugendzeit. *Zeitschrift für Pädagogik 43,* 93-112.

Pekrun, R. (1993). Entwicklung von schulischer Aufgabenmotivation in der Sekundarstufe: Ein erwartungs-wert-theoretischer Ansatz. *Zeitschrift für Pädagogische Psychologie, 7,* 87-97.

Pekrun, R. (1997). Kooperation zwischen Elternhaus und Schule. In L.A. Vaskovics & H. Lipinski (Hrsg.), *Familiale Lebenswelten und Bildungsarbeit* (S. 51-79). Opladen: Leske + Budrich.

Pikowsky, B. & Hofer, M. (1992). Die Familie mit Jugendlichen. In M. Hofer, E. Klein-Allermann & P. Noack (Hrsg.), *Familienbeziehung. Eltern und Kinder in der Entwicklung* (S. 194-216). Göttingen: Hogrefe.

Pintrich, P. R. & Schunk, D. H. (1996). *Motivation in education.* Englewood Cliffs, NJ: Prentice-Hall.

Prenzel, M. (1988). *Die Wirkungsweise von Interesse.* Opladen: Westdeutscher Verlag.

Prenzel, M., Kristen, A., Dengler, P., Ette, R. & Beer, T. (1996). Selbstbestimmt motiviertes und interessiertes Lernen in der kaufmännischen Erstausbildung. *Zeitschrift für Berufs- und Wirtschaftspädagogik, 13,* 108-127.

Roesner, R. W. & Eccles, J. S. (1998). Adolescents' perceptions of middle school: Relation to longitudinal changes in academic and psychological adjustment. *Journal of Research on Adolescence, 8,* 123-158.

Ryan, B. A. & Adams, G. R. (1995). The family-school relationships model. In: B. A. Ryan, T. P. Gullotta, R. P. Wissberg & R. L. Hampton (Eds.), *The family-school connection* (pp. 3-28). Thousand Oaks, CA: Sage.

Ryan, R. M. & Deci, E. L. (1996). When paradigms clash: Comments on Cameron and Pierce's claim that rewards do not undermine intrinsic motivation. *Review of Educational Research, 66,* 33-38.

Ryan, R. M. (1995). Psychological needs and the facilitation of integrative processes. *Journal of Personality, 63,* 398-427.

Ryan, R. M., Stiller, J. & Lynch, J. H. (1994). Representations of relationships to teachers, parents, and friends as predictors of academic motivation and self-esteem. *Journal of Early Adolescence, 14,* 226-249.

Schiefele, U. (1996). *Motivation und Lernen mit Texten.* Göttingen: Hogrefe.

Schiefele, U. & Schreyer, I. (1994). Intrinsische Lernmotivation und Lernen. Ein Überblick zu Ergebnissen der Forschung. *Zeitschrift für Pädagogische Psychologie, 8,* 1-13.

Schneewind, K. A., Beckmann, M. C. & Engfer, A. (1983). *Eltern und Kinder.* Stuttgart: Kohlhammer.

Steinberg, L., Lamborn, S. D., Darling, N., Mounts, N. S. & Dornbusch, S. M. (1994). Over-time changes in adjustment and competence among adolescents from authoritative, authoritarian, indulgent, and neglectful families. *Child Development, 65,* 754-770.

Steinberg, L., Lamborn, S. D., Dornbusch, S. M. & Darling, N. (1992). Impact of parenting practices on adolescents achievement: authoritative parenting, school involvement, and encouragement to succeed. *Child Development, 63,* 1266-1281.

Steinberg, L., Mounts, N. S., Lamborn, S. D. & Dornbusch, S. M. (1991). Autoritative parenting and adolescent adjustement across various ecological niches. *Journal of Research on Adolescence, 1,* 19-36.

Todt, E. (1990). Entwicklung des Interesses. In H. Hetzer (Hrsg.). *Angewandte Entwicklungspsychologie des Kindes- und Jugendalters* (S. 213-264). Heidelberg: Quelle & Meyer.

Trudewind, C. (1975). *Häusliche Umwelt und Motiventwicklung.* Göttingen: Hogrefe.

Trudewind, C., & Windel, A. (1991). Elterliche Einflussnahme auf die kindliche Kompetenzentwicklung: Schulleistungseffekte und ihre motivationale Vermittlung. In R. Pekrun & H. Fend (Hrsg.), *Schule und Persönlichkeitsentwicklung.* Stuttgart: Enke.

Wild, E. & Hofer, M. (1999). Familienbeziehungen in Zeiten sozialen Wandels. In S. Walper & R. Pekrun (Hrsg.), *Familie und Entwicklung: Perspektiven der Familienpsychologie.* Göttingen: Hogrefe.

Wild, E. & Wild, K.-P. (1997). Familiale Sozialisation und schulische Lernmotivation. *Zeitschrift für Pädagogik, 43*, 55-77.

Wild, E. (1997). Bedingungen der Schullaufbahn ost- und westdeutscher Jugendlicher am Ende der Sekundarstufe I. *37. Beiheft der Zeitschrift für Pädagogik,* S. 229-254.

Wild, E. (2000). *Elterliche Erziehung und schulische Lernmotivation.* Münster: Waxmann.

Wild, K.-P. & Krapp, A. (1995). Elternhaus und intrinsische Lernmotivation. *Zeitschrift für Pädagogik, 41*, 579-595.

Wild, K.-P. & Krapp, A. (1996). Lernmotivation in der kaufmännischen Erstausbildung. *Zeitschrift für Berufs- und Wirtschaftspädagogik, 13*, 90-107.

Wild, K.-P. (2000). *Kognitive Lernstrategien im Studium.* Münster: Waxmann.

Wild, K.-P., Krapp, A., Schiefele, U., Lewalter, D. & Schreyer, I. (1995). *Dokumentation und Analyse der Fragebögen und Tests* (Berichte aus dem DFG-Projekt "Bedingungen und Auswirkungen berufsspezifischer Lernmotivation" Nr. 2). München: Universität der Bundeswehr.

Doris Lewalter und Inge Schreyer

Entwicklung von Interessen und Abneigungen – zwei Seiten einer Medaille? Studie zur Entwicklung berufsbezogener Abneigungen in der Erstausbildung

Wenn sich Pädagogen und Psychologen mit dem Thema Lernmotivation beschäftigen, dann geschieht das häufig mit Blick auf den Grad der positiven Zuwendung, die eine Person einer Thematik oder einem Aufgabenbereich entgegenbringt. So thematisiert zum Beispiel ein beachtlicher Teil der Lernmotivationsforschung das Zustandekommen intrinsisch motivierten Lernens und weiterführend die Entstehung von Interessen für bestimmte Themen oder Tätigkeiten.

Empirische Studien haben jedoch gezeigt, dass es im Verlauf der Schulausbildung bei den Schülern häufig zu einer Abnahme der thematischen Interessen kommt (u.a. Baumert & Köller, 1998; Gardner, 1985; Haladyna & Thomas, 1979; Lehrke, 1988; Lehrke, Hoffmann & Gardner, 1985). In der Folge wurde in großen Studien u.a. untersucht, wie es zu diesem Rückgang kommt und wie man diesem Prozess entgegenwirken kann (u.a. Häußler & Hoffmann, 1990, 1995; Hoffmann & Häußler, 1998; Hoffmann, Häußler & Lehrke, 1998).

Geht man von der idealtypischen Annahme eines motivationalen Kontinuums aus, das von Interesse über eine neutrale Einstellung bis hin zur Abneigung gegenüber einem Thema reicht, so bewegt sich diese Forschung im positiven Bereich dieses motivationalen Kontinuums. Insbesondere aus pädagogischer Sicht ist diese Perspektive von großer Bedeutung und bedarf weiterer Forschungsbemühungen.

Betrachtet man jedoch die Realität vieler Lehr-Lern-Settings, so drängt sich eine zweite motivationale Entwicklungstendenz auf, die sich im negativen Bereich des Kontinuums bewegt. Denn häufig sind in Lehr-Lern-Umgebungen, wie zum Beispiel in Schulen oder Ausbildungsbetrieben, negative motivationale Entwicklungsverläufe zu verzeichnen. Sie führen dazu, dass Lernende nicht nur keine Interessen aufbauen oder bestehende Interessen und neutrale Einstellungen gegenüber bestimmten Themen/Tätigkeiten beibehalten, sondern im Gegenteil dauerhafte Abneigungen gegen diese entwickeln.

Dieser Prozess erscheint umso problematischer, als hier relativ früh motivationale Einstellungen entwickelt werden, die eventuell dazu führen können, dass der Wissenserwerb auch in solchen Themenfeldern erschwert oder gar blockiert wird, die in zukünftigen Lern- und Arbeitszusammenhängen von großer Bedeutung sind. Nimmt man die heute häufig aufgestellte Forderung nach lebenslangem Lernen ernst (Krapp, 2000), so muss das Ziel jeder Ausbildung darin bestehen, bei den Lernenden zumindest eine Offenheit für die jeweiligen Themen und Tätigkeiten eines Lehr-Lern-Arrangements zu erhalten.

Aus pädagogisch-psychologischer Sicht interessieren hier besonders die Ursachen und relevanten Rahmenbedingungen, die zu negativen motivationalen Entwicklungsverläufen beitragen. Was passiert, wenn Schüler nicht nur den Spaß und das Interesse an Lerninhalten verlieren, sondern eine Abneigung gegenüber einer Thematik oder Tätigkeit entwickeln? Welche Ursachen können diesen Prozess erklären? Trägt bereits das Fehlen motivierender, interessenförderlicher Einflussfaktoren zu dieser Entwicklung bei oder kommen weitere, bisher kaum beachtete demotivierende Merkmale der Lernsituation oder des Lerngegenstandes zum Tragen? Thema des nachfolgenden Beitrags ist es, mögliche Ursachen für die Entstehung negativer motivationaler Einstellungen zu ermitteln und in der Folge Perspektiven aufzuzeigen, wie diese verringert oder gar vermieden werden können.

Theoretischer Hintergrund

Was sind themen- oder tätigkeitsspezifische Abneigungen?

Um theoretisch fundierte Aussagen darüber machen zu können, wie es zur Entwicklung von themen- oder tätigkeitsspezifischen Abneigungen kommen kann, benötigen wir ein theoretisches Rahmenkonzept der Abneigung. Da wir nicht auf eine bestehende psychologische Theorie zum Phänomen themen- und tätigkeitsspezifischer Abneigung zurückgreifen können, nehmen wir Anleihen bei einem Konzept des motivationalen Gegenpols – des Interesses. Die folgende Differenzierung des Abneigungsbegriffs orientiert sich am Interessenkonzept der Münchner Interessentheorie (Krapp, 1992a, 1992b, 1998; Prenzel, 1988). Entsprechend dieser theoretischen Vorlage bezeichnen wir Abneigungen als besondere Beziehung einer Person zu einem Gegenstand, die allerdings negativ ausgeprägt ist. Beim Gegenstand der Abneigung kann es sich sowohl um ein inhaltliches Thema als auch um eine (zum Beispiel berufliche) Tätigkeit handeln. Die Beschäftigung mit solchen Themen oder Tätigkeiten wird als unangenehm erlebt. Sie wird auf äußere Anregung oder unter Druck ausgeführt oder dient als Mittel zum Zweck. Die Handlung erfolgt also nicht aus eigenem Willen. Dem Thema oder Inhalt selbst wird dabei keinerlei persönliche Bedeutung beigemessen.

Wie entstehen themen- oder tätigkeitsspezifische Abneigungen?

Um eine Antwort auf die Frage zu finden, welche Ursachen dazu führen, dass Personen bestimmten Themen oder Tätigkeiten gegenüber eine Abneigung entwickeln und es als unangenehm erleben, sich mit diesen zu beschäftigen, können ganz verschiedene Perspektiven in Betracht gezogen werden.

Da bisher unseres Wissens nach keine spezifischen psychologischen Konzeptionen zur Entwicklung *themen- bzw. tätigkeitsbezogener Abneigungen* vorliegen, erscheint es sinnvoll, Motivations- und Interessentheorien auf ihre Aussagekraft in Hinblick auf diesen negativen motivationalen Entwicklungsverlauf zu betrachten.

Ein möglicher Erklärungsansatz kann dabei u.a. in zweckrationalen Motivationstheorien, wie dem erweiterten kognitiven Modell der Motivation von Heckhausen (1989), liegen. Nach dieser Theorie handelt eine Person, weil sie damit ein Ergebnis erzielen kann, dessen Folgen für sie attraktiv erscheinen. Vermeidendes Verhalten könnte vermutlich dann entstehen, wenn dieses zweckrationale Kalkül eine negative Bilanz aufweist und ein Handlungsergebnis zum Beispiel keine erstrebenswerten Folgen nach sich zieht, sondern vielmehr Folgen, die es zu vermeiden gilt.

Weiter gehende Hinweise hinsichtlich der Entwicklung von Abneigungen liefert die Erweiterung dieser Theorie um tätigkeitsspezifische Vollzugsanreize, wie sie von

Rheinberg (1989, 1995) entwickelt wurde. So konnte Rheinberg (1993) zeigen, dass zum Beispiel neben Leistungsmotiv, Kompetenzzuwachs oder Anschlussmotiv, vielfältige spezifische Anreize die Ausführung einer Handlung motivieren. Auf tätigkeitsspezifische Abneigungen übertragen bedeutet dies, dass eine Person vermutlich in diesem Fall nicht nur sehr geringe oder keine positiven Anreize im Handlungsvollzug erlebt, sondern vielmehr, dass die Tätigkeit aus ihrer Sicht negative handlungsbegleitende Merkmale aufweist. Auch diese dürften in Abhängigkeit vom jeweiligen Handlungsvollzug sehr unterschiedlich ausfallen.

Ein anderer Erklärungszugang, das Münchner Interessenkonzept (u.a. Krapp, 1992a, 1992b, 1998), setzt an der motivationalen Bedeutung psychischer Prozesse während der Beschäftigung mit einem Thema oder einer Tätigkeit an. Es ist anzunehmen, dass diese Prozesse nicht nur, wie in der Interessentheorie erörtert, in motivationsfördernder Weise wirken, sondern sich, wenn sie ins Gegenteil verkehrt sind, auch motivationshemmend auswirken können und damit die Bereitschaft beeinträchtigen, sich mit einem Thema zu beschäftigen. Daher erscheint es sinnvoll, diesem Aspekt auch bei der Untersuchung der Abneigungsgenese besondere Aufmerksamkeit zu schenken.

Im Rahmen der Interessentheorie (Krapp, 1998) wird die Sichtweise von Nuttin (1984) aufgegriffen, der von einem ganzheitlichen funktionalen System emotionaler Signale während Person-Umwelt-Interaktionen ausgeht. Demnach tragen handlungsbegleitende emotionale Rückmeldungen zur Ausrichtung des aktuellen Verhaltens bei. Das so kurzfristig entstehende Zuwendungs- bzw. Vermeidungsverhalten kann langfristig zu dispositionalen motivationalen Tendenzen führen.

In Hinblick auf die Entwicklung von Interessen wird sowohl das emotionale Erleben während einer Handlung als auch die kognitive Einschätzung eines Gegenstandes berücksichtigt. Damit werden Annahmen gemacht, unter welchen Bedingungen positive motivationale Entwicklungsverläufe zu erwarten sind. In diesem Zusammenhang werden Elemente der Selbstbestimmungstheorie von Deci und Ryan (1985, 1993; Deci, 1998) aufgegriffen, die Aussagen darüber treffen, welche spezifischen Qualitäten des emotionalen Erlebens während einer Handlung dazu beitragen, dass ein Handlungsvollzug positiv erlebt und in der Folge wiederholt und zunehmend intrinsisch motiviert ausgeführt wird. Langfristig kann dieser Prozess zu intrinsisch motivierten Interessenhandlungen führen, die an sich als belohnend erlebt werden und daher freiwillig ausgeführt werden. Bei der Qualität des emotionalen Erlebens wird, in Anlehnung an Deci und Ryan (1985, 1993) und Nuttin (1984) von einem Gefüge mehrerer, nur analytisch trennbarer, Einzelqualitäten ausgegangen. Unterschieden wird das Erleben der Autonomie, Kompetenz und sozialen Eingebundenheit, die eng miteinander verbunden das theoretische Kernstück einer positiven emotionalen Valenz umfassen, wie sie in der Interessentheorie verwendet wird. Jeder Mensch hat in unterschiedlichem Ausmaß das Bedürfnis, im Rahmen eines Handlungsvollzugs dieses Gefüge verschiedener Erlebensqualitäten zu befriedigen. Handlungen werden daher umso eher intrinsisch motiviert ausgeführt, je größer die Passung zwischen dem Ausmaß der Bedürfnisse einer Person, sich als kompetent, selbstbestimmt und sozial eingebunden zu erleben, und dem Ausmaß der Befriedigung während der Handlungsausführung ist. Damit ist ein zentraler theoretischer Aspekt des motivationalen Wirkzusammenhangs positiver emotionaler Erlebensqualitäten für die Interessengenese beschrieben.

Mit dem Bedürfnis nach Kompetenz ist das Erleben eigener Handlungsfähigkeit angesichts der Anforderungen aktueller und zukünftiger Lern- und Arbeitssituationen thematisiert. Damit wird der Aspekt der „effectance" angesprochen, wie er von White (1959) dargestellt wurde. Das Erleben von Kompetenz wird in erster Linie durch das individuell optimale Anforderungsniveau einer Aufgabe bestimmt. Subjektiv wahrgenommene Über- oder Unterforderung wirken sich dagegen negativ auf diese Erlebensqualität aus (Deci & Ryan, 1985, 1993).

Das Bedürfnis, Autonomie zu erleben, umfasst die Empfindung, sich selbst als eigenständig handelnd zu erleben, d.h. die Ziele und Vorgehensweisen des eigenen Tuns selbst bestimmen zu können. Dieses Bedürfnis tritt in Abhängigkeit vom subjektiv wahrgenommenen Anforderungsniveau der Aufgabe auf und ist an Situationen, denen sich eine Person gewachsen fühlt, gebunden. Das Erleben von Handlungsfreiheit wird vor allem dann positiv erlebt, wenn diese auch mit hinreichender Wahrscheinlichkeit bewältigt werden kann (Deci & Ryan, 1993; Lewalter, Krapp, Schreyer & Wild, 1998).

Im Bedürfnis nach sozialer Eingebundenheit kommt das grundlegende Bestreben des Menschen nach befriedigenden Sozialkontakten zu Personen zum Ausdruck, die für das Interesse von Bedeutung sind. Damit besteht große Ähnlichkeit zum Affiliationsbedürfnis, wie es Harlow (1958) beschrieben hat. Die Relevanz einer sozialen Gruppe begründet sich im Fall der Interessenentwicklung in der Bedeutung der Person(en) für die Thematik des Interesses. Die soziale Integration in eine Gruppe von Experten kann damit eine wichtige Basis für die Beschäftigung mit einem Thema sein. Mit der Befriedigung dieses Bedürfnisses wird eine positive Empfindung geschaffen, die die Grundlage für ein freies, selbstbestimmtes Handeln in neuen Tätigkeitsfeldern und Wissensgebieten bildet.

Bei allen drei Erlebensqualitäten, die lediglich auf theoretischer Ebene getrennt betrachtet werden können, ist das subjektiv wahrgenommene Ausmaß des Erlebens einer Person von Bedeutung, nicht das objektive Niveau. Diese Kombination von Erlebensqualitäten bildet im Rahmen der Interessentheorie das theoretische Kernstück der als emotionale Valenz bezeichneten Repräsentation des positiven Empfindens während einer Interessenhandlung. Ergänzend können weitere Dimensionen, wie u.a. spezifische Tätigkeitsanreize (Rheinberg, 1993) oder Flow-Erleben (Csikszentmihaly, 1985, 1990) vermutet werden. Diese werden in der Interessentheorie aber nicht explizit thematisiert.

Befunde empirischer Studien bestätigen insbesondere für das Erleben von Kompetenz den theoretisch postulierten Zusammenhang zwischen dem emotionalen Erleben während des Handlungsvollzugs und einem positiven handlungsbezogenen motivationalen Entwicklungsverlauf, der langfristig zur Interessengenese beiträgt (Krapp, 1992a, 1996; Lewalter, et al., 1998; Prenzel & Drechsel, 1996; Wild & Krapp, 1996).

Neben der emotionalen Valenz geht der Prozess der Interessenentwicklung aus theoretischer Sicht mit einer zunehmenden kognitiven Wertzuschreibung gegenüber dem potentiellen Interessengegenstand einher, der so genannten wertbezogenen Valenz. Diese subjektive Bedeutsamkeit des Interessengegenstandes, die eine Person einem Thema oder einer Tätigkeit unabhängig von deren objektiver Wichtigkeit zuschreibt, ist ein wichtiges Kennzeichen gefestigter dauerhafter Interessenbezüge (Schiefele, 1996).

Zusammenfassend können zwei wesentliche Einflussbereiche auf die Interessenentwicklung festgehalten werden: das positive emotionale Erleben (Autonomie, Kompetenz, soziale Eingebundenheit) während der Interessenhandlung (= emotionale Valenz) und die subjektive Wertschätzung des Gegenstandes, der zunehmend als persönlich bedeutsam angesehen wird (= wertbezogene Valenz) (Krapp, 1998; Schiefele, 1996).

Inwieweit diese theoretischen Annahmen zur Interessenentwicklung auf den als gegenläufig postulierten Prozess der themen- und tätigkeitsspezifischen Abneigungsentwicklung übertragen werden können, ist Thema des folgenden Abschnitts.

Ausgehend von der Bedeutsamkeit des emotionalen Erlebens von Autonomie, Kompetenz und sozialer Eingebundenheit wird angenommen, dass jede Person auf individuellem Niveau ein für sie optimales Erlebensausmaß erfährt. Daraus kann gefolgert werden, dass ein individuell als zu gering oder zu hoch wahrgenommenes Ausmaß dieser Erlebensqualitäten negativ (oder zumindest nicht positiv) empfunden wird und sich in der Folge möglicherweise negativ auf den motivationalen Entwicklungsverlauf auswirken kann.

Bei dieser Annahme lehnen wir uns an die Konzeption des Flow-Erlebens von Csikszentmihalyi (1985, 1990) an. Das Flow-Erleben ist ebenso wie das Kompetenz-Erleben an eine Passung von Fähigkeits- und Anforderungsniveau gebunden. So zeigt Csikszentmihalyi, dass zu einfache Aufgaben, die keinerlei Anforderung stellen, zum Erleben von Unterforderung und Langeweile führen und keine Kompetenzerfahrung zulassen. Schwierige Aufgaben, die aus subjektiver Sicht nicht mehr bewältigt werden können, führen dagegen zum Empfinden von Überforderung und Angst und machen ein Kompetenzerleben ebenfalls unmöglich (Csikszentmihalyi, 1985, 1990, 1997; Csikszentmihalyi & Schiefele, 1993)

In Hinblick auf das Erleben von Autonomie gehen wir davon aus, dass sowohl der weitgehende Ausschluss freier, selbstgesteuerter Handlungsausführungen als auch zu große Handlungsspielräume das Auftreten dieser Erlebensqualität untergraben. Erstere führen zum Erleben von Kontrolliertheit, letztere ziehen wahrscheinlich eher das Gefühl des Alleingelassenseins nach sich, insbesondere wenn eine Anforderungssituation als subjektiv nicht bewältigbar eingeschätzt wird.

Findet ein Handlungsvollzug in situativen Rahmenbedingungen statt, die nur in sehr geringem Maß befriedigende soziale Kontakte umfassen, so können Defizite hinsichtlich des Empfindens sozialer Eingebundenheit entstehen. Ebenso wie das Gefühl des Ausgeschlossenseins oder der Isolation können auch soziale Kontakte, die eine individuell als angenehm erlebte Intensität übersteigen, als soziale Einengung und damit negativ erlebt werden. Von beiden Extremen erwarten wir aus theoretischer Sicht einen eher negativen Einfluss auf die motivationalen Entwicklungsverläufe.

In Hinblick auf die Einschätzung des Abneigungsgegenstandes erwarten wir, dass dieser im Verlauf der Abneigungsentwicklung im Rahmen aufeinander folgender Handlungsvollzüge eine zunehmend negative Bewertung erfährt. Themen oder Tätigkeiten, die als Abneigung eingestuft werden, werden schließlich als völlig unwichtig und ohne Bedeutung für die eigene Person angesehen.

Aufgrund dieser theoretischen Überlegungen berücksichtigen wir die beiden folgenden Einflussbereiche auf der Suche nach Ursachen für die Abneigungsentwicklung:
- Spezifische Aspekte negativen emotionalen Erlebens während der Beschäftigung mit dem Abneigungsgegenstand;
- Subjektive Wahrnehmung des Abneigungsgegenstandes als persönlich bedeutungslos.

Fragestellung

Ziel der nachfolgenden Studie ist es, zu überprüfen inwieweit die Übertragung der Münchener Interessentheorie (Krapp, 1992a, 1998) auf den gegenläufigen Prozess der Abneigungsgenese genauere Einblicke in die psychischen Wirkzusammenhänge dieser motivationalen Entwicklung ermöglicht. Dazu soll in einem ersten empirischen Zugang mit Hilfe von Interviews der Frage nachgegangen werden, ob, ebenso wie bei der Interessenentwicklung, auch bei der Entstehung von Abneigungen, in der subjektiven Rekonstruktion dieses Prozesses generelle Einflussfaktoren ausgemacht werden können. Aus theoretischer Sicht liegen hier die Schwerpunkte auf dem negativen emotionalen Erleben während der (Abneigungs-)Handlung und der bewusst repräsentierten Wahrnehmung der persönlichen Wertzuschreibung, die eine Person einem Thema entgegenbringt.

Um die Bedeutsamkeit des emotionalen Erlebens für die Abneigungsgenese richtig einschätzen zu können, müssen im Rahmen der Interviewstudie Informationen eingeholt werden, die sich direkt auf die Erlebensqualität während der Handlung beziehen. Allerdings kann man nicht davon ausgehen, dass die Auszubildenden die Qualität ihres Erlebens ausschließlich direkt ansprechen. Vielmehr erscheint es sehr wahrscheinlich, dass sie diese auch indirekt ansprechen, zum Beispiel mit Hilfe der Beschreibung von situativen Rahmenbedingungen, die in direktem Zusammenhang mit einzelnen Erlebensqualitäten stehen und diese beeinflussen. Auch die persönliche Wertzuschreibung kann sowohl direkt als auch indirekt über die Benennung von Merkmalen des Abneigungsgegenstandes erfolgen. Aufgrund dieser Überlegungen erweitert sich das Spektrum relevanter Einflussfaktoren über das emotionale Erleben und die Wertzuschreibung hinaus um diese beiden Faktorenbereiche. Damit ergibt sich das in Abbildung 1 dargestellte Suchraster für mögliche Einflussfaktoren.

In der anschließend dargestellten Interviewstudie wird daher folgenden Fragen nachgegangen:
(1) Kommt es in der beruflichen Erstausbildung zu negativen motivationalen Entwicklungsverläufen, die zu Abneigungen gegenüber Themen oder Tätigkeiten führen? Wenn ja, auf welche Themen oder Tätigkeiten beziehen sich diese Abneigungen?
(2) Welche Rolle spielen bedürfnisspezifische Erlebensqualitäten und subjektive Wertzuschreibungen des Abneigungsgegenstandes in der individuellen Rekonstruktion der Entwicklung berufsspezifischer Abneigungen?

Methode

Stichprobe

An der Interviewstudie war eine Teilstichprobe einer 3-jährigen Längsschnittuntersuchung[1] mit 117 Auszubildenden des Versicherungswesens beteiligt (Krapp & Wild, 1995, 1997; Wild, Krapp, Schiefele, Lewalter & Schreyer, 1995; Wild, Lewalter & Schreyer, 1994). Die Interviews wurden am Ende der Ausbildung mit 71 Auszubildenden aus 12 Münchner Versicherungsbetrieben durchgeführt. Die Stichprobe, mit einem Altersdurchschnitt von 18.2 Jahren zu Beginn der Ausbildung, setzt sich zu etwa gleichen Teilen aus

---

[1] Die Studie wurde von der Deutschen Forschungsgemeinschaft gefördert (KR 716/1-2).

Mädchen (48%) und Jungen zusammen. Der Anteil an Realschulabsolventen bzw. Abiturienten (oder jeweils vergleichbare Schulabschlüsse) liegt bei 63% bzw. 37%.

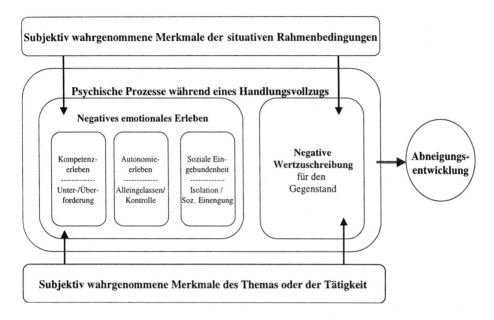

Abbildung 1: Theoretische Einflußbereiche auf die Entwicklung von Abneigungen.

Interviewdurchführung

Am Ende der Ausbildung wurde mit Hilfe halbstrukturierter Interviews retrospektiv erfasst, welche berufsbezogenen Interessen und Abneigungen die Auszubildenden während ihrer zwei- bzw. zweieinhalbjährigen Ausbildung entwickelt haben. Dabei sollten sie aus ihrer subjektiven Sicht beschreiben, wie ihre Interessen und Abneigungen entstanden sind und worauf sie diese Entwicklung spontan zurückführen. Die 45- bis 60-minütigen Interviews wurden in einem separaten Raum des Ausbildungsbetriebs während der Arbeitszeit durchgeführt und mit 30 DM honoriert.

Zu Beginn des Interviews wurden die Auszubildenden gebeten, einen kurzen Überblick über den bisherigen Verlauf und die Inhalte ihrer betrieblichen und berufsschulischen Ausbildung zu geben. Nach dieser Eingangsphase wurden die Auszubildenden eingehender zu ihren ausbildungsbezogenen Interessen befragt. Eine detaillierte Darstellung dieses Interviewabschnitts findet sich in Lewalter et al. (1998). Im Anschluss daran wurden die Auszubildenden zu ihren ausbildungsspezifischen Abneigungen befragt. Dazu wurde ihnen mitgeteilt, dass es sich bei Abneigungen um Tätigkeiten oder Inhalte der gesamten Ausbildung (Betrieb und Berufsschule) handelt, die sie – im Gegensatz zu ihren Interessen – nicht mögen, mit denen sie sich nur sehr ungern beschäftigen. Die Auszubildenden wurden gebeten, Tätigkeiten oder Inhalte ihrer schulischen und/oder betrieblichen Ausbildung zu nennen, die sie als persönliche Abneigung bezeichnen würden und die Stärke der jeweiligen Antipathie auf einer Rating-Skala von eins bis zehn einzuschätzen. Dann beschrieben die Auszubildenden ihre Abneigungen sowie deren Ursachen und Entstehungshintergründe aus ihrer persönlichen Sicht. Auf die am intensivsten ausgeprägte Abneigung wurde daraufhin im Interview genauer eingegangen. Die Auszubildenden wurden gebeten, die Entwicklungsgeschichte dieser Abneigung eingehender zu beschreiben und zu überlegen, inwieweit spezifische Ereignisse, Bedingungen oder Personen aus ihrer Sicht an diesem Prozess beteiligt waren und diesen verstärkt bzw. verringert haben. Von Seiten der Interviewer wurden keinerlei Einfluss-größen, wie z.B. bedürfnisbezogene Erlebensqualitäten, Merkmale des Abneigungs-gegenstandes oder andere mögliche Ursachen angesprochen.

Auswertung

Die auf Tonband aufgezeichneten Interviews wurden vollständig transkribiert. Von diesem Material ausgehend wurden alle Aussagen, die sich auf eine Abneigung beziehen, gesammelt. Damit erhalten wir erste Einblicke in die spezifische Ausprägung der einzel-nen berufsspezifischen Abneigungen und erfahren mehr darüber, wie die Auszubildenden ihre Abneigungen wahrnehmen und deren Entwicklung individuell rekonstruieren und begründen.

Für die quantitative Auswertung wurde auf der Basis theoretischer Vorüberlegungen (s.o.) und der Interviewdaten ein Kategoriensystem der Ursachen der Abneigungsent-wicklung aufgestellt (s.u.). Es bildet die Basis für die inhaltsanalytische Auswertung der Interviews anhand von Sinneinheiten, d.h. Interviewabschnitte, die sich auf einen theore-tisch abgrenzbaren Sachverhalt beziehen. Die Kodierung erfolgte von zwei unabhängigen Kodierern. Das Ausmaß der Kodierübereinstimmung beträgt *Cohen's* κ = .74 (vgl. Bortz & Döring, 1995). Für alle voneinander abweichenden Kodierungen konnte eine gemein-same Endkodierung gefunden werden.

Befunde

Gegenstandsbereiche berufsbezogener Abneigungen

In 71 Interviews wurden von den Auszubildenden insgesamt 211 Gegenstandsbereiche als Abneigung beschrieben. 152 der genannten Themen oder Tätigkeiten entsprechen der im Interview vorgegebenen Abneigungsbeschreibung (im Durchschnitt 2.2 Abneigungsberei-che). Da eine Auszubildende keine Abneigungen nennen und beschreiben konnte, musste sie von der weiteren Auswertung ausgeschlossen werden, sodass die im Folgenden vorge-stellten Befunde auf den Interviewdaten von 70 Auszubildenden beruhen.

Grundsätzlich kann zwischen Abneigungen unterschieden werden, die sich auf Tätig-keiten beziehen und solchen, die thematischer Natur sind. Bei ersteren wird ein Hand-lungsvollzug als unangenehm empfunden, bei letzteren sind es Inhalte, die negativ erlebt werden.

Bei den genannten Abneigungen können zudem zwei übergeordnete Ausbildungsberei-che unterschieden werden, der betriebliche und der berufsschulische, die aus Sicht der Auszubildenden für die Entstehung ihrer Abneigung verantwortlich sind. Da hier Lernortunterschiede hinsichtlich der untersuchten motivationsrelevanten Einflussfaktoren zu erwarten sind, wird bei der Auswertung eine Differenzierung zwischen beiden Lernorten vorgenommen.

In die nachfolgenden Auswertungen wird jeweils nur die am stärksten ausgeprägte Abneigung jedes Auszubildenden ($n = 70$) einbezogen, da nur für diese eine vollständige Rekonstruktion des subjektiv wahrgenommenen Entwicklungsverlaufs vorliegt. Daher wird im Folgenden die Häufigkeitsverteilung der Gegenstandsbereiche lediglich für diese Abneigungen eingehender vorgestellt (s. Tabelle 1). In Tabelle 1 sind zusätzlich als Vergleichsgröße die Nennungshäufigkeiten für alle der 152 genannten Abneigungen angegeben.

Die am stärksten ausgeprägten Abneigungen gehören zu ca. 64% der Nennungen dem betrieblichen Bereich und zu ca. 36% dem Bereich der Berufsschule an (s. Tabelle 1). Unterscheidet man hier zwischen inhaltlichen Themen und Tätigkeiten, so ergeben sich folgende Häufigkeitsverteilungen der Gegenstandsbereiche der Abneigung:

Bei den betrieblichen Abneigungen umfasst der Bereich der Tätigkeiten mit insgesamt 50% die Häfte der genannten Abneigungen. Dabei unterscheiden wir zwischen spezifischen Tätigkeiten, die als unangenehm beschrieben werden (7%) und solchen Tätigkeiten, die als Routinetätigkeiten bezeichnet werden können. Letztere machen mit ca. 43% den Hauptanteil der Nennungen aus. Diese unbeliebten Tätigkeiten bestehen in der Regel aus sehr einfach auszuführenden, immer wiederkehrenden und meist sehr kurzen Handlungsabläufen, wie zum Beispiel der Eingabe von gleichförmigen Einzeldaten am PC mittels weniger Tastengriffe. Eine Abneigung gegen Themen innerbetrieblicher Schulungen wird nur einmal als stärkste Abneigung genannt (1.4%). Schließlich werden mit der Nennung von Abteilungen (ca. 13%) Abneigungen beschrieben, die sich auf eine Kombination verschiedener Tätigkeiten und/oder Themen beziehen, die nur in einer bestimmten Abteilung auftritt.

Für den Bereich der *Berufsschule* kann zwischen Abneigungen gegen die Berufsschule im allgemeinen (ca. 13%) und Abneigungen gegen das Thema eines bestimmten Schulfachs (ca. 23%) unterschieden werden.

Kategoriensystem der Ursachen für die Abneigungsentwicklung

Um mögliche Ursachen der Abneigungsentwicklung zu ermitteln, die Hinweise auf die motivationale Bedeutung des emotionalen Erlebens und der kognitiven Einschätzung eines Themas bzw. einer Tätigkeit geben, wurde entsprechend der oben dargestellten theoretischen Annahmen und des Datenmaterials der Interviews nachfolgendes Kategoriensystem der Entstehungsursachen von Abneigungen erstellt. Bei der Abgrenzung der Kategorien haben wir damit einen relativ engen Interpretationsspielraum gewählt. Aufgrund der unterschiedlichen Perspektiven, die die Auszubildenden bei der Beschreibung ihrer Abneigungen einnehmen, entstehen teilweise mehrere Kategorien, die unter Umständen theoretisch sehr ähnliche Phänomene beschreiben. Diesem Sachverhalt wird in der anschließenden Diskussion der Befunde Rechnung getragen.

Tabelle 1: Häufigkeit der Gegenstandsbereiche berufsspezifischer Abneigungen

	Gegenstandsbereich der Abneigung	stärkste Abneigung (n = 70)		alle Abneigungen (n = 152)	
		Anzahl	%	Anzahl	%
Betrieb	Abteilung: Kombination aus Tätigkeiten und/oder Themen	9	12.9	20	13.2
	Tätigkeit: Routinetätigkeiten	30	42.9	51	33.6
	spezielle Tätigkeit	5	7.1	15	9.7
	Themen der innerbetrieblichen Schulungen	1	1.4	6	4.0
	Themen der betrieblichen Ausbildung	--	--	3	2.0
Σ		45	64.3	95	62.5
Berufsschule	Berufsschule allgemein	9	12.9	17	11.2
	Thema eines Schulfaches	16	22.8	40	26.3
Σ		25	35.7	57	37.5

(1) Kategorien zum emotionalen Erleben

(a) Fehlendes Autonomieerleben aufgrund von Kontrolle: Aussagen, die dieser Kategorie zugeordnet werden, betreffen Reglementierungen oder fehlende lern- oder arbeitsbezogene Freiräume, die die Auszubildenden in Eigeninitiative nutzen wollen. *Beispielaussage: „Da hat man einfach keinen Spielraum, wo man sagt, das mach' ich jetzt so, weil ich es jetzt so mach',..."*

(b) Fehlendes Kompetenzerleben
(b1) Fehlendes Kompetenzerleben allgemein: In diese Kategorie fallen Aussagen über das Erleben fehlender eigener Kompetenz bei der Beschäftigung mit dem Abneigungsgebiet ohne Angaben zur Ausrichtung (Überforderung/ Unterforderung). *Beispielaussage: „Ja, dann gab's wieder Fachbereiche, hab ich schon gesagt, wie Buchführung oder so, davon hab ich keine Ahnung, werd das mein Leben lang auch nicht kapieren, weil mich das nicht interessiert, sonderlich. Und da hab ich mich dann wie der Letzte angestellt."*
(b2) Fehlendes Kompetenzerleben aufgrund von Unterforderung: Aussagen, die das fehlende Erleben von Kompetenz aufgrund eines Arbeitsablaufs beschreiben, der völlig beherrscht wird und deshalb als zu leicht und ohne jegliche Anforderung empfunden wird, werden in dieser Kategorie zusammengefasst. Die Aussagen beschreiben das Gefühl der Unterforderung und der damit einhergehenden Langeweile. *Beispielaussage: „Ja, weil ich so unterfordert bin durch des. Also, ich fühl' mich geistig überhaupt net gefordert. Und deswegen denke ich... ich denk' mir dann immer: ‚Für was bin ich dann hier eigentlich? So was zu machen, was absolut nicht meinen Fähigkeiten entspricht, das will ich einfach net!'"*

(b3) Fehlendes Kompetenzerleben aufgrund von Überforderung: Aussagen, die das Erleben von Überforderung angesichts einer als subjektiv zu schwierig empfundenen Aufgabe beschreiben, der man sich nicht gewachsen fühlt. *Beispielaussage: „Und das ist auch einfach zu schwer, weil das sind einfach zu viele, die kann man einfach nicht auswendig, jeden Satz da runter."*

(b4) Fehlendes Kompetenzerleben aufgrund von fehlendem Kompetenzerwerb: Hierzu gehören Aussagen, die explizit das Gefühl ansprechen nichts dazugelernt zu haben. Der fehlende Wissenserwerb und Kompetenzzuwachs wird hier thematisiert. *Beispielaussage: „Ich mein, diese Abteilung bringt's überhaupt nicht, gehört einfach nicht in die Ausbildung rein, weil man da nichts lernt."*

(b5) Fehlendes Kompetenzerleben aufgrund von mangelndem Zutrauen: Diese Kategorie umfasst Aussagen der Auszubildenden zum Mangel an Zutrauen des Ausbilders/der Kollegen in ihre Fähigkeiten, eine Aufgabe erfolgreich zu bearbeiten. *Beispielaussage: „... und das ist immer langweiliger geworden, weil sie mir dann auch immer die gleiche Arbeit gegeben hat, weil sie gesagt hat, ich könnte das andere Zeug nicht, und dann hab' ich mir gedacht, nee, also muss echt nicht sein."*

(c) Fehlende soziale Eingebundenheit

(c1) Schlechtes soziales Klima: In diese Kategorie fallen allgemeine Aussagen zum schlechten sozialen Klima in einer Abteilung/Gruppe bzw. Aussagen über die schlechte Beziehung zwischen der Gruppe der Auszubildenden und dem Ausbilder/Lehrer. *Beispielaussage: „Ich weiß nicht, die ganze Atmosphäre, die da so ist mit den Lehrern. ... Ich weiß nicht. Da ist die ganze Atmosphäre so unangenehm und..."*

(c2) Fehlende soziale Eingebundenheit aufgrund von Isolation: Aussagen zur fehlenden persönlichen Einbindung des Auszubildenden in eine Abteilung oder gegenüber dem Ausbilder gehören dieser Kategorie an. *Beispielaussage: „Das ist wirklich ein bissl blöd gewesen, weil irgendwie man hat net gewusst, wo man selber dran ist, wenn man was sagt. Und ob's dann net gleich, wenn man draußen ist, ob die nicht darüber reden und so."*

(c3) Konflikte: Aussagen dieser Kategorie beziehen sich auf einen, den Auszubildenden persönlich betreffenden, sozialen Konflikt, der zwischen ihm und einem Ausbilder/Lehrer ausgetragen wurde. *Beispielaussage: „Und dann hieß es ja ....da arbeiteten Sie schon langsam und dann auch noch schlampig hat sie dann zu mir gesagt. Ja und die hatte nie etwas mit mir zu tun und naja und z.B. ich war mit einer Kollegin mit in dieser Abteilung und der ist der gleiche Fehler auch unterlaufen. Aber der hat sie das eigentlich nicht in so einem Ton erklärt. Und ich habe mich darüber auch bei der Abteilungsleiterin beschwert."*

(2) Kategorien zu situativen Rahmenbedingungen

(a) Aussagen über mangelnde Instruktionsqualität: Zu dieser Kategorie gehören allgemeine negative Aussagen zur Instruktionsqualität des Unterrichts/der Schulung, aber auch Beschreibungen einzelner Instruktionsformen, die als unpassend und nicht zeitgemäß empfunden werden oder die fehlende Flexibilität der Lehrer/Ausbilder beschreiben, sich auf ihre Adressaten einzustellen. *Beispielaussage: „Und dann sind einem keine Tipps gegeben worden, wie du es dir besser merken kannst. Und da war ich schon enttäuscht davon."*

(b) Unmotivierte Lehrer: In dieser Kategorie werden Aussagen über die geringe Motivation der Lehrer zu lehren zusammengefasst. *Beispielaussage: „Ja, also die Berufsschullehrer, die sind irgendwie so teilnahmslos. Also, denen ist es irgendwo egal, ob wir jetzt aufpassen oder net oder ob es jemand schafft oder net."*

(3) Kategorien zu Eigenschaften des Abneigungsgegenstandes

(a) Nutzlosigkeit der Aufgabe und/oder fehlender Praxisbezug: Dieser Kategorie werden Aussagen zugeordnet, die den fehlenden Nutzen neu erlernter nhalte und Tätigkeiten und/oder den fehlenden Bezug zur Praxis beschreiben. *Beispielaussage: „Ich hab mir nur gedacht: Für was brauch ich das eigentlich? Für die Abschlussprüfung brauch ich es nicht, für mein Leben brauch ich es eigentlich auch net. Was soll ich denn damit?"*

(b) Monotonie der Aufgabe: Aussagen, die das ständige Wiederholen und die Gleichförmigkeit von Arbeitsaufgaben beschreiben, die zum Teil auch aufgrund der Dauer ihrer Ausführung, als monoton und langweilig erlebt werden, gehören dieser Kategorie an. *Beispielaussage: „Das ist ein pures Eintippen in dem Sinn, nur ein Abschreiben, und das jeden Tag, täglich 100 mal."*

Nennungshäufigkeit der Ursachen der Abneigungsentwicklung

Bei der Beschreibung und Begründung der Entwicklung ihrer stärksten Abneigung wurden von den Auszubildenden bis zu sechs Ursachen genannt (s. Tabelle 2; Durchschnitt 2.5 Ursachen).

Tabelle 2: Häufigkeit der gemeinsamen Nennung mehrerer Ursachen der Abneigungsentwicklung.

Anzahl genannter Ursachen	Häufigkeit	%
1-2	41	58.6
3-4	26	37.1
5-6	3	4.3

Für die Auswertung der Häufigkeit, mit der einzelne Ursachen in den Interviews angesprochen wurden, wird nur jeweils die am stärksten ausgeprägte Abneigung einer Person berücksichtigt (insgesamt also 70 Abneigungen). Dabei wird zwischen Abneigungen unterschieden, die sich auf die Berufsschule beziehen ($n = 25$) und solchen, die in der betrieblichen Ausbildung entstanden sind ($n = 45$). Die nachfolgende Auswertung wurde für beide Lernorte getrennt vorgenommen.

Im Ursachenbereich des emotionalen Erlebens zeigen sich beim Kompetenzerleben deutliche Lernortunterschiede (vgl. Abbildung 2). Während bei berufsschulbezogenen Abneigungen häufiger als bei betrieblichen Abneigungen das fehlende Kompetenzerleben lediglich allgemein angesprochen wird, ohne dass ein Grund angegeben wird (48% bzw.

11.1%), wird diese Empfindung im Betrieb öfter als ein Gefühl der Unterforderung beschrieben (55.6%, Schule: 4%). Im Gegensatz dazu wird das Gefühl der Überforderung in beiden Lernorten (Schule: 12%, Betrieb: 4.4%) relativ selten genannt. Das Erleben des fehlenden Kompetenzerwerbs ist deutlicher mit dem Lernort Betrieb verbunden (24.4%, Schule: 4%). Fehlendes Zutrauen von Ausbildern/Kollegen in die Fähigkeiten des Auszubildenden wird selten und ausschließlich bei betrieblichen Abneigungen angesprochen (8.9%).

In Hinblick auf die Erlebensqualität der sozialen Eingebundenheit kann weder für das soziale Klima allgemein (Betrieb: 15.6%, Schule: 24%) noch für das Gefühl der fehlenden sozialen Eingebundenheit aufgrund von Isolation (Betrieb: 4.4%) oder für abneigungsrelevante Konflikte mit Ausbildern/Lehrern (Betrieb: 4.4%, Schule 4%) ein Lernortunterschied ausgemacht werden (Abbildung 2). Gleiches gilt für das fehlende Erleben von Autonomie aufgrund von Kontrolle (Betrieb: 8.9%, Schule: 4%). Beiden Erlebensqualitäten gemeinsam ist ihre sehr geringe Nennungshäufigkeit. Punktuelle Ereignisse, wie soziale Konflikte zwischen dem Auszubildenden und Ausbildern bzw. Lehrern, werden ebenfalls nur sehr selten als Ursache der Abneigung angesprochen, und lediglich in zwei Fällen als zentraler Auslöser der Abneigungsentwicklung beschrieben.

Bei den abneigungsförderlichen situativen Rahmenbedingungen zeigen sich Unterschiede zwischen beiden Lernorten bezüglich der schlechten Instruktionsqualität. Für die Abneigungen in der Berufsschule wird dieses Merkmal von fast drei Viertel der Auszubildenden (72%; Betrieb: 20%) als abneigungsfördernde Ursache wahrgenommen. Die geringe Lehrmotivation wird nur bei den Lehrern der Berufsschule (16%) wahrgenommen und als Ursache angesprochen.

Auch die Merkmale der Themen bzw. Tätigkeiten, die als Abneigung erlebt werden, unterscheiden sich in Abhängigkeit vom Lernort. Während in der Berufsschule in über der Hälfte der Fälle (52%) die Nutzlosigkeit und der fehlende Praxisbezug des Lernstoffs zur Abneigung beiträgt, wird dieser Aspekt bei betrieblichen Abneigungen deutlich seltener (13.3%) angeführt. Ein weiteres Merkmal des Abneigungsgegenstandes, das lediglich bei betrieblichen Abneigungen auftritt ist die Monotonie der Aufgabe. Hier wird sie allerdings in über 80% der Fälle als Ursache genannt.

Diskussion

In der dargestellten Studie haben wir untersucht, inwieweit es hilfreich ist, die theoretischen Annahmen der Münchner Interessentheorie (Krapp, 1992a, 1998) auf den motivational gegenläufigen Prozess der Entwicklung themen- und tätigkeitsspezifischer Abneigungen zu übertragen, um damit Aufschluss über mögliche psychische Einflussfaktoren auf diesen Prozess zu erhalten. Damit sind wir der Frage nachgegangen, inwieweit sich psychische Prozesse während der Beschäftigung mit einem Thema – ebenso wie bei der Entwicklung von Interessen – auch auf die Entstehung von themen- und tätigkeitsspezifischen Abneigungen auswirken.

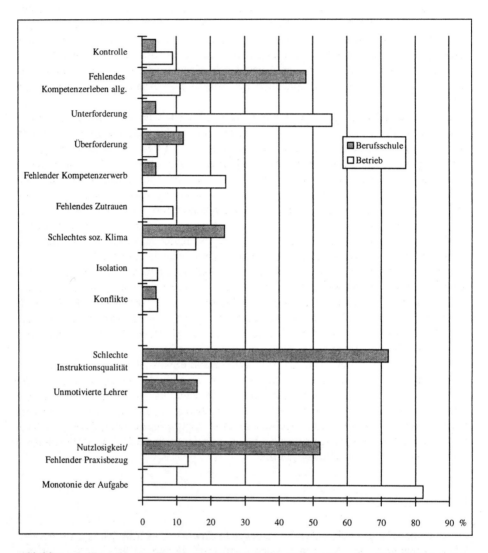

Abbildung 2: Nennungshäufigkeit der Ursachen der Entwicklung berufsspezifischer Abneigungen in Abhängigkeit vom Lernort.

Mit Hilfe einer Interviewstudie haben wir erste Hinweise erlangt, inwieweit dieser theoretische und methodische Zugang Einblicke in negativ verlaufende motivationale Entwicklungen ermöglicht. Die so gewonnenen Daten geben zwar keine Auskunft über die tatsächlich ablaufenden motivationalen Wirkzusammenhänge verschiedener Einflussfaktoren der Abneigungsgenese, bieten aber Einblick in die subjektiven Theorien der Auszubildenden hinsichtlich der Entwicklungsbedingungen ihrer ausbildungsspezifischen Abneigungen. Daher muss die Interpretation dieser Daten mit Vorsicht erfolgen. Die Daten können nicht als empirischer Beleg für den Kausalzusammenhang zwischen den jeweiligen Ursachen und der motivationalen Entwicklung gewertet werden, stellen aber einen ersten Indikator für die Tragfähigkeit dieses theoretischen Zugangs dar.

Wie die Befunde zeigen, entwickeln die Auszubildenden in beiden Lernorten (Berufsschule und Betrieb) themen- und tätigkeitsspezifische Abneigungen. In mehr als der Hälfte der Fälle wird die betriebliche Ausbildung als Entstehungsort ausgeprägter beruflicher Abneigungen genannt. Bei der Interpretation dieses Befundes muss allerdings berücksichtigt werden, dass der zeitliche Anteil der Ausbildung im Betrieb wesentlich größer ist. Darüber hinaus führt die gleiche Stichprobe auch die Entwicklung fast aller ihrer am stärksten ausgeprägten berufsspezifischen Interessen auf diesen Lernort zurück (vgl. Lewalter et al., 1998). Damit scheint der Ausbildungsort Betrieb sowohl Lernarrangements anzubieten, die als interessenfördernd wahrgenommen werden, als auch solche, die zur Genese von Abneigungen beitragen. Den Ausbildungsbereich der Berufsschule führen die Auszubildenden dagegen häufiger bei negativen motivationalen Entwicklungsverläufen an und nur sehr selten für die Entwicklung berufsspezifischer Interessen (vgl. Lewalter et al., 1998). Damit zeigen die Befunde, dass die Auszubildenden an beiden Lernorten Rahmenbedingungen wahrnehmen, die aus ihrer subjektiven Sicht zu negativen motivationalen Entwicklungsverläufen beitragen.

In Hinblick auf die zentrale Fragestellung dieser Studie zur Übertragbarkeit der theoretischen Annahmen der Interessentheorie hinsichtlich der Bedeutung des emotionalen Erlebens und der subjektiven Wertzuschreibung für die Interessengenese auf den gegenläufigen Prozess der Abneigungsentwicklung zeichnet sich aufgrund der Befunde folgendes Bild ab:

Im Bereich des emotionalen Erlebens stellt analog zu den Befunden zur Interessengenese der Aspekt des Kompetenzerlebens aus der Sicht der Auszubildenden auch bei der Abneigungsentwicklung einen häufig angesprochenen Einflussbereich dar (vgl. Lewalter et al., 1998). Für das Erleben von Autonomie und insbesondere für den Aspekt der sozialen Eingebundenheit trifft dies im Vergleich zur Interessenentwicklung nicht in gleicher Weise zu (vgl. Lewalter et al., 1998).

Allerdings muss dieser Befund hinsichtlich der Bedeutung des Kompetenzerlebens sehr vorsichtig interpretiert werden. Denn es muss berücksichtigt werden, dass der Erwerb von Kompetenzen eine zentrale Zielgröße beruflicher Ausbildung darstellt und die Auszubildenden vermutlich aufgrund ständiger Kompetenzrückmeldungen über hochaktive kognitive Schemata zu dieser Empfindung verfügen. Wird dieses zentrale Ziel der Ausbildung aus subjektiver Sicht und aufgrund sehr unterschiedlicher Ursachen nicht oder nur teilweise erreicht, so kann man vermuten, dass ein motivationaler Kernbereich betroffen ist. Wir können diesen Befund aufgrund der Daten jedoch lediglich als Indikator für die hervorgehobene Bedeutung des Kompetenzerlebens bei der Abneigungsgenese im Rahmen der Erstausbildung werten und nicht als hinreichend abgesicherten empirischen Beleg.

Das fehlende Kompetenzerleben wird je nach Lernort unterschiedlich dargestellt. Während im Betrieb die eigene Kompetenz sehr häufig aufgrund von Unterforderung und mangelndem Wissenszuwachs nicht empfunden wird, wird es in der Schule in erster Linie allgemein als mangelndes Kompetenzerleben beschrieben. Dies kann verschiedene Ursachen haben. So kann zum Beispiel ein Mangel an kompetenzbezogenen Rückmeldungen dazu beitragen, dass die Auszubildenden ihre Kompetenz nicht wahrnehmen und nicht einschätzen können. Da wir uns bei der Auswertung sehr eng an den Interviewaussagen orientiert haben, können wir aber auch nicht ausschließen, dass mit den

Kategorien „Unterforderung" und „fehlendes Kompetenzerleben" theoretisch ein sehr ähnliches Phänomen angesprochen wird. Damit würde sich diese deutliche Diskrepanz der Nennungen eventuell darauf reduzieren, dass die Auszubildenden ihr fehlendes Kompetenzerleben in der betrieblichen Ausbildung genauer, nämlich als Unterforderung, beschreiben können, während für die Abneigungen im Kontext der Berufsschule nur eine allgemeine Einschätzung besteht, deren Gründe aber nicht näher erläutert werden (können).

Das fehlende Autonomieerleben wird für das Entstehen von Abneigungen nur relativ selten als Erklärung herangezogen. Wie die Daten zeigen, wird von den Auszubildenden lediglich der Mangel an Autonomie aufgrund von Kontrolle angesprochen; in keinem Fall ein Übermaß an Autonomie. Dies hängt vermutlich eng mit dem hier untersuchten Kontext der Abneigungsentwicklung, der beruflichen Erstausbildung, zusammen. Eine Ursache für dieses Ergebnis könnte man darin vermuten, dass diese Erlebensqualität vermutlich nicht in gleicher Intensität kognitiv repräsentiert ist, wie etwa das Kompetenzerleben. Dem steht jedoch ein Befund der gleichen Stichprobe zur Interessenentwicklung gegenüber. Denn hier wurde in etwa 40% der Fälle das Autonomieerleben als Ursache für das Entstehen von Interessen genannt (Lewalter et al., 1998). Diese Erlebensqualität wird bei negativen Entwicklungsverläufen, die zu Abneigungen führen, nicht annähernd so häufig als bedeutsam eingeschätzt. Dies kann als Hinweis auf mögliche Grenzen der Übertragbarkeit der theoretischen Annahmen zur Bedeutsamkeit dieser Erlebensqualität für die Interessenentwicklung auf den Prozess der Abneigungsgenese interpretiert werden.

Auch die zu geringe persönliche soziale Eingebundenheit, die als Isolation erlebt wird, wird nur relativ selten als Ursache der Abneigung angesprochen. Das allgemeine soziale Klima erachten die Auszubildenden dagegen, insbesondere in der Berufsschule, häufiger als relevant. Man kann daher vermuten, dass sich diese Erlebensqualität erst dann auf das Entstehen von Abneigungen auswirkt, wenn grundlegende soziale Rahmenbedingungen als negativ wahrgenommen werden. Das Fehlen einer persönlichen Einbindung scheint dagegen kaum zur Abneigungsgenese beizutragen. Auch hier zeigt sich eine deutliche Diskrepanz zur Nennungshäufigkeit dieser Erlebensqualität für die Entwicklung von Interessen bei der gleichen Stichprobe (Lewalter et al., 1998). Hier wurde die soziale Eingebundenheit in 68% der Interessenrekonstruktionen als wichtig erachtet. Damit bestätigen die Befunde die theoretisch erwartete Bedeutsamkeit dieser Erlebensqualität für die Abneigungsentwicklung nicht.

Im Bereich der situativen Rahmenbedingungen, die in Zusammenhang mit dem emotionalen Erleben der Auszubildenden stehen, konnten zwei relevante Merkmale identifiziert werden. Dabei handelt es sich in erster Linie um die als ungenügend empfundene Qualität der Instruktion, die bei fast dreiviertel der schulischen Abneigungen als Ursache erwähnt wurde, aber nur bei einem Fünftel der betrieblichen Abneigungen. Der zweite Aspekt ist die als zu gering erlebte Lehrmotivation der Lehrer. Aus theoretischer Sicht ist hier zu beachten, dass mit der Instruktionsqualität und der Motivation der Lehrer Rahmenbedingungen angesprochen werden, die sich vermutlich in direkter Weise auf das Erleben von Kompetenz und Autonomie auswirken. Damit bestätigt sich unsere Annahme, dass aufgrund unterschiedlicher Beschreibungsperspektiven der Auszubildenden auf verschiedene Weise das gleiche oder zumindest ein sehr ähnliches theoretisches Phänomen angesprochen werden kann. In Hinblick auf die

Bedeutungszuschreibung des Kompetenzerlebens für negative motivationale Entwicklungsverläufe können diese Aussagen daher als unterstützend bewertet werden.

In Hinblick auf die Wertzuschreibung fallen die themen- bzw. tätigkeitsspezifischen Merkmale der genannten Gegenstandsbereiche erwartungskonform negativ aus. In der betrieblichen Ausbildung stellt die Monotonie der Arbeits- und Lernaufgaben das am häufigsten benannte negative Merkmal des Abneigungsgegenstandes dar. Über längere Zeiträume hinweg gleichförmige Handlungsabläufe auszuführen, wird von den Auszubildenden als unterfordernd und damit auch demotivierend erlebt und führt zu Abneigungen. Dabei zeigt sich auch hier eine, theoretisch vermutete, enge Verbindung zwischen den negativ wahrgenommenen Merkmalen der Abneigungsgegenstände und der fehlenden Möglichkeit Kompetenz zu erleben, die als Unterforderung beschrieben wird.

Für die schulische Ausbildung konnte das themenbezogene Merkmal der wahrgenommenen Nutzlosigkeit und des fehlenden Praxisbezugs identifiziert werden, das die Abneigungsentwicklung fördert. Auch hier zeigt sich deutlich die negative Einschätzung des Abneigungsgegenstandes der Auszubildenden. Die Veränderung der Gegenstandseinschätzung, die im Verlauf der Interessengenese eine positive Entwicklung und eine Zunahme an Bedeutung erfährt (Krapp, 1992a, 1998), scheint mit gegenläufigem Vorzeichen auch für die Entstehung von Abneigungen vorzuliegen und für deren Entstehung von großer Wichtigkeit zu sein.

Insgesamt zeigen die Befunde, dass die Übertragung interessentheoretischer Überlegungen auf den Prozess der Entstehung von themen- bzw. tätigkeitsspezifischen Abneigungen zwar aufschlussreiche Einblicke in diesen motivationalen Entwicklungsprozess ermöglicht, aber auch deutliche Grenzen ausweist. Die Annahme der Relevanz emotionaler psychischer Prozesse während der Beschäftigung mit einem Thema bzw. einer Tätigkeit für die Entstehung von Abneigungen hat sich lediglich für das Kompetenzerleben bestätigt. Allerdings sei hier nochmal darauf hingewiesen, dass aufgrund der Daten keine Aussagen über kausale Zusammenhänge gemacht werden können, sondern lediglich über subjektive Theorien der Abneigungsentwicklung der Interviewpartner. Aufgrund der Daten kann man vermuten, dass das soziale Klima wohl nur bei grundsätzlichen Mängeln Einfluss auf die Abneigungsgenese hat und dem Autonomieerleben für diesen Entwicklungsprozess, zumindest im Ausbildungkontext, nur relativ selten Bedeutung zukommt. Die Annahme einer zunehmend negativen Wertzuschreibung für den Abneigungsgegenstand hat sich zumindest in Ansätzen bestätigt.

Es kann somit festgestellt werden, dass mit diesem theoretischen Zugang zur Analyse negativer motivationaler Entwicklungsverläufe wichtige Einblicke in die Bedeutung psychischer Prozesse für die Abneigungsgenese gewonnen werden konnten. Zum anderen geben die Befunde erste Anhaltspunkte für potentielle Verbesserungsmöglichkeiten negativer motivationaler Rahmenbedingungen, die abschließend angedeutet werden sollen.

Da der Mangel des Kompetenzerlebens in fast drei Viertel der Interviews als Ursache der Abneigungsgenese erwähnt wird und gleichzeitig als wesentlicher Faktor für die Entwicklung berufsspezifischer Interessen beschrieben wurde (vgl. Lewalter et al., 1998), scheint hier ein wichtiger Ansatzpunkt für motivationale Unterstützungsmaßnahmen zu bestehen. Will man die Wahrscheinlichkeit, Kompetenz zu erleben, erhöhen, so weisen unsere Ergebnisse auf folgende Möglichkeiten hin: Wichtig erscheint, unabhängig vom Lernort, ein angemessenes Anforderungsniveau der Aufgaben. Ausgehend von unseren

Befunden würde dies in der betrieblichen Ausbildung in manchen Bereichen mit einer Steigerung des Basislevels der Aufgabenschwierigkeit erreicht werden. Der Mangel des Zutrauens der Ausbilder und Kollegen in die Fähigkeiten der Auszubildenden, die gestellten Anforderungen bewältigen zu können, ist ein weiterer Hinweis dafür, dass Auszubildende an diesem Lernort zum Teil in ihren Fähigkeiten unterschätzt und nicht adäquat gefordert werden. Wie die Interviewdaten zeigen, wird diese Situation von den Auszubildenden als demotivierend und abneigungsfördernd erlebt. Für die schulische Ausbildung können aufgrund der Daten keine differenzierten Hinweise zu Reduzierungsmöglichkeiten kompetenzhemmender Einflussfaktoren ausgemacht werden, denn der Mangel an Kompetenzerleben wird meist nur allgemein und ohne Beschreibung der Ausprägung angesprochen und der Aspekt der Überforderung wird nur in relativ wenigen Fällen als solcher explizit benannt. Empirische Studien weisen jedoch darauf hin, dass unter anderem der Leistungsrückmeldung des Lehrers im Bereich der schulischen Ausbildung für das Kompetenzerleben besondere Bedeutung zukommt (Deci, Ryan & Williams, 1996). So trägt ein informierendes Feedback, das den Auszubildenden hilft, ihre eigenen Fehler zu verstehen, und Tipps gibt, wie sie effektiv weiterlernen können, wesentlich zum Kompetenzerleben bei. Eventuell besteht hier ein Ansatzpunkt für eine allgemeine Unterstützung des Kompetenzerlebens im Berufsschulunterricht.

In Hinblick auf die Verbesserung des allgemeinen sozialen Klimas am Lernort Berufsschule kann man davon ausgehen, dass hier die positive Einstellung des Lehrers gegenüber seinen Schülern, unabhängig von ihrer Leistung, als gleichwertige Mitglieder einer Lerngruppe, von zentraler Bedeutung ist.

Wie die Befunde zeigen, kommt dem Aspekt der Instruktion für Verbesserungsüberlegungen in der berufsschulischen Ausbildung eine wichtige Rolle zu. Will man der Entwicklung von Abneigungen durch eine verbesserte Instruktion entgegenwirken, so muss diese vor allem an den Bedürfnissen der Adressaten orientiert gestaltet werden. Indem der Lehrer den Wissensstand der Schüler berücksichtigt, adäquate Aufgaben stellt und seine Instruktionen Freiheitsgrade in der konkreten Umsetzung zulassen, kann ein Rahmen für selbstbestimmtes Lernen geschaffen werden, in welchem die Auszubildenden ihre eigene, sich ständig erweiternde Kompetenz tatsächlich erleben können (Deci et al., 1996). Damit kann die Instruktionsgestaltung ein wichtiger Ansatzpunkt für den Lehrer und Ausbilder sein, um das Erleben von Kompetenz und Autonomie zu unterstützen.

Dass es für Lernende von großer motivationaler Bedeutung ist, den Nutzen des Lernstoffs für ihre Lebens- bzw. Arbeitswelt zu erkennen, haben auch Studien in anderen Lehr-Lern-Kontexten gezeigt. So belegen Studien zu Physikinteressen von Schülern, dass der Bezug zwischen Lernstoff und Alltag für das Entstehen von thematischen Interessen förderlich ist (Häußler & Hoffmann, 1995). Daher erscheint es wichtig, den Nutzen neuer Lerninhalte für die Lernenden transparent und erfahrbar zu machen und damit einen deutlich wahrnehmbaren Praxisbezug herzustellen.

Literatur

Baumert, J. & Köller, O. (1998). Interest research in secondary level I: An Overview. In: L. Hoffmann, A. Krapp, K. A. Renninger & J. Baumert (Eds.), *Interest and learning* (pp. 241-256). Kiel: IPN-Schriftenreihe.

Bortz, J. & Döring, N. (1995). *Forschungsmethoden und Evaluation*. Berlin: Springer.

Csikszentmihalyi, M. (1985). *Das Flow-Erlebnis*. Stuttgart: Klett-Cotta.

Csikszentmihalyi, M. (1990). *Flow*. New York: Harper & Row.

Csikszentmihalyi, M. (1997). *Kreativität*. Stuttgart: Klett-Cotta.

Csikszentmihalyi, M. & Schiefele, U. (1993). Die Qualität des Erlebens und der Prozeß des Lernens. *Zeitschrift für Pädagogik, 39*, 207-221.

Deci, E. L. & Ryan, R. M. (1985). *Intrinsic motivation and self-determination in human behavior*. New York: Plenum.

Deci, E. L. & Ryan, R. M. (1993). Die Selbstbestimmungstheorie der Motivation und ihre Bedeutung für die Pädagogik. *Zeitschrift für Pädagogik, 39*, 223-228.

Deci, E. L., Ryan, R. M. & Williams, G. C. (1996). Need satisfaction and the self-regulation of learning. *Learning and Indivdual Differences, 8*, 165-183.

Deci, E. L. (1998). The relation of interest to motivation and human needs – the self-determination theory viewpoint. In: L. Hoffmann, A. Krapp, K. A. Renninger & J. Baumert (Eds.), *Interest and learning* (pp. 146-162). Kiel: IPN-Schriftenreihe.

Gardner, P. L. (1985). Students' interest in science and technology: An international overview. In: M. Lehrke., L. Hoffmann & P. L. Gardner (Eds.), *Interests in science and technology education*. Kiel: IPN-Schriftenreihe.

Häußler, P. & Hoffmann, L. (1990). Wie Physikunterricht auch für Mädchen interessant werden kann. *NiU-Physik, 1*, 12-18.

Häußler, P. & Hoffmann, L. (1995). Physikunterricht – an den Interessen von Mädchen und Jungen orientiert. *Unterrichtswissenschaft, 23*, 107-126.

Haladyna, T. & Thomas, G. (1979). The attitudes of elementary school children toward school and subject matters. *Journal of Experimental Education, 48*, 18-23.

Harlow, H. F. (1958). The nature of love. *American Psychologist, 13*, 673-685.

Heckhausen, H. (1989). *Motivation und Handeln*. Berlin: Springer.

Hoffmann, L. & Häußler, P. (1998). An intervention project promoting girls' and boys' interest in physics. In: L. Hoffmann, A. Krapp, K. A. Renninger & J. Baumert (Eds.), *Interest and learning* (pp. 301-316). Kiel: IPN-Schriftenreihe.

Hoffmann, L., Häußler, P. & Lehrke, M. (1998). *Die IPN-Interessenstudie Physik*. Kiel: IPN-Schriftenreihe.

Krapp, A. (1992a). Das Interessenkonstrukt. In A. Krapp & M. Prenzel (Hrsg.), *Interesse, Lernen, Leistung*. (S. 297-329). Münster: Aschendorff.

Krapp, A. (1992b). Interesse, Lernen und Leistung. *Zeitschrift für Pädagogik, 38*, 747-770.

Krapp, A. (1996). Die Bedeutung von Interessen und intrinsischer Motivation für den Erfolg und die Steuerung schulischen Lernens. In G. W. Schnaitmann (Hrsg.), *Theorie und Praxis der Unterrichtsforschung*. (S. 87-110). Donauwörth: Auer.

Krapp, A. (1998). Entwicklung und Förderung von Interessen im Unterricht. *Psychologie in Erziehung und Unterricht, 44*, 185-201.

Krapp, A. (2000). Individuelle Interessen als Bedingung lebenslangen Lernens. In: F. Achtenhagen & W. Lempert (Hrsg.), *Entwicklung eines Programmkonzepts „Lebenslanges Lernen" für das Bundesministerium für Bildung, Wissenschaft, Forschung und Technologie*. Opladen: Leske + Budrich.

Krapp, A. & Wild, K.-P. (1995). *Zwischenbericht über das Forschungsprojekt „Bedingungen und Auswirkungen berufsspezifischer Lernmotivation in der kaufmännischen Erstausbildung"*. Neubiberg: Universität der Bundeswehr München.

Krapp, A. & Wild, K.-P. (1997). *Zwischenbericht über die zweite Phase des Forschungsprojekts, Bedingungen und Auswirkungen berufsspezifischer Lernmotivation in der kaufmännischen Erstausbildung*". Neubiberg: Unveröffentlichter Bericht, Universität der Bundeswehr München.

Lehrke, M. (1988). *Interesse und Desinteresse am naturwissenschaftlich-technischen Unterricht*. Kiel: IPN-Schriftenreihe.

Lehrke, M., Hoffmann, L. & Gardner, P. L. (Eds.). (1985). *Interests in science and technology education*. Kiel: IPN-Schriftenreihe.

Lewalter, D., Krapp, A., Schreyer, I. & Wild, K.-P. (1998). Die Bedeutsamkeit des Erlebens von Kompetenz, Autonomie und sozialer Eingebundenheit für die Entwicklung berufsspezifischer Interessen. In K. Beck & R. Dubs (Hrsg.), Kompetenzentwicklung in der Berufserziehung – Kognitive, motivationale und moralische Dimensionen kaufmännischer Qualifizierungs-prozesse. *Zeitschrift für Berufs- und Wirtschaftspädagogik, Beiheft Nr. 14*, 143-168.

Nuttin, J. (1984). *Motivation, planning, and action*. Leuven: Leuven University Press.

Prenzel, M. (1988). *Die Wirkungsweise von Interesse*. Opladen: Westdeutscher Verlag.

Prenzel, M. & Drechsel, B. (1996). Ein Jahr kaufmännische Erstausbildung: Veränderungen in Lernmotivation und Interesse. *Unterrichtswissenschaft, 24*, 217-234.

Rheinberg, F. (1989). *Zweck und Tätigkeit*. Göttingen: Hogrefe.

Rheinberg, F. (1993, September). *Anreize engagiert betriebener Freizeitaktivitäten – ein Systematisierungsversuch.* Vortrag auf der 4. Tagung der Fachgruppe Pädagogische Psychologie, Mannheim.

Rheinberg, F. (1995). *Motivation*. Stuttgart: Kohlhammer.

Schiefele, U. (1996). *Motivation und Lernen mit Texten*. Göttingen: Hogrefe.

White, R. W. (1959). Motivation reconsidered: The concept of competence. *Psychological Review, 66*, 297-333.

Wild, K.-P. & Krapp, A. (1996). Die Qualität subjektiven Erlebens in schulischen und betrieblichen Lernumwelten: Untersuchungen mit der Erlebens-Stichproben-Methode. *Unterrichtswissenschaft, 24*, 195-216.

Wild, K.-P., Krapp, A., Schiefele, U., Lewalter, D. & Schreyer, I. (1995). *Dokumentation und Analyse der Fragebogenverfahren und Tests.* (Berichte aus dem DFG-Projekt „Bedingungen und Auswirkungen berufsspezifischer Lernmotivation", Nr. 2). Neubiberg: Universität der Bundeswehr München.

Wild, K.-P., Lewalter, D. & Schreyer, I. (1994). *Design und Untersuchungsmethoden des Projekts „Bedingungen und Auswirkungen berufsspezifischer Lernmotivation".* (Berichte aus dem DFG-Projekt „Bedingungen und Auswirkungen berufsspezifischer Lernmotivation", Nr. 1). Neubiberg: Universität der Bundeswehr München.

Klaus-Peter Wild

Die Bedeutung betrieblicher Lernumgebungen für die langfristige Entwicklung intrinsischer und extrinsischer motivationaler Lernorientierungen[1]

Die Erfassung der Lernumwelten als spezifisches Problem der Lernmotivationsforschung

Die Lehr-Lern-Forschung ist eine anwendungsbezogene Disziplin, deren Erkenntnisinteresse sich vorwiegend auf die Beschreibung und Erklärung institutionell organisierten Lernens richtet. Sie teilt sich diesen Aufgabenbereich mit einigen erziehungswissenschaftlichen Teildisziplinen und greift wie diese häufig auf die theoretischen Konzepte und Erklärungsmodelle der psychologischen Grundlagenfächer zurück. Da diese Disziplinen wiederum ihre theoretischen Modelle auf empirische Forschungsarbeiten stützen können, scheint sich auf diese Weise eine gut definierte „Beweiskette" zu ergeben: von den empirischen Befunden der psychologischen Grundlagendisziplinen über die so legitimierten psychologischen Konstrukte und Erklärungsmodelle bis hin zu den Modellen eines spezifischen Anwendungsfeldes. Die Forschung in einem solchen Anwendungsfeld könnte sich – insofern man dieser Sichtweise folgen mag – darauf konzentrieren und beschränken, die vorhandenen Konzepte und Modelle der Grundlagenforschung in geeigneter Weise für das eigene Feld zu adaptieren.

Gerade aus dem Bereich der kognitiv orientierten Lehr-Lern-Forschung lassen sich zahlreiche Beispiele nennen, in denen eine Übertragung der Konzepte und Modelle der kognitiven Grundlagenforschung gelungen ist. Beispielsweise waren aus den verschiedenen Modellen der menschlichen Informationsverarbeitung eindeutige Konsequenzen für die Gestaltung von Lehr-Lern-Umgebungen (vgl. Farnham-Diggory, 1994; Glaser & Bassok, 1989) ebenso ableitbar wie die heutigen Konzepte selbstgesteuerten Lernens (vgl. U. Schiefele & Pekrun, 1996; Weinstein & Mayer, 1986; K.-P. Wild, 2000a).

Dies eröffnet die Frage, ob die Übertragung der Befunde der Grundlagenforschung auch zur Klärung *motivationspsychologischer* Fragestellungen im Bereich der Lehr-Lern-Forschung gleichermaßen erfolgreich sein kann. Wie den Themen der Forschungspraxis und einschlägigen Lehrbüchern entnommen werden kann, ist diese Frage in der Vergangenheit von den Autoren des Feldes in der Regel positiv beurteilt worden (Pintrich & Schunk, 1996). In den beiden vergangenen Jahren waren es vor allem Konstrukte und Erklärungsmodelle der Leistungsmotivationsforschung, die als theoretische Bezugspunkte für die pädagogisch-psychologische Motivationsforschung herangezogen wurden (vgl. Heckhausen, 1989; Heckhausen & Rheinberg, 1980). Insbesondere der Aspekt der Erfolgserwartungen ist in pädagogischen Feldern unter verschiedenen Gesichtspunkten intensiv untersucht worden (vgl. Helmke, 1992; Schunk, 1991). Aber auch Konstrukte zur

---

[1] Die Anfertigung der Arbeit wurde durch Mittel der Deutschen Forschungsgemeinschaft unterstützt (Aktenzeichen: KR 716/5-1; KR 716/5-2). Die Konzipierung und Durchführung des Projektes erfolgte gemeinsam mit Andreas Krapp, Doris Lewalter und Inge Schreyer, denen ich herzlich für die gute Zusammenarbeit danke.

Beschreibung der Valenzen von Handlungen und Handlungsfolgen (Eccles & Wigfield, 1995; Pintrich & Schunk, 1996) sowie volitionspsychologischer Überlegungen sind zur Erklärung der Lernmotivation herangezogen worden (vgl. Helmke & Mückusch, 1994; Kuhl, 1998; U. Schiefele & Urahne, in diesem Band). In den vergangenen Jahren haben zunehmend aber auch Konzepte in die pädagogisch-psychologisch geprägte Motivationsforschung gefunden, die sich *nicht* auf die kognitiven Handlungsmodelle der modernen Leistungsmotivationsforschung berufen. Hier sind insbesondere die Konzepte zur intrinsischen Motivation von Deci und Ryan (1985, 1993) oder von Csikszentmihalyi (1985) zu nennen, die stärker in der Tradition der Humanistischen Psychologie beheimatet sind (vgl. Krapp, 1993).

Trotz der offensichtlich erfolgreichen Übertragung wesentlicher Konstrukte und Erklärungsmodelle der allgemeinen Motivationspsychologie in den Anwendungsbereich der Lernmotivation scheint ein wesentlicher Mangel dieser Modelle zwar immer wieder kritisch benannt, in der Forschungspraxis aber nicht aktiv bearbeitet zu werden. Dieser Mangel besteht darin, dass die empirischen Untersuchungen und theoretischen Analysen der allgemeinen Motivationsforschung nur sehr unzureichend die Merkmale der Lern- und Sozialisationsumwelten berücksichtigen. Dieser Kritikpunkt enthält zwei unterscheidbare Aspekte:

Auf der einen Seite muss angesichts der beträchtlichen kontextuellen Unterschiede zwischen einer Laborsituation und einem pädagogisch relevanten Handlungsfeld befürchtet werden, dass manche der untersuchten Konstrukte bei einer Übertragung in den natürlichen Lehr-Lern-Kontext einer wesentlichen impliziten Bedeutungsverschiebung unterliegen und daher zu irreführenden Interpretationen führen können (z.B. die Empfehlung mittlerer Schwierigkeitsgrade, die sich vor allem auf experimentelle Untersuchungen zum Risiko-Wahl-Verhalten und auf Attributionsansätze stützt; vgl. Heckhausen, 1989).

Problematischer noch als das Problem der ökologischen Validität der tatsächlich untersuchten Variablen sind jene Defizite, die sich allein dadurch ergeben, dass zahlreiche motivationsrelevante Umwelteinflüsse (z.B. das Erziehungsverhalten der Eltern; die Attraktivität des zu den Hausaufgaben motivational konkurrierenden Freizeitangebots; selbstwertrelevante Bemerkungen der Lehrkräfte; didaktische Aspekte des Unterrichts) in der typischen Laboruntersuchung ja gar nicht berücksichtigt werden können.

Die dadurch entstehenden Lücken sind für ein anwendungsbezogenes Forschungsfeld besonders gravierend, da konkrete Vorschläge zur Verbesserung der aktuellen Lernmotivation oder zur Förderung wünschenswerter motivationaler Dispositionen ohne eine direkte Untersuchung der situativen Bedingungen bestenfalls auf Plausibilitätsüberlegungen beruhen können. In den bisherigen pädagogisch-psychologischen Feldstudien ist dieses Problem bislang ebenfalls nur unzureichend berücksichtigt worden, da hier die (differentialpsychologische) Analyse der Beziehungen zwischen Personvariablen (z.B. Motivationale Orientierungen, Interesse, Selbstkonzept eigener Fähigkeiten, Lernstrategien, Lernleistung usw.) im Vordergrund stand.

Mit der im Folgenden berichteten Studie wird versucht, die spezifischen Auswirkungen der Lernumwelten in besonderer Weise zu berücksichtigen. Im Mittelpunkt der Untersuchung steht die Frage, welche Merkmale der Lernumwelt einen positiven Einfluss auf die langfristigen Entwicklung intrinsischer motivationaler Orientierungen haben.

Die Untersuchung weist einen sehr spezifischen Zugang zur Frage der Beschreibung von Lehr-Lern-Kontexten auf, da sie sich institutionell auf den Bereich der *beruflichen Erstausbildung* bezieht. Institutionell organisiertes Lernen findet ja nicht nur im Rahmen des allgemein bildenden Schulsystems statt. Immerhin zwei der Drittel eines Altersjahrgangs durchlaufen im Anschluss an einen allgemein bildenden Schulabschluss eine berufliche Erstausbildung, die in Deutschland in sehr spezifischer Weise als Kombination von Berufsschulausbildung und betrieblicher Ausbildung organisiert ist (vgl. Greinert, 1993). Die Besonderheit des deutschen Berufsausbildungssystems liegt nun weniger darin, dass die Auszubildenden neben der betrieblichen Arbeit auch allgemein bildende und berufsbildende Ausbildungsinhalte in einem typischen Schulkontext vermittelt bekommen. Sie ergibt sich vielmehr daraus, dass auch die Inhalte und Vermittlungsformen der betrieblichen Ausbildung zentralen Regelungen unterliegen. Diese Regelung macht es möglich und notwendig, die Tätigkeiten im Ausbildungsbetrieb nicht nur als eine Form des „learning by doing" zu verstehen, sondern sie formal als intentionale und institutionell organisierte Lehr-Lern-Kontexte zur Vermittlung berufsspezifischer Kenntnisse und Handlungskompetenzen einzustufen. Da sich die Tätigkeitsformen in der betrieblichen Ausbildung von denen des schulisches Lernens trotzdem erheblich unterscheiden, liegt es auf der Hand, dass die für die Schulforschung typischen Merkmalskataloge zur Beschreibung dieser Lehr-Lern-Kontexte hier nur sehr bedingt Anwendung finden können und durch organisationsspezifische Merkmale ergänzt oder ersetzt werden müssen.

Intrinsische motivationale Lernorientierungen als Entwicklungsziele

Einen zentralen Stellenwert für die theoretische Einordnung der Studie hat die Unterscheidung zwischen intrinsischen und extrinsischen motivationalen Orientierungen. Die Unterscheidung zwischen einer intrinsischen und extrinsischen Form der Lernmotivation hatte sich ursprünglich auf die Differenzierung verschiedener Formen *aktualisierter* Lernmotivation bezogen (vgl. Deci, 1975; Lepper & Greene, 1978) und ist in diesen Forschungsarbeiten nicht selten als Gegensatzpaar verstanden worden. Das Konstrukt der motivationalen Orientierungen bezieht sich dagegen im Sinne einer Disposition auf zeitlich stabile und situationsübergreifende interindividuelle Differenzen. Erfasst mit gängigen Fragebogenverfahren ist in früheren Untersuchungen eine weitgehende statistische Unabhängigkeit, keineswegs jedoch eine negative Beziehung, beider Dimensionen festgestellt worden (Amabile, Hennessey, Hill & Tighe, 1994; vgl. auch E. Wild & Hofer, in diesem Band).

Die begriffliche Trennung zwischen intrinsischen und extrinsischen motivationalen Orientierungen wird in der Literatur nicht einheitlich gehandhabt (vgl. U. Schiefele & Schreyer, 1994). Relativ übereinstimmend wird jedoch von einer *extrinsischen motivationalen Orientierung* gesprochen, wenn Lernende die Tendenz haben, ihre Lernanstrengungen vor allem mit dem Streben nach positiven Handlungsfolgen zu begründen. Wesentlich für die Definition einer extrinsischen Lernmotivation ist der instrumentelle Charakter der Lernhandlung: Sie ist Mittel zur Erreichung eines von der Lernhandlung unterscheidbaren Ziels. Das Spektrum der angestrebten positiven oder negativen Folgen ist dabei relativ breit gefasst und umschließt materielle Belohnungen, soziale Anerkennung oder die Nützlichkeit eines Handlungsergebnisses für die weitere schulische oder berufliche Entwicklung (Amabile et al., 1994; Pekrun, 1993).

Weniger einheitlich fällt die Definition *intrinsischer motivationaler Orientierungen* aus. Sie werden häufig an der subjektiven Wahrnehmung festgemacht, eine Tätigkeit um „ihrer selbst willen" ausführen zu wollen, etwa weil sie als interessant, spannend oder herausfordernd erscheint (Amabile et al., 1994; Csikszentmihalyi, 1985; Deci & Ryan, 1985, 1993; zusf. U. Schiefele, 1996). In der hier berichteten Studie wird zur eindeutigen begrifflichen Fassung eine spezifische Definition verwendet. Von einer intrinsischen motivationalen Orientierung wird dann gesprochen, wenn Personen lernen, weil sie inhaltlich interessiert sind oder weil sie die Inhalte persönlich für bedeutsam halten.

Es gibt viele Gründe, warum es zu den übergeordneten Zielen der beruflichen Erstausbildung gehören sollte, nicht nur in den konkreten Phasen des Lernens während der Ausbildung für eine hohe Lernmotivation zu sorgen, sondern zugleich im Sinne einer „continuing motivation" (Maehr, 1976) auch den Grundstein für eine langfristige intrinsisch motivierte Beschäftigung mit den Wissensbeständen und Arbeitsprozeduren des erlernten Berufes zu legen (Krapp, 1998b; H. Schiefele, 1978, 1986). Mit einer besonderen Betonung des intrinsisch motivierten Lernens soll keineswegs unterstellt werden, das der Aufbau intrinsischer Orientierungen auf Kosten extrinsischer Orientierungen erfolgen solle. Es wird davon ausgegangen, dass jede berufliche Tätigkeit – wenn auch in unterschiedlichem Maße – Anteile enthalten wird, die von einer Person zumindest im konkreten Moment nicht als persönlich relevant oder thematisch interessant erlebt werden. In diesen Fällen oder Arbeitsphasen ist zur Wahrung einer ausreichenden Lern- und Arbeitsmotivation eine extrinsisch motivierte Initiierung und Aufrechterhaltung der notwendigen Handlungen notwendig.

Mit der Betonung des intrinsisch motivierten Lernens wird allerdings in Übereinstimmung mit der vorliegenden Literatur unterstellt, das ein vorwiegend extrinsisch motiviertes Lernen mit einem geringeren Niveau kognitiven Engagements, mit einem geringeren Maß an tiefenorientierten Lernstrategien und mit einem negativeren emotionalen Erleben des Lernprozesses verbunden ist und daher nicht wünschenswert sein kann (vgl. U. Schiefele & Schreyer, 1994; Wild, 2000a, 2000b). Unter einer langfristigen Perspektive ist zudem zu beachten, dass sich extrinsische Motivationsformen in dem Maße, wie die Steuerung des Lernens im Anschluss an die berufliche Erstausbildung in den Entscheidungsspielraum der lernenden Person übergeht, nicht mehr auf die relativ kurzfristigen Verstärkungsmechanismen der Schulumwelt (Lob, Noten), sondern „nur" auf die Wirksamkeit recht langfristiger „Belohnungserwartungen" stützen können (z.B. die Beförderung zur Abteilungsleiterin). Bei einer an der persönlichen Wertschätzung der Inhalten orientierten, d.h. interessenbasierten intrinsischen Lernmotivation weist bereits die unmittelbare Beschäftigung mit dem Lerngegenstand einen „Belohnungswert" auf. Es scheint daher plausibel, für Beschäftigte mit hohen berufsspezifischen Interessen eine freiwillige langfristige und effektive berufsbezogene Weiterbildung anzunehmen.

Motivationale Entwicklungsbedingungen in der Lernumwelt

Die Suche nach relevanten Ausbildungsmerkmalen zur Förderung intrinsischer motivationaler Orientierungen muss auf einem theoretischen Modell der zugrunde liegenden psychischen Prozesse erfolgen. Erst wenn Vorstellungen darüber vorliegen, welche psychischen Bedingungen von der Lernumwelt notwendigerweise zur Förderung motivationaler Dispositionen ausgelöst werden müssen, kann auch eine Beschreibung des Lernkontextes unter diesen Aspekten erfolgen.

Zur Bestimmung der notwendigen psychischen Rahmenbedingungen wird in Übereinstimmung mit früheren Arbeiten der Arbeitsgruppe (vgl. Lewalter, Krapp, Schreyer &

K.-P. Wild, 1998; K.-P. Wild & Krapp, 1996a, 1996b) auf ein Modell zur Vorhersage der Interessenentwicklung zurückgegriffen, dass von Krapp in den vergangenen Jahren kontinuierlich weiterentwickelt wurde (Krapp, 1992, 1999). Dieses Modell knüpft an frühere Arbeiten zur Münchner Interessentheorie (Krapp, 1992, 1998a; Prenzel, 1988, 1992; H. Schiefele, Prenzel, Krapp, Heiland & Kasten, 1983) an und ist im Hinblick auf die Erklärung der Interessen*entwicklung* explizit auf die Selbstbestimmungstheorie der Motivation (Deci & Ryan, 1985, 1993) bezogen. Der wesentliche Unterschied zwischen dem Münchner Interessenentwicklungsmodell und der Selbstbestimmungstheorie liegt in der abweichenden Fassung der zu erklärenden Variable.

Deci und Ryan beziehen sich auf Veränderungen, die auf einer Dimension zunehmender Selbstbestimmung über mehrere Stufen von einer rein extern regulierten zu einer integrierten Form der Motivation führen. Krapp bezieht sich dagegen auf den Aufbau und die Weiterentwicklung gegenstandsspezifischer Interessen, die als eine besondere Beziehung zwischen der Person und kognitiv repräsentierten Gegenständen der Lebensumwelt verstanden werden.

Das verbindende Glied beider Ansätze besteht in der Annahme, dass der zentrale psychische Prozess für eine positive Entwicklungstendenz in der zunehmenden Identifikation der Person mit einem Gegenstandsbereich (Wissensgebiete, Tätigkeitsfelder) und den damit einhergehenden Veränderungen des Selbstkonzepts zu sehen ist. Weiterhin wird angenommen, dass der Aufbau von Interessen bzw. die zunehmende Integration der zuvor als external reguliert erlebten Handlungen im Zusammenhang mit konkreten Gegenstandsauseinandersetzungen erfolgt und an spezifische bedürfnisbezogene emotionale Erfahrungen gebunden ist.

Nach Ansicht der Autorengruppen stellt die subjektiv wahrgenommene Befriedigung dreier psychologischer Grundbedürfnisse eine zentrale psychologische Bedingung dar. Von Krapp (1992, 1999) wird hier im Einklang mit Deci und Ryan (1985, 1993) das Erleben von Kompetenz, Selbstbestimmung und sozialer Einbindung genannt. Es wird davon ausgegangen, dass Personen nur in jenen Bereichen eine positive Entwicklung durchlaufen können, in denen sie in hinreichendem Ausmaß Gelegenheit finden, diese grundlegenden Bedürfnisse zu befriedigen. Wo dies der Fall ist – so wird angenommen – steigt die Wahrscheinlichkeit, dass ein Individuum die entsprechenden Sachverhalte und Aufgaben allmählich als subjektiv bedeutsam erlebt, ein dauerhaftes persönliches Interesse aufbaut und die damit verbundenen Tätigkeiten als intrinsisch motiviert wahrnimmt (Wild & Krapp, 1996b).

Empirische Untersuchungen zur Bedeutung der postulierten drei bedürfnisbezogenen Bedingungsfaktoren sind bislang vor allem in Bezug auf die schulische Lernmotivation in Abhängigkeit von Lehrer-Schüler-Interaktionen (Grolnick & Ryan, 1987; Kage & Namiki, 1990; Ryan & Grolnick, 1986) oder Einflüssen des Elternhauses durchgeführt worden (Grolnick & Ryan, 1989; E. Wild & Hofer, in diesem Band; K.-P. Wild & Krapp, 1995).

Die Anzahl empirischer Arbeiten, die eine Überprüfung dieser Annahmen in betrieblichen Arbeitsumgebungen prüft, ist bislang zwar noch gering, scheint aber die wesentlichen Annahmen des Ansatzes zu unterstützen (Deci, Connell & Ryan, 1989). Da sich diese Studien allerdings auf die *Arbeits*motivation an betrieblichen Arbeitsplätzen und nicht auf die *Lern*motivation in betrieblichen Lehr-Lern-Kontexten beziehen, sind ihre Ergebnisse nur bedingt aussagekräftig. Angesichts des spezifischen deutschen Berufsbildungssystems kann die Anzahl der für betriebliche Lernumgebungen einschlägigen Arbeiten naturgemäß nicht allzu groß sein. Unterstützende Befunde sind in den Untersuchungen von Prenzel, Kristen, Dengler, Ettle und Beer (1996) und Lewalter, Krapp, Schreyer und Wild (1998) berichtet worden. Da sich diese Studien jedoch auf querschnittliche oder retrospektive Informationen stützen, können sie die empirisch wünschenswerte *Prognose* der Entwicklung bzw. der Veränderungen über einen längeren Zeitraum in Abhängigkeit von den postulierten Bedingungsfaktoren nicht direkt leisten.

Das Verständnis der intrapsychischen Entwicklungsbedingungen ist – wie gesagt –eine wichtige Voraussetzung für die weitere Suche nach relevanten situativen Faktoren, kann diese aber noch nicht direkt vorgeben.

Beispielsweise muss für den Aspekt des Autonomieerlebens konkret und kontextspezifisch bestimmt werden, welche Entscheidungsspielräume oder kontrollierende Bedingungen dort von Bedeutung sein könnten. Im Rahmen der Entwicklungsarbeiten zum „Mannheimer Inventar zur Erfassung betrieblicher Ausbildungssituationen" (MIZEBA, Zimmermann, K.-P. Wild & Müller, 1999) sind solche Überlegungen im Rahmen eines facettenanalytischen Ansatzes durchgeführt und in sog. Abbildungssätzen festgelegt worden. Abbildung 1 gibt den Abbildungssatz für die Skala „Autonomie" wieder.

Person (p) beurteilt das Ausmaß ihrer Selbstbestimmungsmöglichkeiten

	Zielbereich			
	(a1 Festlegung der Ziele)			
hinsichtlich der	(a2 Gewichtung)		**der**	
			Aufgaben	
	(a3 Auswahl)			
	(a4 unbestimmt)			
	Mittelbereich			
sowie der	(b1 Ressourcen)	(b11 sachlich)		(sehr hoch)
Entscheidung über		(b12 persönlich)	**als**	
	(b2 Wege/Strategien)			(sehr gering)
	(b3 unbestimmt)			

Abbildung 1: Abbildungssatz zur Skala "Autonomie" des MIZEBA (vgl. Zimmermann et al. 1999).

Ein facettenanalytischer Abbildungssatz definiert das für eine Operationalisierung gültige Itemuniversum durch die logische Verknüpfung von sog. „Struktupeln" (Borg, 1992). In diesen ist festgelegt, welche Aspekte (Facetten) zu unterscheiden sind. In dem hier dargestellten Fall ist das Autonomieerleben der Auszubildenden an die Selbstbestimmungsmöglichkeiten an einem betrieblichen Ausbildungsplatz geknüpft. Der Grad der Selbstbestimmungsmöglichkeiten wird durch die Entscheidungsmöglichkeiten bezüglich der Arbeitsziele (Zielbereich: Festlegung, Gewichtung, Auswahl) und der Arbeitsmittel (Mittelbereich: sachliche oder personelle Ressourcen, Wege und Strategien) festgelegt.

Ein vergleichbares Verfahren wurde auch zur Entwicklung von Skalen angewendet, die sich auf das Kompetenzerleben und das Erleben sozialer Einbindung an einem betrieblichen Ausbildungsplatz beziehen (vgl. Zimmermann et al., 1999). Neben diesen drei durch die Selbstbestimmungstheorie definierten Aspekten des Ausbildungsplatzes wurden angesichts des geringen Wissensstandes zur Bedeutung betrieblicher Lehr-Lern-Umwelten weitere Komponenten für eine explorative Analyse berücksichtigt.

In vorangegangenen Interviewanalysen (Lewalter et al., 1998) hatte sich herausgestellt, dass die Auszubildenden auf die Frage nach relevanten Ursachen der berufsbezogenen Interessenentwicklung auch auf die Qualität von Instruktionsmerkmalen im engeren Sinne eingehen. Zwei Aspekte können hier unterschieden werden. Der erste Aspekt bezieht sich auf die Frage, inwieweit die Auszubildenden den Eindruck haben, von den Ausbildern oder Kollegen („Experten") mit Informationen und Anleitungen beim Erlernen und Einordnen der neuen Aufgaben unterstützt zu werden. Der zweite Aspekt bezieht sich darauf, inwieweit den Auszubildenden von betrieblicher Seite, z.B. durch Kollegen, die Einordnung ihrer Arbeitsaufgabe in die übergeordnete Arbeitsorganisation durch geeignete Informationen transparent gemacht wird.

Ein zweites interessantes Resultat der Interviewanalysen bestand darin, dass die Auszubildenden eine große Vielfalt der Arbeitsaufgaben als wesentliche Komponente ihrer Interessenentwicklung benannt haben. Aus diesem Grund wurde auch in dieser Untersuchung die subjektive Wahrnehmung der Vielfalt der Aufgabenstellungen als Prädiktor für die Entwicklung intrinsischer motivationaler Orientierungen einbezogen. Unter einer explorativen Fragestellung wurde zusätzlich ein zweites Aufgabenmerkmal, nämlich die subjektiv wahrgenommene Wichtigkeit oder Bedeutung der Aufgaben, in die Untersuchung aufgenommen.

Methode

Übersicht und Ablauf der Datenerhebungen

Die hier vorgestellten Analysen sind Teil eines umfangreicheren Forschungsprojekts, dessen zentrales Ziel in der Analyse der Bedingungen und Auswirkungen berufsspezifischer Interessen und berufsspezifischer Lernmotivation in Berufsschule und Ausbildungsbetrieb besteht (vgl. Krapp, 1999; K.-P. Wild & Krapp, 1996a, 1996b; K.-P. Wild, Krapp, Lewalter & Schreyer, 1999). Mit einem relativ breiten Methodenspektrum (Fragebogen, Tests, Erlebens-Stichproben-Methode, Interviews) wurden dazu in einer mehrjährigen Längsschnittstudie kontinuierlich Daten über beide Ausbildungsjahre und bis zum Ende des ersten Berufsjahres erhoben. Auf die relativ komplexe Struktur der Datenerhebungen kann an dieser Stelle nur so weit eingegangen werden, wie es zum Verständnis der nachfolgenden Analysen erforderlich ist.

Das Forschungsprojekt bezieht sich auf die schulische und die betriebliche Ausbildung in der Fachrichtung Versicherungskaufmann/-frau. Das Design der Datenerhebung folgt notwendigerweise der Struktur des Ausbildungsablaufs. Dieser ist in diesem Fall so organisiert, dass die Auszubildenden während eines Schuljahres jeweils längere Zeitabschnitte entweder in der Schule (ca. 6 Wochen) oder im Betrieb (ca. 12 Wochen) ausgebildet werden. Alle Datenerhebungen folgten diesem Wechsel der Lernorte. Für die folgenden Datenanalysen sind folgende Messzeitpunkte relevant:

79

t_1: Eingangserhebung zu Beginn des 1. Ausbildungsjahres

t_2: Betriebliche Zwischenerhebung in der ersten Hälfte des 1. Ausbildungsjahres

t_3: Betriebliche Zwischenerhebung in der zweiten Hälfte des 1. Ausbildungsjahres

t_4: Abschlusserhebung am Ende des ersten Ausbildungsjahres

t_5: Betriebliche Zwischenerhebung in der ersten Hälfte des 2. Ausbildungsjahres

t_6: Abschlusserhebung am Ende des zweiten Ausbildungsjahres

Die motivationalen Orientierungen der Auszubildenden sind zu allen sechs Messzeitpunkten erfragt worden. Die subjektive Wahrnehmung der betrieblichen Ausbildungskontexte war jeweils im Rahmen der Zwischenerhebungen am Ende einer betrieblichen Ausbildungsperiode (Messzeitpunkte 2, 3 und 5) erhoben worden.

Stichprobe

Die Probanden der Untersuchung stammen aus 13 Firmen der Versicherungsbranche und ließen sich im Untersuchungszeitraum zum Versicherungskaufmann bzw. zur Versicherungskauffrau ausbilden. Insgesamt $N = 117$ Auszubildende hatten an der Längsschnittuntersuchung des ersten Ausbildungsjahres teilgenommen. Immerhin 107 davon beteiligten sich bis zum Ende der Ausbildungszeit. Die folgenden statistischen Analysen beruhen immer auf der Stichprobe jener 90 Auszubildenden (42 männlich, 48 weiblich), die im Erhebungszeitraum für alle hier berücksichtigten Variablen vollständige Datensätze aufweisen. Die Mehrzahl der Probanden hatte einen Realschulabschluss ($N = 58$; 64%), die übrigen Abitur ($N = 32$; 36%).

Erhebungsverfahren

(1) Erfassung der Motivationalen Orientierungen

Die motivationalen Orientierungen der Probanden wurden mit einem selbst entwickelten Fragebogen erhoben, dessen Itemsammlung Elemente aus früheren Fragebogen zur intrinsischen und extrinsischen motivationalen Orientierung enthält (vgl. K.-P. Wild, Krapp, Schiefele, Lewalter & Schreyer, 1995). In Übereinstimmung mit vergleichbaren Verfahren (z.B. SRQ; Ryan & Connell, 1989) wird nach den subjektiv wahrgenommenen Gründen für die Lernmotivation gefragt. Die Schüler wurden gebeten, für jeden der genannten Lerngründe auf einer fünfstufigen Skala („trifft gar nicht zu" [1] bis „trifft völlig zu" [5]) einzuschätzen, inwieweit dieser auf ihr Lernen zutrifft. Aus dem umfangreicheren Inventar sind zwei Skalen für die hier interessierenden Analysen herangezogen worden.

Zur Erfassung einer *intrinsischen motivationalen Orientierung* (IMO) wurde die Skala „Interessenorientierung" (3 Items) herangezogen. Sie erfasst, inwieweit Schüler lernen, weil sie inhaltlich interessiert sind oder weil sie die Inhalte für persönlich bedeutsam halten (z.B. „In der betrieblichen Ausbildung lerne ich und arbeite ich mit, weil die Ausbildungsinhalte meinen persönlichen Neigungen entsprechen"). Die internen Konsistenzen der Skala variieren etwas zwischen den Messzeitpunkten, fallen insgesamt aber zufriedenstellend aus ($\alpha_1 = .78$, $\alpha_2 = .87$, $\alpha_3 = .93$, $\alpha_4 = .87$, $\alpha_5 = .92$, $\alpha_6 = .94$).

Die *extrinsische motivationale Orientierung* (EMO) wird mit der Skala „Erfolgsorientierung" (4 Items) erfasst. Hier wird erfragt, inwieweit die Schüler lernen, weil sie ihre Ausbildung erfolgreich abschließen oder gute Noten erhalten wollen (z.B. „In der betrieblichen Ausbildung lerne ich und arbeite ich mit, weil ich möglichst gute Noten in den Prüfungen erhalten möchte"). Die internen Konsistenzen der Skala fallen ebenfalls insgesamt zufrieden stellend aus (α_1 = .76, α_2 = .80, α_3 = .85, α_4 = .86, α_5 = .80, α_6 = .83).

Die Stabilität interindivdueller Unterschiede (Interkorrelationen zwischen Messzeitpunkten) hängt natürlich vom zeitlichen Abstand der jeweils verglichenen Messzeitpunkte ab. Aus Tabelle 1 sind die zeitlichen Stabilitäten für IMO und EMO zu ersehen. Sie sind bei zeitlich unmittelbar aufeinander folgenden Messungen z.T. recht hoch und reichen in Einzelfällen fast an die internen Konsistenzen der Skalen heran. Bei zeitlich weiter auseinander liegenden Messungen sinken diese Werte in der Regel deutlich ab. Die zeitliche Stabilität zwischen erster und letzter Messung der IMO beträgt r_{tt} = .21, die für die EMO r_{tt} = .37.

Tabelle 1: Interkorrelationen der Messzeitpunkte für intrinsische (unterhalb der Diagonale) und extrinsische (oberhalb der Diagonale) motivationale Orientierungen

		t_1	t_2	t_3	t_4	t_5	t_6
t_1	Eingangserhebung 1.Jahr		.30	.40	.34	.34	.21
t_2	Zwischenerhebung	.45		.50	.49	.27	.25
t_3	Zwischenerhebung	.37	.68		.70	.65	.63
t_4	Abschlusserhebung 1. Jahr	.45	.61	.80		.61	.56
t_5	Zwischenerhebung	.37	.62	.68	.67		.65
t_6	Abschlusserhebung 2. Jahr	.37	.52	.64	.71	.72	

Die Korrelationen zwischen IMO und EMO zum jeweiligen Messzeitpunkt schwanken von Messung zu Messung (t_1: .25, t_2: .57, t_3: .44, t_4: .49, t_5: .22, t_6: .42), fallen jedoch zu keinem Zeitpunkt negativ aus.

Mittels zweifaktorieller multivariater Varianzanalysen wurde jeweils für alle Messungen der IMO und der EMO global geprüft, ob signifikante Unterschiede in Abhängigkeit vom Geschlecht und vom Schulabschluss (Abitur vs. Realschulabschluss) vorliegen. Die Analysen ergaben keine signifikanten Unterschiede in Abhängigkeit vom Schulabschluss. Geschlechterunterschiede ließen sich nur bezüglich der Höhe der EMO feststellen: Eine höhere EMO der weiblichen Auszubildenden findet sich zu den Messzeitpunkten t_3 ($F(1,86)$ = 3.80, p = .05), t_4 ($F(1,86)$ = 9.10, $p < .01$) und t_5 ($F(1,86)$ = 3.48, p = .07).

(2) Erfassung der betrieblichen Ausbildungsmerkmale

Aufgrund der ganz erheblichen Unterschiede des Tätigkeitsspektrums und der Interaktionsformen in Schule und Betrieb, sind schulbezogene Inventare nicht zur Erfassung betrieblicher Lehr-Lern-Umgebungen geeignet. Insbesondere in der berufspädagogischen Forschung sind daher zuweilen Instrumente eingesetzt worden, die sich eng an die Selbst- oder Fremdberichtsverfahren der Arbeits- und Organisationswissenschaften anlehnen (z.B. Schmidt, Kleinbeck, Ottmann & Seidel, 1985). Problematisch für die Anwendung dieser Verfahren ist natürlich der Umstand, das die hier berücksichtigten Konzepte vorwiegend zur Prognose von *Arbeits*leistung oder *Arbeits*zufriedenheit gedacht waren und daher nur unzureichend die hier theoretisch interessierenden Konstrukte abdecken.

In dieser Untersuchung wurde daher zur Erfassung der Ausbildungsmerkmale auf Skalen des MIZEBA (s.o. Zimmermann, 1999) zurückgegriffen. Dieses Inventar ist eine mit Blick auf berufspädagogische Fragestellungen neu entwickelte Skalensammlung zur Erfassung aufgabenbezogener, instruktionsbezogener und sozial-emotionaler Aspekte der betrieblichen Ausbildung. Einige Items wurden gegenüber der Originalversion sprachlich leicht modifiziert. Bei allen Skalen wurde ein vierstufiges Antwortformat („trifft gar nicht zu" [1] bis „trifft völlig zu" [4]) vorgegeben.

Drei der MIZEBA-Skalen lassen sich unmittelbar auf die in der Selbstbestimmungstheorie benannten Aspekte Autonomieerleben, Kompetenzerleben und Soziale Einbindung beziehen.

Die Skala *„Autonomie"* ($\alpha = .93$) erfasst die Einflussmöglichkeiten der Auszubildenden im Zusammenhang mit der Bearbeitung betrieblicher Aufgaben (z.B. „Selbst bestimmen kann ich die Dringlichkeit, mit der eine Aufgabe zu bearbeiten ist").

Als Indikator zur Erfassung des *Kompetenzerlebens* wird die Skala „Passung von Anforderungs- und Fähigkeitsniveau" ($\alpha = .83$) herangezogen. Sie erfragt die subjektiv wahrgenommene Relation zwischen dem Schwierigkeitsgrad der jeweiligen Aufgaben und dem individuellen Fähigkeitsniveau (z.B. „Die mir übertragene Aufgabe ist auf meine Kenntnis und Fähigkeit im betreffenden Themenbereich zugeschnitten").

Um das Ausmaß subjektiv wahrgenommener *„Sozialer Einbindung"* ($\alpha = .84$) am Ausbildungsplatz zu erfassen, wird die Skala „Soziales Klima" herangezogen. Mit der Skala wird erfasst, inwieweit der fachliche und soziale Umgang zwischen den Mitarbeitern bzw. zwischen den Vorgesetzten und Mitarbeitern am Ausbildungsplatz als emotional-sozial angenehm und unterstützend erlebt wird (z.B. „Es herrscht eine persönliche Atmosphäre unter den Mitarbeitern/Auszubildenden").

Zwei Skalen beziehen sich auf die subjektive Wahrnehmung der Qualität instruktionaler Merkmale am betrieblichen Ausbildungsplatz.

Die Skala *„Einbindung in die betriebliche Expertenkultur"* ($\alpha = .86$) erfasst in Anlehnung an den instruktionspsychologischen Ansatz des „Situated Learning" (Brown, Collins & Duguid, 1989), in welchem Ausmaß die Auszubildenden an der Bearbeitung authentischer und bedeutsamer betrieblicher Aufgaben durch Experten beteiligt werden und inwiefern die Experten dabei ihre impliziten Strategien externalisieren und begründen (z.B. „Fachleute verdeutlichen ihre Art zu denken, wenn Sie ein Problem in Ihrem Bereich bearbeiten").

Die Skala *„Transparenzfördernde Maßnahmen"* ($\alpha = .80$) erfasst, in welchem Ausmaß und in welcher Form von betrieblicher Seite aus Anstrengungen unternommen werden, dem Auszubildenden den Sinn und Zweck seiner Tätigkeiten zu verdeutlichen (z.B. „Es werden Maßnahmen getroffen, die darauf abzielen, mir zu verdeutlichen, in welche Gesamtleistung das eigene Arbeitsergebnis einfließt").

Zwei weitere Skalen befassen sich mit der Wahrnehmung der Arbeitsaufgaben. Sie sollen feststellen, inwieweit die Auszubildenden den Eindruck haben, mit fachlich wichtigen und thematisch vielfältigen Aufgaben betraut worden zu sein.

Mit der Skala *„Bedeutsamkeit der Aufgabenstellungen"* ($\alpha = .87$) wird erfasst, wie hoch die Auszubildenden die Relevanz der ihnen zugewiesenen Aufgaben für die betriebliche Arbeit einschätzen (z.B. „Mir werden verantwortungsvolle Aufgaben übertragen").

Die Skala „*Aufgabenvielfalt*" ($\alpha = .83$) erfasst, inwieweit die Auszubildenden den Eindruck haben, ein breites Spektrum an berufsrelevanten Aufgaben, Problemen und Tätigkeiten während ihrer betrieblichen Ausbildung kennen gelernt und bearbeitet zu haben (z.B. „Die Ausbildung ermöglicht es, völlig unterschiedliche Dinge zu tun und verschiedene Kenntnisse und Fertigkeiten anzuwenden").

Für jede Skala des MIZEBA wurden die Werte aller drei Messzeitpunkte zu einem gemeinsamen Indikator für die Ausprägung des Merkmals in der Ausbildungszeit zusammengefasst. Eine zweifaktorielle multivariate Varianzanalyse für den gesamten Block der Ausbildungsplatzmerkmale ergab signifikante Unterschiede in Abhängigkeit vom Schulabschluss (Abitur vs. Realschulabschluss) und vom Geschlecht der Auszubildenden. Posthoc Vergleiche zeigen, dass Auszubildende mit Abitur das sozial-emotionale Klima im Betrieb positiver ($F(1,86) = 3.91$, $p < .05$; $d = .04$), die Aufgabenvielfalt aber geringer ($F(1,86) = 7.80$, $p < .01$; $d = .60$) einschätzten. Geschlechterunterschiede waren nur im Hinblick auf das sozial-emotionale Klima zu finden, das von den weiblichen Auszubildenden deutlich positiver erlebt wurde ($F(1,86) = 6.31$; $p < .05$; $d = .66$).

Ergebnisse

Die Darstellung der Befunde erfolgt in drei Schritten. Im ersten Schritt werden die durchschnittlichen Veränderungen der motivationalen Orientierungen über den Erhebungszeitraum beschrieben, um die generellen Trends in diesem Ausbildungskontext abschätzen zu können. In einem zweiten Schritt wird geprüft, ob eine hinreichende Variabilität der individuellen Entwicklungstendenzen vorliegt und inwieweit Beziehungen zwischen den individuellen Entwicklungstrends der IMO und EMO vorliegen. Der dritte Schritt umfasst die eigentliche Kernfrage, nämlich die Vorhersage der individuellen Entwicklungstrends durch Merkmale der Lernumwelten.

Durchschnittliche Veränderungen der Motivationalen Orientierungen im Ausbildungszeitraum

In Abbildung 2 sind die durchschnittlichen Verläufe der intrinsischen und der extrinsischen motivationalen Orientierungen über den gesamten Ausbildungszeitraum dargestellt. Sowohl bezüglich der IMO wie auch bezüglich der EMO lassen sich tendenziell negative Verläufe erkennen. Die intrinsischen motivationalen Orientierungen fallen von einem Eingangswert von $M = 3.56$ nach einem kleinen Anstieg bis auf den Wert $M = 3.31$. Diese Differenz ist statistisch signifikant ($t(89) = 2.28$; $p < .05$) und liegt in der Größenordnung von einem Drittel der Standardabweichung ($d = .28$).

Deutlicher sind die Veränderungen der extrinsischen motivationalen Orientierungen im Ausbildungszeitraum. Der Verlauf beginnt auf einem sehr hohen Wert von $M = 4.46$ bei Ausbildungsbeginn, fällt dann aber zum ersten Halbjahr und anschließend noch einmal zum Ausbildungsende deutlich ab. Die Differenz zwischen Eingangs- und Endwert ist statistisch signifikant ($t(89) = 7.41$; $p < .001$) und beträgt eine ganze Standardabweichung ($d = 1.0$).

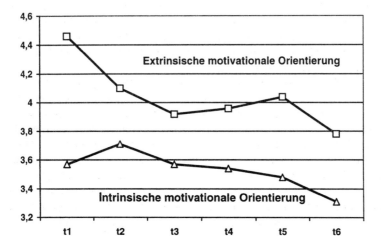

Abbildung 2: Durchschnittlicher Verlauf intrinsischer und extrinsischer motivationaler Orientierungen in betrieblichen Lernumgebungen.

Interindividuelle Streuung der Entwicklungsverläufe

Der hier gewählte Untersuchungsansatz setzt voraus, dass sich die motivationalen Orientierungen der Auszubildenden im Untersuchungszeitraum substantiell unterschiedlich entwickelt haben, so dass sich diese Variation der Entwicklung durch Merkmale des Ausbildungskontextes vorhersagen lässt. Würde sich die Mehrzahl der Auszubildenden im Untersuchungszeitraum (in welcher Richtung auch immer) weitgehend synchron verändern, so könnten die Unterschiede des Lernkontextes bereits aus methodisch-statistischen Gründen nichts zu deren Erklärung beitragen. Die statistische Analyse einer solchen Fragestellung lässt ich am effektivsten auf der Basis eines mehrebenenanalytischen Regressionsmodells mittels HLM durchführen (Bryk & Raudenbush, 1987, 1992; Bryk, Raudenbush & Congdon, 1994).

Ein HLM-Modell zur Erklärung intraindividueller Veränderungen erfordert die Formulierung eines so genannten Wachstumsmodells. In diesem Fall wurde die einfachste Form eines Wachstumsmodells gewählt, nämlich die lineare Regression der abhängigen Variable (IMO oder EMO) Y_{ti} auf die Zeit. In der für HLM-Analysen üblichen Terminologie ist dies:

$$Y_{ti} = \pi_{0i} + \pi_{1i}(ZEITPUNKT) + e_{ti}$$

Dabei ist π_{1i} die Wachstumsrate der Person i über den Erhebungszeitraum und entspricht der erwarteten Veränderungsrate über eine Zeiteinheit. Der Intercept-Parameter π_{0i} ist die Höhe einer motivationalen Orientierung zum Zeitpunkt 0, in unserem Fall die erste Ausbildungswoche der Auszubildenden. Für unsere Fragestellung ist theoretisch nur der Wachstumskoeffizient π_{1i} von Bedeutung. Ein Anstieg einer motivationalen Orientierung drückt sich in einem positiven, eine Verringerung in einem negativen Wert aus. Tabelle 2 fasst alle Verteilungsstatistiken der 90 individuellen Wachstumskoeffizienten zusammen. Wie aufgrund der in Abbildung 2 dargestellten abfallenden Mittelwertsverläufe zu erwarten war, fällt der Durchschnitt dieser individuellen Verläufe negativ aus (IMO: $M(\pi_l)$ = -.06; EMO: $M(\pi_l)$ = -.10). Die Streuung der Wachstumskoeffizienten reicht für IMO von *min* = -.86 bis *max* = +.35, für EMO von *min* = -.64 bis *max* = +.27. Hier handelt es sich jedoch um die extremsten Verläufe. Die Quartilgrenzen für die Verteilung der Wachstumskoeffizienten liegen natürlich enger (vgl. Tabelle 2). Der χ^2-Test zur Prüfung der Hypothese, ob eine signifikante Streuung der Wachstumskoeffizienten vorliegt, fällt für beide motivationalen Orientierungen hoch signifikant aus. Die von HLM ausgewiesenen Reliabilitäten der Wachstumskoeffizienten sind für die angestrebten Analysen ausreichend (IMO: *Rel.* = .55; EMO: *Rel.* = .48).

Tabelle 2: Verteilungsstatistiken der Wachstumskoeffizienten π_l im HLM-Modell

Variable	$M(\pi_l)$	$SD(\pi_l)$	min	PR 25	PR 50	PR 75	max	Var (%)	$\chi^2(89)$
Intrinsische MO	-.06	.18	-.86	-.14	-.03	.06	.35	1.88	197.0***
Extrinsische MO	-.10	.15	-.63	-.21	-.09	-.01	.27	1.21	172.0***

Anmerkungen. ***$p < .001$; *PR* = Perzentile.

Interessant ist nun die Frage, welche Beziehungen zwischen der individuellen Entwicklung intrinsischer und extrinsischer motivationaler Orientierungen bestehen. Sowohl gegenläufige Tendenzen (der Zuwachs in der einen Orientierung geht mit einer Abnahme in der anderen Orientierung einher) wie auch gleichläufige Beziehungen sind theoretisch plausibel.

In Abbildung 3 ist die Beziehung der Wachstumskoeffizienten für intrinsische und extrinsische motivationale Orientierungen grafisch wiedergegeben. Der positive Zusammenhang zwischen beiden Entwicklungstendenzen ist unschwer zu erkennen und statistisch signifikant ($r = .34, p < .05$).[2]

---

[2] Abbildung 3 zeigt einen Ausreißer, der durch einen sehr negativen Verlauf der intrinsischen motivationalen Orientierung gekennzeichnet ist. Kontrollanalysen ergaben keinen wesentlichen Einfluss dieses Falles auf die berichteten Resultate.

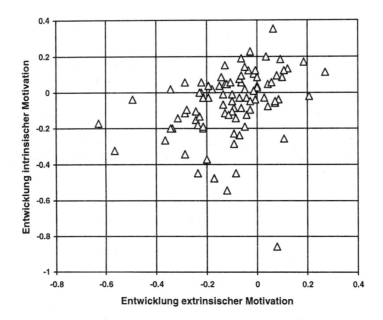

Abbildung 3: Beziehung der individuellen Wachstumskoeffizienten (Lineare Regressionen auf die Zeit; 6 Messzeitpunkte) für intrinsische und extrinsische motivationale Orientierungen.

Vorhersage der Entwicklungsverläufe durch die Ausbildungsmerkmale

Mit einem zusätzlichen Regressionsmodell werden mittels HLM nun die unterschiedliche Höhe der Wachstumskoeffizienten π_{1i} vorgesagt. Das Minimalmodell erfordert die folgende Gleichung zur Vorhersage der Wachstumskoeffizienten.[3]

$$\pi_{1i} = \beta_{10} + \beta_{11} \, (Ausbildungsmerkmal) + r_{1i}$$

Diese Gleichung besteht wiederum aus einer Zufallskomponente r_{1i}, einem Intercept β_{10} und einem Koeffizienten β_{11}, der die Enge des Zusammenhangs zwischen der Ausprägung des Ausbildungsmerkmals (z.B. Autonomie) und der Veränderungsrate über die Zeit bestimmt. Nur dieser Kennwert ist in diesem Fall theoretisch bedeutsam, so dass auf eine Dokumentation der übrigen Koeffizienten in den nachfolgenden Tabellen verzichtet wird.

Notwendig erschien jedoch eine statistische Kontrolle von Drittvariablen, die als zusätzliche Einflussfaktoren für die langfristige Entwicklung motivationalen Orientierungen nicht ausgeschlossen werden konnten. Zur Prüfung der Relevanz von Drittvariablen wurden HLM-Analysen berechnet, in denen an Stelle eines Ausbildungsmerkmals jeweils eine der Kontrollvariablen als Prädiktor diente. Geprüft wurden die Variablen Geschlecht,

---

[3] Aus technischen Gründen muss diese Gleichung auch zur Vorhersage des Intercepts in die Berechnungen eingebracht werden. Dies ist hier jedoch theoretisch nicht weiter von Interesse, so dass die entsprechenden Befunde zur Vorhersage der Intercepts nicht berichtet werden.

Alter, Schulabschluss und Intelligenz (erfasst mit zwei Skalen des WILDE-Intelligenztests; vgl. Jäger & Althoff, 1983). Die Ergebnisse dieser Analysen können hier nur summarisch berichtet werden. Zunächst ist festzuhalten, dass keine dieser Variablen bei der Vorhersage der Entwicklung extrinsischer motivationaler Orientierungen als signifikanter Prädiktor ausgewiesen wurde. Bezüglich der Entwicklung intrinsischer motivationaler Orientierungen haben sich die Variablen Geschlecht (weibliche Auszubildende mit positiveren Entwicklungstendenzen) und Intelligenz (Intelligentere mit positiveren Entwicklungstendenzen) als bedeutsam herausgestellt. Weder der Schulabschluss, noch das eng damit verknüpfte Lebensalter bei Ausbildungsbeginn, erwiesen sich als signifikante Prädiktoren für die differentielle Entwicklung intrinsischer motivationaler Orientierungen. Insgesamt ergab die Analyse der Kontrollvariablen nur einen geringen und zudem auf die Entwicklung intrinsischer motivationaler Orientierungen beschränkten Einfluss. Um den signifikanten Befunden aber Rechnung zu tragen, wurden die weiteren Berechnungen jeweils in zwei Formen, einmal *ohne* Kontrollvariablen (Modell A) und einmal *mit* den Kontrollvariablen Geschlecht und Intelligenz (Modell B), durchgeführt.

Tabelle 3: Regressionskoeffizienten der Ausbildungsmerkmale auf die Wachstumskoeffizienten π_I der intrinsischen und extrinsischen motivationalen Orientierung (Modell A ohne Kontrollvariablen, Modell B mit Kontrolle von Geschlecht und Intelligenz)

	Modell A			Modell B		
	β_{II}	t	$p(t)$	β_{II}	t	$p(t)$
IMO						
Autonomie	.10	2.39 *		.12	3.08 **	
Kompetenzerleben	.15	3.62 **		.16	3.95 **	
Soziales Klima	.15	2.64 **		.11	1.81 +	
Einbindung in die Expertenkultur	.12	3.11 **		.14	3.71 **	
Transparenzfördernde Maßnahmen	.14	2.79 **		.13	2.66 **	
Bedeutsamkeit der Aufgaben	.05	1.47		.06	1.61	
Aufgabenvielfalt	.11	3.03 **		.10	2.99 **	
EMO						
Autonomie	.03	0.89		.04	1.01	
Kompetenzerleben	.09	2.40 *		.09	2.41*	
Soziales Klima	.12	2.47 *		.12	2.29*	
Einbindung in die Expertenkultur	.04	1.19		.05	1.28	
Transparenzfördernde Maßnahmen	.03	0.70		.03	0.62	
Bedeutsamkeit der Aufgaben	.04	1.14		.04	1.16	
Aufgabenvielfalt	.01	0.46		.01	0.40	

Anmerkungen. $^+p < .10$; $^*p < .05$; $^{**}p < .01$.

Für jede der beiden motivationalen Orientierungen wurden HLM-Analysen nach dem oben spezifizierten Modell mit jeweils einem Ausbildungsmerkmal als Prädiktor berechnet. Da die subjektiv wahrgenommenen Merkmale der Ausbildungsplätze und ihrer Aufgaben z.T. substantiell korrelieren, sind diese Analysen nicht unabhängig voneinander. Tabelle 3 fasst die Ergebnisse aller Berechnungen zusammen. Bevor auf die eigentlichen Befunde eingegangen wird, kann kurz festgehalten werden, dass sich die Ergebnisse der Berechnungen mit und ohne Kontrollvariablen (bis auf eine Ausnahme, s.u.) nur marginal voneinander unterscheiden. Auf die Befunde der Berechnungen mit den Kontrollvariablen wird daher im Folgenden nicht weiter eingegangen.

Wichtig sind zunächst die Befunde zur Vorhersage der IMO. In Übereinstimmung mit den theoretischen Annahmen zeigt sich hier, dass der subjektiv wahrgenommene Grad an Selbstbestimmung und das Erleben von Kompetenz positiv mit einer positiven Entwicklung der IMO zusammenhängt. Auch ein positives soziales Klima erweist sich als signifikanter Prädiktor für die positive Entwicklung der IMO. Allerdings ist für diese Variable bei Einbezug der Kontrollvariablen ein Absinken des Regressionskoeffizienten unter die Signifikanzgrenze ($p = .07$) festzustellen. Sieht man von diesem Punkt einmal ab, so werden alle drei „basic needs" sensu Deci und Ryan (1985) in den hier gewählten Operationalisierungen als bedeutsame Einflussgrößen für eine (relativ) positive Entwicklung der IMO ausgewiesen.

Ein vergleichbar positiver Befund ergibt sich auch bei den übrigen Prädiktoren. Drei der vier Ausbildungsmerkmale weisen ebenfalls positive Beziehungen zur Entwicklung der IMO auf. Eine Ausnahme stellt die subjektiv wahrgenommene Bedeutsamkeit der Aufgaben dar, die nur eine geringe Beziehung zur Entwicklung der IMO aufweist.

Interessant ist nun der Vergleich zur Entwicklung der EMO. Da die gewählten Prädiktoren vor allem auf der Basis eines theoretischen Modells zur Vorhersage *intrinsischer* motivationaler Orientierungen ausgewählt wurden, sind hohe Beziehungen zur Entwicklung *extrinsischer* motivationaler Orientierungen folgerichtig nicht unbedingt zu erwarten. Anderseits zeigt die – wenn auch nicht allzu hohe Korrelation der intrinsischen und extrinsischen Entwicklungstendenzen (vgl. Abbildung 2), dass hier Überlappungen in der Genese beider motivationaler Aspekte vorliegen könnten.

Die in Tabelle 3 aufgeführten Ergebnisse zur Vorhersage der Entwicklung extrinsischer motivationaler Orientierungen sind in mehrfacher Weise bemerkenswert. Auf der einen Seite finden wir auch hier signifikante positive Beziehungen zu den Prädiktoren Kompetenzerleben und soziales Klima. Auf der anderen Seite liegt gerade für die Selbst Variable „Autonomieerleben" keine signifikante Beziehung vor, die für die Selbstbestimmungstheorie besonders zentral ist. Weiterhin zeigt sich, dass durch keine weitere der untersuchten Aufgabenmerkmale eine signifikante Prognose der extrinsischen motivationalen Entwicklung möglich ist. Insgesamt ergibt sich auf der Basis dieser Befunde kein völlig schlüssiges Bild. Festzustellen ist jedoch, dass die hier untersuchten Variablen erwartungskonform wesentlich schlechter zur Prognose der Entwicklung extrinsischer motivationaler Orientierungen als zur Prognose intrinsischer motivationaler Orientierungen geeignet sind.

Diskussion

Die oben berichteten Befunde erscheinen in mehrfacher Hinsicht theoretisch und praktisch bedeutsam. Interessant ist zunächst, dass ebenso wie in zahlreichen Studien in der Sekundarstufe eine durchschnittlich negative Tendenz der Entwicklung intrinsischer motivationaler Orientierungen zu verzeichnen ist. Bemerkenswert ist dabei aber auch, dass dieser negative Trend bei den intrinsischen motivationalen Orientierungen in dem hier untersuchten Lehr-Lern-Kontext der kaufmännischen Erstausbildung quantitativ nicht sehr hoch ausfällt und die Entwicklung extrinsischer motivationaler Orientierungen in einem deutlich größeren Ausmaß betrifft. Zumindest für den hier untersuchten Bereich der betrieblichen Ausbildung kann somit weder global von einer starken Verringerung der intrinsischen motivationalen Orientierungen noch von einer spezifischen Verlagerung zugunsten einer extrinsischen Orientierung gesprochen werden. Wie die Korrelation der Wachstumskoeffizienten intrinsischer und extrinsischer motivationale Orientierungen zeigt, kann eine solche Annahme auch auf der Ebene der individuellen Entwicklungsverläufe zurückgewiesen werden. Obwohl sich natürlich einige Probanden identifizieren lassen (vgl. Abbildung 2), bei denen eine Zunahme der extrinsischen motivationalen Orientierung mit einer Abnahme der intrinsischen motivationalen Orientierung einhergeht (und vice versa), so überwiegt doch die Anzahl der richtungskonformen (negativen wie positiven) Entwicklungsverläufe ganz deutlich. Dieser Befund hat insofern auch eine praktische Relevanz, als die Befunde der Studien zur Korrumpierung intrinsischer Motivation in experimentellen Settings (vgl. Deci, 1975) auch heute noch von vielen als Beleg dafür angesehen werden, dass eine zunehmende extrinsische Ausrichtung der Lernmotivation notwendigerweise mit einem Rückgang der intrinsischen Motivation verbunden sein muss. Die bislang vorgelegten querschnittlichen Studien zur Beziehung intrinsischer und extrinsischer motivationaler Orientierungen hatten bereits aufgezeigt, das beide Dispositionen nicht negativ korreliert sind (Amabile et al., 1994). Die oben berichteten Ergebnisse machen zusätzlich deutlich, dass zumindest in einigen Lehr-Lern-Kontexten nicht nur querschnittlich – z.T. substantielle – positive Beziehungen vorliegen, sondern zugleich auch positiv korrelierte *Entwicklungstendenzen* über einen längeren Entwicklungszeitraum belegt werden können.

Die Analyse der individuellen Entwicklungsverläufe hat zudem gezeigt, dass eine erhebliche interindividuelle Variation vorliegt. Forschungsmethodisch war dies natürlich nicht nur wünschenswert sondern unbedingt notwendig, da sonst in einem nicht-experimentellen Design eine weitere Bedingungsanalyse nicht möglich gewesen wäre. *Pädagogisch* gesehen ist dieser Befund aber insofern Besorgnis erregend, als sich die *relativen* Schwankungen der motivationalen Entwicklung um einen negativ gerichteten Gesamttrend gruppieren. Für eine nicht unbeträchtliche Zahl der Auszubildenden ergeben sich dadurch individuell sehr deutliche negative Veränderungen im Ausbildungszeitraum.

Die Befunde zur Prognose der individuellen Entwicklungen durch Ausbildungsmerkmale sind in mehrfacher Weise bemerkenswert. Zunächst fanden sich erwartungsgemäß signifikante positive Beziehungen zu Autonomieerleben, Kompetenzerleben und sozialer Einbindung. Die Befunde bieten damit auf der Basis quantitativer und längsschnittlich gewonnener Daten einen Beleg für die Bedeutung der in der Selbstbestimmungstheorie (Deci & Ryan, 1985, 1993) und in der Münchner Interessentheorie (Krapp, 1992, 1999) postulierten psychisch relevanten Entwicklungsfaktoren.

In Übereinstimmung mit früheren Befunden auf der Basis retrospektiver Interviews zur Interessengenese (Lewalter et al., 1998) haben sich zugleich auch andere Merkmale der Ausbildungsumgebung als relevant für die Prognose intrinsischer motivationaler Orientierungen herausgestellt. Hierzu zählen die Bemühungen der Ausbilder und Kollegen, durch geeignete Erläuterungen und Vorgehensweisen zu einer größeren Transparenz der Tätigkeiten und der damit verbundenen Handlungsvollzüge zu kommen (Einbindung in die betriebliche Expertenkultur). Hierzu zählt auch das Bemühen der Ausbilder und Kollegen, den Auszubildenden zu einem größeren Verständnis der Einordnung ihrer Arbeitsaufgabe in den übergeordneten Kontext des betrieblichen Arbeitsablaufs zu geben (transparenzfördernde Maßnahmen). Auch die Vielfalt der Arbeitsaufgaben hat sich als signifikanter Prädiktor für die Entwicklung intrinsischer motivationaler Orientierungen erwiesen.

Theoretisch konform ist der Befund, dass die Beziehungen zwischen den hier untersuchten Merkmalen der Ausbildungsumgebung deutlich geringere Bezüge zur Entwicklung *extrinsischer* motivationaler Orientierungen aufweisen. Eine Ausnahme stellen das Kompetenzerleben und das Erleben sozialer Einbindung dar, die ebenfalls positiv mit den extrinsischen Entwicklungstendenzen korreliert sind. Plausibel wird dieser Befund durch die Tatsache, dass zumindest in dem hier untersuchten Lehr-Lern-Kontext die Entwicklung intrinsischer und extrinsischer motivationaler Orientierungen positiv korreliert ist und daher zumindest z.T. auch durch die gleichen Merkmale der Arbeitsumwelt gleichsinnig beeinflusst werden sollte.

Die Interpretation der Bedeutung der Ausbildungsmerkmale „Einbindung in die Expertenkultur", „Transparenzfördernde Maßnahmen" und „Vielfalt der Aufgaben", die ja einen deutlichen Zusammenhang zur Entwicklung intrinsischer motivationaler Orientierungen aufweisen, muss vorläufig offen bleiben. Es erscheint durchaus plausibel auch diese Merkmale auf dem Hintergrund der drei „basic needs" zu interpretieren. Für alle drei Merkmale ist anzunehmen, dass sie entweder direkt durch die Qualität der Unterweisung am Arbeitsplatz oder indirekt durch den Zugang zu einer breiten Zahl an Tätigkeiten zu einem besseren Aufbau berufsspezifischer Wissensbestände und Handlungskompetenzen führen und dadurch mittelbar das Kompetenzerleben der Auszubildenden fördern. Weiterhin kann angenommen werden, dass eine hohe Ausprägung dieser Merkmale auch dazu geeignet ist, die fachliche Integration der Auszubildenden in das soziale Gefüge des Betriebes zu fördern und mittelbar zu einer erhöhten subjektiv wahrnehmbaren sozialen Einbindung beizutragen.

Zusammenfassend kann der spezifische Beitrag der hier vorgelegten Studie zum Verständnis motivationaler Phänomene in Lehr-Lern-Umgebungen in zweifacher Weise gesehen werden. Zum einen sollten Merkmale des Lehr-Lern-Kontextes explizit in die Analyse motivationspsychologischer Fragestellungen aufgenommen und im Hinblick auf ihre Folgen für die Lernmotivation analysiert werden. Zum anderen sollten die bisherigen, auf querschnittlichen Untersuchungen basierenden Befunde zur Beziehung von Lernumwelt und motivationaler Entwicklung auf der Grundlage einer Längsschnittstudie strenger als bislang geprüft werden. Die weitgehend erwartungskonformen Befunde auf der Basis von Fragebogendaten müssen durch weitere Analysen, insbesondere durch eine Einbeziehung der mittels Erlebens-Stichproben-Methode gewonnenen Daten und durch direkte Beobachtungen der betrieblichen Lernumwelten ergänzt werden.

Die oben berichteten Befunde waren auf die Daten der betrieblichen Ausbildungskontexte beschränkt. Die Analyse der schulbezogenen Daten steht noch weitgehend aus und wird zeigen müssen, inwieweit die hier gefundenen motivationalen Entwicklungstrends und deren Verursachung durch Aspekte der Lernumwelt auch für „klassische" Schulumgebungen Gültigkeit beanspruchen können.

Literatur

Amabile, T. M., Hennessey, B. A., Hill, K. G. & Tighe, E. M. (1994). The Work Preference Inventory: Assessing intrinsic and extrinsic motivational orientations. *Journal of Personality and Social Psychology, 66,* 950-967.

Borg, I. (1992). *Grundlagen und Ergebnisse der Facettentheorie.* Bern: Huber.

Brown, J. S., Collins, A. & Duguid, P. (1989). Situated cognition and the culture of learning. *Educational Researcher, 18,* 32-42.

Bryk, A. S. & Raudenbush, S. W. (1987). Application of hierarchical linear models to assessing change. *Psychological Bulletin, 101,* 147-158.

Bryk, A. S. & Raudenbush, S. W. (1992). *Hierarchical Linear Models: Applications and data analysis methods.* Newbury Park, CA: Sage.

Bryk, A. S., Raudenbush, S. W. & Congdon, Jr., R. T. (1994). *Hierarchical Linear Modeling with the HLM/2L and HLM/3L programs.* Chicago: Scientific Software International.

Csikszentmihalyi, M. (1985). *Das Flow-Erlebnis.* Stuttgart: Klett-Cotta.

Deci, E. L. (1975). *Intrinsic motivation.* New York: Plenum.

Deci, E. L., Connell, J. P. & Ryan, R. M. (1989). Self-determination in a work organization. *Journal of Applied Psychology, 74,* 580-590.

Deci, E. L. & Ryan, R. M. (1985). *Intrinsic motivation and self-determination in human behavior.* New York: Plenum.

Deci, E. L. & Ryan, R. M. (1993). Die Selbstbestimmungstheorie der Motivation und ihre Bedeutung für die Pädagogik. *Zeitschrift für Pädagogik, 39,* 223-238.

Eccles, J. & Wigfield, A. (1995). In the mind of the actor: The structure of adolescents achievement task values and expectancy-related beliefs. *Personality and Social Psychology Bulletin, 21,* 215-225.

Farnham-Diggory, S. (1994). Paradigms of knowledge and instruction. *Review of Educational Research, 64,* 463-477.

Glaser, R. & Bassok, M. (1989). Learning theory and the study of instruction. *Annual Review of Psychology, 40,* 631-666.

Greinert, W. (1993). *Das „deutsche System" der Berufsausbildung.* Baden-Baden: Nomos.

Grolnick, W. S. & Ryan, R. M. (1987). Autonomy in children's learning: An experimental and individual difference investigation. *Journal of Personality and Social Psychology, 52,* 890-898.

Grolnick, W. S. & Ryan, R. M. (1989). Parent styles associated with children's self-regulation and competence in school. *Journal of Educational Psychology, 81,* 143-154.

Heckhausen, H. (1989). *Motivation und Handeln (2. Aufl.).* Berlin: Springer.

Heckhausen, H. & Rheinberg, F. (1980). Lernmotivation im Unterricht, erneut betrachtet. *Unterrichtswissenschaft, 1980, 8,* 7-47.

Helmke, A. (1992). *Selbstvertrauen und schulische Leistung.* Göttingen: Hogrefe.

Helmke, A. & Mückusch, C. (1994). Handlungs- und Lageorientierung bei Grundschülern. *Zeitschrift für Pädagogische Psychologie, 8,* 63-72.

Jäger, A. O. & Althoff, W. (1983). *Der Wilde-Intelligenz-Test (WIT).* Göttingen: Hogrefe.

Kage, M. & Namiki, H. (1990). The effects of evaluation structure in children's intrinsic motivation and learning. *Japanese Journal of Educational Psychology, 38,* 36-45.

Krapp, A. (1992). Das Interessenkonstrukt. In A. Krapp & M. Prenzel (Hrsg.), *Interesse, Lernen, Leistung* (S. 297-329). Münster: Aschendorff.

Krapp, A. (1993). Die Psychologie der Lernmotivation. *Zeitschrift für Pädagogik, 39,* 187-206.

Krapp, A. (1998a). Interesse. In D. H. Rost (Hrsg.), *Handwörterbuch Pädagogische Psychologie* (S. 213-218). Weinheim: Psychologie Verlags Union.

Krapp, A. (1998b). Entwicklung und Förderung von Interessen im Unterricht. *Psychologie in Erziehung und Unterricht, 44*, 185-201.

Krapp, A. (1999). Interest, motivation and learning: An educational-psychological perspective. *European Journal of Psychology in Education, 14*, 23-40.

Kuhl, J. (1998). Wille und Persönlichkeit: Funktionsanalyse der Selbststeuerung. *Psychologische Rundschau, 49*, 61-77.

Lepper, M. R. & Greene, D. (Eds.) (1978). *The hidden costs of reward*. Hillsdale, NJ: Erlbaum.

Lewalter, D., Krapp, A., Schreyer, I. & Wild, K.-P. (1998). Die Bedeutsamkeit des Erlebens von Kompetenz, Autonomie und sozialer Eingebundenheit für die Entwicklung berufsspezifischer Interessen. *Zeitschrift für Berufs- und Wirtschaftspädagogik, Beiheft 14*, 143-168.

Maehr, M. L. (1976). Continuing motivation: An analysis of a seldom considered educational outcome. *Review of Educational Research, 46*, 443-446.

Pekrun, R. (1993). Facets of adolescents' academic motivation: A longitudinal expectancy-value approach. In M. L. Maehr & P. R. Pintrich (Eds.), *Advances in motivation and achievement* (Vol. 8, pp. 139-189). Greenwich, CT: JAI.

Pintrich, P. R. & Schunk, D. H. (1996). *Motivation in education*. Englewood Cliffs, NJ: Prentice-Hall.

Prenzel, M. (1988). *Die Wirkungsweise von Interesse*. Opladen: Westdeutscher Verlag.

Prenzel, M. (1992). Überlegungen zur Weiterentwicklung der pädagogisch-psychologischen Interessenforschung. In A. Krapp & M. Prenzel (Hrsg.), *Interesse, Lernen, Leistung* (S. 331-352). Münster: Aschendorff.

Prenzel, M., Kristen, A., Dengler, P., Ettle, R. & Beer, T. (1996). Selbstbestimmt motiviertes und interessiertes Lernen in der kaufmännischen Erstausbildung. *Zeitschrift für Berufs- und Wirtschaftspädagogik, Beiheft 13*, 108-127.

Ryan, R. M. & Connell, J. P. (1989). Perceived locus of causality and internalization: Examining reasons for acting in two domains. *Journal of Personality and Social Psychology, 57*, 749-761.

Ryan, R. M. & Grolnick, W. S. (1986). Origins and pawns in the classroom: Self-report and projective assessment of individual differences in children's perceptions. *Journal of Personality and Social Psychology, 50*, 550-558.

Schiefele, H. (1978). *Lernmotivation und Motivlernen (2. Aufl.)*. München: Ehrenwirth.

Schiefele, H. (1986). Interesse – Neue Antworten auf ein altes Problem. *Zeitschrift für Pädagogik, 32*, 153-162.

Schiefele, H., Prenzel, M., Krapp, A., Heiland, A. & Kasten, H. (1983). *Zur Konzeption einer pädagogischen Theorie des Interesses (Gelbe Reihe, Arbeiten zur Empirischen Pädagogik und Pädagogischen Psychologie, Nr. 6)*. München: Universität München, Institut für Empirische Pädagogik und Pädagogische Psychologie.

Schiefele, U. (1996). *Motivation und Lernen mit Texten*. Göttingen: Hogrefe.

Schiefele, U. & Pekrun, R. (1996). Psychologische Modelle des fremdgesteuerten und selbstgesteuerten Lernens. In F. E. Weinert (Hrsg.), *Enzyklopädie der Psychologie, Pädagogische Psychologie: Psychologie des Lernens und der Instruktion* (S. 249-278). Göttingen: Hogrefe.

Schiefele, U. & Schreyer, I. (1994). Intrinsische Lernmotivation und Lernen. *Zeitschrift für Pädagogische Psychologie, 8*, 1-13.

Schmidt, K. H., Kleinbeck, U. Ottmann, W. & Seidel, B. (1985). Ein Verfahren zur Diagnose von Arbeitsinhalten: Der Job Diagnostic Survey (JDS). *Psychologie und Praxis – Zeitschrift für Arbeits- und Organisationspsychologie, 4*, 162-172.

Schunk, D. H. (1991). Self-efficacy and academic motivation. *Educational Psychologist, 26*, 207-231.

Weinstein, C. E. & Mayer, R. E. (1986). The teaching of learning strategies. In M. C. Wittrock (Ed.), *Handbook of research in teaching* (pp. 315-327). New York: Macmillan.

Wild, K.-P. (2000a). *Lernstrategien im Studium*. Münster: Waxmann.

Wild, K.-P. (2000b). Der Einfluss von Unterrichtsmethoden und motivationalen Orientierungen auf das kognitive Engagement im Berufsschulunterricht. In R. Duit & Ch. v. Rhöneck (Hrsg.). *Interdisziplinäre Ansätze in Lehr-/Lernforschung und Fachdidaktiken.* Kiel: IPN-Schriftenreihe.

Wild, K.-P. & Krapp, A. (1995). Elternhaus und intrinsische Lernmotivation. *Zeitschrift für Pädagogik, 41,* 579-595.

Wild, K.-P. & Krapp, A. (1996a). Lernmotivation in der kaufmännischen Erstausbildung. *Zeitschrift für Berufs- und Wirtschaftspädagogik, Beiheft 13,* 90-107.

Wild, K.-P. & Krapp, A. (1996b). Die Qualität subjektiven Erlebens in schulischen und betrieblichen Lernumwelten: Untersuchungen mit der Erlebens-Stichproben-Methode. *Unterrichtswissenschaft, 24,* 195-216.

Wild, K.-P., Krapp, A., Lewalter, D. & Schreyer, I. (1999). Die Förderung berufsbezogener Interessen und intrinsischer motivationaler Lernorientierungen in der kaufmännischen Erstausbildung. *Wirtschaft und Erziehung, 51,* 358-360.

Wild, K.-P., Krapp, A., Schiefele, U., Lewalter, D. & Schreyer, I. (1995). *Dokumentation und Analyse der Fragebogenverfahren und Tests* (Berichte aus dem DFG-Projekt „Bedingungen und Auswirkungen berufsspezifischer Lernmotivation", Nr. 2). München: Universität der Bundeswehr.

Zimmermann, M., Wild, K.-P. & Müller, W. (1999). Das „Mannheimer Inventar zur Erfassung betrieblicher Ausbildungssituation" (MIZEBA) *Zeitschrift für Berufs- und Wirtschaftspädagogik, 95,* 373-402.

Robin Stark und Heinz Mandl

Konzeptualisierung von Motivation und Motivierung im Kontext situierten Lernens

Es ist mittlerweile bekannt, dass traditionelle Instruktion[1] mit immensen Motivierungsproblemen zu kämpfen hat. Traditionelle Beschulung hat sich in verschiedenen Studien als sehr effektiv erwiesen – leider auch in der Demotivierung Lernender und in der Erzeugung von Lernunlust (Helmke, 1993; Pekrun, 1993). Intrinsische Motivation und Lernfreude nehmen bereits ab der ersten Grundschulklasse kontinuierlich ab. Auch Lehrende an der Universität scheinen von den sechs Möglichkeiten, Lernende zu *demotivieren* (Prenzel, 1997), trotz unterstellter guter Absichten, nicht selten Gebrauch zu machen. Eine Möglichkeit, ungewollt zu demotivieren, besteht darin, Lernenden die Kontrolle über ihr Tun zu entziehen und in ihre Steuerung einzugreifen. Ebenfalls mit Demotivierung ist zu rechnen, wenn sich die behandelten Inhalte weder kurz- noch längerfristig mit den Zielen der Lernenden verbinden lassen. Auch wenn Unterricht vor allem auf den Erwerb von Fakten und das Beherrschen grundlegender Fertigkeiten abzielt, ist die Gefahr groß, Lernende zu demotivieren. Ebenso, wenn den Lernenden kein Zutrauen entgegengebracht oder zu wenig Kompetenzunterstützung (Deci & Ryan, 1993) gegeben wird, oder wenn das nach Deci und Ryan (1993) grundlegende Bedürfnis, sozial einbezogen, angenommen und akzeptiert zu werden, verletzt wird. Kurz – es gibt viele Möglichkeiten, Lernende (ungewollt) zu demotivieren und dadurch auch ungünstig auf den Lernprozess und den resultierenden Lernerfolg einzuwirken.

Es ist anzunehmen, dass das *Transferproblem*, das in jüngster Zeit unter dem auf Whitehead (1929) zurückgehenden Schlagwort des „trägen Wissens" diskutiert und von verschiedenen Seiten der traditionellen Instruktion angelastet wird, nicht zuletzt mit den beschriebenen Motivierungsproblemen zusammenhängt: Motivierungsprobleme können sowohl Ursache als auch Konsequenz von Transferproblemen sein. Es ist auch nicht auszuschließen, dass bestimmte Merkmale traditioneller Instruktion sowohl Motivierungs- als auch Transferprobleme mit sich bringen. Insofern können neuere situierte Instruktionsansätze, die mehr oder weniger explizit auf (sozial-)konstruktivistischen Annahmen zum Lernen basieren und auf die Überwindung von Transferproblemen bzw. auf die Förderung des Erwerbs anwendbaren Wissens abzielen, auch als Interventionsmaßnahmen zur Überwindung von Motivierungs- bzw. Motivationsproblemen verstanden werden.

---

[1] Als traditionelle Instruktion wird stark vereinfachend jede Form von Instruktion verstanden, die zum einen auf dem lehrerzentrierten Unterrichtsgespräch oder dem Lehrervortrag basiert und die zum anderen nicht der heterogenen „Familie" situierter Instruktionsansätze zugeordnet werden kann. Zu dieser „Familie" werden alle Ansätze gerechnet, die verschiedenen Spielarten konstruktivistischen Denkens verpflichtet sind. Neben *sozial-konstruktivistischen* Ansätzen, die stark von Wygotski beeinflusst sind, werden vor allem Ansätze zur *situierten Kognition*, die auch als kognitiv-konstruktivistische Ansätze bezeichnet werden (z.B. Situativity Theory von Greeno, 1992; Distributed-Cognition-Ansatz von Salomon, 1993) sowie *anthropologische* Ansätze (z.B. Lave, 1988) gezählt. Schließlich werden explizit *instruktionspsychologische* Ansätze (z.B. Anchored-Instruction; Cognition and Technology Group at Vanderbilt, 1997), die sich bei der Konstruktion von Lernumgebungen auf einzelne Aspekte der genannten Ansätze stützen, zu den situierten Ansätzen gezählt.

Zur Frage des Beitrags, den Vertreter und Vertreterinnen dieser recht heterogenen Familie von situierten Instruktionsansätzen zur Überwindung des Problems des trägen Wissens leisten können, liegen bereits durchaus ermutigende Befunde vor (Cognition and Technology Group at Vanderbilt, 1992). Wie aber ist es um die Überwindung des Motivierungs- bzw. Motivationsproblems bestellt? Bevor diese Frage beantwortet werden kann, ist zunächst zu fragen, wie es die Vertreter situierter Instruktion überhaupt „mit der Motivation halten". Die motivationspsychologische „Gretchenfrage" richtet sich zum einen an Lernumgebungen bzw. instruktionale Maßnahmen, die (u.a.) auf die Motivierung Lernender abzielen und damit an die *Motivierungspraxis*. Zum anderen bezieht sie sich auf die theoretische Konzeptualisierung von Motivation in situierten Instruktionsansätzen, d.h. auf die der Motivierungspraxis potentiell zugrundeliegende *Motivationstheorie*.

Gestaltung situierter Lernumgebungen und Motivierung Lernender

Im Folgenden wird exemplarisch ein prominenter situierter Instruktionsansatz (Anchored-Instruction) herausgegriffen und in Hinblick auf Motivationseffekte analysiert. Auf der Basis dieses Ansatzes wurde eine situierte Lernumgebung zum Lernen in der Mathematik entwickelt: die bekannten Jasper-Abenteuerserien. Dieser Lernumgebung liegen verschiedene Designprinzipien zugrunde, zu denen mehrere Annahmen über kognitive und motivationale Effekte formuliert wurden (Cognition and Technology Group at Vanderbilt, 1997). Die Designprinzipien und die von der Vanderbilt-Gruppe postulierten Motivationseffekte sind in Tabelle 1 dargestellt.

Ein Teil dieser Annahmen wurde bereits empirisch überprüft (Cognition and Technology Group at Vanderbilt, 1993). Mit Jasper-Lernumgebungen konnten beispielsweise Einstellungen gegenüber Mathematik bei Lernenden positiv beeinflusst werden. Im Vergleich zu einer Kontrollgruppe mit traditionellem Unterricht schätzten Jasper-Schüler und Schülerinnen die Alltagsrelevanz und Nützlichkeit von Mathematik höher ein und standen mathematischen Herausforderungen positiver gegenüber. Auch die Lehrerurteile in Hinblick auf die Motivation der Lernenden und die Akzeptanz der Lernumgebung waren positiv und wurden zudem von Elternurteilen bestätigt.

Motivationseffekte ohne Theorie?

Die dargestellten Annahmen zur Motivierung Lernender sind zwar plausibel, sie sind jedoch nicht sehr präzise und nur wenig elaboriert. Zentrale Begriffe, allen voran der Motivationsbegriff, werden eher alltagssprachlich verwendet; es ist nicht erkennbar, dass den Annahmen eine explizite Motivationstheorie zugrunde liegt. Deshalb ist es auch nicht verwunderlich, dass die Operationalisierung von Motivationsaspekten in der genannten wie auch in anderen Untersuchungen der Vanderbilt-Gruppe an Differenziertheit zu wünschen übrig lässt. Zudem wird nicht oder nur unzureichend auf die in der heutigen Motivationspsychologie thematisierten, komplexen Beziehungen zwischen Motivation und Kognition (vgl. Pekrun & Schiefele, 1996) eingegangen; auch Beziehungen zwischen verschiedenen Motivationsaspekten werden nicht thematisiert.

Tabelle 1: Sieben Designprinzipien der Jasper-Abenteuerserien und potentielle Motivationseffekte (nach Cognition and Technology Group at Vanderbilt, 1997)

	Designprinzip	Potentieller Motivationseffekt
1.	Video-basiertes Präsentationsformat	Soll motivieren
2.	Narratives Format (Präsentation von realistischen, in Geschichten eingebetteten Problemstellungen)	Soll das Engagement der Lernenden wecken und die Relevanz verdeutlichen, die der Mathematik für die Bewältigung von Alltagssituationen zukommt
3.	Generatives Lernformat (Lernende müssen Probleme selbständig definieren)	Soll die Lernenden motivieren, den Ausgang der Geschichte zu bestimmen
4.	Prinzip der eingebetteten Daten (die Daten, die zur Problemlösung gebraucht werden, sind dem Video zu entnehmen)	Soll die Lernenden zum Explorieren motivieren
5.	Problemkomplexität (jedes Abenteuer enthält ein Problem, das sich aus mindestens 14 Schritten zusammensetzt)	Soll den Lernenden ermöglichen, Zuversicht in die eigenen Fähigkeiten zu entwickeln
6.	Paare verwandter Abenteuer	Keine Hypothesen in Bezug auf Motivationseffekte formuliert
7.	Integration von Fächern	Keine Hypothesen in Bezug auf Motivationseffekte formuliert

Es ist jedoch fraglich, ob man situierten Instruktionsansätzen gerecht wird, wenn man nur „Motivationslücken" im Sinne von theoretisch-konzeptuellen Defiziten im einschlägigen Schrifttum diagnostiziert. Wer die Jasper-Abenteuerserien in vivo erlebt oder mit einer Lernumgebung gearbeitet hat, die auf der Grundlage eines anderen situierten Instruktionsansatzes, z.B. des Random-Access-Ansatzes von Spiro, Feltovich, Jacobson und Coulson (1991), konstruiert wurde, lässt sich von der motivierenden Potenz dieser Lernumgebungen leicht überzeugen. Auch das Lernen mit so genannten zielbasierten Szenarien (z.B. Schank & Cleary, 1995), deren Konzeption konsequent auf der Forderung beruht, dass Lernen Spaß machen soll, dürfte kaum Motivierungsprobleme mit sich bringen – zumindest nicht in dem Ausmaß, in dem sie in traditionellen Lernumgebungen beobachtet werden können.

Es kann somit eine zumindest auf den ersten Blick eigentümliche Kluft zwischen theoretischer Fundierung von „Motivation" in situierten Instruktionsansätzen und der Motivierung Lernender in situierten Lernumgebungen festgestellt werden: Einerseits fehlt es situierten Instruktionsansätzen an expliziten und elaborierten Motivationskonzepten, andererseits werden auf der Basis dieser Ansätze offensichtlich motivierende Lernumgebungen konstruiert.

Bei der Beurteilung dieser Kluft ist zu berücksichtigen, dass sich das situierte Paradigma[2] in einem vergleichsweise frühen Entwicklungsstadium befindet. Jahrzehntelang dominierten in der Lernpsychologie behavioristische Theorien; seit den 70er Jahren entwickelt sich das heute dominierende kognitivistische Paradigma, das auch die Motivationspsychologie entscheidend beeinflusst hat. Wenn eine kognitivistisch orientierte Motivationspsychologie jahrzehntelang Zeit hatte, sich auszudifferenzieren, ist kaum zu erwarten, dass ein in den Anfängen stehendes Paradigma mit einer vergleichbar differenzierten und empirisch untermauerten Motivationstheorie aufwarten kann.

Geht man betont pragmatisch vor und lässt die Frage der potentiellen „Inkommensurabilität" (Kuhn, 1976) von Konzepten, die unterschiedlichen Paradigmen entstammen, einmal ganz außer Acht, können die zu den Designprinzipien der Jasper-Abenteuerserien formulierten Motivationsannahmen (s. Tabelle 1) motivationspsychologisch rekonstruiert werden. Hierzu können Konzepte der aktuellen Motivations- und Interessenforschung ebenso herangezogen werden wie ältere Motivationskonzepte (vgl. Stark, Gruber & Mandl, 1998). Es bietet sich an, hierbei von der traditionellen Unterscheidung von motivationalen *Wert-* und *Erwartungskomponenten* (z.B. Heckhausen, 1989) auszugehen. Natürlich ändert der Versuch, die von der Vanderbilt-Gruppe formulierten Motivationsannahmen zu präzisieren, nichts an der Tatsache, dass diese Annahmen einer systematischen empirischen Überprüfung bedürfen. Es handelt sich also lediglich um plausible Spekulationen.

Motivationspsychologische Rekonstruktion der auf Motivationseffekte bezogenen Designannahmen

Fünf der sieben Design-Prinzipien zielen explizit auf die *Motivierung* der Lernenden ab. Ausgehend vom Grundmodell der kognitivistischen Motivationspsychologie (z.B. Heckhausen, 1977) ist das beabsichtigte Motivieren von Lernenden als indirekte Einflussnahme auf Lern- bzw. Problemlösehandlungen durch eine bestimmte Gestaltung der Lernumgebung zu interpretieren. Die Lernumgebung soll demnach so gestaltet werden, dass Anreize, die zu den potentiellen Motiven der Lernenden passen, sichtbar werden und durch Aktivitäten der Lernenden erreicht werden können.

Durch das narrative Format der Jasper-Lernumgebungen, d.h. durch die Einbettung der zu bearbeitenden Problemstellungen in Abenteuergeschichten, wird das *Neugiermotiv* (Berlyne, 1960) angesprochen. Die Lernenden werden durch den Inhalt der Geschichte auf den weiteren Verlauf neugierig gemacht. Das Prinzip der eingebetteten Daten dürfte ebenso dazu beitragen, die Neugier der Lernenden zu wecken. Lernende gelangen bei der Bearbeitung der Jasper-Abenteuer immer wieder zu der Einschätzung, noch nicht genügend Informationen gesammelt zu haben, um das (selbstgenerierte) Problem bewältigen zu können. Hierdurch dürfte eine intensive Auseinandersetzung mit der präsentierten Ge-

---

[2] Es ist alles andere als selbstverständlich, in Zusammenhang mit situierten Instruktionsansätzen von einem „neuen Paradigma" zu sprechen. Prominente Vertreter des kognitivistischen Paradigmas (synonym: Informationsverarbeitungsparadigma) wehren sich vehement dagegen, in situierten Ansätzen ein auch nur ansatzweise neues Paradigma zu sehen (Anderson, Reder & Simon, 1996; Vera & Simon, 1993). Wir schließen uns der großenteils polemischen Diskussion zwischen „Kognitivisten" und „Situationisten" nicht an. Alternativ zum Paradigmenbegriff verwenden wir auch den weniger voraussetzungsvollen Begriff „Perspektive".

schichte angeregt werden. Idealerweise wird durch das narrative Format und das Prinzip der eingebetteten Daten, in Verbindung mit der Verwendung komplexer Problemstellungen, *epistemische Neugier* (Berlyne, 1960) geweckt. Auch der Einsatz von Paaren verwandter Abenteuer und die Herstellung von Bezügen zwischen verschiedenen Gebieten unterstützen das Aufkommen epistemischer Neugier. Lernende mit epistemischer Neugier sind begierig darauf, neues Wissen zu erwerben, um Probleme besser verstehen und bewältigen zu können, sie entwickeln eine Art Forschungsdrang oder Erkenntnisstreben. Epistemische Neugier wird durch Überraschung, Zweifel, Verwirrung oder Unsicherheit, Ratlosigkeit und auch durch Konfrontation mit widersprechenden Informationen angeregt. Es ist anzunehmen, dass zumindest einige dieser konflikterzeugenden Variablen bei Lernenden, die sich mit den Jasper-Abenteuern auseinander setzen, wirksam werden.

Motivationstheoretisch stellt epistemische Neugier einen Spezialfall *situationalen Interesses* dar (Schiefele, 1996). Die Inhalte, mit denen Lernende bei der Auseinandersetzung mit den Jasper-Abenteuern konfrontiert werden, sind so gewählt, dass sie für die Mehrzahl der Lernenden interessant sind und hohe subjektive Bedeutung besitzen. Dieser Effekt wird dadurch unterstützt, dass mit den Hauptakteuren der Abenteuergeschichten Modelle angeboten und damit Identifikationsprozesse erleichtert werden. Es liegen somit günstige Voraussetzungen für die Entstehung von Interesse vor (Krapp, 1992, 1999). Per definitionem kommt dem Interesse auch eine intrinsische Qualität zu. Da sich die Lernenden – möglicherweise vermittelt durch die Identifikation mit den Hauptakteuren – mit der Problemsituation identifizieren, können sie sich bei deren Bewältigung als autonom erleben, obwohl die Anforderungen, die die Bearbeitung der Probleme mit sich bringt, eigentlich von außen kommen.

Interesse bezeichnet Person-Gegenstands-Relationen, die für das Individuum von hervorgehobener Bedeutung sind. Es handelt sich bei Interesse um eine Bedingung der intrinsischen Motivation, die per definitionem auf Gegenstände und Inhalte gerichtet ist, mit denen sich Lernende beschäftigen. Neben Interesse bzw. *gegenstandszentrierter* intrinsischer Motivation dürfte auch *tätigkeitszentrierte* intrinsische Motivation (Schiefele, 1996) durch die Lernumgebung günstig beeinflusst werden. Es ist davon auszugehen, dass Handlungen, die Lernende im Lauf der Auseinandersetzung mit den Jasper-Abenteuern durchführen, motivierend sind. Dadurch, dass die Lernenden in eine Problemsituation verstrickt werden, die sie selbst definieren (Prinzip des generativen Lernformats) und die sie bewältigen wollen, führen sie Handlungen wie z.B. die Suche nach relevanten Informationen primär um der Handlung selbst willen aus. Die Lernumgebung zielt also neben der Aktivierung von Interesse bzw. gegenstandszentrierter intrinsischer Motivation auf die Aktivierung tätigkeitszentrierter intrinsischer Motivation ab. Das narrative Format, das generative Format und das Prinzip der eingebetteten Daten könnten darüber hinaus – unterstützt durch die videobasierte Präsentation – dazu beitragen, dass intrinsisch motivierte Handlungen von flow-ähnlichen Gefühlszuständen (Csikszentmihalyi, 1985) begleitet werden. Eine notwendige Voraussetzung für die Entstehung lernförderlicher Flow-Zustände ist die Passung zwischen Handlungsanforderungen und Fähigkeit der Lernenden; es kommt also die Problemkomplexität ins Spiel, auf die weiter unten näher eingegangen wird. Eine weitere Bedingung von Flow ist die Eindeutigkeit der Handlungsstruktur (Csikszentmihalyi & Schiefele, 1993). Sind Lernende im Flow, gehen sie völlig in Handlungen auf, die sie im Zusammenhang mit der Problembearbeitung ausführen. Auf das Ich gerichtete Kognitionen wie Selbstzweifel, die in der Regel mit Lernhandlungen interferieren, tauchen in diesem motivationalen Idealzustand nicht auf.

Bei Nutzern von Computer- und Videospielen, die in verschiedenen Gestaltungs-
merkmalen den Jasper-Lernumgebungen sehr ähnlich sind, werden Flow-Zustände häufig
beobachtet (Leu, 1993).

Die bisher genannten Motivationskonzepte können der motivationalen *Wertkomponente* zugeordnet werden. Das Prinzip der Problemkomplexität zielt explizit darauf ab,
einen wichtigen Aspekt der motivationalen *Erwartungskomponente* zu fördern. Durch die
Komplexität der Problemstellungen nimmt die Auseinandersetzung mit den Abenteuergeschichten einen herausfordernden Charakter an (Lepper & Malone, 1987). Den Lernenden
wird die Möglichkeit gegeben, durch die Bewältigung komplexer, nichttrivialer Problem-
situationen zu erfahren, wie sich die eigene Kompetenz vergrößert. Sie bekommen die
Chance zu erleben, wie sie etwas immer besser beherrschen. Das *Wirksamkeitsmotiv*
(White, 1959) wird also angesprochen, Formen von *Kompetenz-* und *Leistungsmotivation*
kommen ins Spiel. Werden Problemkomplexität und Fähigkeit so aufeinander abgestimmt, dass die Lernenden erfolgreich sind, werden positive Selbstwirksamkeitserwartungen (Bandura, 1986), Gefühle der *Selbstbestimmung* und *Kontrolle* (DeCharms,
1976; Malone, 1981) und Flow (Csikszentmihalyi, 1985) begünstigt. Von der Ausprägung
der Selbstwirksamkeit hängt wiederum die Akzeptanz von Leistungszielen sowie die
Ausdauer bzw. Persistenz der Lernbemühungen ab (Schunk, 1991). Der angezielte
Einfluss auf die Selbstwirksamkeit wird durch das Prinzip des generativen Lernformats
begünstigt, da die Lernenden dadurch explizit aufgefordert werden, aktiv zu werden,
einzugreifen und die Dinge selbst in die Hand zu nehmen. Im Vergleich zu traditionellen
Lernumgebungen zielen situierte Lernumgebungen insgesamt stärker darauf ab, eine *Lern-
bzw. Bewältigungsorientierung* und weniger eine *Leistungsorientierung* zu fördern (Dweck,
1991). In Hinblick auf die Induktion einer bestimmten motivationalen Orientierung haben
situierte Lernumgebungen somit einen anderen *Aufforderungscharakter* (Lewin, 1965) als
viele traditionelle Lernumgebungen.

Den von der Cognition and Technology Group at Vanderbilt formulierten Annahmen zur
Motivierung Lernender lässt sich somit eine Reihe von Motivationskonzepten zuordnen, die
zum Teil der motivationalen Wertkomponente, zum Teil der motivationalen Erwartungskomponente angehören. Die Liste von Konzepten, die teilweise deutliche theoretische
Überlappungen aufweisen und empirisch zum Teil in engen, zum Teil aber auch in
ungeklärten Zusammenhängen stehen, ließe sich ohne Schwierigkeiten erweitern. Die
vorgenommenen Zuordnungen muten additiv an und sind zudem wenig eindeutig: Die
meisten Designprinzipien können als Einflussgrößen für verschiedene Aspekte der
Motivation betrachtet werden; umgekehrt können bestimmte Motivationsaspekte mit
verschiedenen Designprinzipien in Verbindung gebracht werden. Zudem ließen sich andere,
möglicherweise nicht weniger plausible Zuordnungen treffen. Die weit gehende Beliebigkeit,
die die Zuordnung von Motivationskonzepten aufweist, ist nicht verwunderlich: Sie resultiert
aus der diagnostizierten motivationstheoretischen Lücke und den damit verbundenen
„Freiheitsgraden". Die Tatsache, dass es nicht schwer fällt, diese Lücke zu schließen, könnte
wohlwollend als ein Hinweis darauf interpretiert werden, dass das Design situierter
Lernumgebungen von motivationspsychologischen Überlegungen stärker beeinflusst ist, als
es die Präzision der postulierten Motivationseffekte und die bisher in situierten Ansätzen
geleisteten Operationalisierungen von Motivation vermuten lassen.

Für diese Kluft zwischen Motivationstheorie und Motivierungspraxis gibt es einen
Grund, der bei unserem spekulativen Rekonstruktionsversuch bewusst außer Acht
gelassen wurde: Bisherige, insbesondere kognitivistisch orientierte Motivationskonzepte

sind mit einem situierten Paradigma nur bedingt kompatibel. Versteht man situierte Instruktionsansätze als eine „Familie" von Ansätzen, die mehr oder weniger explizit auf (sozial-)konstruktivistischen Überlegungen zum Lernen basieren – man könnte auch sagen: Ansätze, die sich im Rahmen eines gemeinsamen situierten Sprachspiels bewegen (Wittgenstein, 1984) –, lässt sich sogar eine extreme Position begründen, derzufolge theoretische Konzepte der bisherigen (nicht-situierten) Motivationsforschung für situierte Ansätze gänzlich *unbrauchbar* sind. Bei der folgenden Begründung dieser Position wird auf paradigmenspezifische ontologische und epistemologische Grundannahmen rekurriert, die sich einer empirischen Überprüfung entziehen.

Radikale sozial-konstruktivistische Überlegungen und Motivation

Im Rahmen einer radikalen sozial-konstruktivistischen, kontextualistischen Perspektive, wie sie etwa von Wygotski (1962) vertreten wurde[3], ist bereits die Frage nach der Motivation als einem von anderen Konzepten, vor allem von Kognition klar abgrenzbaren Konzept, nicht sinnvoll. Im Kontext des elementaristisch geprägten Informationsverarbeitungsparadigmas, das auf der *Computermetapher* basiert, ist dagegen die analytische Unterscheidung von Motivation und Kognition – mitunter auch von Motivation und Emotion – geradezu konstitutiv. Zentrale Metapher des sozialkonstruktivistischen Paradigmas sensu Wygotski ist das *historische Ereignis*. Eine fundamentale Rolle spielt in diesem Denken der *Kontext*. Ereignisse können nicht von dem Kontext isoliert werden, in dem sie stattfinden, sie haben keinen festen Endpunkt, d.h. sie sind nicht wie Dinge klar abgrenzbar. Hier wird deutlich, dass die Metapher des historischen Ereignisses andere ontologische Annahmen impliziert als die kognitivistische Computermetapher. Aspekte menschlichen Verhaltens werden in einer Wygotskischen Perspektive nicht als Eigenschaften des Individuums aufgefasst, losgelöst von einem umfassenden soziokulturellen Kontext, in den sie notwendigerweise eingebettet sind. Die analytische Abtrennung des Affekts vom Intellekt etwa, die im kognitivistischen Paradigma selbstverständlich ist, hat nach Wygotski (1962) zur Konsequenz, dass der Gedankenprozess gerade des Kontexts beraubt wird, der ihm seine Bedeutung verleiht. Der Gedankenprozess wird dann zu einem autonomen Fluss von Gedanken, die sich selbst denken, losgelöst von der Fülle des Lebens, von den persönlichen Bedürfnissen und Interessen, den Neigungen und Impulsen des Denkers. Vergleichbare kontextualistische Überlegungen finden sich in der Aktivitätstheorie von Leontjev (Hickey, 1997).

Zeitgenössische Theoretiker und Theoretikerinnen, die sich an Wygotskis Arbeiten anlehnen (z.B. Lave, 1988; Rogoff, 1990), sehen ebenfalls kognitive Aktivität als kontextgebunden an. Zwischen den kognitiven Fähigkeiten eines Individuums, dem affektiven Zustand des Individuums, dem Kontext, in dem die Aktivität stattfindet, und der Aktivität selbst wird nicht mehr unterschieden. Ebenso können mentale Prozesse nicht von zu erreichenden Zielen und Handlungen abgetrennt werden. Bedeutung und Zweck sind ausgehend von dieser Perspektive zentral für die Definition aller Aspekte von Ereignissen und Aktivitäten, sie können nicht getrennt werden, indem Merkmale des Individuums und Merkmale des Kontexts aufsummiert werden. Wissen und Fertigkeiten

---

[3] Sozial-konstruktivistische Positionen knüpfen zudem an den philosophischen Pragmatismus von Dewey und James an (vgl. Gerstenmaier & Mandl, 1995).

101

werden als im physikalischen und sozialen Kontext situiert konzipiert, d.h. als situiert in dem Kontext, in dem sie erworben werden. Ausgehend von dieser Position transformiert man Wissen und Fertigkeiten, wenn man sie von ihrem authentischen Kontext abstrahiert. Es wird dann keine neue Perspektive auf dieselben Phänomene entwickelt, vielmehr werden andere Phänomene in den Blick genommen (vgl. Wittgenstein, 1994).

Derartige theoretische Positionen sind folgenreich. So werden etwa im Rahmen neuerer situierter Ansätze als Untersuchungseinheit nicht einzelne Individuen betrachtet, wie es im kognitivistischen Paradigma die Regel ist, sondern wesentlich umfassendere und komplexere Einheiten: das System von Individuen in einem sozialen, kulturellen und technologischen Aktivitätssetting. Hier wird deutlich, dass theoretische Positionen gravierende methodologische und methodische Konsequenzen haben können. Eine fundamentale Rolle beim Gestalten von Aktivität nehmen Wertsch (1991) zufolge soziokulturell repräsentierte kognitive Werkzeuge wie die Sprache ein. Internale kognitive Aktivität ist immer sozial situiert, weil sie immer durch kulturell determinierte Mediationsmittel geformt wird. In sozial-anthropologischen Ansätzen, wie sie heutzutage z.B. Lave und Wenger (1991) vertreten, wird Motivation vor allem in Zusammenhang mit Identitätskonstruktionen in „communities of practice" gesehen. Individuen partizipieren an Aktivitäten der Gemeinschaft und können eine Identität auf der Grundlage ihres Funktionierens in der Gemeinschaft herausbilden. Wenn die Individuen wichtiger für das Funktionieren der Gemeinschaft werden, erhöht sich ihr von dieser Gemeinschaft abgeleitetes Identitätsgefühl. Die Motivation, sich Werte und Praktiken der Gemeinschaft anzueignen, ist dann eng mit der Etablierung einer Identität als Mitglied der Gemeinschaft verbunden. Vor dem schwer fassbaren, geschweige denn operationalisierbaren Identitätsbegriff schrecken Vertreter einer Informationsverarbeitungsperspektive sozusagen „von Haus aus" zurück.

Es liegt nahe, dass ausgehend von einer radikalen sozial-konstruktivistischen Perspektive Modelle, die auf *individuellen* Repräsentationen basieren, und damit die überwiegende Mehrzahl der Modelle, die vom Informationsverarbeitungsparadigma beeinflusst wurden, nicht sinnvoll sind. Motivation als ein individuell repräsentiertes Konstrukt, das von anderen kognitiven Aktivitäten unterschieden werden kann, wird dann strenggenommen bedeutungslos. Abgesehen davon, dass solche Extrempositionen schon allein deshalb nicht zu befürworten sind, weil sie für die empirische Forschung im Allgemeinen und insbesondere die Motivationsforschung wenig funktional sind, lassen sich auch theoretische Probleme aufzeigen, die gegen radikale situierte Perspektiven sprechen. Dies wird anhand der Frage nach dem individuellen Charakter bzw. der Distribuiertheit von Kognition deutlich gemacht.

Plädoyer für eine gemäßigt-konstruktivistische Perspektive

Niemand wird bestreiten, dass Kognition nicht nur isoliert im Kopf eines Individuums stattfindet, sondern immer auch in verschiedener Hinsicht sozial-interaktiven Charakter hat und damit als – auf welche Weise auch immer – „verteilt" bezeichnet werden kann. Es ist jedoch überzogen, aus dieser harmlosen Feststellung, die sicher auch im kognitivistischen „Lager" Zustimmung finden würde, die Konsequenz zu ziehen, dass es individuelle Kognition nicht „gibt" oder dass es sich nicht lohnt, diese zu untersuchen. Unter der schlagwortartigen Überschrift „keine Distribution ohne individuelle Kognition" plädiert Salomon (1993) nachdrücklich dafür, eine extrem individualistische Perspektive ebenso zu vermeiden wie einen situationalen Determinismus. Auch in Theorien, die von der Distribuiertheit von Kognition ausgehen, sei der Bedeutung individueller Kognition bzw. individueller Repräsentationen Rechnung zu tragen. Bereits alltägliche Beobachtungen und Erfahrungen legen nach Salomon (1993) nahe, dass nicht *alle* Kognitionen distribuiert sein können, zumindest nicht immer und nicht zwischen allen Individuen gleichermaßen. Wer über die Inhalte eines zu haltenden Vortrags nachgrübelt, wird dabei zumindest zeitweise sein eigenes kognitives Repertoire nutzen. Inwieweit Kognitionen distribuiert sind, hängt zudem von situativen Bedingungen ab. Zudem ist mit Perkins (1993) anzunehmen, dass es Typen von Kognitionen gibt, die stärker individueller Natur und kaum distribuierbar sind, insbesondere Wissen höherer Ordnung, aber auch bestimmte außergewöhnliche Fertigkeiten, Prozesse und Operationen. Auch wenn man Konzepten distribuierter Kognition nahe steht, kommt man spätestens dann um die Annahme individueller Repräsentationen nicht mehr herum, wenn Prozesse erklärt werden, die z.B. dadurch gekennzeichnet sind, dass der Handlungsverlauf stockt und Reflektion notwendig wird. Zudem ist Veränderung und Entwicklung nicht zu erklären, ohne eine gegenseitige Beeinflussung von individuellen und distribuierten Kognitionen anzunehmen; Salomon (1993) geht hierbei von einer reziproken Beziehung aus.

Die Kritik von Salomon (1993) und Perkins (1993) an radikalen Konzeptionen von distribuierter Kognition ist überzeugend. Auf die Annahme individueller Kognitionen bzw. Repräsentationen verzichten zu wollen, bedeutet, das Kind mit dem Bade auszuschütten. Soziale Interaktionen bekommen ihre Bedeutung als wahrgenommene und bewertete und damit als repräsentierte Interaktionen. Es wird nicht bestritten, dass Repräsentationen unabhängig von der konkreten Handlungssituation eine wesentlich soziale Komponente haben. Trotz aller sozialer (Mit-)Bedingtheit, möglicher Externalisierung und sozialer Konsequenzen sind sie jedoch immer individuell repräsentiert. Individuelle Repräsentationen vorauszusetzen impliziert weder, dass Repräsentationen sprachlicher Natur sein müssen, noch, dass sie dem Bewusstsein zugänglich sein müssen. Auch wenn wir „automatisch" mit Artefakten hantieren, etwa wenn wir beim Telefonieren Bleistiftkritzeleien anfertigen, wird dies nicht „unvermittelt", unter Umgehung von Repräsentationsprozessen, ablaufen (vgl. Vera & Simon, 1993) – weil es gar nicht möglich ist, etwas zu tun oder zu lassen *ohne* irgendwelche begleitenden kognitiven Prozesse, die man als Repräsentationsprozesse interpretieren kann.

Ebenso wenig ist eine Position zu befürworten, derzufolge es keinen Sinn machen soll, unter bestimmten Bedingungen, etwa im Rahmen eines psychologischen Experiments, motivationale und kognitive Aspekte getrennt zu betrachten. Sicher haftet solchen analytischen Abgrenzungen immer eine gewisse Künstlichkeit an, die bei holistischen Konzeptionen per definitionem vermieden wird, was diese spontan attraktiv erscheinen lässt. Holistische Positionen, in denen der Versuch unternommen wird, auf Komplexitätsreduktion weitgehend zu verzichten, laufen jedoch Gefahr, nach langwierigen, aufwendigen phänomenologischen Analysen zumindest implizit bei der trivialen Feststellung zu enden, dass alles mit allem zusammenhängt und dass alles sehr komplex ist. Spätestens wenn bei der Planung einer empirischen Untersuchung die Frage nach möglichen Operationalisierungen gestellt wird, machen radikale holistische Positionen, die im kognitivistischen Paradigma übliche analytische Unterscheidungen strikt ablehnen, kontrollierte empirische Forschung unmöglich. Zudem seien die gravierenden Probleme erwähnt, die solche Positionen in Hinblick auf die Generalisierung von Befunden mit sich bringen.

Mit dieser Kritik sollen keineswegs (sozial-)konstruktivistische Perspektiven im Allgemeinen zurückgewiesen werden, sondern lediglich radikale Positionen, die im Rahmen des situierten Paradigmas entwickelt wurden. Lehnt man diese Extrempositionen ab und nimmt eine gemäßigt-konstruktivistische Perspektive ein, folgt daraus nicht, dass die kognitivistische Perspektive in vollem Umfang beibehalten wird und grundlegende (sozial-) konstruktivistische Überlegungen bestenfalls in Form von Lippenbekenntnissen Anerkennung finden. Selbst als überzogen kritisierte konstruktivistische Positionen können ein produktives Gegengewicht zu einseitigen kognitivistischen Positionen und Forschungspräferenzen bilden. Auch wenn sie hier nicht vertreten werden, soll diesen Positionen zumindest eine gewisse heuristische und progressive Potenz nicht abgesprochen werden. Wenn sie zurückgewiesen werden, geschieht dies vor allem deshalb, weil sie Konsequenzen nach sich ziehen, die nach unserer Einschätzung effektivem empirischen Forschen, u.a. im Bereich Motivation, abträglich sind.

Zudem sind die als überzogen bewerteten Annahmen nicht konstitutiv für eine konstruktivistische Position. Eine kontextualistische Perspektive sowie eine Fokussierung auf Prozesse und soziale Interaktion muss nicht notwendigerweise eine Ablehnung von Annahmen zu individuellen Repräsentationen zur Folge haben. Noch weniger begründet ist die *völlige* Preisgabe des Repräsentationsbegriffs, wie es etwa im Neopragmatismus von Rorty (1994) gefordert wird (vgl. Mormann, 1997). Ebenso wenig muss im Rahmen einer konstruktivistischen Position auf die Abgrenzung von Motivation und Kognition verzichtet werden bzw. auf andere Unterscheidungen, die im Rahmen radikaler sozial-konstruktivistischer Positionen abgelehnt werden. Eine gemäßigt-konstruktivistische Perspektive hat den großen Vorteil, dass nicht auf die Vielzahl von zum Teil gut untersuchten, differenzierten und sehr brauchbaren Konzepten verzichtet werden muss, die in den letzten Jahrzehnten entwickelt wurden – als Beispiel sei nur die Interessen-theorie von Krapp und Mitarbeitern genannt (z.B. Krapp, 1992, 1999).

Das heißt jedoch nicht, dass bewährte Motivationskonzepte einfach unreflektiert übernommen werden sollten, wenn Motivationseffekte situierter Lernumgebungen unter-sucht werden oder wenn es um die Implementation motivierender Gestaltungsmaßnahmen geht. Die Unterschiede zwischen dem kognitivistischen und dem situierten Paradigma, etwa in Hinblick auf zugrundeliegende ontologische und epistemologische Prämissen sind fundamental und sollten nicht heruntergespielt werden (vgl. Hickey, 1997). Trotzdem un-ternehmen Young und Pintrich (in Druck) den Versuch, bisherige Motivationsmodelle und sozialen Konstruktivismus zu „versöhnen". Die Autoren plädieren für ausgedehnte Motivationsstudien, in denen explizit von multiplen Weltanschauungen ausgegangen und verschiedene Perspektiven integriert werden sollen. Obwohl ein solcher Eklektizismus radikalen konstruktivistischen Position vorzuziehen ist, kann er auch Probleme mit sich bringen, die nicht zu unterschätzen sind. Zum einen ist zu bedenken, dass sich die Bedeutung bisheriger Motivationskonzepte und die Funktion bestimmter Merkmale der Lernsituation im Kontext situierter Lernumgebungen verändern kann. Im Kontext situierter Instruktionsansätze ist deshalb möglicherweise mit anderen instruktionalen Effekten zu rechnen, als ausgehend von der einschlägigen Motivationsliteratur zu erwarten wäre. Zum anderen stellt sich das Problem, welche Untersuchungsmethoden angezeigt sind, wenn man sich im Rahmen einer gemäßigt-konstruktivistischen Perspektive bewegt. Bevor das Methodenproblem aufgegriffen wird, ist das Problem der Bedeutungsveränderungen zu explizieren.

Das Problem kontextabhängiger Bedeutungsveränderungen: Traditionelle Motivationskonzepte im Kontext situierter Instruktionsansätze

Als Beispiel für kontextabhängige Bedeutungsveränderungen kann das Konzept der *extrinsischen Motivation* angeführt werden. Diesem Konzept haftet ein negativer Beigeschmack an, der vor allem von älteren Befunden herrühren dürfte, nach denen extrinsische und intrinsische Motivation inkompatibel sind (Deci, 1975). Auch Untersuchungsergebnisse zum unterschiedlichen Einfluss extrinsischer und intrinsischer Motivation auf die Qualität von Lernprozessen und den resultierenden Lernerfolg (z.B. Schiefele & Schreyer, 1994) haben zum „schlechten Ruf" der extrinsischen Motivation beigetragen. Unter bestimmten Bedingungen können jedoch auch positive Effekte extrinsischer Motivation nachgewiesen werden. Einer Studie von Pintrich und Garcia (1991) zufolge kann extrinsische Lernmotivation das Lernverhalten positiv beeinflussen, wenn keine intrinsische Lernmotivation vorhanden ist. Auch wenn die Befundlage bezüglich dieser Frage sehr komplex ist und auch konträre Befunde vorliegen, insbesondere wenn wie in der Selbstbestimmungstheorie von Deci und Ryan (z.B. 1985) moderierende Variablen wie Autonomie- und Kompetenzstützung berücksichtigt werden, kann beispielsweise der Versuch, Lesen in der Freizeit dadurch zu unterstützen, dass an Schüler und Schülerinnen für jedes gelesene Buch Pizza-Bons ausgeteilt werden, in einem traditionellen Lernkontext kontraindiziert sein, weil unerwünschte Effekte bis hin zu einer Abnahme des Interesses am Lesen resultieren können (z.B. Kohn, 1993). Anders sieht es aus, wenn diese Motivierungspraxis im Rahmen eines *situierten* Instruktionsansatzes zur Anwendung kommt. Lernende könnten z.B. dann Pizza-Bons erhalten, wenn alle Mitglieder einer reziproken Lesegruppe die zentralen Strategien beherrschen wie Abschnitte zusammenfassen, Fragen stellen und Vorhersagen machen. Solche Anreize stellen für die Lernenden wichtige, lernzielrelevante Informationen bereit. Werden derartige Belohnungen lernzielspezifisch an den „richtigen" Performanzindikatoren festgemacht, kann effektives Lernen angeregt werden. Geht man von der Selbstbestimmungstheorie von Deci und Ryan (1985) aus, ist ein solcher positiver Effekt auch dann zu erwarten, wenn sich extrinsisch motiviertes Verhalten, das auf diese Belohnungen ausgerichtet ist, in Einklang mit dem Bedürfnis nach Kompetenz, Selbstbestimmung und sozialer Bezogenheit befindet.

Unabhängig von ungelösten Problemen wie der Wechselwirkung zwischen intrinsischer und extrinsischer Motivation (Schiefele & Schreyer, 1994) und der Frage nach klaren Unterscheidungskriterien, die Voraussagen von Effekten extrinsischer Motivierung bereits im Kontext herkömmlicher Instruktionsansätze erschweren, kommen in situierten Instruktionsansätzen Besonderheiten ins Spiel (im Beispiel: die Ausrichtung der Belohnung an spezifischen Lernzielen der situierten Lernumgebung). Diese lassen es notwendig erscheinen, die Bedeutung des Konzepts „extrinsische Motivation" und die infolge von Manipulationen dieser Form von Motivation zu erwartenden instruktionalen Effekte neu zu überdenken.

Auch die Effekte *intrinsischer Motiviertheit* sind von spezifischen Kontextbedingungen betroffen. Dies kann anhand des Ansatzes zum *intentionalen Lernen* von Bereiter und Scardamalia (1989) verdeutlicht werden. Konstitutiv für diesen Ansatz ist die Unterscheidung zwischen Lernen *durch* Problemlösen und Lernen *als* Problemlösen. Beim Lernen *durch* Problemlösen sind Lernende durch intellektuelle Neugierde motiviert, die Lösung eines Problems zu finden, z.B. die Lösung einer Aufgabe aus der Wahrscheinlichkeitsrechnung. Die Generierung von Wissen, etwa über zugrundeliegende domänenspezifische Prinzipien, ist lediglich ein wünschenswerter Nebeneffekt des Problemlösens (Sweller & Levine, 1982). Lernen *als* Problemlösen geht deutlich über das kurzfristige Ziel der Problemlösung und dadurch eventuell ermöglichte Lernfortschritte hinaus. Hier sind die Lernenden motiviert durch das Ziel, Wissen zu erwerben, etwa über den Multiplikationssatz, der einer bestimmten Problemlösung zugrunde liegt. Beim Lernen als Problemlösen werden eher längerfristige Ziele wie Verstehen oder Kompetenz angestrebt (Bereiter & Scardamalia, 1989). Da Lernende sowohl beim Lernen *durch* als auch beim Lernen *als* Problemlösen intrinsisch motiviert sein können, ist das Konzept der intrinsischen Motivation im Kontext des Ansatzes von Bereiter und Scardamalia nicht trennscharf, wenn es um die Unterscheidung von effektiven und weniger effektiven Formen des Lernens bzw. von erwünschten und weniger erwünschten instruktionalen Effekten geht. Entscheidend ist vielmehr, *worauf* sich intrinsische Motiviertheit richtet. Da eine wünschenswerte Ausrichtung der Motivation und damit intentionales Lernen zudem auch durch von „außen" kommende Belohnung gefördert werden kann, ist die Unterscheidung zwischen intrinsischer und extrinsischer Motivation in diesem Kontext nicht sehr aussagekräftig. Brauchbarer ist hier eine Unterscheidung zwischen verschiedenen *Zielen*, auf die hin Lernen ausgerichtet ist. Nach dem Ansatz des intentionalen Lernens sind Lernumgebungen ideal, die die kognitive Aktivität auf persönliche Ziele der Wissenskonstruktion lenken; diese Ziele sollten mit Zielen der Aufgabenbewältigung konvergieren. Im obigen Beispiel aus der Wahrscheinlichkeitsrechnung kann dieses Ziel durch Vorgabe von ausgearbeiteten Lösungsbeispielen (Stark, 1999) erreicht werden.

Vom Ausmaß der Konvergenz verschiedener Ziele kann es auch abhängen, welche Effekte *Wettbewerbssituationen* haben. Die Effekte von Wettbewerbssituationen sind deshalb in hohem Maße davon abhängig, in welcher Art von Lernumgebung und auf welche Weise genau diese induziert werden. Wettbewerbssituationen müssen sich folglich nicht notwendigerweise negativ auf den Lernerfolg auswirken. Negative Effekte des Wettbewerbs sind möglicherweise mehr auf Merkmale traditioneller Instruktion wie die primäre Orientierung an „Produkten" des Lernens bzw. Problemlösens (z.B. „korrekte" Antworten auf Lehrerfragen), die damit zusammenhängende Einstellung zu Fehlern und auch die Fokussierung auf individuelle Leistungen zurückzuführen als auf den Wettbewerb selbst (Collins, Brown & Newman, 1989). Wettbewerb ist Collins et al. (1989) zufolge nur dann effektiv, wenn Vergleiche nicht zwischen Lern- bzw. Problemlöse*produkten*, sondern zwischen Lern- bzw. Problemlöse*prozessen* angestellt werden, was bei traditioneller Instruktion selten der Fall ist. Eine Wettbewerbssituation zwischen Schülern, die im Unterricht durch den Vergleich von Lösungs*wegen* für mathematische Problemstellungen erzeugt wird, müsste also instruktional effektiver sein als eine Wettbewerbssituation, die durch den Vergleich von Endresultaten oder gar von erhaltenen Gesamtpunktzahlen oder Noten ausgelöst wird.

Einige der negativen Wettbewerbseffekte sind zudem auf dysfunktionale Annahmen über *Fehler* zurückzuführen (Brown & Burton, 1978). Wenn Lernende annehmen, dass sie von Anderen für dumm gehalten werden, wenn sie Fehler machen, können Wettbewerbssituationen hochgradig entmutigend wirken und ein ungünstiges emotionales Klima schaffen. Problematisch sind Wettbewerbssituationen auch dann, wenn Lernenden das Verständnis zugrundeliegender Prozesse, Strategien und Heuristiken und damit die notwendigen „Interventionsmöglichkeiten" fehlt, um ihre Performanz zu verbessern. Die Motivation, besser zu werden, die durch Wettbewerbssituationen induziert werden kann, wird in diesem Fall eher blockiert, zurück bleiben frustrierte und entmutigte Lernende. Diese negativen Effekte können u.a. durch die instruktionale Verknüpfung von Wettbewerb und *Kooperation* vermieden werden, was Collins et al. (1989) im Rahmen ihres Cognitive-Apprenticeship-Ansatzes versuchen. Beim kooperativen Lernen haben Lernende die Möglichkeit, ihre Performanz durch die Hilfestellungen (*scaffolding*) zu verbessern, die sie von der Gruppe erhalten. Derartige kompensierende Effekte sind auch zu erwarten, wenn für Lernende geeignete instruktionale Unterstützungsmaßnahmen bereitgestellt werden.

Situierte Instruktionsansätze stehen in einem neuen konzeptuellen Rahmen, in dem bewährte (Motivations-)Konzepte in einem anderen Licht erscheinen können. Welche Effekte durch bestimmte instruktionale Maßnahmen, z.B. Präsentation von Belohnungen oder Induktion von Wettbewerb, erzielt werden können, hängt in hohem Maße von Merkmalen der Lernumgebung ab – und diese wiederum sind abhängig von dem konzeptuellen Rahmen, in den die Lernumgebung eingebettet ist. Bestimmte Maßnahmen, die im Rahmen eines kognitivistischen Instruktionsansatzes durchaus sinnvoll sind, etwa der Versuch, eine Lernumgebung durch Veränderung der inhaltlichen Einbettung der präsentierten Aufgaben motivational anzureichern, können im Kontext situierter Instruktionsansätze sogar unsinnig werden. Ausgehend von einer kontextualistischen Perspektive, die für situierte Ansätze konstitutiv ist, macht es etwa keinen Sinn, Inhalt und Kontext oder Struktur und Oberfläche zu trennen. Inhalte erhalten ihre Bedeutung in Abhängigkeit vom Kontext, in dem sie stehen. Wird der Kontext verändert, liegt nicht mehr derselbe Inhalt vor. Folgendes Beispiel soll diesen Punkt verdeutlichen: In den Experimenten zum analogen Problemlösen von Holyoak und Mitarbeitern (z.B. Gick & Holyoak, 1980, 1983) wird mit solchen Kontextveränderungen nicht nur unbekümmert umgegangen – sie stellen die wichtigste experimentelle Manipulation dieses Ansatzes dar. Die Lösung des berühmten Konvergenzproblems wird in einer bestimmten Kontexteinbettung, z.B. als militärisches Problem, vorgegeben und muss von den Probanden und Probandinnen auf andere Kontexte, z.B. einen medizinischen, transferiert werden. Zwar geht es in diesen Experimenten nicht um Motivation – im Gegensatz zu einem situierten Instruktionsansatz würde im Kontext des Holyoak-Ansatzes jedoch nichts dagegen sprechen, die Kontexteinbettung zu verändern, um bestimmte motivationale Effekte zu erzielen. Vertreter situierter Instruktionsansätze würden dagegen behaupten, dass sich das zu lösende Problem in Abhängigkeit von kontextuellen Einbettungen ebenso wie die Anforderungen in Hinblick auf lösungsrelevantes Wissen und Fertigkeiten fundamental verändern. Mit anderen Worten: Oberflächen- und Tiefenstruktur von Problemstellungen lassen sich aus der situierten Perspektive nicht beliebig variieren.

Solche Probleme, die durch unterschiedliche Grundannahmen situierter und kognitivistischer Ansätze bedingt sind, gilt es zu reflektieren, wenn bisherige Motivationskonzepte und situierte Instruktionsansätze „versöhnt" werden sollen.

Neben konzeptuellen Differenzierungen, die bei einem solchen Integrationsversuch notwendig werden können, stellen sich auch methodologische und methodische Probleme. So drängt sich z.b. die Frage auf, was als zentrale Untersuchungseinheit gewählt wird und mit welchen Methoden man einem pragmatischen Eklektizismus am ehesten gerecht werden kann.

Das Problem der geeigneten Untersuchungsmethode beim Einsatz situierter Lernumgebungen

Es liegen bereits mehrere Studien vor, aus denen hervorgeht, dass motivationale Effekte situierter Lernumgebungen mit traditionellen, trait-orientierten Methoden in Kombination mit situationsspezifischen, stärker prozessorientierten Verfahren erfolgreich untersucht werden können. Seegers und Boekaerts (1993) kombinierten konventionelle trait-orientierte Motivationsinstrumente mit Selbstberichtsmaßen zu motivationalen und affektiven Aspekten, die während des Lernprozesses eingesetzt wurden. Aufgabenspezifische Variablen wie subjektive Kompetenz, Aufgabenrelevanz und Aufgaben-attraktivität mediierten den Einfluss motivationaler Merkmale auf emotionale Zustände und Engagement bei der Aufgabenbearbeitung. Hickey, Moore, Pellegrino, Bateman und Goldman (1995) adaptierten diese Forschungsstrategie, um subjektive Erfahrungen von Lernenden in einer *Anchored-Instruction*-Lernumgebung zu untersuchen. Ausgehend von dem Konzept der *energetisierenden Erfahrungen* ließ Bransford (1995) Lernende im Rahmen von Längsschnittstudien wiederholt einschätzen, in welchem Ausmaß sie sich in bestimmten Situationen „energetisiert" fühlen. Anhand dieses einfachen Prozessmaßes konnte erfolgreich dokumentiert werden, wie sich Veränderungen einer Anchored-Instruction-Lernumgebung auf motivationale Zustände der Lernenden auswirken.

Der Trend der modernen Motivationsforschung geht dahin, dass zunehmend *prozessorientierte* Verfahren mit mehreren Messzeitpunkten eingesetzt und mit tradionelleren Verfahren kombiniert werden (z.B. Vollmeyer & Rheinberg, 1997; Wild & Krapp, 1996; Wild, Lewalter & Schreyer, 1994). Zudem wird der Fokus vermehrt auf die subjektiven Erfahrungen der Lernenden gerichtet (Boekaerts, 1987; Csikszentmihalyi, 1990). Es ist deshalb zu erwarten, dass Instrumente und methodische Vorgehensweisen, die im Rahmen traditionell kognitivistischer oder zumindest nicht explizit situierter Ansätze entwickelt und eingesetzt werden, in Zukunft noch besser geeignet sein werden, Fragen der Motivation auch im Kontext situierter Instruktionsansätze bzw. Lernumgebungen zu untersuchen. Probleme der experimentellen Kontrolle, der Aggregation von Daten über mehrere Probanden hinweg und vor allem Probleme, die Selbstberichtsmaße (insbesondere Likert-Skalen) mit sich bringen, sind grundsätzlicher Natur. Sie stellen sich nicht erst, wenn diese Verfahren in einem situierten Kontext eingesetzt werden.

Eine Beschränkung auf Untersuchungsmethoden, die eher einer kognitivistischen, experimentell orientierten Forschungstradition entspringen, greift jedoch selbst dann zu kurz, wenn Prozesse stärker in den Blick genommen werden. Die Untersuchungseinheit der Wahl bei diesen Methoden bleibt – im Gegensatz zu der starken Betonung sozial-interaktiver Dimensionen, die sämtliche situierten Instruktionsansätze teilen – das Individuum. Werden situierte Instruktionsansätze bzw. daraus abgeleitete Lernumgebungen untersucht, ist es deshalb angezeigt, herkömmliche Methoden durch stärker interpretative, qualitative, naturalistische Verfahren zu ergänzen und zudem größere Untersuchungseinheiten zu wählen.

Anderman, Parecki und Palincsar (1993) untersuchten ausgehend vom Konzept der unterstützten Performanz *(assisted performance)* bei lernbehinderten Schülern und Schülerinnen die Motivation, schreiben zu lernen, indem sie konventionelle Motivationsmaße wie Lernzeit und Selbstwirksamkeit in Verbindung mit alternativen Verfahren zum Einsatz brachten. Die Lernenden fertigten zu mehreren Zeitpunkten Tagebucheintragungen an und wurden dabei von einem Lehrer unterstützt, der seine Hilfe mit zunehmender Kompetenz der Lernenden zurücknahm *(scaffolding)*. Hierbei wurde das Konzept der *Zone nächster Entwicklung* von Wygotski (1987) aufgegriffen, in dem eine bestimmte Form der Kooperation als primäre Quelle von Entwicklung gesehen wird. Im Mittelpunkt der Analyse standen also Leistungen, die in speziellen Lehrer-Schüler-Dyaden möglich wurden. Die Tagebucheintragungen wurden anschließend verwendet, um Informationen über die aufgabenbezogene Motivation der Schüler und deren Veränderung zu gewinnen. Während konventionelle, statische Motivationsmaße nicht sensibel genug waren, um die erwarteten motivationalen Veränderungen aufzudecken, erwies sich die verwendete Tagebuchmethode als sehr sensitiv für die Diagnose von Veränderungen. McCaslin und Murdock (1991) setzen in einer Untersuchung zum *adaptiven Lernen* eine Vielzahl alternativer Verfahren ein. Der Ansatz des adaptiven Lernens, in dem von einer reziproken Beziehung zwischen Individuen und sozialem Kontext ausgegangen wird, geht ebenfalls auf Wygotski zurück. Dieser Ansatz schließt Konzepte wie Internalisierung von Zielen sowie die Motivation, sich diesen Zielen verpflichtet zu fühlen oder sie zu verändern ebenso ein wie strategische Kompetenzen, auf verschiedene Weise mit Zielen umzugehen und dies zu evaluieren. Diese Konzepte und Kompetenzen sind entsprechend der sozial-konstruktivistischen Perspektive nicht scharf voneinander abgegrenzt. Um Einflüsse von Elternhaus und Schule auf das adaptive Lernen zu untersuchen, setzten McCaslin und Murdock (1991) folgende Methoden ein: Sie lasen den Lernenden beispielsweise kurze Vignetten über Ereignisse im Leben imaginärer Peers vor und wandten anschließend ein halbstrukturiertes Interviewverfahren an. Zudem kamen Klassenzimmertagebücher zum Einsatz, die in Kombination mit einem Ereignisstichprobenverfahren über Wochen hinweg geführt wurden. Auch die Methode des lauten Denkens und retrospektive Methoden wurden verwendet. Schließlich wurden mit ausgewählten Eltern ausgedehnte Interviews durchgeführt. Die verschiedenen Daten dienten anschließend als Grundlage für detaillierte Fallstudien, die neue Einsichten über die Entwicklung adaptiven Lernens ermöglichten. Als Untersuchungseinheit dienten bei diesem Vorgehen nicht nur einzelne Schüler, sondern Schüler in relevanten sozialen Kontexten wie Schule und Elternhaus.

Pintrich und De Groot (1993) weisen darauf hin, dass in der neueren Motivationsforschung zunehmend alternative, stärker naturalistisch orientierte Untersuchungsmethoden zum Einsatz kommen, die für (sozial-)konstruktivistisch orientierte Forschung typisch sind. Will man zum einen der Komplexität situierter Instruktionsansätze gerecht werden und zum anderen von dem reichen Fundus der bisherigen motivationspsychologischen Erkenntnisse profitieren, wird man um einen derartigen *Methodenpluralismus* kaum herumkommen. Ausgehend von einer gemäßigt-konstruktivistischen Perspektive spricht nichts dagegen, Repräsentationen auf individueller Ebene und isolierte bzw. isolierbare Phänomene mit Selbstberichtsverfahren und Laut-Denk-Protokollen zu untersuchen. Für Fragen, die mehr im sozialen Kontext zu sehen sind, können naturalistische Methoden wie z.B. Fallstudien herangezogen werden. Die Entscheidung für eine bestimmte Untersuchungsmethode oder für eine Kombination von Verfahren unterschiedlicher Provenienz sollte primär von der verfolgten *Fragestellung* und nicht von methodologischen und methodischen Dogmen abhängen. An dieser Stelle ist darauf hinzuweisen, dass der enge Zusammenhang von Theorie auf der einen und Methodologie und Methode auf der anderen Seite, der im Rahmen des holistisch geprägten Ansatzes von Kuhn (1976) postuliert wird, aus der Sicht neuerer wissenschaftstheoretischer Konzeptionen (z.B. Laudan, 1982) nicht mehr haltbar ist. Wenn mit Idiosynkrasien unterschiedlicher Paradigmen und damit potentiell verbundenen Problemen reflektiert umgegangen wird, ist es nach unserer Einschätzung nicht nur zu befürworten, sondern kaum zu vermeiden, nicht nur theoretisch-konzeptuell, sondern auch methodisch paradigmenübergreifend zu arbeiten. Legt es die Fragestellung nahe, können Untersuchungsmethoden, die einem bestimmten Forschungsparadigma entspringen, auch zur Untersuchung theoretischer Konzepte verwendet werden, die im Kontext eines anderen Paradigmas entwickelt wurden. Zur Untersuchung von Motivationseffekten situierter Lernumgebungen können also durchaus Motivationsinstrumente eingesetzt werden, die sich bei der Untersuchung traditioneller Motivationskonzepte, etwa aus der Erwartungs-Wert-Tradition, bewährt haben. Darüber hinaus sollten jedoch offenere, stärker prozessorientierte Verfahren zum Einsatz kommen, die eine größere „Familienähnlichkeit" zu Konzepten situierten Lernens aufweisen. Damit einher geht auch die Ausweitung einer individuumszentrierten Forschungsperspektive auf die Untersuchung von Dyaden und größeren sozialen Einheiten. Angesichts des zunehmend pluralistisch werdenden Charakters der heutigen Forschungslandschaft und der möglichen Ausdifferenzierung von Fragestellungen ist anzunehmen, dass ein Theorien- und Methodenmonismus bzw. -purismus zunehmend unfruchtbar wird.

Resümee und Ausblick

Eingangs wurde die Frage gestellt, wie es um die Überwindung des Motivierungsproblems bestellt ist, wenn situierte Instruktionsansätze bzw. Lernumgebungen, die auf diesen Ansätzen basieren, zum Einsatz kommen. Diese Frage kann auf der Grundlage des aktuellen Erkenntnisstands noch nicht beantwortet werden. Der Versuch, die motivationspsychologische „Gretchenfrage" für situierte Instruktionsansätze zu beantworten, brachte eine auffällige Kluft zwischen Motivationstheorie und Motivierungspraxis zutage. Einerseits fehlt es situierten Instruktionsansätzen an elaborierten Motivationskonzepten, was sich u.a. darin zeigt, dass Motivationsvariablen in einschlägigen Untersuchungen auf eine Weise operationalisiert werden, die an Differenziertheit weit hinter dem *state of the art* der heutigen Motivationspsychologie zurückbleibt. Andererseits werden ausgehend von situierten Ansätzen offensichtlich motivierende Lernumgebungen konstruiert. Die von der Cognition and Technology Group at Vanderbilt (1997) postulierten Motivationseffekte der Jasper-Lernumgebung sind zwar noch nicht hinreichend empirisch untermauert, aber durchwegs plausibel.

Das diagnostizierte Theoriedefizit wurde zum einen auf das vergleichsweise frühe Entwicklungsstadium des situierten Paradigmas zurückgeführt. Zum anderen konnte aufgezeigt werden, dass bisherige Motivationskonzepte und Untersuchungsmethoden zumindest mit radikalen sozial-konstruktivistischen Positionen inkompatibel sind, mit der Konsequenz, dass diese von deren Vertretern zurückgewiesen oder zumindest nicht zur Kenntnis genommen werden. Am Beispiel des Repräsentationsbegriffs und anhand der Frage der Abgrenzbarkeit von Motivation und Kognition wurde deutlich gemacht, dass radikale sozial-konstruktivistische Positionen überzogen und oft nicht hinreichend begründet sind. Zudem stellen sie keinesfalls eine conditio sine qua non für eine situierte Perspektive dar.

Deshalb wurde hier für eine gemäßigt-konstruktivistische Position plädiert. Diese Position erlaubt es zum einen, konstruktive Impulse situierter Ansätze aufzunehmen, seien diese konzeptueller oder methodologisch-methodischer Natur. Nicht weniger wichtig ist, dass dadurch an theoretischen Konzepten, Befunden und auch an Untersuchungsmethoden angeknüpft werden kann, die sich bereits in anderen Paradigmen bewährt haben. Das heißt jedoch nicht, dass bisherige Motivationskonzepte situierten Instruktionsansätzen einfach „übergestülpt" werden sollen. Der oben geleisteten motivationspsychologischen Rekonstruktionsversuch ist deshalb als eine „Notlösung" im Sinne einer ersten Annäherung an das Problem zu verstehen. Abgesehen von dem Problem, dass selbst die dort verwendeten Motivationskonzepte unterschiedlichster theoretischer Herkunft waren, werden bei einem solchen naiv-pragmatistischen Vorgehen Grundannahmen ontologischer und epistemologischer Natur, die Mitglieder der Familie situierter Instruktionsansätze teilen, negiert. Ein derart theoretisch unbekümmerter Pragmatismus wird langfristig wenig produktiv sein. Es konnte gezeigt werden, dass traditionellen (nicht-situierten) Motivationskonzepten im Kontext situierter Instruktionsansätze eine andere Bedeutung zukommen kann, was nicht „nur" konzeptuelle Differenzierungen nahe legt, sondern auch ein Überdenken der unter diesen Bedingungen zu erwartenden instruktionalen Effekte notwendig macht.

Der hier vorgeschlagene theoretisch-konzeptuelle Integrationsversuch ist also keinesfalls als Einladung zu einem unreflektierten Eklektizismus zu verstehen. Dies gilt auch für den zweiten Problembereich, die Wahl einer adäquaten Untersuchungsmethode. Hier konnte gezeigt werden, dass man mit der Forderung eines Methodenpluralismus in der neueren Motivationspsychologie „offene Türen einrennt". Es lässt sich nicht nur eine zunehmende Prozessorientierung konstatieren; auch naturalistische Verfahren kommen, häufig in Kombination mit bewährten Operationalisierungen von Motivation, vermehrt zum Einsatz. In Bezug auf die Untersuchungsmethoden sind somit die Grenzen zwischen verschiedenen Paradigmen bereits sehr durchlässig geworden. Macht man die Wahl bzw. die Kombination geeigneter Untersuchungsmethoden primär von den zu beantwortenden Untersuchungsfragen abhängig, ist sicher mehr Methodenkompetenz gefragt als bei einer eher puristischen Forschungsstrategie. Diese wird vor allem dann relevant werden, wenn durch die Methodenvielfalt bedingte, widersprüchliche Befunde zu integrieren und interpretieren sind. Im Rahmen einer gemäßigt-konstruktivistischen Position wird somit ein reflektierter theoretischer und methodischer Pluralismus zum Programm. Es ist zu prüfen, inwieweit die bekannte Multitrait-Multimethod-Matrix von Campbell und Fiske (1959) für dieses Programm nutzbar gemacht werden kann.

Vermutlich wird durch ein solches Programm eine fortschreitende Adaptation von Theorienbildung und Methodenentwicklung gefördert, was in einem dialektischen Prozess Fortschritte auf beiden Seiten erwarten lässt. Dadurch werden Voraussetzungen für die Überwindung der für situierte Instruktionsansätze diagnostizierten Kluft zwischen Motivationstheorie und Motivierungspraxis und damit auch für die adäquate empirische Untersuchung des unleugbar vorhandenen Motivierungspotentials situierter Lernumgebungen geschaffen. Zudem wird dadurch eine auch in Hinblick auf motivationale Effekte stärker theoriebasierte und empirisch fundierte Gestaltung situierter Lernumgebungen möglich. Auf dieser Grundlage könnten situierte Lernumgebungen konstruiert werden, die sowohl in motivationaler als auch in kognitiver Hinsicht das halten, was ihre Vertreter derzeit versprechen. Wenn auf die an situierte Instruktionsansätze gerichtete motivationspsychologische „Gretchenfrage" nicht nur eine plausible, sondern auch eine theoretisch differenzierte, empirisch begründete positive Antwort gegeben werden kann, dürften wir auch der Überwindung des Problems des trägen Wissens einen bedeutenden Schritt näher gekommen sein.

Literatur

Anderman, E. M., Parecki, A. & Palinscar, A. S. (1993, April). *The zone of proximal development as the context for motivation*. Paper presented at the annual meeting of the American Educational Research Association, Atlanta, GA.

Anderson, J. R., Reder, L. M. & Simon, H. A. (1996). Situated learning and education. *Educational Researcher, 25* (4), 5-11.

Bandura, A. (1986). *Social foundations of thought and action: A social cognitive theory.* Englewood Cliffs, NJ: Prentice-Hall.

Bereiter, C. & Scardamalia, M. (1989). International learning as a goal of instruction. In L. B. Resnick (Ed.), *Knowing, learning, and instruction* (pp. 361-385). Hillsdale, NJ: Erlbaum.

Berlyne, D. (1960). *Conflict, arousal and curiosity.* New York: Mc Graw-Hill.

Boekaerts, M. (1987). Situation-specific judgements of a learning task versus overall measures of motivational orientation. In E. DeCorte, H. Lodewijks, R. Parmentier & P. Span (Eds.), *Learning and instruction: European research in an international context* (pp. 169-179). Oxford/Leuven: Pergamon/Leuven University Press.

Bransford, J. D. (1995, April). *Some principles for guiding big picture research.* Presentation at the annual meeting of the American Eduactional Reserch Association, San Francisco, CA.

Brown, J. S. & Burton, R. (1978). Diagnostic models for procedural bugs in basic mathematical skills. *Cognitive Science, 2,* 155-192.

Campbell D. T. & Fiske, D. W. (1959). Convergent and discriminant validation by the multitrait-multimethod matrix. *Psychological Bulletin, 56,* 81-105.

Cognition and Technology Group at Vanderbilt (1992). The Jasper series as an example of anchored-instruction: Theory, program description, and assessment data. *Educational Psychologist, 27,* 291-315.

Cognition and Technology Group at Vanderbilt (1993). Designing learning environments that support thinking: The Jasper series as a case study. In T. M. Duffy, J. Lowyck & D. H. Jonassen (Eds.), *Designing environments for constructive learning* (pp. 9-36). Berlin: Springer.

Cognition and Technology Group at Vanderbilt (1997). *The Jasper project: Lessons in curriculum, instruction, assessment, and professional development.* Mahwah, NJ: Erlbaum.

Collins, A., Brown, J. S. & Newman, S. E. (1989). Cognitive apprenticeship: Teaching the crafts of reading, writing and mathematics. In L. B. Resnick (Ed.), *Knowing, learning, and instruction.* (pp. 453-494). Hillsdale, NJ: Erlbaum.

Csikszentmihalyi, M. (1985). *Das Flow-Erlebnis.* Stuttgart: Klett-Cotta.

Csikszentmihalyi, M. (1990). *Flow: The psychology of optimal experience.* New York: Harper & Row.

Csikszentmihalyi, M. & Schiefele, U. (1993). Die Qualität des Erlebens und der Prozeß des Lernens. *Zeitschrift für Pädagogik, 39,* 207-221.

DeCharms, R. (1976). *Enhancing motivation.* New York: Irvington.

Deci, E. L. (1975). *Intrinsic motivation.* New York: Plenum.

Deci, E. L. & Ryan, R. M. (1985). *Intrinsic motivation and self-determination in human behavior.* New York: Plenum.

Deci, E. L. & Ryan, R. M. (1993). Die Selbstbestimmungstheorie der Motivation und ihre Bedeutung für die Pädagogik. *Zeitschrift für Pädagogik, 39*, 223-238.

Dweck, C. S. (1991). Self-theories and goals: Their role in motivation, personality, and development. In R. A. Dienstbier (Ed.), *Nebraska symposium on motivation, Vol. 38: Perspectives on motivation* (pp. 199-235). Lincoln, NE: University of Nebraska Press.

Gick, M. L. & Holyoak, K. J. (1980). Analogical problem solving. *Cognitive Psychology, 12*, 306-355.

Gick, M. L. & Holyoak, K. J. (1983). Schema induction and analogical transfer. *Cognitive Psychology, 15*, 1-38.

Greeno, J. G. (1992, June). *The situation in cognitive theory: Some methodological implications of situativity.* Paper presented at the meeting of the American Psychological Society, San Diego, CA.

Heckhausen, H. (1977). Motivation: Kognitionspsychologische Aufspaltung eines summarischen Konstrukts. *Psychologische Rundschau, 28*, 175-189.

Heckhausen, H. (1989). *Motivation und Handeln.* Heidelberg: Springer.

Helmke, A. (1993). *Schulische Leistungsangst.* Frankfurt a.M.: Lang.

Hickey, D. T. (1997). Motivation and contemporary socio-constructivist instructional perspectives. *Educational Psychologist, 32*, 175-193.

Hickey, D. T., Moore, A. L., Pellegrino, J. W., Bateman, H. V. & Goldman, S. R. (1995, April). *Individual and situational motivation factors in anchored-instruction learning enviroments.* Presentation at the annual meeting of the American Educational Research Association, San Francisco, CA.

Kohn, A. (1993). Rewards versus learning. A response to Paul Chance. *Phi Delta Kappa, 74*, 783-787.

Krapp, A. (1992). Das Interessenkonstrukt. In A. Krapp & M. Prenzel (Hrsg.), *Interesse, Lernen, Leistung* (S. 297-329). Münster: Aschendorff.

Krapp, A. (1999). Intrinsische Lernmotivation und Interesse. *Zeitschrift für Pädagogik, 3*, 387-405.

Kuhn, T. S. (1976). *Die Struktur wissenschaftlicher Revolutionen.* Frankfurt a.M.: Suhrkamp.

Laudan, L. (1982). *Science and values.* Berkeley, CA: University of California Press.

Lave, J. (1988). *Cognition in practice.* Cambridge, MA: Cambridge University Press.

Lave, J. & Wenger, E. (1991). *Situated learning: Legitimate peripheral participation.* Cambridge, MA: Cambridge University Press.

Lepper, M. R. & Malone, T. W. (1987). Intrinsic motivation and instructional effectiveness in computer-based education. In R. E. Snow & M. J. Farr (Eds.), *Aptitude, learning, and instruction. Vol. 3: Conative and affective process analyses* (pp. 255-285). Hillsdale, NJ: Erlbaum.

Leu, H. (1993). *Wie Kinder mit Computern umgehen. Studie zur Entzauberung einer neuen Technologie in der Familie.* München: Verlag des Deutschen Jugendinstituts.

Lewin, K. (1965). Über die Ursachen seelischen Geschehens. In H. Thomae (Hrsg.), *Die Motivation menschlichen Handelns* (S. 77-84). Köln: Kiepenheuer & Witsch.

Malone, T. W. (1981). Toward a theory of intrinsically motivating instruction. *Cognitive Science, 4*, 333-369.

McCaslin, M. M. & Murdock, T. B. (1991). The informal curriculum. In D. C. Berliner & R. C. Calfee (Eds.), *Handbook of educational psychology* (pp. 622-672). New York: Macmillan.

Mormann, T. (1997). Ist der Begriff der Repräsentation obsolet? *Zeitschrift für Philosophische Forschung, 51*, 349-366.

Pekrun, R. (1993). Entwicklung von schulischer Aufgabenmotivation in der Sekundarstufe: Ein erwartungs-wert-theoretischer Ansatz. *Zeitschrift für Pädagogische Psychologie, 7*, 87-97.

Pekrun, R. & Schiefele, U. (1996). Emotions- und motivationspsychologische Bedingungen der Lernleistung. In F. E. Weinert (Hrsg.), *Enzyklopädie der Psychologie: Themenbereich D Praxisgebiete, Serie Pädagogische Psychologie, Band 2 Psychologie des Lernens und der Instruktion* (S. 153-180). Göttingen: Hogrefe.

113

Perkins, N. D. (1993). Person-plus: A distributed view of thinking and learning. In G. Salomon (Ed.), *Distributed cognition* (pp. 87-109). New York: Cambridge University Press.

Pintrich, P. R. & De Groot, E. V. (1993, April). *Narrative and paradigmatic perspectives on individual and contextual differences in motivational beliefs*. Presentation at the annual meeting of the American Educational Research Association, Atlanta, GA.

Pintrich, P. R. & Garcia, T. (1991). Student goal orientation and self-regulation in the college classroom. In M. L. Maehr & P. R. Pintrich (Eds.), *Advances in motivation and achievement: Goals and self-regulatory processes* (Vol. 7, pp. 371-402). Greenwich, CT: JAI.

Prenzel, M. (1997). Sechs Möglichkeiten, Lernende zu demotivieren. In H. Gruber & A. Renkl (Hrsg.), *Wege zum Können* (S. 32-44). Bern: Huber.

Rogoff, B. (1990). *Apprenticeship in thinking. Cognitive development in social context*. New York: Oxford University Press.

Rorty, R. (1994). *Der Spiegel der Natur. Eine Kritik der Philosophie*. Franfurt a.M.: Suhrkamp.

Salomon, G. (1993). No distribution without individual's cognition: A dynamic interactional view. In G. Salomon (Ed.), *Distributed cognition* (pp. 111-138). New York: Cambridge University Press.

Schank, R. C. & Cleary, C. (1995). *Engines for education*. Hillsdale, NJ: Erlbaum.

Schiefele, U. (1996). *Motivation und Lernen mit Texten*. Göttingen: Hogrefe.

Schiefele, U. & Schreyer, I. (1994). Intrinsische Lernmotivation und Lernen. *Zeitschrift für Pädagogische Psychologie, 8*, 1-13.

Schunk, D. H. (1991). Self-efficacy and academic motivation. *Educational Psychologist, 26*, 207-231.

Seegers, G. & Boekaerts, M. (1993). Task motivation and mathematics achievement in actual task situations. *Learning and Instruction, 3*, 133-150.

Spiro, R. J., Feltovich, P. J., Jacobson, M. J. & Coulson, R. L. (1991). Cognitive flexibility, constructivism, and hypertext: Random-access instruction for advanced knowledge acquisition in ill-structured domains. *Educational Technology, 31* (5), 24-33.

Stark, R. (1999). *Lernen mit Lösungsbeispielen*. Göttingen: Hogrefe

Stark, R., Gruber, H. & Mandl, H. (1998). Komplexes Lernen: Kognitive und motivationale Passungsprobleme in situierten Lernumgebungen. *Psychologie in Erziehung und Unterricht, 44*, 202-215.

Sweller, J. & Levine, M. (1982). Effects of goal specifity on means-ends analysis and learning. *Journal of Experimental Psychology: Learning, Memory, and Cognition, 8*, 463-474.

Vera, A. H. & Simon, H. A. (1993). Situated action: A symbolic interpretation. *Cognitive Science, 17*, 7-48.

Vollmeyer, R. & Rheinberg, F. (1997). Motivationale Einflüsse auf Erwerb und Anwendung von Wissen in einem computersimulierten System. *Zeitschrift für Pädagogische Psychologie, 11*, 125-144.

Wertsch, J. V. (1991). *Voices of the mind: A socio-cultural approach to mediated action*. Cambridge, MA: Harvard University Press.

White, R. W. (1959). Motivation reconsidered: The concept of competence. *Psychological Review, 66*, 297-333.

Whitehead, A. N. (1929). *The aims of education*. New York: Macmillan.

Wild, K.-P. & Krapp, A. (1996). Die Qualität subjektiven Erlebens in schulischen und betrieblichen Lernumwelten: Untersuchungen mit der Erlebens-Stichproben-Methode. *Unterrichtswissenschaft, 24*, 195-216.

Wild, K.-P., Lewalter, D. & Schreyer, I. (1994). *Design und Untersuchungsmethoden des Projekts „Bedingungen und Auswirkungen berufsspezifischer Lernmotivation"* (Berichte aus dem DFG-Projekt „Bedingungen und Auswirkungen berufsspezifischer Lernmotivation", Nr. 1). Neubiberg: Universität der Bundeswehr München.

Wittgenstein, L. (1984). *Philosophische Untersuchungen* (Werkausgabe, Band 1). Frankfurt a.M.: Suhrkamp.

Wittgenstein, L. (1994). *Bemerkungen über die Philosophie der Psychologie* (Werkausgabe, Band 7). Frankfurt a.M.: Suhrkamp.

Wygotski, L. S. (1962). *Thought and language*. Cambridge, MA: MIT University Press.

Wygotski, L. S. (1987). *Ausgewählte Schriften*. (Band. 2). Berlin: Volk und Wissen.

Young, A. J. & Pintrich, P. R. (in Druck). Three perspectives on the role of motivation in strategic learning. In C. E. Weinstein & B. L. McCombs (Eds.), *Strategic learning: Skill, will, and self-regulation*. Hillsdale, NJ: Erlbaum.

Bernd Weidenmann

Medien und Lernmotivation: Machen Medien hungrig oder satt?

Was heißt Medien? Was heißt Lernmotivation?

Der Titel enthält zwei Begriffe, deren Referenzkonzepte zweierlei gemeinsam haben. Erstens: Sie sind Bestandteile der Alltagssprache geworden und bereiten keinerlei Verstehensprobleme. Zweitens: Sie sind Bestandteile der Wissenschaftssprache und werden dort höchst unterschiedlich genutzt, theoretisch verortet und empirisch konkretisiert.

„Medien" in der Alltagssprache heißt alles, was Informationen kommuniziert. Dazu zählen die Geräte und Einrichtungen der modernen Informations- und Kommunikationstechnologie, verwirrenderweise aber auch die mit diesen Geräten praktizierten Darbietungsweisen und kommunizierten Angebote. So denkt man bei „Multimedia" selten an ein Gerät oder an eine Gerätekonfiguration, sondern an ein Informationsangebot, das Ton, Bild und Text umfasst. Der „Multimedia-PC" heißt so, weil er all dies auf seinen Bildschirm und in seine Lautsprecher bringen kann, sogar das bewegte Bild. Aber sind Ton, Bild und Text wirklich „Medien"?

Ich habe an anderer Stelle (Weidenmann, 1998) den Versuch gemacht, verschiedene Aspekte dieses schillernden Begriffs „Medium" analytisch zu unterscheiden, um einen präziseren Umgang im wissenschaftlichen Bereich anzuregen. Als ersten Schritt sollte man die medialen Aspekte „Code" und „Modalität" auseinander halten, mit denen psychologisch ganz unterschiedliche Prozesse und Effekte verbunden sind. „Code" soll stehen für die Verschlüsselungsweise der Information, „Modalität" für den adressierten Sinneskanal. So bezeichnen „Text" oder „Bild" Codierungen, während ein Begriff wie „audiovisuell" Sinneskanäle benennt. Für die psychologische Verarbeitung sind die Codes relevanter als die Modalitäten (Engelkamp, 1990; Weidenmann, 1998). So ist es für die sprachverarbeitenden Zentren unerheblich, ob verbale Informationen gehört (auditive Modalität) oder gelesen (visuelle Modalität) werden: in beiden Fällen erkennen sie den Code als sprachlichen und verarbeiten ihn entsprechend.

Die alltagssprachliche Vermischung ganz unterschiedlicher Aspekte im Begriff „Medien" ist für die wissenschaftliche Arbeit nicht akzeptabel. Leider findet sich in den Medienwissenschaften die gleiche Breite und inkonsistente Verwendung des Medienbegriffs wie im Alltag. Das ist ein wesentlicher Grund dafür, warum viele empirische Untersuchungen zur Medienwirkung praktisch nicht vergleichbar sind und sie damit zum Erkenntnisfortschritt nur in geringem Umfang beitragen.

„Lernmotivation" ist wie „Medien" ebenfalls ein Begriff, den nicht nur Lehrer, sondern auch Eltern, ja Schüler mit großer Selbstverständlichkeit benutzen. Er ist keineswegs nur für Pädagogische Psychologen semantisch gehaltvoll. Der Bedeutungskern liegt wohl in einer Vorstellung von „Lust zum Lernen" und im Wunsch, ein Lerner solle sich in der Tätigkeit des Lernens „engagieren". „We can and should make learning engaging" (Quinn, 1997, zit. n. Stoney & Wild, 1998). Ein verwandtes Konzept ist „commitment" (Burke & Reitzes, 1991; Hollenbeck, Williams & Klein, 1989), umschreibbar mit „Akzeptanz und Selbstverpflichtung oder Identifikation mit der Aufgabe" (Konrad, 1995;

s.a. Schiefele & Urhahne, in diesem Band). Der Klimax motivierten Lernens wäre wohl Flow (Csikszentmihalyi, 1985), d.h. der Zustand, in dem der Lernende so in seinem Tun „aufgeht", dass er dieses Tun trotz höchster Konzentration als mühelos erlebt und die Zeit vergisst.

In der Alltagssprache von Eltern, Lehrern, Trainern kann man die mit Lernmotivation verbundenen Annahmen leicht heraushören. Es herrscht vor allem die Überzeugung vor, dass man die Lernmotivation beeinflussen kann. Die häufigste Frage von Pädagogen in Weiterbildungsveranstaltungen lautet: „Wie kann ich meine Schüler motivieren?"

Die wissenschaftlichen Beiträge zum Konzept „Lernmotivation" sind wie im Bereich „Medien" so vielfältig wie die Äste eines Baumes. Es gibt kognitiv-rationale Motivations-modelle, Anreizmodelle, Bedürfnis- oder gar Triebmodelle, die Interessentheorie und manche andere mehr. Eingewoben werden Attributionstheorien, Selbstwerttheorien, Handlungsregulationstheorien, gruppendynamische Ansätze und Interventionsmodelle. Das vorliegende Buch von Schiefele und Wild ist selbst ein Dokument für diese Vielfalt des Konzeptes „Lernmotivation".

Diese Hinweise auf die Problematik der beiden Schlüsselbegriffe „Medien" und „Lernmotivation" zu Beginn dieses Beitrages sollen verständlich machen, warum ich mich entschieden habe, im Folgenden die Unschärfe und Vielfalt hinzunehmen. Ich gehe davon aus, dass die Leser sich ohnehin für die alltagssprachliche Frage in der zweiten Hälfte des Themas interessieren: „Machen Medien hungrig oder satt?" Sie wollen erfahren, ob man mit Medien, vor allem mit „Multimedia", die Bereitschaft zum Lernen fördern kann oder ob Kritiker Recht haben, die meinen, dass sich diese Medien und medialen Angebote negativ auf die Lernbereitschaft auswirken. Dazu habe ich einige theoretische und empirische Beiträge ausgesucht und eigene Gedanken hinzugefügt. Es ist zu hoffen, dass sie den Leser am Ende eher hungrig als satt entlassen.

Medien als Mittel, das Lernen zu versüßen

Bei Comenius, der mit der Didacta Magna von 1630 (Übersetzung Comenius, 1960) und seinem Lehrbuch Orbis sensualium pictus (1658) als Vater der Medienpädagogen gilt, heißt es, dass mit seiner anschauungsbetonten Unterrichtsmethode das Lernen besonders zügig, angenehm und gründlich vonstatten gehe (compendiose, iucunde, solide). Im Vorwort zur Didacta Magna heißt es: „Erstes und letztes Ziel unserer Didaktik soll es sein, eine Unterrichtsweise aufzuspüren und zu erkunden, bei welcher die Lehrer weniger zu lernen brauchen, die Schüler dennoch mehr lernen; in den Schulen weniger Lärm, Überdruss und unnütze Mühe herrsche, dafür mehr Freiheit, Vergnügen und wahrhafter Fortschritt" (Comenius, 1960). Der Comenius-Forscher Klaus Schaller hat das „iucunde" bei Comenius so umschrieben: „Die Mühen des Lernens sollen dem Schüler soweit wie möglich versüßt werden, damit er sich mit Lust neuen Lernaufgaben zuwendet" (Schaller, 1967).

Der Gedanke, Lernen zu versüßen, damit (Vor-)Freude auf die nächste Lernaufgabe wächst, ist eine Quelle für den Einsatz von Medien im Unterricht. Besonders Bildern, stehenden und bewegten, wird eine solche Wirkung zugeschrieben. Anders als die abstrakten Buchstaben und Zahlen sollen sie die Aufmerksamkeit ansprechen, Interesse wecken und durch ihre Ästhetik das Auge erfreuen. Auch die Bildforscher beschäftigen sich mit dieser „affektiven und motivationalen Funktion" (Peeck, 1994). Levie und Lentz

(1982) betonen in ihrem Review zu Effekten von Illustrationen in Lerntexten, dass Bilder nicht nur das Lernen erleichtern, indem sie Verstehen und Behalten unterstützen, sondern auch, indem sie Gefühle ansprechen und Spaß machen. Allerdings ist die empirische Befundlage schmal. Peeck (1994) vermutet, dass die genannten Effekte von Bildern so offensichtlich und plausibel sind, dass eine empirische Untermauerung nicht notwendig erscheint. Besonders gilt das für die emotionale Wirkung, die bekanntlich von der Werbung extensiv genutzt wird. Interessant für den motivationalen Kontext ist, dass die Werbepsychologie die Bildwirkung vor allem für „wenig involvierte" Rezipienten nachgewiesen hat (Moser, 1990). Kann man also davon ausgehen, dass es auch vorwiegend die wenig engagierten Schüler sind, die man mit Bildern involvieren kann?

Die aktuelle Entwicklung im Bereich multimedialer Lernsoftware stellt eine früher ungeahnte Steigerung der Möglichkeiten zum „iucunde" dar. Im 18. Jahrhundert waren Bilder im Unterricht eine Besonderheit. Die überlieferten Anleitungen zum richtigen Umgang mit Bildern zeigen, dass man ihnen eine hohe Wirksamkeit auch im negativen Sinne zuschrieb: „Man muss Kindern Kupfer und Bilder je einzeln geben, und sie zu einer genauen und sorgfältigen Betrachtung derselben anleiten, damit sie nicht ein bloßes Spielwerk daraus machen, und zur Zerstreuung und Flatterhaftigkeit dadurch verleitet werden" (Struve, 1788, zit. n. Bernhauser, 1979, S. 24). Die farbigen Wandtafeln in den Schulen riefen im 19. Jahrhundert Kritiker auf den Plan, die vor einer Überreizung der kindlichen Sinne warnten. Heute lernt man mit CD-ROMs, auf denen nicht nur farbige Standbilder in bester Qualität zu sehen sind, sondern auch eingebundene Videos, dynamische dreidimensionale Simulationen sowie computergenerierte virtuelle Räume und Personen. Dazu kommt Ton in Form von Sprache, Musik, Geräuschen. Was die Video- und Computerspiele als Avantgarde medialer Möglichkeiten vorführen, bestimmt mit einer gewissen Zeitverzögerung immer mehr auch die Lernsoftware. Edutainment verdrängt die klassische „Programmierte Instruktion". Tutorials werden durch multimediale Lernumgebungen ersetzt (Mandl, Gruber & Renkl, 1997).

Im Sprachlernprogramm „Who Is Oscar Lake?" (s. Abbildung 1) erlebt der Lerner am PC eine Art Kriminalfilm, in dem er die Hauptrolle spielt, ohne das Drehbuch zu kennen. Er findet sich in einem Hotel in New York, gerät unter Diebstahlverdacht und muss sich auch in anderen überraschenden Situationen zurechtfinden. Dazu braucht er die Sprache; das Programm bietet aber jederzeit Hilfen an, wenn Sprachkenntnisse fehlen.

Multimediale Erlebnisräume dieser Art sind, so muss man annehmen, für viele Lernenden tatsächlich „versüßend". Die vielfältigen visuellen und auditiven Eindrücke mit ihrer virtuellen Realität oder künstlichen Wirklichkeit (Hasebrook, 1995) sind abwechslungsreich, packend und ästhetisch. Sie suggerieren dem Lerner, tatsächlich in dieser virtuellen Welt zu existieren. Der Komplexitätsgrad und die neugierig machende Unvorhersagbarkeit der Ereignisse in diesen Lernumgebungen sind im Unterricht nicht zu erreichen, auch nicht durch realitätsnahe Aktivitäten wie etwa Rollenspiele.

I'd like to see Chandler.

Hello. I'm Chandler's friend.

Abbildung 1: Screenshot aus dem Lernprogramm „Oskar Lake".

Hier kommen alle Faktoren zusammen, die schon Berlyne (1974) als wesentlich für Aktivierung identifiziert hat: Intensität, Emotionalität, Kollation (Überraschung, Neuartigkeit). Hinzuzufügen wäre der visuelle Faktor „Bewegung", wie Untersuchungen zur Attraktivität von Bildschirmangeboten zeigen (Greenfield, 1987). Auch Malone (1981) zählt diese Merkmale auf, wenn er Lernumgebungen kennzeichnen will, die intrinsisch motivieren sollen:

- Herausforderung (verschiedene Schwierigkeitsgrade),
- Fantasie (der Nutzer kann fantastische Szenen erleben und in ihnen agieren),
- Neugier (Information wird zum Teil verborgen und zurückgehalten),
- Neuigkeit (kontinuierlich wird der Nutzer mit wechselnden Informationen versorgt),
- Überraschung (das System reagiert wenig vorhersagbar, Erwartetes trifft nicht ein).

Mit diesen Mitteln versuchen auch die Fernsehmacher, ihre Zuseher am Bildschirm zu halten. Jeder Jugendliche kennt diese dramaturgischen Mittel auch aus Computerspielen. „Iucunde" bedeutet heute im Bereich der Lernmedien vor allem, Darbietungsweisen zu übernehmen, die im Bereich der Unterhaltungsmedien erfolgreich sind. Dem Lerner soll seine Arbeit dadurch versüßt werden, dass er Angebote antrifft, die er nicht mit Arbeit, sondern mit Freizeit verbindet. Und die Jugendlichen erledigen ihre Lernarbeit mit dem gleichen Computer, der ihr liebstes Spielgerät geworden ist.

Designer von Lernprogrammen arbeiten daran, Elemente von Computerspielen in Lernsoftware zu übernehmen. Die Empirie gibt ihnen Recht. In einer Studie von Parker und Lepper (1992) wurden Aktivitäten zum Erlernen einer einfachen Programmiersprache für Kinder in der einen Gruppe eher abstrakt, in der anderen Gruppe eher erlebnisorientiert gestaltet. Die eine Gruppe sollte z.B. fünf Kreise auf dem Bildschirm mit dem Cursor umfahren. Die Experimentalgruppe erhielt statt der Kreise fünf Inseln präsentiert, die ebenfalls umfahren und dann angeklickt werden sollten, um einen vergrabenen Piratenschatz zu heben. Die Autoren waren überrascht, dass einfache „embellishments" dieser Art empirisch zu höheren Werten der intrinsischen Motivation führten. Die Schüler der Experimentalgruppe gaben sich mehr Mühe und beschäftigten sich danach intensiver mit dem Lernstoff.

Cordova und Lepper (1996) konnten in einer späteren, differenzierteren Studie diese Ergebnisse bestätigen. Allerdings finden sich in der Literatur auch kritische Stimmen. So wird darauf hingewiesen, dass anfangs stark aktivierende „special effects" bald ihre Anziehungskraft verlieren und dass es gerade bei Kindern und Jugendlichen große interindividuelle Unterschiede darin gibt, was als interessant erlebt wird.

Thomas und Macredie (1994) weisen auf ein Dilemma hin, wenn man bei Erwachsenen Instruktion und Unterhaltung zusammenbringen will. Aus Studien folgern sie, dass Personen, die ihre Arbeit als abwechslungsreich und intrinsisch motivierend erleben, durch Unterhaltungselemente beim Lernen nicht profitieren; sie brauchen sie nicht. Personen jedoch, die eine eher repetitive Arbeit gewohnt sind, reagieren defensiv auf Edutainment, weil sie eine strenge Trennung zwischen Arbeit und Vergnügen internalisiert haben. Die Lerner also, die am ehesten von unterhaltenden Elementen profitieren sollen, lehnen sie beim Lernen aus Überzeugung ab. Die gleichen Autoren geben auch zu bedenken, dass Unterhaltungselemente nur kurzzeitig wirken. Ein Spiel, das man beherrscht, hat keinen Reiz mehr. Sie empfehlen deshalb „embellishment" nur für Lernangebote, die auf kurze Zeiträume beschränkt sind.

Medien als Mittel für den Lerner, Lernen zu gestalten

Ein wesentliches Element des theoretischen Konzeptes von Theorien zu Motivation und Interesse im Bereich „Lernen" ist die Steuerung des Lernprozesses durch die Lernenden selbst. Vokabeln wie „wirken", „bewirken", „beeinflussen" und dahinter stehende psychologische Konzepte wie das Bedürfnis nach Selbstbestimmung und Kontrolle sind Kernstücke dieser Theorien (vgl. Bandura, 1977, 1991; Deci & Ryan, 1993; Krapp, 1999; Krapp & Prenzel, 1992; Kuhl, 1987; Rheinberg, 1997; s.a. die anderen Beiträge in diesem Band). Interventionsprogramme zur Förderung von Motivation zielen entsprechend dieser Theorien darauf ab, in den Personen überdauernde Wirksamkeitsüberzeugungen aufzubauen. Dazu gehören Erfahrungen mit Handeln, das Wirkungen nach sich zieht.

Im klassischen Unterricht sind die Möglichkeiten des einzelnen Lerners zur Einflussnahme auf Lernsituation und Lernprozess ebenso gering wie seine Chancen, sich selbst als wirksam zu erleben. Lernumgebung, Lernzeit, Lernweg sind vorgegeben und die Aktionen, zu denen der Lernende hin und wieder aufgefordert wird (z.B. eine Frage beantworten), sind zeitlich wie vom Effekt her so eingeschränkt, dass der Lerner dabei eher seine Begrenztheit erfährt als sein Wirksamkeitspotential.

Hier eröffnen die Medien, speziell die so genannten Neuen Medien, vielerlei Möglichkeiten. Moderne Lernsoftware ist in hohem Maße interaktiv. Die Maus ist ein effektives Steuergerät in der Hand des Lerners. Mit Mausklick lassen sich in einem modernen Lernprogramm zahlreiche Funktionen aktivieren wie Hilfe, Notizbuch, Glossar, Drucken usw. Der Lernende kann Orte im Lernprogramm aufsuchen, die ihn interessieren, und später wieder dorthin zurückkommen. Mit Maus und Tastatur lässt sich durch das Internet surfen oder durch eine Datenbank navigieren. Man kann auch Kontakt mit anderen Personen aufnehmen. Computer, Netz und Offline-Medien wie die CD-ROM machen den Lerner unabhängig von Raum, Zeit, Ort und Zugangssperren zu Informationsquellen. Er ist nicht mehr angewiesen auf Veranstaltungen, Öffnungszeiten, Lernpartner. Die Befreiung des Lerners durch Medien ist immens und wird in ihrer Tragweite erst zögernd wahrgenommen.

An dieser Stelle ist auf die Unterschiede zwischen den Konzepten Selbststeuerung, Selbstbestimmung und Selbstorganisation hinzuweisen (vgl. Niegemann, 1998). Selbstbestimmung oder autonomes Lernen steht für die Situation, in der die Lernenden über alle Aspekte des Lernens, auch über die Lernziele, frei entscheiden können. Selbststeuerung und Selbstregulation meint, dass die Lernziele festgelegt sind, die Lernenden aber auf dem Weg dahin keinen externen Vorschriften unterworfen sind, sondern eigenständig planen und vorgehen können. Die motivierende Wirkung von Wahlmöglichkeiten ist nicht nur in Theorien wie von Deci und Ryan (1993) formuliert, sondern auch empirisch bestätigt (z.B. Langer, 1989; Langer & Rodin, 1976; Zuckerman, Porac, Lathin, Smith & Deci, 1978).

Medien können in unterschiedlichem Ausmaß die Selbstbestimmungs- und Selbststeuerungsmöglichkeiten von Lernenden unterstützen. Neben der traditionellen Funktion als Instruktionsmedien eignen sich besonders die neuen Medien als Konstruktionsmedien (Weidenmann, 1997a). So kann man mit dem Computer als Leitmedium nicht nur Texte und Bilder präsentieren, sondern diese auch generieren, verändern sowie an andere Personen kommunizieren. Gerade Konstruktionsmedien sind es, mit denen die Lernenden gestaltend aktiv werden und Wirksamkeitserfahrungen sammeln können.

Medien, die konstruktiv genutzt werden, und die aufgrund ihrer hohen Interaktivität den Lernenden eigenständig in den Lernprozess eingreifen lassen, sind typisch für die neue „konstruktivistische" Lernkultur (Mandl & Reinmann-Rothmeier, 1997; Weidenmann 1997b). „Learning *with* Hypermedia/Multimedia rather than *from* it" (Jonassen, Myers & McKillop, 1996) ist die Programmatik für den Einsatz von Konstruktionsmedien in konstruktivistischen Lernumgebungen. Nicht wenige Autoren sind der Überzeugung, dass die konstruktivistische Didaktik sich überhaupt nur mit Hilfe von technischen Medien (als „technologically-supported learning environments"; Perkins, 1991) voll realisieren lässt.

Als ein Beispiel für viele soll das Lernprogramm „Fondsmanager" (Dresdner Bank, Entwicklerfirma M.I.T) vorgestellt werden (s. Abbildung 2). Mit dieser multimedialen Lernumgebung sollen Uni-Absolventen zu Fondsmanagern geschult werden. Entsprechend den konstruktivistischen Prinzipien der „Situiertheit" und „Authentizität" finden die Lernenden am Bildschirm eine Umgebung vor, die in hohem Maße ihrer Arbeitsumgebung in der Praxis entspricht. Sie treffen einen virtuellen Schreibtisch mit PC, Telefon, Fax, Terminkalender, Ordner usw. an. Diese Hilfsmittel sind aktiv nutzbar. Man kann Faxe empfangen, mit dem PC arbeiten, Ordner aufschlagen und die Dokumente lesen.

Die Lernenden können in dieser Lernumgebung den Raum verlassen und mit dem Lift in andere Stockwerke des virtuellen Geschäftsgebäudes kommen. So gibt es einen Lernraum, in dem weitere Lernprogramme und Videos warten. Authentisch und relevant ist das Problem, das die Lernenden in dieser „reichhaltigen" Lernumgebung zu meistern haben: Gelder von Anlegern so in Aktien zu investieren, dass der Fonds eine optimale Performance erwirtschaftet. Dabei steht es dem Lernenden frei, welche Informationen er aktiv recherchiert oder welche der eintreffenden Informationen er wie verwertet. Eine kontinuierliche Rückmeldung informiert ihn auf Wunsch jederzeit über die Effektivität seines Vorgehens. Zusätzliche, aber frei wählbare Lernangebote helfen, Fehler zu erkennen und zu vermeiden. Eine solche authentische, interaktive und reichhaltige Lernumgebung kann in einem personalen Unterricht ohne Medien nicht hergestellt werden. Der Lernende ist aktiv und sein Lernen in hohem Maße selbst gesteuert.

Abbildung 2: Screenshot aus dem Lernprogramm „Fondsmanager".

Der Kontext von konstruktivistischen Lernumgebungen stellt besondere Ansprüche an das Interface-Design. Stoney und Wild (1998) formulieren den Zusammenhang zwischen Design und Motivation explizit. Aufgabe sei es, „describing and creating an interface that is intrinsically motivating, interactive, intuitive" (S. 40). Sie stellen klar, dass ein Interface bei Lernumgebungen und Lernprogrammen mehr ist als eine Schnittstelle zwischen Lerner und Lernmaterial. Es bestimmt vielmehr die Form, die Funktionen und den Prozess des Lernens. So bedeutet ein hierarchisch organisiertes Interface mit ausdifferenzierten Menüs ein hohes Maß an Kontrolle durch das System, während ein intuitives Interface, bei dem die Funktionen und Programmteile durch bekannte anklickbare Alltagsobjekte symbolisiert sind und der Lerner frei explorieren kann, dem Nutzer ein hohes Maß an Kontrolle ermöglicht.

Empirisch zeigt sich bei manchen Studien tatsächlich, dass Lerner stärker motiviert sind, wenn ihnen das Interface-Design mehr Freiheiten einräumt. Andererseits geht das nicht immer mit einer besseren Lernleistung einher (Steinberg, 1989). Anregungen und

Feedback durch das Lernsystem scheinen für viele Lerner wichtig zu sein, um in „offenen" Lernumgebungen nicht nur Spaß zu haben, sondern auch effektiv zu lernen. Der Lerner sollte gerade bei „offenen" Lernumgebungen, in denen er ein komplexes Problem selbst gesteuert bearbeitet, die Möglichkeit haben, sein Vorgehen fortlaufend zu evaluieren. Das setzt voraus, dass das Lernsystem jede Aktion des Nutzers registriert und etwa mit dem Vorgehen eines „Experten" vergleicht. Die modernen Lernsysteme stellen an die Feedbackfunktion daher wesentlich höhere Anforderungen als die traditionellen tutoriellen Systeme. Bei diesen genügt es, nach jedem Lernschritt (z.B. eine Bildschirm-seite mit Information und einer Frage) ein Feedback zu geben, das sich nur auf diesen einen Lernschritt bezog. Für die Motivation der Lerner hat ein differenziertes Feedback zu längeren Handlungsfolgen, wie sie in interaktiven Lernumgebungen die Regel sind, hohe Bedeutung. Kognitiv helfen die Informationen, Schwächen und Erfolge im eigenen Vor-gehen zu erkennen; affektiv erleben es Lerner als Zuwendung und Interesse an ihrer Person, wenn sie ein ausführliches, vielleicht sogar persönlich formuliertes Feedback (Anrede mit Vornamen usw.) erhalten, auch wenn es nicht von einer Person, sondern von einem Lernprogramm kommuniziert wird. Die Lernsystementwickler haben die Heraus-forderungen zum Thema „Feedback in interaktiven Lernumgebungen" noch zu wenig erkannt und angenommen. Auch in neueren guten Büchern für Lehrsystemplaner und - entwickler wird das Thema nicht einmal erwähnt (Bruns & Gajewski, 1999). Man übersieht, dass neben Bildschirmdesign und Architektur der Lernumgebung das Feedback als eigentliche psychologische „Schnittstelle" zwischen Lernangebot und Lerner grösste Aufmerksamkeit verdient.

Medien als Kommunikationshelfer und -partner

Der Kontakt mit anderen Personen, Lehrenden und Lernenden, ist ein wichtiges Element auch der konstruktivistischen Didaktik (s.o.). Lernen sollte in soziale Erfahrung ein-gebettet sein, vor allem in die Erfahrung des Zusammenarbeitens (Duffy, Lowyck & Jonassen, 1993). Modelle wie „cognitive apprenticeship" (Collins, Brown & Newman, 1989), „reciprocal teaching" (Palincsar & Brown, 1984) und die Bedeutung, die der „Artikulation", d.h. der Präsentation und Diskussion von Wissensprozessen und - strukturen (Dunlap & Grabinger, 1996) beigemessen wird, sind Ausdruck dieses Strebens nach aktiven Beziehungen zwischen Personen im Lernprozess. Auch frühere pädago-gische Ansätze betonen die Bedeutung des „pädagogischen Bezugs" zwischen Lehrenden und Lernenden sowie des Miteinanders der Lernenden.

Allerdings muss sich dieses Miteinander keineswegs immer förderlich auf die Lernmotivation auswirken. In der pädagogischen Literatur gibt es zahlreiche Dokumente für Beziehungsstörungen und Konflikte zwischen Lehrenden und Lernenden sowie zwischen Lernenden (vgl. Perrez, Huber & Geissler, 1993). Lernen wird für manche Schüler zu einer belastenden Erfahrung, wenn es mit negativen sozialen Erfahrungen wie Rivalität, Neid und Kränkung einhergeht. Andererseits können positive soziale Erfahrungen von Unterstützung, Bestätigung, Ermutigung oder allein schon von „Dazu-gehören" dazu beitragen, dass man mit Freude und Engagement lernt.

Manche Pädagogen, denen Sozialerfahrungen im Lernprozess wichtig sind, lehnen Medien aus diesem Grund ab. Besonders die so genannten Neuen Medien gelten ihnen als Beziehungs-Verhinderer. Sie befürchten, dass diese Medien ein isoliertes, egozentrisches

Lernen zum Normalfall machen. Dabei wird übersehen, dass gerade die Neuen Medien auch neue Chancen bieten, mit anderen Lernenden und den Lehrenden in Kontakt zu treten und zu kooperieren.

Hier einige Beispiele aus der Praxis:

Teletutoring: Ein Lernender nimmt per Email oder per Videokonferenzsystem Kontakt zu einem Tutor, Coach oder Experten auf. Das kann zu vereinbarten Zeiten oder nach Bedarf geschehen. Die Initiative zur Kontaktaufnahme geht in der Regel vom Lernenden aus, was typisch für die oben skizzierte Kultur des selbstverantwortlichen Lernens ist. Die Erfahrung zeigt, dass die Tutoren für die medienspezifischen Gegebenheiten dieses Kontaktes eine spezielle Schulung brauchen (Geyken, Mandl & Reiter, 1998). Die Situation „computermittelte Kommunikation" (CvK) ist eine andere als die Situation „face-to-face-Kommunikation (FtFK). Das gilt erst recht, wenn der Kontakt Lerner-Tutor zeitasynchron und verschriftlicht per Email stattfindet. Hier entfallen viele Informationen über die beteiligten Personen (Gestik, Mimik, Tonfall usw.). Dadurch wird die Kommunikation versachlicht, aber auch schwieriger (Boos, Jonas & Sassenberg, 2000). Auch bei zeitsynchronen Formen von CvK wie etwa bei Videokonferenzen zeigen sich Unterschiede zur FtFK.

Lernerchats, Foren, Newsgroups: In Chats können Mitglieder einer Lerngruppe zeitsynchron, also bei gleichzeitiger Beteiligung, miteinander schriftlich kommunizieren. Voraussetzung ist meistens eine Kennung, um Zugang zu dem jeweiligen Chat zu bekommen. Damit wird erreicht, dass wirklich nur die Gruppenmitglieder teilnehmen. Bei Foren oder Newsgroups werden Anfragen, Antworten oder sonstige Informationen zu einem bestimmten Themenbereich an eine Internetadresse per Email gesendet. Kennt ein Lernender diese Adresse und arbeitet er gerade an diesem Thema, dann kann er z.B. für ein aktuell auftretendes Problem eine Frage abschicken und vielleicht schon wenig später von einem anderen Nutzer dieser Newsgroup die Antwort erhalten. Da er die Email-Adresse des Helfers mit der Antwort zusammen erhält, kann er mit diesem direkt Kontakt aufnehmen, wenn er möchte. Es ist deshalb nicht verwunderlich, dass bei den offenen Chats im Internet wie auch bei den Newsgroups sich oft persönliche Kontakte entwickeln, die in der Realität außerhalb des Cyberspace fortgesetzt werden. Eine spezielle Form von Foren sind Websites, in denen Schüler oder Studierende zu einem bestimmten Thema Hausarbeiten oder Seminararbeiten einsehen und ggf. zur eigenen „Inspiration" verwenden können.

Interessanterweise entwickeln sich in diesen virtuellen Interaktionen neue oder zumindest veränderte Kommunikationsformen. Die soziale Präsenz in der computervermittelten Kommunikation ist gegenüber der „realen" face-to-face-Kommunikation reduziert (Short, Williams & Christie, 1976). Das verändert einigen Studien zufolge die Interaktion in Richtung mehr Sachlichkeit, Direktheit, Spontaneität (Sproull & Kiesler, 1986). Manche soziale Normen werden weniger formell gehandhabt. Der Vorzug für den einzelnen Lerner liegt darin, dass er, wie mit dem Telefon, mit anderen kommunizieren kann, ohne einen Klassenraum oder eine Sprechstunde aufsuchen zu müssen. Die sozial geschütztere computermediierte Kommunikation kommt auch sozial unsicheren und sprechsprachlich benachteiligten Menschen entgegen. Zumindest kann man das nach den Erfahrungen mit Chats vermuten, die zeigen, dass Chats nicht einsamer machen, sondern Einsamen helfen, Kontakte zu knüpfen (Klinger, 1999).

Ein anderes, weitgehend noch unerforschtes Phänomen, ist der Aufbau einer „Pseudobeziehung" zu Medien und artifiziellen Geschöpfen. In der Fernsehforschung ist dieses Phänomen unter der Bezeichnung „parasoziale Interaktion" von Horton und Wohl (1986) zum ersten Mal thematisiert und später häufig untersucht worden. Für die neuen Medien Computer und Netz gibt es bislang leider nur wenige Ansätze. So hat Turkle (1984) parasoziale Beziehungen zur „Wunschmaschine Computer" und neuerdings (1998) Formen der „Identität im Internet" dokumentiert und analysiert. Diese Autorin macht deutlich, wie der Computer selbst, aber erst recht virtuelle Figuren in Computerspielen oder virtuellen Welten im Netz von den Nutzern „psychologisiert", das heißt wie Lebewesen wahrgenommen und behandelt werden. Diese Psychologisierung und die daraus resultierenden Emotionen und Erlebnisqualitäten werden zunehmend von Software-Designern gezielt geweckt, um die Nutzer von Spielen, Informationsräumen und Treffs im Netz, aber auch von Lernprogrammen zu fesseln.

Abbildung 3 zeigt einen Ausschnitt aus einem virtuellen Verkaufsraum einer Autofirma im Netz. Wenn ein Kunde sich über ein Auto informieren will, klickt er den Avatar (künstliche Menschengestalt) an, der dann einen Beratungsdialog beginnt. In manchen Simulationsprogrammen, z.B. SimNet, können Lerner sich selbst in Avatare verwandeln, also sich Gesicht und Körper geben und dann auf dem Bildschirm agieren lassen (Walker, 1990). Die Anthropomorphisierung in Lernprogrammen kann darin bestehen, dass sich ein Lerner beim Start des Lernprogramms einen synthetischen Tutor schafft, der ihn durch das Programm begleitet, oder Übungen mit selbsterstellten virtuellen Sparringspartnern durchführt. Man spricht hier von „knowbots" in Anlehnung an die „robots", die Menschmaschinen in der Produktion. Laurel (1991) hat auf die Nähe solcher virtuellen Inszenierungen mit dem antiken Theater hingewiesen. Die Mimesis, das Schlüpfen in andere Identitäten und die Identifizierung mit Akteuren kann nicht nur Bedürfnisse befriedigen, sondern auch produktive Lernerfahrungen ermöglichen. Diese Dramaturgien enthalten ein noch kaum erforschtes Potential für Lernmotivation (Dede, 1996).

Eine empirische Studie: Wie wirkt sich die mediale Präsenz einer Dozentin auf die Lernmotivation von Studierenden in einem virtuellen Seminar aus?

Im letzten Abschnitt wurde die Veränderung der sozialen Beziehungen in telematischen Umgebungen diskutiert. Zu dieser Thematik führen wir derzeit eine von der DFG geförderte empirische Studie durch (Mitantragstellerin Manuela Paechter, Projektleitung Karin Schweizer). Ein dreimonatiges Universitätssseminar wurde komplett in einer Internetumgebung durchgeführt. Dabei wurden unter anderem auch systematische Zusammenhänge zwischen unterschiedlichen Ausprägungen sozialer Präsenz der virtuellen Dozentin und der Lernmotivation der Studierenden untersucht. Sie sollen zum Abschluss dieses Beitrages dargestellt werden.

Abbildung 3: Virtueller Raum mit Avataren.

Die virtuelle Lernumgebung bildete verschiedene Lernorte ab: Hörsaal, Bibliothek, Sprechstunde, Schwarzes Brett. Im Hörsaal konnte das didaktisierte Lernmaterial bearbeitet werden; es handelte sich um ein Tutorial mit vier großen Modulen. In der Bibliothek standen ergänzende Texte und Materialien zu den thematischen Modulen bereit. In der virtuellen Sprechstunde konnte jeder Studierende Kontakt mit der Dozentin aufnehmen bzw. individuelle Nachrichten, z.B. Feedbacks zu eingereichten Wissenstests für ihn abrufen. Am virtuellen Schwarzen Brett schließlich waren Mitteilungen zu finden, die alle Lerner betrafen. Außerdem gab es einen Studentenchat für die Teilnehmer an diesem Versuch.

Als zentrale unabhängige Variable wurde die „soziale Präsenz" der Dozentin systematisch variiert. Es gab vier Ausprägungen. Bei einer Studierendengruppe erfolgten alle Interventionen der Dozentin nur vertextet, in einer zweiten als Text plus gesprochener Sprache, bei der dritten Gruppe als Text mit Bildern der Dozentin. Bei der vierten Gruppe wurden alle diese Kommunikationsmedien kombiniert.

Über den Zeitraum des Versuches wurden zu mehreren Messzeitpunkten eine Reihe von abhängigen Variablen erfasst, um Hypothesen zu systematischen Zusammenhängen zwischen diesen und dem Grad der sozialen Präsenz der Dozentin zu überprüfen.

Zu zwei Fragen sollen erste Ergebnisse dargestellt werden: Wirkt sich das Interesse am jeweiligen Thema der Lernmodule auf den Lernerfolg aus? Hätten die Studierenden lieber in einer konventionellen Präsenzveranstaltung gelernt?

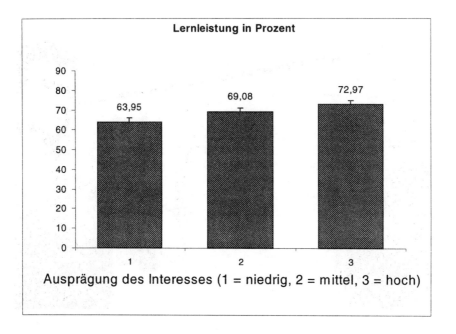

Abbildung 4: Unterschiede in der Lernleistung zwischen den Stufen des Faktors „Interesse".

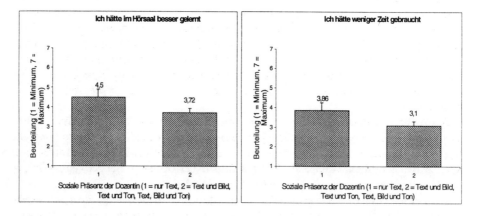

Abbildung 5: Unterschiede in der Beurteilung in Abhängigkeit von der sozialen Präsenz (Die Abweichungen entsprechen dem Standardfehler des Mittelwerts).

Zum Faktor „Interesse"

Vor jeder neuen Lerneinheit stuften die Studierenden ihr inhaltliches Interesse ein. Diese Daten wurden im Hinblick auf die Lerntests zu den Inhalten des Lernmaterials ausgewertet. Es zeigte sich, ganz im Sinne der Interessentheorie (s.o.), dass Interesse von den drei varianzanalytisch einbezogenen Faktoren (außerdem soziale Präsenz und Messzeitpunkt) den deutlichsten Einfluss auf den Lernerfolg hatte, noch stärker als unsere zentrale Variable „soziale Präsenz der Dozentin" (Abbildung 4).

Tabelle 1: Vor- und Nachteile bei freien Nennungen (Mehrfachnennungen möglich)

Kategorie	Nennungen insgesamt	Prozentualer Anteil der Nennungen in der Nur-Text Gruppe	Prozentualer Anteil der Nennungen in den anderen Experimentalgruppen
Freie Zeiteinteilung	70	60%	73.3%
Variables Lerntempo bzw. Unabhängigkeit durch Selbststeuerung	37	40%	36%
Lernen in vertrauter Umgebung	8	4%	9.3%
Lernstoff ist besser aufbereitet und gestaltet	7	16%	4%
Lernstoff ist leicht zugänglich	48	56%	38.6%
Anwendung neuer Medien motiviert	14	4%	17.3%
Fehlende Kommunikation mit Studierenden und virtueller Dozentin	67	76%	64%
Anonymität	11	12%	10.7%
Fehlende Spontaneität	12	8%	13.3%
Hoher Aufwand an Ressourcen	22	20%	21.3%

Zum Vergleich „Lernen im Netz" mit Präsenzveranstaltung

Hier zeigte sich ein differenziertes Bild, vor allem wenn man die Abhängigkeit von der unterschiedlichen sozialen Präsenz der Dozentin betrachtet. Studierende in der Nur-Text-Gruppe (geringe soziale Präsenz der Dozentin) meinen signifikant häufiger, sie hätten im Hörsaal besser und schneller gelernt als mit unserem Lernmaterial (Abbildung 5).

Nicht signifikant, aber in der Tendenz im Sinne unserer Erwartungen waren die häufigere Zustimmung der Nur-Text-Gruppe zu der Behauptung: „Ich hätte im Hörsaal häufiger mit der Dozentin gesprochen."

Bei einer Erhebung am Ende des Versuchs wurden die Teilnehmer gebeten, Vor- und Nachteile der telematischen Lernveranstaltung aufzuzählen. Die Tabelle zeigt die häufigsten Nennungen und vergleicht ihre Häufigkeit zwischen der Nur-Text-Gruppe und den anderen drei Gruppen, bei denen die mediale Präsenz der Dozentin zusätzlich durch Bild und/oder Stimme stärker ausgeprägt war.

Als Nachteile werden aufgezählt: Fehlende Kommunikation, Anonymität und fehlende Sponaneität. Unter den Vorteilen wird auch genannt „Anwendung neuer Medien motiviert." Es ist interessant, dass dieser Vorteil häufiger von jenen Teilnehmern angeführt wird, bei denen die Medienpräsenz der Dozentin auch intensiver war.

Insgesamt können diese wenigen Ergebnisse unserer Studie zum Thema dieses Beitrags natürlich die Eingangsfragen „Machen Medien hungrig oder satt?", „Fördern Medien die Lernmotivation?" nicht schlüssig beantworten. Aber die überwiegend positive Einstufung der telematischen Lernveranstaltung im Vergleich mit traditionellen Präsenzveranstaltungen sprechen dafür, dass zumindest in der hier realisierten Lernform die Studierenden gerne und mit Erfolg gelernt haben. Die Möglichkeit zur freien Zeiteinteilung und die Unabhängigkeit bei der Steuerung des Lernprozesses scheinen dabei eine zentrale Rolle gespielt zu haben.

Es wird eine Aufgabe für Designer von multimedialen Lernumgebungen sein, die genannten Nachteile im sozialen Bereich durch entsprechende Angebote auszugleichen. Die Einrichtung eines Chats alleine ist, wie unser Versuch zeigte, bei kleineren Studentenzahlen keine Lösung, um das Bedürfnis nach „echter" Kommunikation beim Lernen zu befriedigen.

Literatur

Bandura, A. (1977). Self-efficacy: Toward a unifying theory of behavioral change. *Psychological Review, 84*, 191-215.

Bandura, A. (1991). Self-regulation of motivation through anticipatory and self-reactive mechanisms. In R. Dienstbier (Ed.), *Nebraska Symposium on motivation 1990. Perspectives on motivation* (pp.69-164). Lincoln: University of Nebraska Press.

Berlyne, D. E. (1974). *Konflikt, Erregung, Neugier.* Stuttgart: Klett-Cotta.

Bernhauser, J. (1979). *Wandbilder im Anschauungsunterricht.* Frankfurt a.M.: Lang.

Boos, M., Jonas, J. & Sassenberg, K. (Hrsg.). (2000). *Computervermittelte Kommunikation in Organisationen.* Göttingen: Hogrefe.

Bruns, B. & Gajewski, P. (1999). *Multimediales Lernen im Netz. Leitfaden für Entscheider und Planer.* Berlin: Springer.

Burke, P. & Reitzes, D. (1991). An identity theory approach to commitment. *Social Psychology Quarterly, 54*, 239-251.

Collins, A., Brown, J. S. & Newman, S. (1989). Cognitive apprenticeship: Teaching the crafts of reading, writing, and mathematics. In L. Resnick (Ed.), *Knowing, learning, and instruction* (pp. 453-494). Hillsdale, NJ: Erlbaum.

Comenius, J. A. (1960). *Große Didaktik.* Düsseldorf: Küppers.

Cordova, D. & Lepper, M. (1996). Intrinsic motivation and the process of learning: Beneficial effects of contextualization, personalization, and choice. *Journal of Educational Psychology, 88*, 715-730.

Csikszentmihalyi, M. (1985). *Das Flow-Erleben.* Stuttgart: Klett-Cotta.

Deci, E. L. & Ryan, R. M. (1993). Die Selbstbestimmungstheorie der Motivation und ihre Bedeutung für die Pädagogik. *Zeitschrift für Pädagogik, 39*, 177-186.

Dede, C. (1996). The evolution of constructivist learning environments: Immersion in distributed, virtual worlds. In B. G. Wilson (Ed.), *Constructivist learning environments* (pp. 165-175). Englewood Cliffs, NJ: Educational Technology Publications.

Duffy, T. M., Lowyck, J. & Jonassen, D. H. (Eds.) (1993). *Designing environments for constructivist learning.* Berlin: Springer.

Dunlap, J. & Grabinger, R. (1996). Rich environments for active learning in the higher education classroom. In B. G. Wilson (Ed.), *Constructivist learning environments* (pp. 65-82). Englewood Cliffs, NJ: Educational Technology Publications.

Engelkamp, J. (1990). *Das menschliche Gedächtnis.* Göttingen: Hogrefe.

Geyken, A., Mandl, H. & Reiter, W. (1998). Selbstgesteuertes Lernen mit Teletutoring. In R. Schwarzer (Hrsg.), *MultiMedia und TeleLearning* (S. 181-196). Frankfurt a.M.: Campus

Greenfield, P. (1987). *Kinder und neue Medien.* Weinheim: Psychologie Verlags Union.

Hasebrook, J. (1995). *Multimedia-Psychologie.* Heidelberg: Spektrum.

Hollenbeck, J., Williams, C. & Klein, H. (1989). An empirical investigation of the antecedents of goal commitment. *Journal of Applied Psychology, 74*, 18-23.

Horton, D. & Wohl, R. (1986). Mass communication and parasocial interaction: Observation on intimacy at distance. In G. Gumpert & R. Cathcart (Eds.), *Inter/Media. Interpersonal communication in a media world* (pp. 185-206). New York: Oxford University Press.

Jonassen, D., Myers, J. & McKillop, A. (1996). From constructivism to constructionism: Learning with hypermedia/multimedia rather than from it. In B. G. Wilson (Ed.), *Constructivist learning environments* (pp. 93-106). Englewood Cliffs, NJ: Educational Technology Publications.

Klinger, S. (1999). *Soziale Präsenz in virtuellen Interaktionen: Theorie und Praxis des Chat.* Unveröffentlichte Diplomarbeit, Universität der Bundeswehr München.

Krapp, A. (1999). Intrinsische Lernmotivation und Interesse. *Zeitschrift für Pädagogik, 45, 3,* 387-406.

Krapp, A. & Prenzel, M. (Hrsg.). (1992). *Interesse, Lernen, Leistung.* Münster: Aschendorff.

Konrad, K. (1995). Bedingungen der Ziel-Realisierung in der Schüler-Computer-Interaktion. *Zeitschrift für Psychologie, 203*, 259-277.

Kuhl, J. (1987). Motivation und Handlungskontrolle: Ohne guten Willen geht es nicht. In H. Heckhausen, M. Gollwitzer & F. E. Weinert (Hrsg.), *Jenseits des Rubikon: Der Wille in den Humanwissenschaften* (S. 101-120). Berlin: Springer.

Langer, E. J. (1989). *Mindfulness.* Reading, MA: Addison-Wesley.

Langer, E. J. & Rodin, J. (1976). The effects of choice and enhanced personal responsibility for the aged: A field experiment in an institutional setting. *Journal of Personality and Social Psychology, 34*, 191-198.

Laurel, B. (1991). *Computers as theater.* Menlo Park, CA: Addison-Wesley.

Levie, H. & Lentz, (1982). Effects of text illustrations: A review of research. *Educational Communication and Technology Journal, 30*, 195-232.

Malone, T. (1981) Toward a theory of intrinsically motivating instruction. *Cognitive Science, 4*, 333-369.

Mandl, H., Gruber, H. & Renkl, A. (1997). Lernen und Lehren mit dem Computer. In F. E. Weinert & H. Mandl (Hrsg.), *Enzyklopädie der Psychologie: Themenbereich D, Serie Pädagogische Psychologie, Band 4 Psychologie der Erwachsenenbildung* (S. 437-457). Göttingen: Hogrefe.

Mandl, H. & Reinmann-Rothmeier, G. (1997). Auf dem Weg zu einer neuen Kultur des Lehrens und Lernens. In G. Dörr & K. L. Jüngst (Hrsg.), *Lernen mit Medien* (S. 193-205). Weinheim: Juventa.

Moser, K. (1990). *Werbepsychologie.* Weinheim: Psychologie Verlags Union

Niegemann, H. (1998). Selbstkontrolliertes Lernen und didaktisches Design. In G. Dörr & K. L. Jüngst (Hrsg.), *Lernen mit Medien* (S. 121-157). Weinheim: Juventa.

Palincsar, A. & Brown, A. (1984). Reciprocal teaching of comprehension: Fostering and monitoring activities. *Cognition and Instruction, 1,* 117-175.

Parker, L. E. & Lepper, M. R. (1992). The effects of fantasy contexts on children's learning and motivation: Making learning more fun. *Journal of Personality and Social Psychology, 62,* 625-633.

Peeck, J. (1994). Wissenserwerb mit darstellenden Bildern. In B. Weidenmann (Hrsg.), *Wissenserwerb mit Bildern* (S.59-94). Bern: Huber.

Perkins, D. (1991). Technology meets constructivism: Do they make a marriage? *Educational Technology, 31 (5),* 18-23.

Perrez, M., Huber, G. L., Geissler, Kh. A. (1993). Psychologie der pädagogischen Interaktion. In B. Weidenmann & A. Krapp (Hrsg.), *Pädagogische Psychologie* (2.Aufl.) (S. 361-445). Weinheim: Psychologie Verlags Union.

Rheinberg, F. (1997). *Motivation.* Stuttgart: Kohlhammer.

Schaller, K. (1967). *Die Pädagogik Johann Amos Comenius und die Anfänge des pädagogischen Realismus im 17. Jahrhundert.* Heidelberg: Quelle & Meyer.

Short, J., Williams, E. & Christie, B. (1976). *The social communications of telecommunication.* Chichester: Wiley.

Sproull, L. & Kiesler, S. (1986). Reducing social context cues: Electronic mail in organizational communications. *Manegement Science, 32,* 1492-1512.

Steinberg, E. (1989). Cognition and learner control: A literature review 1977-1988. *Journal of Computer-Based Instruction, 16,*117-121.

Stoney, S. & Wild, M. (1998). Motivation and interface design: Maximising learning opportunities. *Journal of Computer-Assisted Learning, 14,* 40-50.

Thomas, P. & Macredie, R. (1994). Games and the design of human-computer interfaces. *Education & Training Technology International, 31,* 134-142.

Turkle, S (1984). *Die Wunschmaschine. Vom Entstehen der Computerkultur.* Reinbek: Rowohlt.

Turkle, S. (1998). *Leben im Netz. Identität in Zeiten des Internet.* Reinbek: Rowohlt.

Walker, J. (1990). Through the looking glass. In B. Laurel (Ed.), *The art of computer-human interface design* (pp. 213-245). Menlo Park, CA: Addison-Wesley.

Weidenmann, B. (1997a). Instruktionsmedien. In F. E. Weinert (Hrsg.), *Enzyklopädie der Psychologie: Themenbereich D Praxisgebiete, Serie Pädagogische Psychologie, Band 2 Psychologie des Lernens und der Instruktion* (S. 319-368). Göttingen: Hogrefe.

Weidenmann, B. (1997b). Medien in der Erwachsenenbildung. In F.-E. Weinert & H. Mandl (Hrsg.), *Psychologie der Erwachsenenbildung, Enzyklopädie der Psychologie: Themengebiet D Praxisgebiete, Serie Pädagogische Psychologie, Band 4* (S. 405-436). Göttingen: Hogrefe.

Weidenmann, B. (1998). Multicodierung und Multimodalität im Lernprozeß. In L. J. Issing & P. Klimsa (Hrsg.), *Information und Lernen mit Multimedia* (S. 65-84). Weinheim: Psychologie Verlags Union.

Zuckerman, M., Porac, J., Lathin, D., Smith, R. & Deci, E. (1978). On the importance of self-determination for intrinsically motivated behavior. *Personality and Social Bulletin, 4,* 443-446.

Adi Winteler

Zur Bedeutung der Qualität der Lehre für die Lernmotivation Studierender

Im Mittelalter wurde in den Universitäten das bestehende Wissen vor allem mit Hilfe von Vorlesungen weitergegeben. Dies war sinnvoll und notwendig, weil Bücher nur wenig verbreitet waren und das Wissen auf diese Weise am besten tradiert werden konnte. Mittlerweile sind Bücher aber frei verfügbar und nicht zuletzt dank des Internets ist der Zugang zum Wissen dieser Welt nahezu unbegrenzt.

Dennoch hat sich an den Universitäten im Hinblick auf die Lehrmethoden bis heute wenig geändert. Auch im 21. Jahrhundert sehen es Dozenten im Bereich der Lehre noch immer als ihre Aufgabe an, ihr Expertenwissen an die Studierenden *zu übermitteln*. Insofern herrscht an den Hochschulen – und hier insbesondere in den „harten" Fächern – ein „*Lehr-* oder *Instruktionsparadigma*" vor, das dadurch gekennzeichnet ist, dass der Dozent die in seinem Fach wesentlichen Fakten wohlgeordnet, sachlich richtig und möglichst zügig im Rahmen von 45- oder 90-minütigen Lehrveranstaltungen an Studierende weitergibt, die dieses Wissen zumeist passiv aufnehmen (vgl. z.B. Dunkin & Barnes, 1986; Handal, Lauvâs & Lycke, 1990).

Betrachtet man das skizzierte Instruktionsparadigma vor dem Hintergrund aktueller Trends in der pädagogisch-psychologischen Lehr-Lern-Forschung, dann wird eine wachsende Distanz zwischen Theorie und Praxis erkennbar. In der modernen Instruktionspsychologie wird nämlich seit den 80er Jahren – auch aufgrund von Ergebnissen der modernen kognitiven Psychologie (Shuell, 1986, 1993) – verstärkt für ein „Lernparadigma" plädiert, bei dem die wesentliche Aufgabe der Lehrenden darin besteht, die Lernenden zur aktiven und möglichst eigenständigen Auseinandersetzung mit dem Gegenstand des Lernens zu veranlassen (s. z.B. Barr & Tagg, 1995; Mandl, Gruber & Renkl, 1993). Begründet wird dies mit konstruktivistischen Prinzipien, wonach Wissen erst dann Bedeutung für einen Lernenden gewinnt, wenn es aktiv durch individuelle Erfahrungen konstruiert und verändert wird (vgl. Wittrock, 1977).

Wendet man diese Überlegungen auf die Hochschule an, dann sollten die Lehrenden ihre Aufmerksamkeit auf die Gestaltung von Lernumgebungen richten, in denen selbst gesteuertes Lernen ermöglicht und erleichtert wird. Aus zwei Gründen käme dabei Fragen der Genese und Förderung der Lernmotivation eine herausragende Bedeutung zu. Zum einen ist die Lernmotivation eine der wichtigsten Voraussetzungen dafür, dass sich die Studierenden im Rahmen einer Lehrveranstaltung intensiv mit den Studieninhalten auseinandersetzen. Zum anderen geht es darum, überdauernde Formen selbst bestimmter Lernmotivation und personale Interessen herauszubilden, die sicherstellen, dass sich Studierende auch außerhalb der Lehrveranstaltungen mit Themen und Lernmaterialien beschäftigen und so die Vor- und Nachbereitung der Veranstaltungen gewährleistet ist. Aus hochschuldidaktischer Sicht wären somit Konzeptionen für „Train-the-Trainer"-Kurse oder Weiterbildungsseminare zu entwickeln, in denen Hochschullehrer mit dem Lernparadigma vertraut gemacht werden und erfahren können, wie sie der Forderung nach einem studentenorientierten Unterricht am besten gerecht werden können.

Leider mangelt es bislang an Ansätzen, die theoretisch begründete und empirisch abgesicherte Handlungsempfehlungen in Richtung einer die Eigeninitiative von Studierenden fördernde Lehre oder auch nur Prinzipien einer Förderung der intrinsischen Motivation Studierender enthalten würden. Auch liegen m.w. keine Konzepte vor, die auf eine Veränderung der „naiven" alltagspsychologischen Lehr-Lern-Vorstellungen von Hochschuldozenten oder allgemein von Lehrpersonen abzielen. Diese wären jedoch unabdingbar, wenn sich die Vermittlung des Lernparadigmas im Rahmen der hochschuldidaktischen Weiterbildung nicht selbst in einer bloßen „Übermittlung" neuerer Erkenntnisse erschöpfen soll, die vermutlich ebenfalls nur zu einer Ansammlung „trägen Wissens" (Renkl, 1996) beitragen.

So wird in diesem Aufsatz der Versuch gemacht, einen Beitrag zur Lösung des skizzierten Problems zu leisten, indem Erkenntnisse aus verschiedenen Bereichen der Pädagogischen Psychologie zusammengeführt werden. In einem ersten Schritt sind daher einschlägige Ergebnisse der Forschung zur Lernmotivation vorzustellen, wobei neben den Folgen verschiedener Formen der Lernmotivation für die Qualität des Lernens vor allem auch theoretisch postulierte und empirisch geprüfte Bedingungen der Lernmotivation zu betrachten sind. Daran anschließend werden *konstruktivistische* Unterrichtsansätze dargestellt und unter der Frage beleuchtet, inwieweit sie nicht nur unter kognitiven, sondern auch unter motivationspsychologischen Gesichtspunkten als effektiv erachtet werden können (s.a. Stark & Mandl, in diesem Band). Im dritten Teil schließlich gehe ich auf neuere Ansätze ein, die sich mit den von Lehrenden (implizit oder explizit) vertretenen Lehrkonzeptionen und deren Einfluss auf die Lernmotivation Studierender befassen.

Die Genese und Förderung von Lernmotivation

Formen der Lernmotivation

Nachdem sich die pädagogische Motivationsforschung lange Zeit auf die Analyse von Unterschieden in der Höhe der Lernmotivation von Lernenden konzentrierte, ist in den letzten Jahren ein verstärktes Interesse an qualitativen Unterschieden in der Lernmotivation erkennbar (Krapp, 1993). Gerade im Hochschulbereich hat sich dabei eine Differenzierung zwischen einer intrinsischen und einer extrinsischen Form der Lernmotivation als nützlich erwiesen. Eine *intrinsische Lernmotivation* ist dadurch gekennzeichnet, dass die Handlung um ihrer selbst willen ausgeführt wird, weil sie als interessant, spannend und herausfordernd erlebt wird. Dabei kann die Person nach Schiefele (1996, S. 52) eher motiviert sein durch die mit der Handlung verbundene Aktivität (*tätigkeitsspezifische Vollzugsanreize*; Rheinberg, 1989) oder durch das Interesse am Inhalt oder Gegenstand der Handlung selbst (*gegenstandspezifische intrinsische Motivation*; vgl. Person-Gegenstandstheorie des Interesses; Krapp, 1992, 1998, 1999).

Im Unterschied dazu wird unter einer *extrinsischen Lernmotivation* der Wunsch bzw. die Absicht verstanden, „...eine Handlung durchzuführen, um damit positive Folgen herbeizuführen oder negative Folgen zu vermeiden." (Schiefele & Köller, 1998, S. 193). Diese Folgen stehen mit der eigentlichen Handlung in keiner unmittelbaren Beziehung.

Im vorliegenden Argumentationszusammenhang interessieren insbesondere die Bedingungen der intrinsischen Lernmotivation, da nur ein intrinsisch motivierter Lerner die für ein eigenständiges Lernen erforderliche Anstrengungsbereitschaft aufbringen wird. Mehr noch: Zahlreiche Untersuchungen zeigen, dass erfolgreiche und selbst regulierte Studierende intrinsisch motiviert sind und Lernstrategien verwenden, die Tiefen- und Bedeutungslernen ermöglichen. Sie glauben an ihre eigene Kompetenz und verwenden viel Zeit darauf, ihre Ziele zu erreichen (Schiefele & Schreyer, 1994; Schunk & Zimmerman, 1994; K.-P. Wild, 1996, 2000; K.-P. Wild, Krapp & Winteler, 1992; Winteler, Sierwald & Schiefele, 1988).

Bemerkenswerterweise sind in der wissenschaftlichen Diskussion die Mechanismen der Förderung intrinsischer Lernmotivation sehr viel weniger intensiv und detailliert untersucht worden, als die Kontextbedingungen, die eine Verringerung der intrinsischen Motivation zur Folge haben können (Cameron & Pierce, 1994; Deci & Ryan, 1985; Prenzel, 1997). Aus hochschuldidaktischer Sicht dürften sich die Möglichkeiten zur Förderung einer intrinsischen Lernmotivation fast ausschließlich auf die gegenstandszentrierte Form der intrinsischen Motivation richten, da ein Spaß am Handlungsvollzug vor allem im Zusammenhang mit Freizeittätigkeiten wie Motorradfahren wahrgenommen wird (Rheinberg, 1997). Im Studium, also im Rahmen von Lehr- und Lernprozessen, die auf Inhalte oder Wissensgebiete bezogen sind, wird somit die Förderung und Aufrechterhaltung einer *gegenstandsbezogenen* intrinsischen Lernmotivation und damit eng zusammenhängender stabiler thematischer Interessen (vgl. Krapp, 1998; Schiefele, 1996), im Mittelpunkt stehen müssen.

Mit Blick auf die Durchsetzung eines Lernparadigmas im Bereich der universitären Lehre stellt sich somit in der Konsequenz die Frage, wie anstelle dozentenzentrierter Maßnahmen zur „Motivierung" eine von den Lehrenden lediglich unterstützte Herausbildung thematischer Interessen im studierten Themenfeld erreicht werden kann.

Theorien zur Entwicklung und Förderung des Interesses und der intrinsischen Lernmotivation

Bislang befassen sich wenige Ansätze mit der Frage, *wie* Lehrende die Entwicklung thematischer Interessen in geeigneter Weise unterstützen können (Krapp, 1998, 1999). Einen besonderen Stellenwert nimmt in der aktuellen Diskussion die Selbstbestimmungstheorie der Motivation (Deci & Ryan, 1985, 1993; Ryan, 1995) ein, in der drei „psychologischen Grundbedürfnissen" (nach Autonomie, nach Kompetenz und nach sozialer Eingebundenheit) ein zentraler Stellenwert für die Entwicklung und Aufrechterhaltung einer intrinsischen bzw. selbstbestimmten Form der Lernmotivation eingeräumt wird (s.a. Knowles, 1980). Diese Grundannahme wird im Rahmen der Person-Gegenstands-Theorie des Interesses (Krapp, 1992; Krapp & Prenzel, 1992; Renninger, Hidi & Krapp, 1992) aufgenommen und insofern erweitert, als auch die Entwicklung thematischer Interessen ebenfalls auf die Befriedigung der genannten Grundbedürfnisse zurückgeführt wird. Interesse wird dabei verstanden als „...eine auf Selbstbestimmung beruhende motivationale Komponente des intentionalen Lernens" (Krapp, 1993, S. 202).

Obwohl die Befriedigung der oben genannten grundlegenden Bedürfnisse grundsätzlich eine Funktion der Lehr-Lern-Umgebung und der darin interagierenden Personen ist, haben sich insbesondere im Hochschulbereich bislang nur wenige Studien der Frage gewidmet, welche Merkmale der Hochschullehre mit einer ausgeprägten intrinsischen Motivation und einem hohen thematischen Interesse einhergehen (z.B. Prenzel, 1997; Prenzel, Eitel, Holzbach, Schoenheinz & Schweiberer, 1993; Winteler, 1974).

Zumindest indirekte Anhaltspunkte zu den Merkmalen einer motivierenden Lernumgebung ergeben sich aber aus Arbeiten, in denen Aspekte der von Studierenden wahrgenommenen Lernumgebung mit der Qualität ihres Lernens in Zusammenhang gebracht wurden. Da vor allem intrinsisch motivierte Studierende Lernstrategien verwenden, die Tiefen- und Bedeutungslernen ermöglichen (s.o.), kann man von diesen Arbeiten indirekt auch auf die motivierende Funktion der Umweltmerkmale rückschließen.

Zu dieser Gruppe von Arbeiten zählt eine Studie von Trigwell und Prosser (1991), nach der studentisches Tiefenlernen (gemessen mit den Skalen „Tiefenlernen" und „Verknüpfung von Ideen" des „Approaches to Studying Questionnaire", ASI) insbesondere in einer studentenorientierten Lernumgebung anzutreffen ist. Diese Lernumgebung ist nach den Autoren charakterisiert durch Lehrende, die angemessene und hilfreiche Rückmeldungen geben, klare Lernziele formulieren, den Studierenden sagen, was sie von ihnen erwarten, die Prüfungskriterien offen legen, die Relevanz der Veranstaltung verdeutlichen, sie interessant gestalten, Gelegenheit zu Fragen geben, Zeit für Beratungsgespräche haben, gut erklären können, für die studentischen Lernschwierigkeiten Verständnis haben und Möglichkeiten zu unabhängigem Lernen (was und wie gelernt wird) einräumen (s.a. Martens & Prosser, 1998).

In eine ähnliche Richtung weisen Ergebnisse von Entwistle und Ramsden (1983), Ramsden (1991) sowie Ramsden und Entwistle (1981). Fakultäten, in denen die Studierenden versuchen, dem Stoff oder der Aufgabe Sinn und Bedeutung abzugewinnen („personal meaning orientation") werden von diesen Studierenden als eine Lernumgebung wahrgenommen, in der gute Lehre und Lernfreiheit vorherrschen. Im Gegensatz dazu beklagen Studierende mit hoher Tendenz zum Auswendiglernen und Reproduzieren des Stoffes („reproducing orientation") in ihren Fakultäten die zu hohe Arbeitsbelastung und die zu geringen Freiheitsgrade beim Lernen.

In Übereinstimmung mit diesen Untersuchungen stehen schließlich auch die Beobachtungen von Prenzel (1997) zu den Bedingungen für die *Reduzierung* von vorhandenem Interesse und intrinsischer Motivation. Hierzu gehören insbesondere das Einengen von Spielräumen und von Wahlmöglichkeiten (fehlendes Autonomieerleben), Rückmeldungen über den Lernfortschritt, die als massive Kontrolle erlebt werden (fehlendes Kompetenzerleben), sowie ein Unterrichtsklima, das durch mangelnde Partnerschaftlichkeit und mangelnde Kooperation charakterisiert ist (fehlendes soziales Eingebundensein). Dies entspricht auch dem Fazit, das Entwistle und Waterston (1988, S. 264) ziehen: „In fact, the learning environment has profound effects on studying" (s.a. Astin, 1993; Pascerella & Terenzini, 1991).

Einschränkend muss allerdings auch festgestellt werden, dass die vorliegenden Arbeiten zumeist auf querschnittlichen Untersuchungsdesigns beruhen und daher die Frage nach der kausalen Wirkungsrichtung nicht empirisch klären können. Auch greifen sie in der Regel nur vorgefundene Unterschiede in Kontextbedingungen auf und gehen selten in Feldexperimenten der Frage nach, ob durch gezielte Gestaltung der Lernumgebung eine Förderung der intrinsischen Motivation und des Interesses erreichbar ist.

Bislang wurde die Frage einer am Lernparadigma orientierten Gestaltung von Lernumgebungen aus der Perspektive motivationspsychologischer Überlegungen und Befunde diskutiert, weil intrinsische Motivation und Interesse als Voraussetzung für die gewünschte Eigenaktivität der Lerner gelten können. Ein anderes Vorgehen zur Identifizierung motivationsfördernder Kontextmerkmale besteht darin, die in konstruktivistischen Ansätzen mit Blick auf kognitive Ziele genannten Gestaltungsprinzipien daraufhin zu beleuchten, ob sie nicht zugleich unter Motivationsgesichtspunkten positiv zu bewerten sind (s.a. Stark & Mandl, in diesem Band). Dieser Weg wird im folgenden Abschnitt beschritten.

Motivierende Merkmale konstruktivistischer Lernumgebungen

Wie bereits angemerkt, gründen Vertreter konstruktivistischer Lerntheorien die von ihnen herausgestellten Prinzipien der Gestaltung von Lernumgebungen im Wesentlichen auf kognitive Konzepte. Für den vorliegenden Zusammenhang ist jedoch entscheidend, dass konstruktivistische Lernumgebungen viel Ähnlichkeit mit reformpädagogischen Ansätzen und Formen „offenen Unterrichts" haben (vgl. Gage & Berliner, 1986), deren Effizienz im Hinblick auf die Vermittlung deklarativen Wissens zwar immer in Frage gestellt wurde, denen jedoch mehrheitlich eine motivierende Funktion zugesprochen wird.

Die Grundidee, von der viele Konstruktivisten ausgehen, ist von Gardner (1993) kürzlich pointiert formuliert worden. Weinert (1996) hat die Aussagen Gardners folgendermaßen zusammengefaßt:

> Innerhalb weniger Jahre erwirbt das kleine Kind eine Vielzahl von sprachlichen, numerischen, physikalischen, psychologischen und sozialen Kompetenzen. Das geschieht durch ein aktives, spontanes, intuitives, intrinsisch motiviertes und sozial-partizipatives Lernen. Diese selbstinitiierte, konstruktive und kreative Form der Wissensaneignung ist (...) der einzige Lernmodus, um flexibel nutzbare Erkenntnisse und Kompetenzen aufzubauen und tiefgründige Verständnisleistungen zu erzielen." (Weinert, 1996, S. 3)

Reinmann-Rothmeier und Mandl (1997) gehen noch weiter und postulieren, dass die in der Erwachsenenbildung anzutreffende Zufriedenheit der Teilnehmer mit lehrerzentrierten Unterweisungsformen deutlich mache, dass Lernende, die ständig in eine passiv-rezeptive Rolle gedrängt werden, mit der Zeit eine „verwöhnte" Haltung entwickeln und aktivere Lehr-Lern-Formen nicht mehr wollen und beherrschen.

Will man die einzelnen Prinzipien konstruktivistischer Lernumgebungen kennzeichnen, so ergibt sich das Problem, dass es nicht „den" konstruktivistischen Ansatz gibt. Statt dessen trifft man in der neueren Unterrichtsforschung auf eine Reihe von Ansätzen, die entweder eher dem traditionellen Lehrparadigma und – unter erkenntnistheoretischem Aspekt – dem Objektivismus oder eher einer konstruktivistischen Position bzw. dem Subjektivismus verpflichtet sind. Versucht man trotzdem, diejenigen Prinzipien herauszustellen, die gewissermaßen den kleinsten gemeinsamen Nenner ausmachen, dann sind folgende Prinzipien relevant (z.B. Mandl, Gruber & Renkl, 1993).

- *Komplexe Ausgangsprobleme:* Am Ausgangspunkt des Lernprozesses steht in der Regel ein komplexes Problem. Dies wird meist direkt damit begründet, dass die Komplexität Neugier erzeugt und die Lernenden motiviert, sich intensiver mit dem Problem auseinander zu setzen und sich relevantes Wissen zu erarbeiten. Von komplexen Ausgangsproblemen (und nicht von einfachen und gut strukturierten!) wird somit erwartet, dass sie eine intrinsische Lernmotivation fördern.
- *Authentizität:* Die Problemstellung soll vom Lernenden als realistisch, authentisch und lebensnah wahrgenommen werden. Auch dies wird meist motivationspsychologisch

begründet: Wer einen persönlichen Bezug herstellen kann und Anwendungsmöglichkeiten sieht, ist motivierter.

- *Multiple Perspektiven:* Eine wichtige Grundlage für situiertes Lernen bietet die Verfügbarkeit multipler Kontexte und Perspektiven. Indem Studierende ermuntert werden, etwa ein neu erkanntes physikalisches Prinzip auf mehrere, leicht variierende Fragestellungen oder unter unterschiedlichen Zielsetzungen hin anzuwenden, lernen sie, ihr Wissen flexibel anzuwenden und Beziehungsstrukturen zu elaborieren. Nun kann das Prinzip der multiplen Perspektiven auch als motivfördernde Maßnahme gesehen werden, denn durch die Konfrontation mit anderen Perspektiven können kognitive Konflikte erzeugt werden, die wiederum die Neugier der Lernenden wecken.

- *Artikulation und Reflexion:* Damit neues Wissen nicht an den Anwendungskontext gebunden bleibt, in dem es erworben wurde, sollen Lernende wie Lehrende die eigenen Denkprozesse verbalisieren und mit den von ihren Interaktionspartnern artikulierten Ideen und Vorstellungen vergleichen. Kooperationen zwischen Lehrenden und Lernenden geben letzteren die Gelegenheit, Denkmuster, Expertenkniffe und Konventionen kennen zu lernen, die in einer Expertenkultur vorherrschen. Zugleich wird eine intensive Interaktion zwischen Lehrenden und Lernenden möglich, die einerseits viele Rückmeldungen zur Stützung des Kompetenzerleben beinhaltet und andererseits soziale Einbindung unterstützt.

- *Lernen im sozialen Austausch:* Sozialen Interaktionen zwischen Lernenden sowie zwischen Lehrenden und Lernenden wird ebenfalls aus zwei Gründen eine hohe Bedeutung zugemessen. Zum einen soll das gemeinsame Arbeiten Studierende anregen, ein Problem aus verschiedenen Perspektiven zu beleuchten, so dass eine flexible Anwendung des Wissens ermöglicht wird. Zum anderen kann kooperatives Lernen die Lernmotivation steigern, wenn es gelingt, die Identifikation der Lernenden mit der Gruppe herzustellen.

Die bisherigen Überlegungen sind natürlich nur theoretischer Natur und noch kein Beleg dafür, dass die Konfrontation mit herausfordernden Projekten und authentischen Problemen nicht nur den Prozess der Wissenskonstruktion positiv beeinflusst, sondern auch die intrinsische Motivation bzw. das gegenstandsbezogene Studieninteresse. Leider gibt es bislang nur wenig empirische Studien, in denen die Effektivität konstruktivistischer Lernumgebungen unter motivationalen Aspekten untersucht wurde (vgl. Stark & Mandl, in diesem Band). Auch sind konstruktivistische Lernumgebungen bislang nur selten in der Hochschullehre konsequent umgesetzt und in einem strengen Sinne im Hinblick auf motivationale Effekte evaluiert worden. Erste Erfahrungen verweisen jedoch durchaus auf ermutigende Ergebnisse (vgl. Reinmann-Rothmeier & Mandl, in Druck).

Bedingungen und Folgen der Lehrkonzepte von Lehrenden

Den oben skizzierten Untersuchungen zur Qualität des studentischen Lernens zufolge sind Merkmale der Lernumgebung bedeutsam für die Lernorientierungen und das Lernverhalten Studierender. Es liegt daher nahe zu vermuten, dass auch die unterrichtsbezogenen Einstellungs- und Verhaltensweisen von Lehrenden von Merkmalen des universitären Kontextes abhängen. Während jedoch die Unterrichtsforschung und insbesondere die moderne Lehrer(expertise)forschung (vgl. Bromme, 1992, 1997) umfängliche Erkenntnisse über die Bedingungen und Folgen des Handelns von Lehrern an allgemeinbildenden

Schulen hervorgebracht hat, sind vergleichbare Untersuchungen zu Lehrenden an der Hochschule bislang rar geblieben. Zu den wenigen Ausnahmen zählt die Arbeit von Singer (1996), die den Einfluss einer Reihe von persönlichen und von Kontextvariablen auf die Lehrkonzeptionen und das Lehrverhalten von Lehrenden am College untersucht hat (s.u.).

Konzeptionen in dem hier gemeinten Sinn beziehen sich auf die Art und Weise, wie Personen über bestimmte Phänomene denken und welche Bedeutung sie ihnen zuschreiben. Sie sind relational, d.h., sie beschreiben die Beziehung zwischen Individuen und einer bestimmten Aufgabe oder einem bestimmten Kontext. Pratt (1992; Pratt & Associates, 1998) hat Konzeptionen beschrieben als spezifische Bedeutungen, die wir Phänomenen zuschreiben und die in unsere Reaktionen auf Situationen einfließen, die diese Phänomene einschließen. Wir sehen die Welt durch die Brille unserer Konzeptionen und handeln in Übereinstimmung mit unserem Verständnis der Welt. Konzeptionen können eine eher einschränkende oder eine eher befreiende Bedingung für das Denken darstellen. Untersuchungen zu Konzeptionen über bestimmte Phänomene, wie das Lernen oder Lehren, ergeben regelmäßig, dass eine begrenzte Anzahl qualitativ unterschiedlicher Auffassungen über diese Phänomene bestehen und dass sie zudem kontextabhängig sind (vgl. Bowden, 1994; Marton, 1981).

In der Untersuchung von Singer (1996) sind die Lehrkonzeptionen u.a. in Abhängigkeit vom Geschlecht, dem Fachgebiet, der Berufserfahrung und der beruflichen Position der Lehrenden untersucht worden. Als Kontextvariablen wurden das Kursniveau, die Teilnehmerzahl und die Lehrbelastung erfasst. Zunächst zeigten sich im Einklang mit anderen Studien zum Hochschullehrerberuf eine Reihe von geschlechtsspezifischen Unterschieden (z.B. Glazer, 1997; Kracke & E. Wild, 1996; Schaeper, 1997). So investieren Dozentinnen im Vergleich zu ihren männlichen Kollegen nicht nur mehr Zeit in ihre Lehre, sondern vertreten auch eine eher prozessorientierte und motivational orientierte Lehrkonzeption. Zudem haben sie ein positiveres Bild von Studierenden und beschreiben sich selbst als studentenorientierter.

Der Fächervergleich ergab Unterschiede dahingehend, dass sich Lehrende in den harten Fächern (Biologie und Mathematik) im Vergleich zu ihren Kollegen bzw. Kolleginnen in den weichen Fächern (Englisch und Psychologie) als stärker inhaltsorientiert und weniger studentenzentriert beschreiben und ein dementsprechendes Lehrverhalten zeigen. Sie investieren weniger Zeit in ihre Lehre, geben jedoch den Studierenden eine schnellere und direktere Rückmeldung über ihre Leistungen. Generell scheint die Inhaltsorientierung der Lehrenden zuzunehmen, wenn die Teilnehmerzahl in den Veranstaltungen ansteigt.

Zusammenfassend sind Unterschiede in den Lehrkonzeptionen von Dozenten und Dozentinnen sowie Lehrenden aus unterschiedlichen Fachrichtungen auszumachen, wobei vor allem Frauen zu einem studentenorientierteren Unterrichtsstil neigen. Darüber hinaus umfassen harte Fächer klar strukturierte Wissensbereiche, die inhaltsorientiert vermittelt werden, während die Dozenten weicher Fächer offener für Diskussion und Kritik zu sein scheinen.

Der Zusammenhang zwischen der Wahrnehmung der Lehrumgebung und den Lehrorientierungen (Intentionen und Strategien) von Lehrenden war auch Gegenstand einer Studie von Trigwell und Prosser (1997) an verschiedenen australischen Universitäten. Die Lehrorientierungen wurden mit dem „Approaches to Teaching Inventory" (ATI; Trigwell, Prosser & Taylor, 1994) erfasst.

Um die Wahrnehmung der Lehrumgebung erheben zu können, entwickelten die Autoren auf der Basis von Interviews mit den Lehrenden ein neues Inventar, nämlich das „Perceptions of Teaching Environment Inventory" (PTE). Das PTE enthält die folgenden fünf Subskalen:

- Kontrolle der Lehre (Vorgegebene Stofffülle und geringe Freiheit, wie und was gelehrt wird);
- Angemessene Größe der Veranstaltung (das Ausmaß, in dem eine angemessene Teilnehmerzahl Art und Umfang der Interaktion zwischen Lehrenden und Studierenden beeinflusst);
- Rücksicht auf Merkmale der Studierenden (Berücksichtigung der unterschiedlichen Fähigkeiten, des Sprachhintergrunds und des Geschlechts);
- Unterstützung der Lehre durch die Fakultät (fehlende Balance zwischen dem Wert der Lehre und der Forschung in der Fakultät);
- Angemessene Arbeitsbelastung (Zeitaufwand für die Lehre und für Prüfungen und deren Interferenz mit der Zeit für die Forschung).

Eine Clusteranalyse ergab drei Cluster von Lehrenden. Cluster 1 umfasst Lehrende mit studentenzentrierter und auf konzeptuelle Veränderung gerichteter Lehrkonzeption, verbunden mit der Wahrnehmung einer angemessenen Veranstaltungsgröße, der Unterstützung der Lehre durch die Fakultät, der Fähigkeit der Studierenden und einer angemessenen Arbeitsbelastung.

Die Lehrenden in Cluster 2 lehnen die studentenzentrierte und auf konzeptuelle Veränderung gerichtete Lehrkonzeption eher ab, sie haben wenig Kontrolle darüber, was und wie sie lehren, ihre Veranstaltungen sind zu groß, und sie erfahren keine Unterstützung ihrer Lehre durch die Fakultät.

Die dritte Gruppe tendiert wie die erste Gruppe zu einer studentenzentrierten und auf konzeptuelle Veränderung gerichteten Lehrkonzeption, und die Lehrenden haben ein gewisses Ausmaß an Kontrolle darüber, was und wie sie lehren. Im Gegensatz zur ersten Gruppe halten sie ihre Studenten jedoch nicht für besonders fähig, und sie selbst fühlen sich überlastet. Studentenzentrierte Lehrkonzeptionen hängen also enger und systematischer mit einer positiven Wahrnehmung der Lehrumgebung zusammen als dozentenzentrierte Lehrkonzeptionen.

In einer Studie von Murray und McDonald (1997) konnte kein konsistenter Zusammenhang zwischen den geäußerten Lehrkonzeptionen von Lehrenden und ihrer Lehrpraxis festgestellt werden. Sie erklären dies jedoch mit den einschränkenden Bedingungen der Lehrumgebung (die Lehrende dazu veranlassen können, sich abweichend von ihrer Lehrkonzeption zu verhalten), mit der Diskrepanz zwischen Lippenbekenntnis und Praxis der Lehre, mit ungenügender Unterstützung der Lehre und mit fehlendem Lehrtraining.

Insgesamt bleibt festzuhalten, dass Einstellungen von Lehrenden wie von Studierenden zu Fragen des Lehrens und Lernens von persönlichen, im Laufe der Sozialisation erworbenen Eigenschaften abhängen, aber auch als Reaktionen auf Merkmale der Lehr-Lern-Umgebung zu verstehen sind.

Erste Untersuchungen zu der Frage, ob sich die unterschiedlichen Konzeptionen des Lehrens und die daraus resultierenden Lehrstrategien auch auf die Qualität des studentischen Lernens und hier insbesondere die Lernmotivation Studierender auswirken, weisen im Kern in die gleiche Richtung. In den Studien von Gow und Kember (1993) sowie Kember und Gow (1994) wurden neben den Konzeptionen des Lehrens auch Daten zur Qualität des studentischen Lernens mit dem „Study Process Questionnaire" (SPQ; Biggs, 1989) auf Fakultätsebene zu Beginn und am Ende des Studiums erhoben. Dieser

Fragebogen besteht aus drei Hauptskalen: Tiefenlernen (gegenstandsbezogenes Interesse, persönliche Bedeutung), Oberflächenlernen (extrinsische Motivation, Auswendiglernen) und Leistungsorientierung (Enthusiasmus, Wille zum Erfolg, strategisches Lernen). Es konnten also Korrelationen zwischen den Konzeptionen des Lehrens und der Qualität des studentischen Lernens sowie deren zeitlicher Veränderung im Studienverlauf auf Fakultätsebene berechnet werden. Die Ergebnisse bestätigen eindeutig die erwarteten Zusammenhänge: Die Lehrkonzeption „Erleichterung des Lernens" (die Betonung liegt auf dem Lernergebnis, angestrebt wird das Verständnis und die Anwendbarkeit des Stoffes) korreliert negativ mit der Lernorientierung Oberflächenlernen am Ende des Studiums, die Konzeption "Wissensübermittlung" (Lehren wird als reine Wissensvermittlung verstanden, die Studierenden werden als passive Rezipienten des Stoffes gesehen) negativ mit den Endwerten (am Ende des Studiums) *und* den Veränderungswerten (Differenz der zu Beginn und am Ende des Studiums erhobenen Werte) des Tiefenlernens und der Leistungsorientierung der Studierenden. Diese beiden Orientierungen nehmen also im Verlauf des Studiums ab. Die Leistungsorientierung kann sowohl mit Tiefenlernen als auch mit Oberflächenlernen verbunden sein (Biggs, 1989). Tiefenlernen und Enthusiasmus werden besonders durch interaktives Lehren gefördert, bei reiner Wissensvermittlung dagegen gehen diese Orientierungen im Verlauf des Studiums zurück.

Insgesamt weisen die Studien darauf hin, dass sich die Lehrkonzeptionen der Lehrenden auf die Lernkonzeptionen der Studierenden dergestalt auswirken können, dass die Studierenden diesen Lehrkonzeptionen entsprechende Lernkonzeptionen und Lernstrategien entwickeln. Dies gilt sowohl auf Fakultätsebene als auch auf der Ebene einzelner Lehrveranstaltungen.

Wenn studentische Konzeptionen des Lernens und die Lernmotivation der Studierenden in Richtung auf Tiefen- und Bedeutungslernen entwickelt und verändert werden sollen, dann erscheint es sinnvoll, das Augenmerk zunächst auf die *Lehr*konzeptionen (und entsprechenden Lernkonzeptionen) der Lehrenden zu lenken und deren Konzeptionen, falls erforderlich, weiter zu entwickeln und schließlich zu verändern.

Solange die Lehrkonzeptionen von Lehrenden jedoch weitgehend vom Modell der dozentenzentrierten Informationsvermittlung (s.o.) bestimmt werden, besteht nur eine geringe Chance, dass sie auf Anhieb neue Formen des Lehrens und Lernens akzeptieren oder gar in das eigene Verhaltensrepertoire aufnehmen, welches dem Modell der studentenzentrierten Unterstützung eigenständigen Lernens entspricht. Selbst wenn die Lehrenden über ihren Unterricht und damit verbundene Lehr-Lern-Probleme reflektieren, bleiben sie in der Regel in ihrem bisherigen Paradigma verhaftet (Murray & McDonald, 1997; Winteler, in Druck). Deshalb erscheint es ratsam, von den jeweils bestehenden Konzeptionen auszugehen, diese vorsichtig weiter zu entwickeln und sie erst dann allmählich zu erweitern und zu verändern, um die Handlungsmöglichkeiten der Lehrenden zu vergrößern.

In diesem Zusammenhang muss man auch berücksichtigen, dass die Orientierung der Lehre an neuartigen Konzeptionen für beide Seiten erhebliche Schwierigkeiten hervorrufen kann. Wenn Lehrende mit einer konstruktivistischen Lehr-Lern-Konzeption auf Studierende treffen, deren Lernkonzeptionen noch ganz dem Paradigma der dozentenzentrierten Wissensvermittlung verhaftet ist, erzeugt diese mangelnde Passung nicht nur Frustrationen und Unsicherheiten auf beiden Seiten, sondern häufig auch gravierende Missverständnisse und Fehleinschätzungen – sowohl in den akademischen Prüfungen als auch in der Einschätzung der Lehrqualität (Entwistle, Meyer & Tait, 1991; Stark, Gruber

& Mandl, 1998; Vermunt & Verloop, 1999). In dieser Situation ist es nicht verwunderlich, wenn Lehrende der Erprobung neuer Konzeptionen reserviert gegenüber stehen, denn neben den üblichen Problemen der Lehrstoffaufbereitung sehen sie sich mit der zusätzlichen Aufgabe konfrontiert, das Lernverhalten bzw. die Studienstrategien der Studierenden zu verändern und im Hinblick auf die übergeordneten Ziele des Studiums eine erzieherische Funktion zu übernehmen.

Bei den Bemühungen um eine Verbesserung der Hochschullehre darf man nicht übersehen, dass auch die akademische Ausbildung als eine Teilkomponente in einem komplexen Netzwerk unterschiedlicher Systembedingungen gesehen werden muss. Von daher ist es weder sinnvoll noch möglich, allein durch die Veränderung einer einzigen Systemkomponente (z.B. Einführung von Evaluationsmaßnahmen, didaktische Weiterbildung von Lehrenden an der Hochschule) eine wirksame und nachhaltige Verbesserung der Studiensituation an einer Fakultät zu erreichen. Vielmehr kommt es darauf an, die Bedingungen und Ziele der Ausbildung auf der Basis einer sorgfältigen Klärung der Lehr-Lern-Ziele umfassend zu reformieren. Hierzu liegen bereits positive Erfahrungen anderer Universitäten und Forschungseinrichtungen vor, die neue Konzepte des Lehrens und Lernens in bestimmten Studiengebieten entwickelt und positiv evaluiert haben (vgl. dazu Mandl & Gräsel, 1997).

Literatur

Astin, A. W. (1993). *What matters in college? Four critical years revisited.* San Francisco, CA: Jossey-Bass.

Barr, R. B. & Tagg, J. (1995). From teaching to learning. A new paradigm for undergraduate education. *Change, 2,* 12-25.

Biggs, J. B. (1989). Approaches to the enhancement of tertiary teaching. *Higher Education Research and Development, 8,* 7-25.

Bowden, J. (Ed.) (1994). *The methodology of phenomenography.* Melbourne: RMIT.

Bromme, R. (1992). *Der Lehrer als Experte.* Bern: Huber.

Bromme, R. (1997). Kompetenzen, Funktionen und unterrichtliches Handeln des Lehrers. In F. E. Weinert (Hrsg.), *Psychologie des Unterrichts und der Schule* (Enzyklopädie der Psychologie, Themenbereich D Praxisgebiete, Serie Pädagogische Psychologie, Bd. 3, S. 177-212). Göttingen: Hogrefe.

Cameron, J. & Pierce, W. D. (1994). Reinforcement, reward, and intrinsic motivation: A meta-analysis. *Review of Educational Research, 64,* 363-423.

Deci, E. L. & Ryan, R. M. (1985). *Intrinsic motivation and self-determination in human behavior.* New York: Plenum.

Deci, E. L. & Ryan, R. M. (1993). Die Selbstbestimmungstheorie der Motivation und ihre Bedeutung für die Pädagogik. *Zeitschrift für Pädagogik, 39,* 223-228.

Dunkin, M. J. &. Barnes, J. (1986). Research on teaching in higher education. In M. Wittrock (Ed.), *Handbook of research on teaching* (pp. 754-777). New York: Macmillan.

Entwistle, N. J., Meyer, J. & Tait, H. (1991). Student failure: Disintegrated patterns of study strategies and perceptions of the learning environment. *Higher Education, 21,* 249-261.

Entwistle, N. J. & Ramsden, P. (1983). *Understanding student learning.* London: Croom-Helm.

Entwistle, N. J. & Waterston, S. (1988). Approaches to studying and levels of processing in university students. *British Journal of Educational Psychology, 58,* 258-265.

Gage, N. L. & Berliner, D. C. (1986). *Pädagogische Psychologie.* München: Psychologie Verlags Union.

Glazer, J. S. (1997). Beyond male theory: A feminist perspective on teaching motivation. In J. L. Bess (Ed.), *Teaching well and liking it* (pp. 37-54). Baltimore: Johns Hopkins University Press.

Gow, L. & Kember, D. (1993). Conceptions of teaching and their relationship to student learning. *British Journal of Educational Psychology, 63*, 20-33.

Handal, G., Lauvâs, P. & Lycke, K. (1990). The concept of rationality in academic science teaching. *European Journal of Education, 25*, 319-332.

Kember, D. & Gow, L. (1994). Orientations to teaching and their effect on the quality of student learning. *Journal of Higher Education, 65*, 58-74.

Knowles, M. (1980). *The modern practice of adult education: From pedagogy to andragogy.* Englewood Cliff, NJ: Prentice-Hall.

Kracke, B. & Wild, E. (Hrsg.). (1996). *Arbeitsplatz Hochschule. Überlegungen und Befunde zur beruflichen Situation und Förderung des wissenschaftlichen Nachwuchses.* Heidelberg: Matthes.

Krapp, A. (1992). Das Interessenkonstrukt. In A. Krapp & M. Prenzel (Hrsg.), *Interesse, Lernen, Leistung* (S. 297-329). Münster: Aschendorff.

Krapp, A. (1993). Die Psychologie der Lernmotivation. *Zeitschrift für Pädagogik, 39*, 189-206.

Krapp, A. (1998). Entwicklung und Förderung von Interessen im Unterricht. *Psychologie in Erziehung und Unterricht, 44*, 185-201.

Krapp, A. (1999). Intrinsische Lernmotivation und Interesse. *Zeitschrift für Pädagogik, 45*, 387-406.

Krapp, A. & Prenzel, M. (Hrsg.). (1992). *Interesse, Lernen, Leistung.* Münster: Aschendorff.

Mandl, H. & Gräsel, C. (1997). Damit sie tun, was sie wissen: Problemorientiertes computergestütztes Lernen in der Medizin. *Psychomed, 8*, 178-182.

Mandl, H., Gruber, H. & Renkl, A. (1993). Neue Lernkonzepte für die Hochschule. *Das Hochschulwesen, 41*, 126-130.

Martens, E. & Prosser, M. (1998). What constitutes high quality teaching and learning and how to assure it. *Quality Assurance in Education, 6*, 28-36.

Marton, F. (1981). Phenomenography – describing conceptions of the world around us. *Instructional Science, 10*, 177-200.

Murray, K. & McDonald, R. (1997). The disjunction between lecturers' conceptions of teaching and their claimed educational practice. *Higher Education, 33*, 331-349.

Pascarella, E. & Terenzini, P. (1991). *How college affects students.* San Francisco, CA: Jossey-Bass.

Pratt, D. D. (1992). Conceptions of teaching. *Adult Education Quarterly, 42*, 203-220.

Pratt, D. D. & Associates (1998). *Five perspectives on teaching in adult and higher education.* Malabar, FL: Krieger.

Prenzel, M. (1997). Sechs Möglichkeiten, Lernende zu demotivieren. In H. Gruber & A. Renkl (Hrsg.), *Wege zum Können* (S. 32-44). Göttingen: Hogrefe.

Prenzel, M., Eitel, F., Holzbach, R., Schoenheinz, R.-J. & Schweiberer, L. (1993). Lernmotivation im studentischen Unterricht in der Chirurgie. *Zeitschrift für Pädagogische Psychologie, 7*, 125-137.

Reinmann-Rothmeier, G. & Mandl, H. (1997). Lehren im Erwachsenenalter. Auffassungen vom Lehren und Lernen, Prinzipien und Methoden. In F. E. Weinert (Hrsg.), *Psychologie der Erwachsenenbildung* (Enzyklopädie der Psychologie, Themenbereich D Praxisgebiete, Serie Pädagogische Psychologie, Bd. 4, S. 355-403). Göttingen: Hogrefe.

Renkl, A. (1996) Träges Wissen: Wenn Erlerntes nicht genutzt wird. *Psychologische Rundschau, 47*, 78-92.

Renninger, K. A., Hidi, S. & Krapp, A. (Eds.) (1992). *The role of interest in learning and development.* Hillsdale, NJ: Erlbaum.

Rheinberg, F. (1989). *Zweck und Tätigkeit.* Göttingen: Hogrefe.

Rheinberg, F. (1997). *Motivation.* Stuttgart: Kohlhammer.

Ryan, R. M. (1995). Psychological needs and the facilitation of integrative process. *Journal of Personality, 63*, 397-427.

Schaeper, H. (1997). *Lehrerkulturen, Lehrerhabitus und die Struktur der Universität.* Weinheim: Deutscher Studien Verlag.

Schiefele, U. (1996). *Motivation und Lernen mit Texten.* Göttingen: Hogrefe.

Schiefele, U. & Köller, O. (1998). Intrinsische und extrinsische Motivation. In D. H. Rost (Hrsg.), *Handwörterbuch Pädagogische Psychologie* (S. 193-197). Weinheim: Psychologie Verlags Union.

Schiefele, U. & Schreyer, I. (1994). Intrinsische Lernmotivation und Lernen. *Zeitschrift für Pädagogische Psychologie, 8*, 1-13.

Schunk, D. H. & Zimmerman, B. J. (Eds.). (1994). *Self-regulation of learning and performance.* Hillsdale, NJ: Erlbaum.

Shuell, T. J. (1986). Cognitive conceptions of learning. *Review of Educational Research, 56*, 411-436.

Shuell, T. J. (1993). Toward an integrated theory of teaching and learning. *Educational Psychologist, 28*, 291-311.

Singer, E. R. (1996). Espoused teaching paradigms of college faculty. *Research in Higher Education, 37*, 695-679.

Stark, R., Gruber, H. & Mandl, H. (1998). Motivationale und kognitive Passungsprobleme beim komplexen situierten Lernen. *Psychologie in Erziehung und Unterricht, 45*, 202-215.

Trigwell, K. & Prosser, M. (1991). Improving the quality of student learning: The influence of learning context and student approaches to learning on learning outcome. *Higher Education, 22*, 251-266.

Trigwell, K. & Prosser, M. (1997). Relations between perceptions of the teaching environment and approaches to teaching. *British Journal of Educational Psychology, 67*, 25-35.

Trigwell, K., Prosser, M. & Taylor, P. (1994). Qualitative differences in approaches to teaching first year university science. *Higher Education, 27*, 75-84.

Vermunt, J. D. & Verloop, N. (1999). Congruence and friction between learning and teaching. *Learning and Instruction, 9*, 257-180.

Weinert, F.-E. (1996). Lerntheorien und Instruktionsmodelle. In F. E. Weinert (Hrsg.), *Psychologie des Lernens und der Instruktion* (Enzyklopädie der Psychologie, Themenbereich D Praxisgebiete, Serie Pädagogische Psychologie, Bd. 2, S. 1-48). Göttingen: Hogrefe.

Wild, K.-P. (1996). Die Beziehung zwischen Lernmotivation und Lernstrategien als Funktion personaler und situativer Faktoren. In S. Duit & Ch. v. Rhöneck (Hrsg.), *Lernen in den Naturwissenschaften* (S. 69-86). Kiel: IPN-Schriftenreihe.

Wild, K-P. (2000). *Lernstrategien im Studium.* Münster: Waxmann.

Wild, K.-P., Krapp, A. & Winteler, A. (1992). Die Bedeutung von Lernstrategien zur Erklärung des Einflusses von Studieninteresse auf Lernleistungen. In A. Krapp & M. Prenzel (Hrsg.), *Interesse, Lernen, Leistung.* (S. 279-295). Münster: Aschendorff.

Winteler, A. (1974). *Determinanten der Wirksamkeit akademischer Lehrveranstaltungen.* Meisenheim/Glan: Hain.

Winteler, A. (in Druck). Lehrende an Hochschulen. In A. Krapp & B. Weidenmann (Hrsg.), *Pädagogische Psychologie.* Weinheim: Psychologie Verlags Union.

Winteler, A., Sierwald, W. & Schiefele, U. (1988). Interesse, Leistung und Wissen: Die Erfassung von Studieninteresse und seine Bedeutung für Studienleistung und fachbezogenes Wissen. *Empirische Pädagogik, 2*, 227-250.

Wittrock, M. C. (1977). *Learning and instruction.* Berkeley, CA.: McCutchan.

Falko Rheinberg und Regina Vollmeyer

Sachinteresse und leistungsthematische Herausforderung – zwei verschiedenartige Motivationskomponenten und ihr Zusammenwirken beim Lernen

Engagiertes Lernen kann in unterschiedlichster Weise motiviert sein, also auf unterschiedliche Anreize zielen: Eine Schülerin lernt, ein Computerprogramm zu beherrschen, weil sie Texte in bestimmter Weise gestalten will; ein Schüler lernt italienische Vokabeln, weil er die Sprache liebt und sie gerne perfekt beherrschen würde; eine Studentin bearbeitet einen Lehrtext, um eine gute Prüfung zu machen; ein Insektensammler vertieft sich in evolutionsbiologische Literatur, um die Entstehung unterschiedlicher Insektenarten besser verstehen zu können; der Skifahrer lernt eine bestimmte Schwungtechnik, damit seine „turns" noch radikaler und lustvoller werden. Solche Aufzählungen lassen sich beliebig fortsetzen.

Die Kenntnis der konkreten Lernanreize sowie ihrer jeweiligen Stärke und ihrer Erreichbarkeit erlaubt innerhalb bestimmter Kontexte recht gute Vorhersagen zur Lernaktivität (z.B. Prognose der Vorbereitungsintensität auf eine Klausur; Heckhausen & Rheinberg, 1980; Rheinberg, 1989). Will man Aussagen über verschiedene Kontexte hinweg machen, so verliert man allerdings schnell den Überblick, wenn man auf der Ebene konkreter Anreizformulierungen wie „radikalere turns fahren zu können", „Texte formatieren zu können", „Insektenbaupläne zu verstehen" verbleibt. Von daher findet man spätestens seit McDougall (1908), Lersch (1938) oder Murray (1938) immer wieder Versuche, allgemeinere Motivklassen zu bilden. Sie sollen als hoch abstrahierte Kategorien eine Vielzahl konkreter Anreize umfassen, sodass Aussagen in einem überschaubareren Ordnungssystem möglich werden. Diese Motiv- oder Bedürfnisklassen beziehen sich auf basale Themen des Lebensvollzuges, die für alle Individuen eines Kulturkreises mehr oder weniger wichtig sind wie z.B. Kompetenzerwerb/Leistung, sozialer Anschluss oder Macht.

Was die Motivation zu Lernaktivitäten betrifft, so hat es schon in der geisteswissenschaftlich-hermeneutischen Wissenschaftstradition die Beschreibung einer besonderen Anreizklasse gegeben, deren allgemeines Charakteristikum einfach darin besteht, dass sich die Person zu einem bestimmten Gegenstandsbereich hingezogen fühlt. Nach Lunk (1926) war es wohl Rousseau, der schon vor 200 Jahren diese „seelische Hinneigung zu einem Gegenstand" als Erster mit *Interesse* bezeichnete (Lunk, 1926, S. 71). Obwohl also frühzeitig bemerkt und obwohl im Alltag als Phänomen unschwer feststellbar, blieben solche gegenstandsbezogenen Vorlieben in der pädagogisch-psychologischen Motivationsforschung bis in die jüngere Zeit hinein wenig beachtet.[1] Möglicherweise lag diese überraschende Vernachlässigung daran, dass man bei der Frage nach der Herkunft solcher Gegenstandsvorlieben dann doch wieder auf basalere Bedürfnisse/Motive zurückgreifen musste, deren Befriedigung sich mit mehr oder weniger zufälligen Gegenständen verbunden hat (s. u.). Auf den ersten Blick war es deshalb im Sinne wissenschaftlicher Sparsamkeit nur folgerichtig, sich gleich mit diesen basaleren

---

[1] Das war anders in der Differentiellen Psychologie. Hier hat die Messung unterschiedlicher Interessendispositionen eine beachtliche Tradition (Todt, 1978).

Bedürfnissen/Motiven statt mit ihren zufälligen Gegenstandsankopplungen, also den Interessen, zu befassen. Man zahlte dafür allerdings den erheblichen Preis, dass all diejenigen Motivationsphänomene ausgeblendet wurden, die erst dann zustande kommen, wenn sich eine dauerhafte Gegenstandsvorliebe herausgebildet hat (z.B. Aufsuchen und Wertschätzung von Situationen, in denen ein Kontakt mit dem Interessengegenstand möglich ist; emotional positiver Zustand, wenn dieser Kontakt realisiert ist; Tendenz zur Aufrechterhaltung dieses Kontaktes; Bereitschaft, auch ohne unmittelbaren Verwertungsnutzen die kognitive Struktur über den Gegenstandsbereich zu erweitern und anderes mehr).

Freude am Kompetenzerwerb und Leistungsmotivation

Vielleicht fiel dieser Verlust deshalb kaum auf, weil die empirisch-wissenschaftliche Motivationsforschung lange Zeit davon gefesselt war, dass Individuen offenbar Freude daran haben, ihre Kompetenzen in unterschiedlichsten Bereichen zu steigern bzw. zu entwickeln, auch ohne dass dafür eine gesonderte Belohnung in Aussicht steht (z.B. *competence motivation*; White, 1959). Für eine theoretisch besonders ausgearbeitete Variante solcher Phänomene, nämlich die Leistungsmotivation, hatten McClelland, Atkinson, Clark und Lowell (1953) zunächst ein Messinstrument vorgelegt, mit dem sich Stärke und Richtung dieses Motivs halbwegs zuverlässig erfassen ließen. Im Anschluss daran steuerte Atkinson (1957) sein klar gefasstes „Risiko-Wahl-Modell" der Leistungsmotivation bei, das präzise Vorhersagen darüber gestattete, unter welchen Situationsbedingungen sich welche Motivausprägung wie im Verhalten zeigte. Da diese Vorhersagen durchaus non-trivial, mithin reizvoll waren (z.B. dass je nach Bedingung hoch bzw. erfolgszuversichtlich Motivierte weniger tun als gering bzw. misserfolgsmotivierte Personen), wurde eine ungemein virulente Forschung angeregt (zusf. Heckhausen, Schmalt & Schneider, 1985).

Da die Modellvorhersagen für viele Lebenskontexte, insbesondere auch für Lehr-Lernsituationen anwendbar waren, wurde ab den Sechzigerjahren die pädagogisch-psychologische Motivationsliteratur zunehmend von diesen Modellvorstellungen zur Leistungsmotivation dominiert. Orientiert an experimentell klar fassbaren Größen und befreit von Spekulationen über die „eigentlichen" oder „wertvollen" Beweggründe im Bildungsprozess entstand hier eine Aufbruchstimmung, in der es nicht weiter irritierte, dass Lernaktivitäten keineswegs ausschließlich auf kompetenzbezogene Motivationen zurückgehen müssen (Heckhausen & Rheinberg, 1980). Wenngleich Heckhausen schon 1968 in einem viel beachteten Bildungsrat-Gutachten explizit darauf aufmerksam gemacht hatte, dass es neben der Leistungsmotivation noch viele andere Komponenten der Lernmotivation gebe (u.a. das Sachinteresse!), wurden in den sechziger und Siebzigerjahren Leistungs- und Lernmotivation nahezu gleichgesetzt (z.B. Atkinson & Lens, 1980).

Im deutschen Sprachraum ist die Leistungsmotivationsforschung besonders durch Heckhausen und seine Mitarbeiter vorangetrieben worden (Heckhausen, 1963; Heckhausen et al., 1985). Dabei hatte sich eine eigene Akzentsetzung entwickelt. Ursprünglich war Leistungsmotivation über die „Auseinandersetzung mit einem Gütestandard" sehr allgemein definiert worden (McClelland et al., 1953). Nun können sich Gütemaßstäbe qualitativ gravierend unterscheiden (Heckhausen, 1974a; Rheinberg, 1980; Veroff, 1969). Im angloamerikanischen Sprachraum waren diese Gütemaßstäbe schon in den experimentellen Operationalisierungen überwiegend auf soziale Bezugsnormen, d.h. auf den Vergleich mit den Leistungen von anderen Personen ausgerichtet (Atkinson, 1958). In diagnostischen Verfahren wie dem MARPS (Mehrabian, 1969) präsentierte sich das Leistungsmotiv überdies mit karriereförderlichen Strebsamkeitskomponenten. Dazu passend wurde als besonders geeignetes Kriterium für die Stärke des Leistungsmotivs einer Person beispielsweise ihr Jahreseinkommen herangezogen, das sie im mittleren Lebensalter erreicht hat (McClelland & Franz, 1992).

Demgegenüber hat die hiesige Konzeption von Leistungsmotivation den Anreiz der Selbstbewertung eigener Tüchtigkeit in den Vordergrund gestellt (Heckhausen, 1972, 1974b). Insbesondere wurde dabei auf das *Primat der individuellen Bezugsnorm* hingewiesen: Wichtiger als der Vergleich mit anderen ist der Vergleich mit den eigenen zuvor erzielten Resultaten. Die Leitfunktion der individuellen Bezugsnorm wurde explizit als Lernziel bei der leistungsthematischen Persönlichkeitsentwicklung formuliert (Heckhausen, 1974a, S. 54). Gerade diese Vergleichsperspektive macht nämlich erst das Wachstum der eigenen Kompetenz deutlich, die die Grundlage für eine positiv-realistische Selbstbewertung ist (Heckhausen, 1974b; Rheinberg, 1980; Rheinberg & Krug, 1999).

Eine solche Konzeption ist recht verschieden von einem Leistungsmotivations-verständnis, das Karriere und Konkurrenz in den Vordergrund stellt. Stattdessen haben wir es hier mit einem *Bedürfnis nach individueller Kompetenzsteigerung* zu tun, das große Ähnlichkeit mit den Vorstellungen von White (1959) hat oder mit den Darstellungen, die Deci und Ryan (1980) später zum Bedürfnis nach Kompetenzerleben gegeben haben. (White selbst sieht in der basalen Wirksamkeits- und Kompetenzmotivation einen Vorläufer späterer Leistungsmotivation;White, 1959, S. 323.) Greift man Dwecks Unterscheidung von *learning vs. performance goals* (Erwerb vs. Demonstration von Kompetenzen; Dweck & Leggett, 1988) auf, so hat die hiesige Auffassung von Leistungsmotivation stets stärker den Pol der *learning goals* betont.

Diese Betonung der Kompetenzsteigerung findet sich bereits in der bekannten Definition, die Heckhausen (1965) zum Leistungsmotiv gegeben hat. Danach bezieht sich Leistungsmotivation auf „das Bestreben, die eigene Tüchtigkeit in allen jenen Tätigkeiten zu steigern oder möglichst hoch zu halten, in denen man einen Gütemaßstab für verbindlich hält..." (S. 604). Ziel ist also die Steigerung der eigenen Tüchtigkeit. Ob man dabei andere übertrifft oder ob man gesellschaftlich-kulturellen (Leistungs-)Normen entspricht, ist nachgeordnet und wird dementsprechend in der Definition nicht spezifiziert

Diese kompetenzbezogene Leistungsmotivation wird besonders in Situationen angeregt, in denen noch offen ist, ob man eine Aufgabe schafft oder nicht. Gemessen an der bereits entwickelten Kompetenz dürfen die Aufgaben also weder zu schwer noch zu leicht sein („Prinzip der Passung"; Heckhausen, 1968). Solche Aufgaben können dann als *Herausforderung* an die eigene Tüchtigkeit erlebt werden – ein Phänomen, das nach-folgend auch von anderen Autoren in anderen Kontexten nachentdeckt wurde. Csikszentmihalyi (1991) beispielsweise sieht in der Herausforderung eine notwendige Bedingung des *Flow*-Erlebens, für Deci (1997) ist die Herausforderung eine notwendige Bedingung des Kompetenzerlebens. (Überraschenderweise scheint es diesen und anderen Autoren entgangen zu sein, dass dieser Sachverhalt in der Motivationspsychologie längst bekannt, theoretisch gefasst und intensiv untersucht worden ist.) Auch bei unseren eigenen Versuchen, die aktuelle aufgabenbezogene Motivation in einem Lernexperiment zu erfassen, tauchte dieser Herausforderungsfaktor immer wieder auf (Vollmeyer &

Rheinberg, 1998). Wir nehmen an, dass die erlebte Herausforderung eine recht basale Weise ist, Aufgabensituationen zu interpretieren. Jedenfalls gibt es Hinweise auf transkulturelle Universalien dieses Erlebens (Kornadt, Eckensberger & Emminghaus, 1980) sowie einige evolutionsbiologische Plausibilitäten (Schneider & Schmalt, 1994).

Ein wichtiger Punkt ist jedoch noch offen. Sollten wir annehmen, dass Individuen sich überall dort leistungsthematisch herausgefordert fühlen, wo ihnen eine passende Aufgabenschwierigkeit begegnet? Dies scheint ein noch unzureichend geklärter Punkt zu sein. Auf der einen Seite gibt es hinsichtlich der Inhaltsbereiche keine Einschränkung für leistungsmotiviertes Handeln. Wichtig ist, dass man bei passenden Aufgabenschwierigkeiten Ergebnisse erzielen kann, die nach Güte oder Menge beurteilbar sind (sog. Gütestandards) und dass die erforderlichen Aktivitäten von der eigenen Tüchtigkeit und Anstrengung (statt z.B. vom Glück) abhängen. Dabei können die Aufgabeninhalte gesellschaftlich erwünscht sein (z.B. Kompetenzsteigerung im künstlerischen oder Bildungsbereich) oder unerwünscht sein (z.B. Kompetenzsteigerung beim Auto- oder Wohnungseinbruch). Beides kann gleichermaßen leistungsmotiviert sein. (Aus der Tatsache, dass dieser Sachverhalt so ist, sollte man übrigens keinen Vorwurf an die Theorie herleiten, die diesen wichtigen Sachverhalt richtig beschreibt.) Richtig ist, dass Leistungsmotivation unter einer allgemeinen Perspektive betrachtet „gegenstandsgleichgültig" ist (H. Schiefele, Haußer & Schneider, 1979).

Die Frage ist, ob diese Offenheit gegenüber Inhalts- und Tätigkeitsfeldern auch zu einer Beliebigkeit in der aktuellen Motivierung führt. Werden wir also – sofern hinreichend leistungsmotivational disponiert – durch jedwede Anforderung umgehend motiviert, sofern sie nur den passenden Schwierigkeitsgrad hat? Wahrscheinlich kämen wir dann zu nichts Anderem mehr. Schon die frühe Definition Heckhausens (1965) gibt hier einen Hinweis, der auf eine gewisse Einschränkung verweist. Danach kann Leistungsmotivation überall dort auftreten, wo man „einen Gütemaßstab für verbindlich hält". Betrachten wir unser Alltagshandeln, so lässt sich unschwer feststellen, dass wir keineswegs für alle Lebensbereiche gleichermaßen verbindliche Gütemaßstäbe parat haben – selbst wenn solche Maßstäbe verfügbar wären. So mag es für Person A besonders wichtig sein, die eigene Tüchtigkeit in einer bestimmten Sportart zu steigern, während ihr ihre computerbezogenen Kompetenzen relativ gleichgültig sind, solange sie nur reichen, um ins Internet zu gelangen. Bei Person B mag es genau umgekehrt sein.

Offenbar kommt es allein schon aus Kapazitätsgründen zu einer Art Fokussierung unserer kompetenzbezogenen Motivation, sodass es Bereiche gibt, für die wir besonders gut elaborierte und leicht ansprechbare Gütestandards haben, während uns andere Bereiche leistungs-thematisch nicht herausfordern. Welche Bereiche das im Einzelfall sind, kann interindividuell extrem weit streuen (s. Guinessbuch der Rekorde) und wird deshalb von Leistungsmotivationstheorien nicht näher eingegrenzt (s.o.).

Interesse als besonderer Person-Gegenstandsbezug

Gerade die in der Leistungsmotivationsdefinition offen gelassene Position des Sach- oder Tätigkeitsbereichs, in dem man seine Kompetenzen steigern will, wird zum entscheidenden Merkmal bei Interessendefinitionen. „Interesse" (als Persönlichkeitsdisposition) bezieht sich auf eine relativ überdauernde Vorliebe gegenüber einem bestimmten Sach- oder Gegenstandsbereich (Krapp, 1992; Prenzel, 1988; U. Schiefele,

1996). Solche Bereiche können unterschiedlichster Natur sein: Briefmarken, klassische Musik, Autos, mittelalterliche Lyrik, Sonnenuhren, Mathematik, Fußball etc. Im Kontakt mit dem Interessengegenstand fühlt sich die Person besonders wohl (sog. *gefühlsbezogene Valenz*, z.B. „Es macht einfach großen Spaß, stundenlang über Fußball zu reden"). Weiterhin hat der Interessengegenstand für die Person einen besonders hohen Wert, ist sogar selbstkonzeptrelevant (sog. *wertbezogene Valenz*, z.B. „Ich bin ein Schalke-Fan und das ist für mich wichtiger als alles andere") (s. im Einzelnen Krapp, 1992).

Unter geeigneten Bedingungen können solche zeitstabilen Interessendispositionen zu aktuellem Handeln führen. Entscheidend ist dabei, dass die Handlungsveranlassung als freiwillig, d.h. im Einzelnen selbstgewollt erlebt wird. Diese erlebte Selbstintentionalität ist nachvollziehbar, da der Kontakt mit dem Interessengegenstand ja definitionsgemäß zu positiven Gefühlen und Werterlebnissen führt (s.o.). Aktualisiertes Interessenhandeln hat nun eine Besonderheit: Die Art der Handlung, die jeweils mit eingeschlossenen Handlungsthemen sowie die handlungsbewirkten Resultate sind beliebig, solange die Aktivität und/oder ihre Resultate nur etwas mit dem Interessengegenstand zu tun haben: Die an klassischer Musik hoch inte-ressierte Lehrerin kann viele Bücher lesen oder Vorträge besuchen, um mehr über Beethoven, sein Schaffen und Werk zu erfahren; sie kann viele Konzerte besuchen oder CD's kaufen, um seine Musik zu erleben; sie kann sogar versuchen, seine Musik selbst zu spielen; sie kann Gleichgesinnte suchen, um ausgiebig über den Interessengegenstand zu reden; sie kann Beethovens Bilder oder Büsten sammeln, um auch visuell möglichst oft an ihren Interessengegenstand erinnert zu sein und vieles mehr. Es können also unterschiedlichste Aktivitäten durch das gleiche Interesse motiviert sein, solange sie nur den intendierten Kontakt zum Interessengegenstand erzeugen bzw. in Aussicht stellen. (Als Metapher bietet sich hier der frisch Verliebte an, der alles Mögliche betreibt, um möglichst lange/oft im Kontakt mit seiner Angebeteten zu sein.) Ist Leistungsmotivation „gegenstandsgleichgültig", so ist Sachinteresse „tätigkeits-gleichgültig".

Die entscheidende Frage ist jetzt, woher der Interessengegenstand sein Anreizpotenzial bezieht, dass allein der erlebte bzw. antizipierte Kontakt mit ihm handlungsleitend werden kann. Warum und wie erhält der Gegenstand diese außerordentliche Qualität? Hierzu könnte man darüber spekulieren, ob nicht die Entwicklung von Interessen vielleicht „allgemein menschlich", mithin evolutionsbiologisch begründbar sei. Immerhin könnte ja die Tendenz, unterschiedlichste Handlungen immer wieder auf einen eingegrenzten Gegenstand hin zu koordinieren und in ihrem Zusammenspiel längerfristig einzuüben einen Vorteil beim Kompetenzerwerb bedeuten. Das könnte man als Fitnessvorteil gegenüber Konkurrenten auffassen, die über einen solchen gegenstandsbezogenen Fokussierungsmechanismus nicht verfügen, weswegen sich erstere im Verdrängungs-wettbewerb langfristig durchgesetzt hätten. Solche Spekulationen sind müßig, weil sie empirisch fast ebenso wenig falsifizierbar sind, wie das Freud'sche Konzept der „Besetzung" (Kathexis), das für das Phänomen dauerhafter Anreizpotenz von Objekten natürlich auch Gültigkeit beanspruchen könnte.

Unabhängig von solchen recht basalen Spekulationen vermutet Krapp (1992), dass sich dauerhafte Interessen dann entwickeln, wenn im Kontakt mit dem Interessengegenstand grundlegende Bedürfnisse in optimaler Weise befriedigt werden. Im Rückgriff auf Deci und Ryan (1991) hält Krapp (1992) hier die Bedürfnisse nach *Kompetenzerfahrung*, nach *Selbstbestimmung* und nach sozialer *Eingebundenheit* für entscheidend. Danach wird eine aktuelle Interessenhandlung dann besonders positiv erlebt, wenn sie diese grundlegenden Bedürfnisse befriedigt (Krapp, 1998).

Zu klären bleibt allerdings noch, wie es dann dazu kommt, dass die Befriedigung dieser Bedürfnisse so an den Interessengegenstand gekoppelt wird, dass dieser Gegenstand selbst ein überdauerndes positives Anreizpotenzial gewinnt. Möglicherweise kann man hier auf einfache Konditionierungsmechanismen zurückgreifen: (Interessen-)Gegenstände, die räumlich und zeitlich häufig mit der Befriedigung wichtiger Bedürfnisse verbunden sind, erhalten auf Dauer selbst Befriedigungspotenzial. Um den unschönen Allgemeinheitsgrad dieser Aussage einzuschränken, wäre im nächsten Schritt zu klären, ob es bestimmte notwendige Merkmale gibt, die ein Gegenstand besitzen muss, damit solche Konditionierungen hinreichend wahrscheinlich werden (z.B. hinreichende Differenziertheit, individuelle Manipulierbarkeit, Staffelung möglicher Beherrschungsgrade etc.). Eine solche Merkmalsbestimmung scheint uns eine fruchtbare Aufgabe künftiger Interessenforschung zu sein.

Interesse und Herausforderung: Theoretische Herleitung von Beziehungen

Ob die Genese des Anreizpotenzials von Interessengegenständen so oder anders zu erklären ist, muss mangels empirischer Daten vorerst offen bleiben (s. aber Fink, 1992). Wichtig ist im jetzigen Kontext die Annahme, dass das positive Erleben beim interessierten Handeln u.a. auf das *Bedürfnis nach Kompetenzerfahrung* zurückgeht. Diese Annahme erscheint insbesondere für Lernsituationen höchst plausibel, weil es dort ja tatsächlich um den Erwerb oder die Verbesserung von Kompetenzen geht.

Nun haben wir oben bereits ausgeführt, dass sich die kompetenzbezogene Motivation als eine basale Variante der Leistungsmotivation auffassen lässt (White, 1959, S. 323). Dies gilt insbesondere für die hiesige Konzeptualisierung der Leistungsmotivation, nach der dieser Motivationstyp auf die Selbstbewertung eigener Kompetenz(-zuwächse) zielt, die vorzugsweise unter individuellen Bezugsnormen sichtbar werden (Heckhausen, 1974b; Rheinberg & Krug, 1999). Danach müsste es auf der Ebene momentaner Handlungstendenzen Zusammenhänge zwischen (bestimmten Formen der) Leistungsmotivation und aktuellem Interesse geben.

Für solche Zusammenhänge spricht ein Zweites: Krapp (1992) nimmt an, dass die gefühlsbezogene Valenz interessierten Handelns (u. a.) von der „optimalen Passung zwischen Fähigkeit und Anforderung" abhängt (Krapp, 1992, S. 312). Genau das ist allerdings auch exakt die Bedingung für eine erfolgszuversichtliche Leistungsmotivation, wie sie im sog. Risiko-Wahl-Modell von Atkinson (1957) theoretisch beschrieben und als *Prinzip der Passung* von Heckhausen (1968) für Lehr-Lern-Kontexte spezifiziert wurde (s.o.).

Bei genauer Betrachtung ergibt sich also die etwas überraschende Feststellung, dass in Lernsituationen zwei inhaltlich höchst verschiedene Motivationssysteme, nämlich Sachinteresse und Leistungsmotivation bei aller Unterschiedlichkeit doch mehr miteinander zu tun haben könnten, als man auf den ersten Blick meinen würde. Im Einzelnen wäre zweierlei zu vermuten:

(1) Da das Bedürfnis nach Kompetenzerleben sowohl bei der Genese von überdauerndem Interesse als auch bei der gefühlsbezogenen Valenz des aktuellen Interessenhandelns wirksam sein soll, müssten auf der Ebene aktualisierter Motivation Sachinteresse

und erlebte leistungsthematische Anregung („Herausforderung") positiv korrelieren. Dies gilt insbesondere für Lernsituationen, in denen es um Kompetenzerwerb geht („Tasks must be optimally challenging to promote interest"; Deci, 1997, S. 153.)

Aus verschiedenen Gründen wird diese Korrelation natürlich nicht perfekt sein. Von daher werden sich – wenn auch mit unterschiedlicher Auftretenshäufigkeit – alle Kombinationen von Sachinteresse und erlebter Herausforderung finden lassen. Sofern dies der Fall ist, lässt sich eine reizvolle zweite Vermutung untersuchen.

(2) Wir vermuten, dass Herausforderung eine Art Moderatorfunktion für Interesseneffekte beim Lernen haben könnte: Wenn sich jemand in der aktuellen Situation gar nicht oder nur schwach zum Kompetenzerwerb herausgefordert fühlt, so sollte es für eventuelle Lernzuwächse wenig ausmachen, ob ihm der Lerngegenstand per se interessant erscheint oder nicht. Es kommt dann erst gar nicht zu einer hinreichend intensiven Interaktion mit dem Lerngegenstand und dem engagierten Versuch, Wissen und Kompetenzen zu erweitern. Erst wenn die Situation ernsthaft als Herausforderung zum Kompetenzerwerb in Betracht gezogen wird, sollte es deutliche Interesseneffekte beim Lernen geben. Von daher erwarten wir nur in der Gruppe hoch herausgeforderter Lerner systematische Zusammenhänge zwischen Sachinteresse und Lernleistung. Bei niedrig herausgeforderten Lernern erwarten wir solche Zusammenhänge nicht oder nur in schwacher Ausprägung. Diesen Vermutungen gehen wir im Folgenden an verschiedenen Datensätzen nach.

Untersuchungsmethode

Im Rahmen eines Projektes zur Untersuchung motivationaler Einflüsse im Lerngeschehen haben Vollmeyer und Rheinberg (1998) einen Fragebogen entwickelt, der die aktuelle Motivierung in einer gegebenen (experimentellen) Lernsituation erfassen soll. Dieser „Fragebogen zur aktuellen Motivierung" (FAM) soll also keine überdauernden Personmerkmale wie Motive messen, sondern die in dieser Situation bei dieser Aufgabe jetzt angeregten Motivationstendenzen. Bei dem verwandten Aufgabentyp („Biology Lab") ließen sich vier replizierbare Faktoren unterscheiden: Erfolgs-/Misserfolgserwartung (z.B. „Wahrscheinlich werde ich diese Aufgabe nicht schaffen", „Ich glaube, der Schwierigkeit dieser Aufgabe gewachsen zu sein"), Misserfolgsanreiz (z.B. „Es ist mir etwas peinlich, hier zu versagen", „Die konkreten Leistungsanforderungen hier lähmen mich"). Bei den jetzigen Analysen beschränken wir uns auf zwei weitere Faktoren, nämlich „Herausforderung" und „Interesse". Tabelle 1 zeigt die in der jetzigen Kurzform verwendeten Items.

Der Herausforderungsfaktor repräsentiert die aktuelle Anregung der Leistungsmotivation, die auf die Selbstbewertung eigener Kompetenz gerichtet ist („Stolz auf die Tüchtigkeit"). Der Interessenfaktor bildet dagegen die Vorliebe für den Aufgabeninhalt/Sachbereich ab und bemerkenswerterweise auch die Freiwilligkeit der Aufgabenbearbeitung („würde ich auch in meiner Freizeit bearbeiten"; „brauche ich keine Belohnung"). Letzteres ist als Selbstintentionalität der Interessenhandlung nach der Münchener Interessentheorie (Krapp, 1992; H. Schiefele et al., 1979) zu erwarten. Nicht enthalten ist im hier gebildeten Interessenfaktor allerdings die Komponente der hohen Wertigkeit bzw. der Selbstkonzeptrelevanz, die die Münchener Interessentheorie zudem berücksichtigt. Derartige Äußerungen waren bei der Itemsammlung für die jetzige

Aufgabensituation einfach nicht aufgetreten. Unabhängig davon wird aber der sachbezogene Anreiz durch den jetzigen Interessenfaktor gut erfasst (Sachinteresse).

Dieser Fragebogen wurde zwar für eine bestimmte Aufgabensituation – nämlich das Biology Lab – entwickelt, ist aber mit leichten Modifikationen insbesondere bei den inhaltsbezogenen Interessenitems auch auf andere Aufgaben anwendbar. Insgesamt liegen Daten zu folgenden Aufgaben vor:

Biology Lab: Probanden versuchen, durch geschickte Inputsetzung und Outputanalyse die Funktionsweise eines komplexen dynamischen Systems herauszufinden, das auf einem Computer installiert ist. Nach einer Lernphase müssen sie ihr Wissen anwenden und das System so steuern, dass vorgegebene Zielwerte erreicht werden (Vollmeyer & Rheinberg, 1998).

Tabelle 1: Items der Faktoren des Fragebogens zur aktuellen Motivierung (FAM) beim „Biology Lab"

Faktoren des FAM	Faktor-ladung
Herausforderung (Cronbachs α = .75)	
Ich bin sehr gespannt darauf, wie gut ich hier abschneiden werde.	.83
Die Aufgabe ist eine richtige Herausforderung für mich.	.70
Wenn ich die Aufgabe schaffe, werde ich schon ein wenig stolz auf meine Tüchtigkeit sein.	.68
Ich bin fest entschlossen, mich bei dieser Aufgabe voll anzustrengen.	.63
Interesse (Cronbachs α = .79)	
Bei der Aufgabe mag ich die Rolle des Wissenschaftlers, der Zusammenhänge entdeckt.	.81
Eine solche Aufgabe würde ich auch in meiner Freizeit bearbeiten.	.65
Ich mag solche Rätsel und Knobeleien.	.61
Nach dem Lesen der Instruktion erscheint mir die Aufgabe sehr interessant.	.54
Bei Aufgaben wie dieser brauche ich keine Belohnung, sie machen mir auch so viel Spaß.	.46

Mastermind: Ziel dieser Aufgabe ist, innerhalb von zehn Versuchen eine unbekannte Farbkombination von vier Elementen herauszufinden. Dazu müssen sich die Lerner jeweils eine Farbkombination ausdenken, über die sie dann eine Rückmeldung bekommen, auf deren Grundlage sie eine neue Kombination vorschlagen etc.

Turm von Hanoi: Beim Turm von Hanoi muss ein Turm aus vier Münzen von Platz A auf Platz C gesetzt werden, wobei Platz B als Zwischenstation benutzt werden kann. Die Regeln dabei sind, dass immer nur eine Münze bewegt werden darf und nur kleinere Münzen auf größeren liegen dürfen.

Magisches Dreieck: Ziel bei der Aufgabe ist es, neun kleine gleichseitige Dreiecke, auf denen Figuren abgebildet sind, zu einem großen gleichseitigen Dreieck zusammen-zulegen, sodass die Figuren zueinander passen.

Tangram: Das Ziel bei Tangram ist es, aus sieben verschiedenen Puzzleteilen ein Quadrat zu bilden.

Flottenmanöver: Das Flottenmanöver ist auch bekannt unter „Schiffe versenken". Dabei muss der Lerner Schiffe verschiedener Größe finden, die in einer 10 mal 10 Matrix versteckt sind.

Alle Aufgaben erfordern „höhere" kognitive Operationen, wobei das Flottenmanöver („Schiffe versenken") noch die geringsten Anforderungen stellen dürfte. Am komplexesten sind wohl die Anforderungen des Biology Labs. Hier gibt es zudem noch die Besonderheit, dass in einer vorherigen Lernphase zunächst Wissen über ein System erworben werden muss. Dabei ist dem Lerner klar, dass er dieses Wissen benötigt, um im Anschluss das System erfolgreich steuern zu können. Bei dieser Aufgabe geht es also unübersehbar um den Erwerb von Kompetenzen, die hernach anzuwenden sind und nicht nur um die Anwendung bereits vorhandener Kompetenzen.

Der Ablauf war stets so, dass die Probanden zunächst mit der Aufgabe vertraut gemacht wurden. Im Anschluss wurde mit dem FAM ihre aktuelle aufgabenbezogene Motivation erfasst. Die Biology-Lab Aufgabe wurde von $N = 109$ Gymnasiasten (Durchschnittsalter von 17 Jahren) bearbeitet. Die anderen Aufgaben wurden in wechselnder Reihenfolge von zwei anfallenden Stichproben ($N = 60$ bzw. $N = 80$) im Durchschnittsalter von 23 Jahren bearbeitet. Jeder Proband bearbeitete hier zwei bzw. drei Aufgaben.

Ergebnisse

Aufgabenmittelwerte

Wir hatten erwartet, dass es einen Zusammenhang zwischen dem Sachinteresse an der Aufgabe und der leistungsthematischen Herausforderung geben müsste. Die Frage ist, ob sich so etwas bereits auf der Ebene von Aufgaben zeigt. Sind also Aufgaben, die durchschnittlich als hoch herausfordernd erlebt werden gleichzeitig solche, die vom Inhalt oder der Sache als besonders reizvoll gelten? Abbildung 1 zeigt das Mittelwertsprofil über die Aufgaben hinweg.

Ein systematischer Zusammenhang zwischen den Mittelwerten ist nicht erkennbar. Das höchste Ausmaß an Herausforderung wird beim Biology Lab erlebt, bei dem es ja um Erwerb und Anwendung neuer Kompetenzen geht. Gleichwohl gilt diese Aufgabe unter inhaltlichen Gesichtspunkten keineswegs als die interessanteste. Umgekehrt ist das Flottenmanöver mit den geringsten Herausforderungsqualitäten keineswegs die inhaltlich uninteressanteste Aufgabe (s. Abbildung 1).

Es gibt allerdings erhebliche interindividuelle Unterschiede bei den entsprechenden Aufgabeneinschätzungen. Bei jeder der sechs Aufgaben schwanken sowohl bei Sachinteresse als auch bei Herausforderung die Einschätzungen über die gesamte Breite der Sieben-Punkte-Skalen. Von daher lohnt sich eine genauere Inspektion der Zusammenhangsmuster auf individueller Ebene.

Korrelationen von Interesse und Herausforderung

Abbildung 2 zeigt die Streudiagramme für jeden Aufgabentyp. Wie erwartet, ergeben sich ausnahmslos bei jeder der sechs Aufgaben signifikante Zusammenhänge zwischen Sachinteresse und Herausforderung. Die gemeinsamen Varianzen liegen zwischen 20% und

28%. Damit verbleiben natürlich die überwiegenden Varianzanteile der Verteilungen eigenständig – was bei der konzeptuellen Unterschiedlichkeit beider Konstrukte nicht verwundert. Gleichwohl ist bemerkenswert, mit welcher Zuverlässigkeit zwei Konstrukte korrelieren, die teils in expliziter Abhebung voneinander konzipiert wurden (H. Schiefele et al., 1979) und auch auf Item-Ebene mit entsprechend andersthematischen Inhalten erfasst wurden (s. Tabelle 1). Insofern haben wir es hier mit einem non-trivialen Zusammenhang zu tun, der sich allein aus theoretischen Überlegungen herleiten lässt.

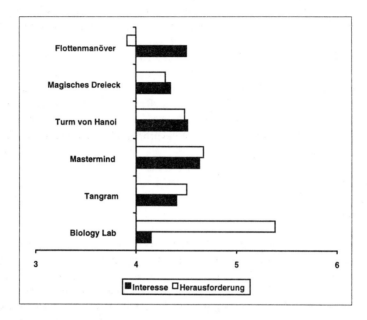

Abbildung 1: Mittelwertsprofile für Interesse und Herausforderung bei sechs verschiedenen Aufgaben (Skala von 1-7).

Leistungseffekte von Interesse bei hoher vs. niedriger Herausforderung

Bei einer Aufgabe, nämlich dem Biology Lab, lagen verlässliche Leistungsdaten vor. Hier können wir die Annahmen zu den Leistungsauswirkungen von Interesse beim Lernen prüfen. (Bei den anderen Aufgaben wiesen die Leistungsindikatoren entweder zu geringe Varianz auf und/oder waren nicht eindeutig zu interpretieren.) Wie erwähnt, müssen Probanden bei der Biology-Lab-Aufgabe die Funktionsweise eines komplexen Systems herausfinden, das auf einem Computer installiert ist. Bei diesem System sind drei Inputvariablen mehrfach und mit unterschiedlichem Wirkungsgewicht und teils unterschiedlicher Wirkungsrichtung miteinander verknüpft. Überdies hat das System noch eine Eigendynamik, d.h. ein Outputwert ändert sich unabhängig von den Eingaben des Probanden. Durch geeignete Eingaben und gründliche Outputanalysen sollen die Probanden in einer ca. einstündigen Lernphase die Wirkungsbeziehungen im System möglichst detailliert herausfinden. Sie wissen, dass sie in einer anschließenden Anwendungsphase

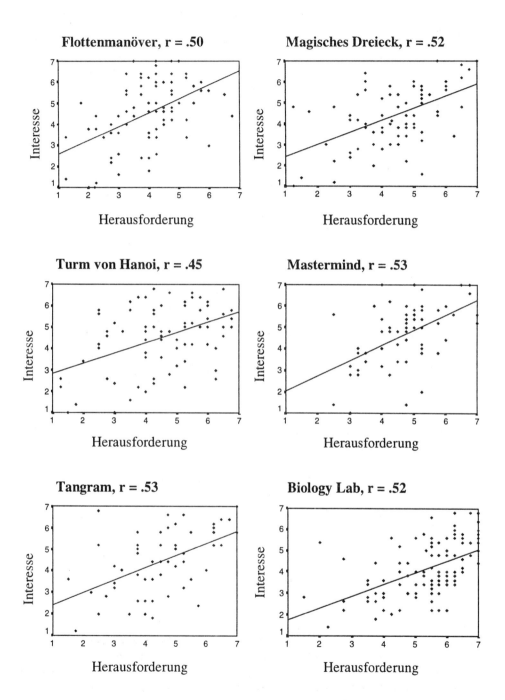

Abbildung 2: Zusammenhänge zwischen Sachinteresse und leistungsthematischer Heraus-forderung bei sechs verschiedenen Aufgaben.

das System selbst so steuern sollen, dass das System vorgegebenen Outputwerten möglichst nahe kommt.

Bei dieser Aufgabe gibt es zwei Leistungsmaße. Zum einen geben die Probanden während der Lernphase wiederholt an, was sie über die Systemzusammenhänge schon herausgefunden haben. Mit einem Algorithmus (Vollmeyer, Burns & Holyoak, 1996) lassen sich diese Angaben als Wissenserwerb (sog. Strukturwert) quantifizieren. Desweiteren wird in der Anwendungsphase der Grad der Zielerreichung als absolute Differenzen zwischen Zustand des Systems und vorgegebenen Zielwerten quantifiziert. Einhundertundneun Oberstufenschüler hatten gegen eine Vergütung von 15 DM an diesem Experiment teilgenommen.

Detaillierte Mediatoranalysen zum Zusammenwirken von motivationalen und kognitiven Variablen bei dieser Aufgabe sind an anderer Stelle berichtet (Vollmeyer & Rheinberg, 1998; Vollmeyer, Rheinberg & Burns, 1998; Vollmeyer, Rollett & Rheinberg, 1998). Im jetzigen Beitrag gehen wir speziell den Leistungauswirkungen von Interesse bei hoch vs. niedrig herausgeforderten Probanden nach. Hierbei erweist sich als gewisses Problem, dass die Aufgabe im Mittel als sehr herausfordernd erlebt wird (s. Abbildung 1). Bei Aufgaben wie etwa dem Flottenmanöver liegt der empirische Mittelwert meist nahe dem Skalenmittel von vier. Würden wir im Fall des Biology Lab allerdings das Skalenmittel als Trennkriterium heranziehen, so hätten wir lediglich 18 Probanden, die auf bzw. unter diesem Kriterium lägen. Insbesondere die Kombination „Interesse hoch" mit „Herausforderung niedrig" käme mit $n = 3$ extrem selten vor. Von daher haben wir zu Analysezwecken die Herausforderungsskala am Median ($Md = 5.5$) geteilt ($\leq Md$ vs. $> Md$). Damit vergleichen wir eine Gruppe von sehr hoch vs. mäßig bis niedrig herausgeforderten Probanden. Tabelle 2 zeigt relevante Kennwerte für beide Gruppen ($n = 57$ vs. 52).

Tabelle 2: Mittelwerte und Standardabweichungen von drei Variablen bei hoch vs. niedrig herausgeforderten Lernern im Biology Lab

	Niedrig Herausgeforderte ($n = 57$)		Hoch Herausgeforderte ($n = 52$)	
	M	*SD*	*M*	*SD*
Interesse	3.66	1.15	4.69	1.11
Wissenserwerb	1.16	1.13	1.59	1.07
Zielerreichung[a]	4.77	1.48	4.11	1.81

Anmerkungen. [a]hoher Wert bedeutet geringe Leistung.

Da Herausforderung und Sachinteresse positiv korrelieren, überrascht nicht, dass in der Gruppe der Hoch-Herausgeforderten im Mittel das höhere Sachinteresse vorliegt ($t(107) = 4.76$, $p < .01$). Der Mittelwertsunterschied bei Wissenserwerb ($M = 1.16$ vs. 1.59) ist statistisch nicht signifikant ($t(107) = 1.56$, $p = .12$). Bei der Anwendung des Gelernten (Zielerreichung) erzielen dagegen die Hoch-Herausgeforderten die signifikant besseren Leistungen ($t(107) = 2.06$, $p < .05$).

Interessanter sind im jetzigen Kontext vielleicht die Varianzen. Bei den Variablen Sachinteresse und Wissenserwerb sind die Varianzen innerhalb der Gruppen der hoch vs.

niedrig Herausgeforderten nahezu identisch (s. Tabelle 2). Rein rechnerisch bestehen hier also die gleichen Chancen für Variableninterkorrelationen. Bei der Zielerreichung ist die Varianz in der Gruppe der Hoch-Herausgeforderten allerdings signifikant größer, als in der Gruppe der Niedrig-Herausgeforderten ($F(107) = 4.89$, $p < .05$).

Auf Grund theoretischer Überlegungen hatten wir nur für die Gruppe der Hoch-Herausgeforderten signifikante Zusammenhänge zwischen Sachinteresse und Leistungs-indikatoren erwartet. Abbildung 3 zeigt die gemeinsamen Varianzen zwischen Sachinter-esse und den beiden Leistungsmaßen (Wissenserwerb und Zielerreichung) für beide Pro-bandengruppen.

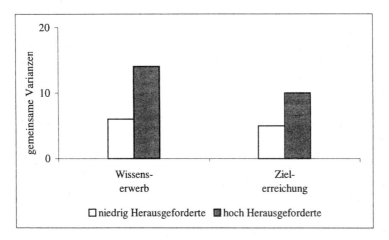

Abbildung 3: Gemeinsame Varianzen zwischen Sachinteresse und zwei Leistungsmaßen (Wissenserwerb und Zielerreichung) für hoch vs. niedrig herausgeforderte Lerner ($n = 57$ vs. 52).

Wie man sieht, ist die gemeinsame Varianz zwischen Sachinteresse und den beiden Lernleistungskriterien bei hoch herausgeforderten Lernern jeweils etwa doppelt so groß wie bei den niedrig herausgeforderten. Erwartungsgemäß ergeben sich signifikante Zusammenhänge zwischen Sachinteresse und Lernleistung jeweils nur innerhalb der Gruppe der Hoch-Herausgeforderten (beim Wissenserwerb: $r = .37$, $p < .01$; bei der Ziel-erreichung: $r = .31$, $p < .05$). Dagegen sind in der Gruppe der Niedrig-Herausgeforderten diese Zusammenhänge statistisch unbedeutend (beim Wissenserwerb: $r = .25$, $p > .05$; bei der Zielerreichung: $r = .22$, $p > .05$). Hier waren Zusammenhänge auch nicht erwartet worden. Die Korrelationsunterschiede zwischen hoch vs. niedrig Herausgeforderten sind statistisch allerding nicht abgesichert (beim Wissenserwerb: $z = .67$, $p = .32$; bei der Zielerreichung: $z = .49$, $p = .35$)

Diskussion

Was die Beziehung zwischen Sachinteresse und leistungsthematischer Herausforderung betrifft, so zeigen sich die erwarteten Zusammenhänge über verschiedene Aufgaben hinweg ausnahmslos in jedem Fall. Wie auch schon Deci (1997, S. 153 f.) vermutet hatte, haben wir es hier offenbar mit einem relativ zuverlässigen Befund zu tun. Dieser Zusammenhang ist bemerkenswert, weil die beiden theoretischen Konzepte teils in expliziter Abhebung voneinander gesehen wurden (H. Schiefele et al., 1979). Entsprechend anders sind auch die Formulierungen auf Itemebene (s. Tabelle 1). Die Zusammenhänge sind also non-trivial und erst auf theoretischer Ebene herleitbar.

Mit Blick auf die Münchener Interessentheorie (Krapp, 1992; H. Schiefele et al., 1979) ist allerdings zu beachten, dass wir in unseren Untersuchungen auf der Ebene des aktualisierten nicht auf der dispositionalen Ebene des individuellen Interesses arbeiten. Dabei ist unsicher, in welchem Ausmaß wir die kognitiv-wertbezogene Komponente von Interesse in ihrer selbstkonzeptrelevanten Ausprägung erfasst haben – was ja aus Sicht der Münchener Interessentheorie erforderlich wäre (Krapp, 1992). Unser Fragebogen erfasst zwar die Selbstintentionalität und die emotionale Valenz des Interessenhandelns sowie eine Vorliebe für den Sachbereich und die Wertschätzung für die Rolle des hier tätigen Wissenschaftlers (s. Tabelle 1). In welchem Ausmaß so etwas selbstkonzeptrelevant ist oder nicht, bleibt allerdings offen. Von daher verwenden wir auch den Begriff *„Sachinteresse"*, der schlicht Gegenstandsvorlieben bezeichnen soll – gleichgültig, ob sie als wertgeladenes Element reflexiv in einer Selbstdefinition integriert sind oder nicht.

Die Frage ist, ob sich an dem Zusammenhang zwischen leistungsthematischer Herausforderung und Interesse etwas ändern würde, wenn wir die Komponente der Selbstkonzeptrelevanz als notwendiges Bestimmungsstück von Interesse einführten. In diesem Fall würden Personen erst dann als „interessiert" gelten, wenn sie Items wie: „So, wie ich mich und mein Leben auffasse, ist die Arbeit auf diesem Gebiet ein ganz wichtiger und wertvoller Teil von mir." zustimmten. Uns schiene plausibel, dass bei dieser strengen Interessendefinition die hoch interessierte Person sich umso mehr zum Kompetenzerwerb herausgefordert fühlen würde, wenn sie bei Aufgaben auf ihrem Interessengebiet neue Lernchancen wahrnimmt. Von daher nehmen wir auch für eine strengere Interessendefinition an, dass die hier gefundenen Zusammenhänge zwischen Interesse und Herausforderung mindestens erhalten blieben – wenn nicht sogar noch stärker würden. Letzteres wäre eine theoretisch reizvolle Frage für künftige Untersuchungen.

Bemerkenswert ist auch der zweite Befund, wonach erst im Fall hinreichender Herausforderung Sachinteresse mit Leistungsmaßen korreliert. Hier ist allerdings einschränkend zu berücksichtigen, dass das Muster signifikanter Korrelationen zwar den theoretischen Vorhersagen entspricht, dass aber der Korrelationsunterschied statistisch nicht abgesichert ist. Ohnehin ist dieser Befund vorerst auf Aufgaben wie das *Biology Lab* beschränkt, bei der das hier berichtete Befundmuster inzwischen aber repliziert wurde. Zumindest bei der Variable Wissenserwerb ist dieser Sachverhalt nicht einfach auf unterschiedliche Varianzen zurückzuführen. Der Befund lässt sich so verstehen, dass bei solchen Aufgaben das bekundete Sachinteresse im Lernprozess erst dann nachhaltig genug wirksam wird, wenn die Person die Situation überhaupt als Gelegenheit zur Kompetenzsteigerung auffasst und deshalb in eine enge Interaktion mit dem Lernmaterial eintritt. Offenbar reicht bei solchen Aufgaben die bloße Vorliebe für einen Sachbereich hierzu nicht aus. In diesem Punkt wird künftig zu untersuchen sein, bei welchen

Aufgabentypen und -situationen das vielleicht anders ist und ob bei einer strengen Interessendefinition (Selbstkonzeptrelevanz, s.o.) andere Leistungsauswirkungen von Interesse sichtbar werden. Im Übrigen erscheint es bemerkenswert, dass sich Interesse hier wie die „klassischen" Motive verhält, bei denen ja auch immer erst eine situative Anregung erforderlich ist, damit sie verhaltenswirksam werden (Rheinberg, 2000).

Unabhängig davon lassen die jetzt gefundenen Beziehungen zwischen Sachinteresse und leistungsthematischer Herausforderung es dringend geraten erscheinen, diesen beiden Komponenten der Lernmotivation nicht isoliert, sondern im Verbund nachzugehen, zumindest immer beide zugleich zu erfassen. Auf dem Niveau aktualisierter Motivationstendenzen ist so etwas beispielsweise mit dem FAM (Vollmeyer & Rheinberg, 1998) ja mit wenigem Aufwand möglich.

Die Erfassung beider Motivationskomponenten empfiehlt sich umso mehr, als beide hier relevanten Theoriekonzepte, nämlich Leistungsmotivations- und Interessentheorien Elemente der jeweils anderen zumindest implizit mitenthalten. Bei der Leistungsmotivation verweist die Einschränkung auf Tätigkeitsbereiche, bei denen „man einen Gütemaßstab für verbindlich hält" (Heckhausen, 1965) implizit auf individuelle Bereichsvorlieben. Letztere sind aber expliziter Gegenstand von Interessentheorien. Auf der anderen Seite wird bei den Interessentheorien explizit betont, dass kompetenzbezogene Motivationskomponenten basale Stützen des interessengeleiteten Handelns und der Interessenentwicklung sind (Krapp, 1992). Es kann für die Forschung auf beiden Feldern also nur Gewinn bringen, wenn man theoriehistorische Berührungsängste überwindet und die jeweils andere Motivationskomponente auch berücksichtigt.

Literatur

Atkinson, J. W. (1957). Motivational determinants of risk-taking behavior. *Psychological Review, 64*, 359-372.

Atkinson, J. W. (1958). *Motives in fantasy, action, and society.* Princeton, NJ: Van Nostrand.

Atkinson, J. W. & Lens, W. (1980). Fähigkeit und Motivation als Determinanten momentaner und kumulativer Leistung. In H. Heckhausen (Hrsg.), *Fähigkeit und Motivation in erwartungswidriger Schulleistung* (S. 129-192). Göttingen: Hogrefe.

Csikszentmihalyi, M. (1991). Das flow-Erlebnis und seine Bedeutung für die Psychologie des Menschen. In M. Csikszentmihalyi & I. S. Csikszentmihalyi (Hrsg.), *Die außergewöhnliche Erfahrung im Alltag* (S. 28-49). Stuttgart: Klett-Cotta.

Deci, E. L. (1997). The relation of interest to motivation and human needs – the self-determination theory viewpoint. In L. Hoffmann, A. Krapp, K. A. Renninger & J. Baumert (Eds). *Interest and Learning* (pp. 146-164). Kiel: IPN-Schriftenreihe.

Deci, E. L. & Ryan, R. M. (1980). The empirical exploration of intrinsic motivational processes. In L. Berkowitz (Ed.), *Advances in experimental social psychology* (pp. 39-80). New York: Academic Press.

Deci, E. L. & Ryan, R. M. (1991). A motivational approach to self: Integration in personality. In R. Dienstbier (Ed.), *Nebraska Symposium on Motivation, Vol. 38: Perspectives on motivation* (pp. 237-288). Lincoln, NE: University of Nebraska Press.

Dweck, C. S. & Leggett, F. L. (1988). A social-cognitive approach to motivation and personality. *Psychological Review, 95,* 256-273.

Fink, B. (1992). Interessenentwicklung im Kindesalter aus der Sicht einer Person-Gegenstands-Konzeption. In A. Krapp & M. Prenzel (Hrsg.), *Interesse, Lernen, Leistung* (S. 53-84). Münster: Aschendorff.

Heckhausen, H. (1963). *Hoffnung und Furcht in der Leistungsmotivation.* Meisenheim: Hain.

Heckhausen, H. (1965). Leistungsmotivation. In H. Thomae (Hrsg.), *Handbuch der Psychologie, Bd. 2: Motivation* (S. 602-702). Göttingen: Hogrefe.

Heckhausen, H. (1968). Förderung der Lernmotivierung und der intellektuellen Tüchtigkeiten. In H. Roth (Hrsg.), *Begabung und Lernen* (S. 193-228). Stuttgart: Klett.

Heckhausen, H. (1972). Die Interaktion der Sozialisationsvariablen in der Genese des Leistungsmotivs. In C. F. Graumann (Hrsg.), *Handbuch der Psychologie Vol. 7/2* (S. 955-1019). Göttingen: Hogrefe.

Heckhausen, H. (1974a). *Leistung und Chancengleichheit.* Göttingen: Hogrefe.

Heckhausen, H. (1974b). Motive und ihre Entstehung. In F. E. Weinert, H., C. F. Graumann, H. Heckhausen & M. Hofer (Hrsg.), *Funk-Kolleg Pädagogische Psychologie* (S. 133-172). Frankfurt a.M.: Fischer.

Heckhausen, H. & Rheinberg, F. (1980). Lernmotivation im Unterricht, erneut betrachtet. *Unterrichtswissenschaft, 8,* 7-47.

Heckhausen, H., Schmalt, H.-D. & Schneider, K. (1985). *Achievement motivation in perspective.* New York: Academic Press.

Kornadt, H. J., Eckensberger, L. H. & Emminghaus, W. B. (1980). Cross-cultural research on motivation and its contribution to a general theory of motivation. In H. C. Triandis (Ed.), *Handbook of cross-cultural psychology* (pp. 223-321). Boston: Allyn and Bacon.

Krapp, A. (1992). Das Interessenkonstrukt. In A. Krapp & M. Prenzel (Hrsg.), *Interesse, Lernen, Leistung* (S. 297-330). Münster: Aschendorff.

Krapp, A. (1998). Entwicklung und Förderung von Interesse im Unterricht. *Psychologie in Erziehung und Unterricht, 45,* 185-201.

Lersch, Ph. (1938). *Aufbau des Charakters.* Leipzig: Borth.

Lunk, G. (1926). *Das Interesse.* Leipzig: Klinkhardt.

McClelland, D. C., Atkinson, J. W., Clark, R. A. & Lowell, E. L. (1953). *The achievement motive.* New York: Appleton-Century-Crofts.

McClelland, D. C. & Franz, C. E. (1992). Motivational and other sources of work accomplishments in mid-life: A longitudinal study. *Journal of Research in Personality, 60,* 679-707.

McDougall, W. (1908). *An introduction to social psychology.* London: Methuen.

Mehrabian, A. (1969). Measures of achieving tendency. *Educational and Psychological Measurement, 29,* 445-451.

Murray, H. A. (1938). *Explorations in personality.* New York: Oxford University Press.

Prenzel, M. (1988). *Die Wirkungsweise von Interesse.* Opladen: Westdeutscher Verlag.

Rheinberg, F. (1980). *Leistungsbewertung und Lernmotivation.* Göttingen: Hogrefe.

Rheinberg, F. (1989). *Zweck und Tätigkeit.* Göttingen: Hogrefe.

Rheinberg, F. (2000). *Motivation.* Stuttgart: Kohlhammer.

Rheinberg, F. & Krug, S. (1999). *Motivationsförderung im Schulalltag* (2. Auflage). Göttingen: Hogrefe.

Todt, E. (1978). *Das Interesse.* Bern: Huber.

Schiefele, H., Haußer, K. & Schneider, G. (1979). „Interesse" als Ziel und Weg der Erziehung. Überlegungen zu einem vernachlässigten pädagogischen Konzept. *Zeitschrift für Pädagogik, 25,* 1-20.

Schiefele, U. (1996). *Motivation und Lernen mit Texten.* Göttingen: Hogrefe.

Schneider, K. & Schmalt, H.-D. (1994). *Motivation.* Stuttgart: Kohlhammer.

Veroff, J. (1969). Social comparison and the development of achievement motivation. In C. P. Smith (Ed.), *Achievement-related motives in children* (pp. 46-101). New York: Sage.

Vollmeyer, R. & Rheinberg, F. (1998). Motivationale Einflüsse auf Erwerb und Anwendung von Wissen in einem computersimulierten System. *Zeitschrift für Pädagogische Psychologie, 12,* 11-23.

Vollmeyer, R., Burns, B. & Holyoak, K. J. (1996). The impact of goal specificity on strategy use and the acquisition of problem structure. *Cognitive Science, 20*, 75-100.

Vollmeyer, R., Rheinberg, F. & Burns, B. D. (1998). Goals, strategies, and motivation. In M. A. Gernsbacher & S. J. Derry (Eds.), *Proceedings of the twentieth annual conference of the Cognitive Science Society* (pp. 1090-1095). Hillsdale, NJ: Erlbaum.

Vollmeyer, R., Rollett, W. & Rheinberg, F. (1998). Motivation and learning in a complex system. In P. Nenniger, R. S. Jäger, A. Frey, & M. Wosnitza (Eds.), *Advances in motivation* (pp. 53-67). Landau: Verlag für Empirische Pädagogik.

White, R. W. (1959). Motivation reconsidered: The concept of competence. *Psychological Review, 66*, 297-333.

Olaf Köller, Jürgen Baumert und Kai Schnabel

Zum Zusammenspiel von schulischem Interesse und Lernen im Fach Mathematik: Längsschnittanalysen in den Sekundarstufen I und II

Schulische Interessen zählen zu den zentralen motivationalen Determinanten schulischer Leistungen und Wissenszuwächse (Krapp, 1998a, 1998b; U. Schiefele, 1996; U. Schiefele, Krapp & Winteler, 1992). Abgesehen von stärker experimentell angelegten Studien zeigt sich hierfür allerdings in breiter angelegten Feldstudien eine überraschend geringe Evidenz (Baumert & Köller, 1998; Baumert, Schnabel & Lehrke, 1998; Köller, 1998a; U. Schiefele, 1998). Dies ist umso erstaunlicher, als doch der Aufbau dispositionaler akademischer Interessen als wichtiges pädagogisches Ziel von Schule gilt (Deutscher Bildungsrat, 1970; Krapp, 1998a; H. Schiefele, 1981, 1986).

Unser Beitrag bezieht sich auf den Zusammenhang von Interesse und Lernen im Kontext Schule. Obwohl mittlerweile eine ganze Reihe von empirischen Studien zu dieser Problematik vorliegen und Metaanalysen (U. Schiefele et al., 1992) einen Zusammenhang in der Größenordnung von $r = .30$ ausweisen, bestehen zwei zentrale Forschungsdefizite (vgl. U. Schiefele, 1998). Zum einen mangelt es an Längsschnittstudien, in denen der wechselseitige Zusammenhang zwischen beiden Konstrukten bei Kontrolle der Ausgangswerte modelliert wird (s. aber Baumert et al., 1998), zum anderen wird zu selten der konkrete Wirkungsmechanismus mit Hilfe von vermittelnden Variablen expliziert, operationalisiert und analysiert (Baumert & Köller, 1998; U. Schiefele, 1998). Als drittes Manko muss das weit gehende Ignorieren des institutionellen Kontexts in schulischen Untersuchungen genannt werden. Interessengesteuerte Lernaktivitäten bedeuten immer selbstbestimmte und selbstregulierte Aktivitäten im Einklang mit den individuellen Bedürfnissen nach Kompetenz und Autonomie (Krapp, 1998a; Krapp, Hidi & Renninger, 1992, 1998b; U. Schiefele, 1996, 1998). Ob die Schule die entsprechenden Opportunitäten zum intrinsisch motivierten selbstgesteuerten Lernen – insbesondere im Bereich der Sekundarstufe I – zur Verfügung stellt, ist eher zweifelhaft. Videoaufnahmen von Mathematikstunden, die im Rahmen der dritten internationalen Mathematik- und Naturwissenschaftsstudie TIMSS (vgl. Baumert et al., 1997) in 100 deutschen Schulklassen gemacht wurden, zeigen, dass der in Deutschland dominierende Mathematikunterricht sehr stark lehrerzentriert ist und die Lösung eines mathematischen Problems überwiegend im fragend-entwickelnden Lehrgespräch erarbeitet wird, bei dem Schülerinnen und Schüler wenig Freiheitsgrade für intrinsisch motivierte Lernaktivitäten besitzen. Man ist daher geneigt, lernfördernde Effekte des Interesses, wenn überhaupt, eher durch die außerschulische Beschäftigung mit Lerninhalten zu vermuten.

Wir werden das erst- (kaum Längsschnittstudien) und das letztgenannte Problem (Ignorieren des institutionellen Kontexts) aufgreifen und Befunde aus einer Längsschnittstudie vorstellen, die zeigen, dass Interesse erst dann ein substanzieller Prädiktor des schulischen Wissenserwerbs in Mathematik ist, wenn der institutionelle Rahmen den Schülerinnen und Schülern Freiräume für selbstreguliertes Lernen und interessengesteuerte Schwerpunktsetzung in Form von Leistungskurswahlen bietet. Zunächst wird aber eine kurze Erläuterung unseres Verständnisses von Interesse gegeben. Es folgt die Beschreibung einiger Studien, in denen der Zusammenhang zwischen Interesse und Leistung/Lernen untersucht wurde, und schließlich wird auf den Zusammenhang zwischen Interessen und Kurswahlverhalten in der gymnasialen Oberstufe eingegangen.

Interesse als motivationspsychologisches Konstrukt

Die Interessenkonzeption, der wir hier folgen, wurde überwiegend von der „Münchener Gruppe" um H. Schiefele und Krapp (vgl. u.a. Krapp, 1998a, 1998b, 1999; Krapp & Prenzel, 1992; Krapp et al., 1992; Prenzel, 1988; Prenzel, Krapp & H. Schiefele, 1986; H. Schiefele, 1978; U. Schiefele, 1992, 1996) theoretisch elaboriert. In diesem Rahmen hat Krapp (1992) eine Person-Gegenstands-Theorie des Interesses vorgelegt, wonach aus der konkreten Auseinandersetzung mit einem (womöglich neuen) Gegenstand zunächst ein situatives Interesse entstehen kann, das unter gewissen Bedingungen (vgl. hierzu Krapp, 1998a, 1998b) zu einem überdauernden Interesse im Sinne eines habituellen oder dispositionalen Personmerkmals werden kann (zur Unterscheidung von habituellen und dispositionalen Personmerkmalen vgl. Pekrun, 1988). Interesse im Sinne eines Personmerkmals bezeichnet U. Schiefele (1998) als individuelles Interesse. Dieses konstituiert sich im Wesentlichen aus zwei Komponenten, einer emotionalen und einer wertbezogenen. U. Schiefele (1996) konzeptualisiert diese beiden Komponenten als gefühlsbezogene und wertbezogene Valenzüberzeugungen, um sie theoretisch an die Motivationspsychologie anzubinden. Individuelle Interessen können entsprechend dieser Konzeption aktuelles Interesse auslösen (vgl. Baumert & Köller, 1998) und so Einfluss zum Beispiel auf leistungsthematische Aktivitäten nehmen.

Ein weiteres zentrales Merkmal von Interesse ist sein intrinsischer Charakter. Hier wird der Bezug zur Selbstbestimmungstheorie (Deci, 1975; Deci & Ryan, 1985) hergestellt. Die persönliche Auseinandersetzung mit dem Gegenstand des Interesses erfolgt selbstbestimmt (autonom) in Übereinstimmung mit den eigenen Wünschen und Zielen. Die Auseinandersetzung wird als angenehm erlebt, und im optimalen motivationalen Setting kann Flow-Erleben (Csikszentmihalyi & Nakamura, 1989) auftreten.

Interesse, Leistung und Lernen in der Schule

Individuelle Interessen gelten als erklärungsmächtige motivationale Determinanten erfolgreichen schulischen Lernens. So betont Krapp (1998a, S. 187): „In zahlreichen empirischen Untersuchungen konnte nachgewiesen werden, dass eine auf persönlichen Interessen beruhende Lernmotivation unter bestimmten Voraussetzungen positive Effekte auf die Art und Weise der Lernsteuerung, ... die Erlebensqualität während des Lernens ... und den kurz- und langfristigen Output des Lernens hat." Insbesondere der Effekt auf den „Output" basiert im Wesentlichen auf Befunden einer Metaanalyse von U. Schiefele et al. (1992) und Arbeiten U. Schiefeles (1996) zum Zusammenhang von Interesse und Textlernen.

In Studien zum Textlernen wurden überwiegend studentische Probanden untersucht, und die Analysen von U. Schiefele (1996) ergaben eine mittlere Korrelation von $r = .27$ zwischen individuellem Interesse und Textverständnis, auch wenn konkurrierende Prädiktoren wie Vorwissen und Leseverständnis kontrolliert wurden. Für situationales

Interesse steigt dieser Zusammenhang sogar auf $r = .33$. Potenzielle affektive und kognitive Mediatorvariablen wurden von U. Schiefele (1996, 1998) systematisch untersucht. Statistische Signifikanz erreichte dabei nur das physiologische Aktivierungsniveau (Arousal) der Probanden. Lernstrategien hatten ebenso wenig wie spezielle Techniken der Informationsverarbeitung vermittelnde Effekte.

Bezogen auf den Zusammenhang von Schulleistungen und Interesse bildet die bereits erwähnte Metaanalyse von U. Schiefele et al. (1992) die zentrale empirische Grundlage. In dieser Arbeit wurden überwiegend Befunde aus Querschnittstudien analysiert, wobei sowohl Noten als auch Ergebnisse in standardisierten Tests als Leistungsindikatoren dienten. Es ergab sich eine mittlere Korrelation von $r = .30$, die zwischen unterschiedlichen Fächern schwankte. U. Schiefele (1998) selbst relativiert die Befunde dahingehend, dass sie eigentlich keine Rückschlüsse über die Richtung des Einflusses zulassen: „First, in most of the studies cognitive ability and the level of prior achievement or knowledge were not included as additional predictor variables. As a consequence we do not know whether interest predicts achievement in these studies, after controlling for differences in cognitive ability or competence. Second, almost all of these studies were correlational in nature and, thus, do not allow causal conclusions" (S. 94). Eine ähnliche Argumentation hinsichtlich der geringen Aussagekraft der metaanalytischen Befunde über die Kausalrichtung findet sich auch bei Wild, Krapp, Lewalter und Schreyer (in Druck). Die Autoren, wie auch Baumert et al. (1998), begegnen diesen Einschränkungen mit Längsschnitt-analysen zum Zusammenspiel von Interesse und Schulleistung (s.a. Eisenhardt, 1976). Zumindest über die zeitliche Vor- und Nachgeordnetheit der Variablen lassen sich die Befunde dieser Studien kausal interpretieren (zum Kausalitätsproblem vgl. Steyer & Eid, 1993). In der Arbeit von Wild et al. (in Druck) zeigen sich anhand einer Längsschnittstudie mit drei Messzeitpunkten in Berufsschulen uneinheitliche Befunde bezüglich des Einflusses von Interesse auf die Leistungsbeurteilung. Von zwei *cross-lagged* Pfadkoeffizienten, die den Effekt des Interesses auf die Leistung bei Kontrolle des Vorwissens abbilden, wurde lediglich einer statistisch signifikant.

Baumert et al. (1998) analysierten auf der Basis von drei nationalen und internationalen Schulleistungsstudien das Zusammenspiel zwischen individuellem Interesse und Schulleistungen in Mathematik. Alle Analysen berücksichtigten zwei Messzeitpunkte (Beginn und Ende der 7. bzw. 8. Klasse), die ein Schuljahr auseinander lagen und große Fallzahlen (zwischen $N = 1289$ und $N = 3646$) umfassten. In sämtlichen längsschnittlich durchgeführten Analysen auf der Basis von Strukturgleichungsmodellen ergaben sich keine signifikanten Effekte des Interesses auf die Leistung in lehrplanvaliden Tests bei Kontrolle des Vorwissens. Allein bei Verwendung von Noten als Leistungsindikatoren ergaben sich schwache, aber signifikante Einflüsse des Interesses, was Baumert und Köller (1998) als einen Effekt der Belohnung interessierterer Schüler mit besseren Noten interpretieren.[1] Wachstumskurvenanalysen auf der Grundlage des Hierarchisch Linearen Modellierens (vgl. Bryk & Raudenbush, 1992) von Köller (1998a) zeigen weiterhin, dass der unbedeutende Einfluss des Interesses auf die Leistungsveränderung in der 7. Jahrgangsstufe auch nicht zwischen Klassen, Schulen oder Schulformen variiert.

---

[1] Da in den Analysen nicht der hierarchische Charakter der Daten berücksichtigt wurde (Schüler geschachtelt in Klassen, Klassen geschachtelt in Schulen usw.), kann davon ausgegangen werden, dass auch die Effekte von Interesse auf Noten in der Größenordnung von .10 bei entsprechender Korrektur der Stichprobengrößen und Standardfehler nicht mehr signifikant geworden wären.

Ergänzend zu dem oben bereits formulierten Argument, dass zumindest der Mathematikunterricht der Mittelstufe kaum Raum für selbstreguliertes Lernen bereitstellt, lässt sich ein zweites Argument formulieren, warum Interessen im Bereich der Sekundarstufe I in den Kernfächern (Mathematik, Deutsch und erste Fremdsprache) relativ unbedeutend für schulische Lernerfolge bleiben sollten. In diesen Fächern finden regelmäßig Leistungskontrollen in Form von Klassenarbeiten statt, deren Ergebnisse (Noten) wie die daraus resultierenden Konsequenzen (Sanktionen durch die Eltern) einen hohen extrinsischen Anreizwert haben. Heckhausen und Rheinberg (1980; vgl. auch Heckhausen, 1989; Rheinberg, 1996) haben in ihrer aussagenlogischen Fassung des erweiterten kognitiven Motivationsmodells sehr klar den motivationalen, außerschulische Lernhandlungen initiierenden Prozess im Vorfeld einer Klassenarbeit beschrieben (vgl. Abbildung 1). Danach sind es verschiedene Erwartungen im Hinblick auf das Ergebnis und die Folgen einer Klassenarbeit, die Lernaktivitäten auslösen oder auch nicht. So thematisiert die Frage 1 in Abbildung 1 *Situations-Ergebnis-Erwartungen*, die Frage 2 *Handlungs-Ergebnis-Erwartungen*, die Fragen 3 und 4 *Ergebnis-Folge-Erwartungen*. Lernaktivitäten werden nur dann ausgelöst, wenn man glaubt, dass ein Ergebnis durch eigenes Handeln erreichbar ist und das Ergebnis wünschenswerte Konsequenzen hat. Dementsprechend wird deutlich, dass in diesem Modell das Ergebnis und die Folgen zentral für die Genese der Lernmotivation sind. Bei vier, fünf oder noch mehr Klassenarbeiten pro Halbjahr kann man davon ausgehen, dass die regelmäßige Auseinandersetzung mit den antizipierten Ergebnissen und Folgen fast permanent Lernaktivitäten auslöst, so dass intrinsisch motiviertes Lernen möglicherweise keinen Vorteil im Hinblick auf Wissenserwerbsprozesse bietet. Eine hohe intrinsische Motivation kann erst dann wirkliche Vorteile bringen, wenn regelmäßige extrinsische Anreize entfallen.

Folgt man dieser Argumentation, wonach Interesse wegen der gegebenen institutionellen Rahmenbedingungen kaum positive Effekte auf Lernerfolge haben sollte, so bleibt die Frage, woher die metaanalytisch ermittelte Korrelation von $r = .30$ (Schiefele et al., 1992) herrührt. Eine mögliche Beantwortung dieser Frage bieten die Analysen von Baumert et al. (1998), in denen sich durchgängig stärkere Effekte der (zeitlich vorgeordneten) Leistung auf das (zeitlich nachgeordnete) Interesse ergaben. Interesse kann danach auch eine Folge von Leistungen sein in dem Sinne, dass Personen in den Bereichen höhere Interessen entwickeln, in denen sie sich auch kompetenter wahrnehmen (vgl. auch Lopez, Lent, Brown & Gore, 1997; Marsh, Craven & Debus, in Druck; Wigfield, Eccles, Yoon, Harold, Arbreton, Freedman-Doan & Blumenfeld, 1997). Hacket und Campbell (1987) fanden, dass studentische Versuchspersonen, die bei einer Anagram-Aufgabe Misserfolg hatten, anschließend im Vergleich zur Erfolgsgruppe geringere Selbstwirksamkeitsüberzeugungen und aufgabenspezifische Interessen hatten. Sjoeberg (1985) konnte in den Fächern Naturwissenschaft und Technologie zeigen, dass schulische Erfolge das Interesse förderten. Wigfield et al. (1997) trennten basierend auf dem Erwartungs-Wert-Modell von Eccles (1983) den Wert einer Aufgabe (*task value*) in Interesse und Nützlichkeit auf und fanden in verschiedenen Alterskohorten substanzielle Korrelationen zwischen Selbsteinschätzungen eigener Kompetenzen und dem Interesse.

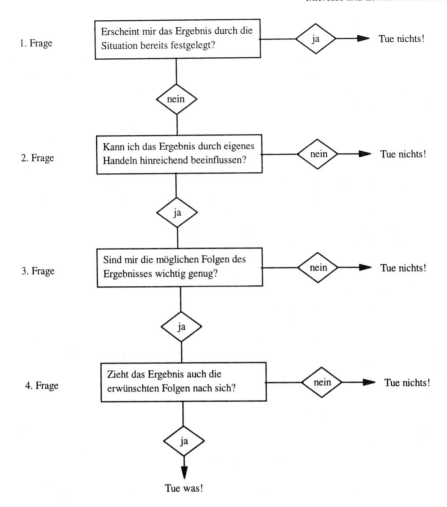

Abbildung 1: Die aussagenlogische Fassung des erweiterten kognitiven Modells der Motivation (nach Heckhausen & Rheinberg, 1980).

Deci und Ryan (1985) leiten aus ihrer Selbstbestimmungstheorie ebenfalls einen Zusammenhang zwischen Kompetenzerleben und intrinsischer Motivation ab: „We would expect a close relationship between perceived competence and intrinsic motivation such that the more competent a person perceives him- or herself to be at some activity, the more intrinsically motivated he or she will be at that activity" (S. 58). In einer eigenen Untersuchung (vgl. Köller, Schnabel & Baumert, in Druck) konnte der vermittelnde Effekt des Selbstkonzepts der Begabung zwischen Leistung und Interesse gezeigt werden.

Besondere Bedeutung für die Interessengenese scheint also nach Auffassung aller letztgenannten Autoren den Rückmeldeprozessen und daraus resultierenden Kompetenz- bzw. Fähigkeitseinschätzungen zuzukommen.

Olaf Köller, Jürgen Baumert, Kai Schnabel

Interesse und Leistungskurswahlen in der gymnasialen Oberstufe

Der Übergang in die gymnasiale Oberstufe gestattet Jugendlichen, mit Hilfe von Kurswahlen das Ausmaß zukünftiger Lerngelegenheiten sowohl quantitativ (in Form von mehr oder weniger Unterrichtsstunden) als auch qualitativ (durch den anspruchsvolleren Unterricht im Leistungskurs) mitzubestimmen. Durch die Wahl zweier (in einigen Bundesländern dreier) Leistungskurse findet insofern eine persönlich bedeutungsvolle Weichenstellung statt, als Leistungen in den ausgewählten Fächern mit besonderem Gewicht in die spätere Abiturnote eingehen. Zudem ist die Festlegung auf zwei oder drei Schwerpunktfächer oftmals richtungsweisend für die Wahl der späteren Studienfächer (z.B. Giesen, Gold, Hummer & Weck, 1992; Heinrichs & Schulz, 1990; Zimmermann, 1987).

In deutschsprachigen Arbeiten wird dem Interesse eine große Bedeutung für die Leistungskurswahl zugeschrieben (Schmied, 1982). Heubrock (1979) wie auch Roeder und Gruehn (1997) fanden in retrospektiven Befragungen, dass Schüler der gymnasialen Oberstufe am häufigsten Interesse als Kurswahlmotiv nannten, in der Studie von v. Alt-Stutterheim (1980) nannten gar 83% der Schüler das Interesse als Leitmotiv für die Leistungskurswahl (vgl. auch Hodapp & Mißler, 1996). Auch im erweiterten Erwartungs-Wert Modell von Eccles (1983, 1984, 1994; vgl. auch Meece, Wigfield & Eccles, 1990; Wigfield & Eccles, 1992) spielt das Interesse als Teil der Wertkomponente eine wichtige Rolle zur Vorhersage akademischen Wahlverhaltens. Leistungsthematisches Verhalten, wie es auch die Wahl eines Grund- oder Leistungskurses darstellt, ist dort auf die Erwartungs- und die Wertkomponente der anstehenden Aufgabe zurückgeführt. In Bezug auf Kurswahlen thematisiert die Erwartungskomponente im Wesentlichen die Frage: „Werde ich im Leistungskurs erfolgreich bestehen können?".

Der Wert der Aufgabe lässt sich dreiteilen in eine Wichtigkeitskomponente („Ist mir das Fach, in dem ich einen Leistungskurs wähle, persönlich wichtig?"), eine affektive bzw. emotionale Komponente („Macht mir das Fach Spaß?") und eine Nützlichkeitskomponente („Ist es in Hinblick auf mein Abitur und meine weitere Karriereplanung sinnvoll, einen Leistungskurs in einem bestimmten Fach zu wählen?"). Der emotionale Aspekt wird in der amerikanischen Literatur üblicherweise als intrinsische Komponente oder auch Interesse bezeichnet (Meece, Parsons, Kaczala, Goff & Futterman, 1982).[2] Wichtigkeit, Interesse und Nützlichkeit lassen sich dabei häufig analytisch nicht trennen. Bemerkenswert an den Eccles-Arbeiten ist auch die dort oftmals vertretene Position, dass Effekte der Erwartungs- und Wertkomponente stärker auf akademisches Wahlverhalten ausfallen und weniger bedeutsam für tatsächliche akademische Leistungen zum Beispiel in standardisierten Tests sind (vgl. z.B. Meece et al., 1990).

---

[2] Damit wird einer anderen Interessenkonzeption gefolgt, als es Krapp oder U. Schiefele (s.o.) vorgeschlagen haben. Allerdings besteht eine hohe konzeptuelle Ähnlichkeit zwischen der emotionalen Komponente sensu Eccles und der gefühlsbezogenen Valenz des Interessenkonstrukts im Sinne Schiefeles (1996). Für die Wichtigkeitskomponente im Eccles-Modell gilt, dass sie theoretisch weitgehend der wertbezogenen Valenz des Interesses nach Schiefele (1996) entspricht.

Fragestellungen

Im Einleitungsteil wurde argumentiert, dass der stark standardisierte Mathematikunterricht der Sekundarstufe I, in dem das fragend-entwickelnde Lehrgespräch bei der Einführung neuer Stoffgebiete den Lernprozess auf Seiten der Schüler steuert, wenig Spielraum für selbst gesteuertes Lernen bietet. Zudem bieten regelmäßige Leistungskontrollen in Form von Klassenarbeiten und antizipierte Ergebnisse und Folgen hinreichende extrinsische Anreize für motiviertes Lernen. Individuelle Interessen als Formen der gegenstandsspezifischen Lernmotivation können unter diesen Bedingungen wenig ergänzenden Einfluss auf den Wissenserwerb in der Schule nehmen. Am ehesten ist noch denkbar, dass die außerschulische Beschäftigung mit der Mathematik durch das Interesse initiiert und aufrechterhalten wird, so dass ein eventuell beobachtbarer Effekt des Interesses auf Lernen allein die intensivere Freizeitbeschäftigung interessierter Schüler mit dem Gegenstand abbildet. Aber auch hier konkurriert das Interesse als Lernmotivation mit extrinsischen Anreizwerten wie den Noten in Klassenarbeiten und den daraus resultierenden elterlichen Sanktionen. Insgesamt sollten daher die Effekte des Interesses auf die Leistung in der Sekundarstufe I schwach bleiben. Das Bild sollte sich deutlich ändern, sobald die Institution Schule den Schülerinnen und Schülern Freiheitsgrade bei der fachlichen Schwerpunktsetzung in Form von Leistungskursen in der gymnasialen Oberstufe als Opportunitäten für selbstreguliertes Lernen bietet. Hier sollte das Interesse deutlich an Vorhersagekraft für Wissenszuwächse gewinnen, da interessiertere Schüler häufiger Mathematik-Leistungskurse wählen und die offenere Unterrichtsgestaltung mit vergleichsweise seltenen Leistungskontrollen in Form von Klausuren stärker interessengesteuertes Lernen erlaubt. Konkret wird also erwartet, dass sich in der Sekundarstufe I keine oder nur sehr schwache Effekte des Interesses auf den Wissenserwerb zeigen, wohingegen diese Beziehung in der Sekundarstufe II deutlich zunimmt.

Auf der anderen Seite ist auch zu erwarten, dass sich in der üblicherweise gefundenen Korrelation zwischen Interesse und Leistungsmaßen ein reziproker Zusammenhang abbildet, d.h. auch Leistungen bzw. Leistungsrückmeldungen auf das Interesse wirken. Hinsichtlich dieser Richtung wurden oben verschiedene empirische Befunde berichtet, so dass vermutet werden kann, dass sich bedeutsame Effekte der Leistung auf das Interesse ergeben.

Zum Zusammenspiel von Interesse und Leistung über einen Zeitraum von fünf Jahren: Analysen auf der Basis der Längsschnittstudie „Bildungsverläufe und psychosoziale Entwicklung im Jugendalter" (BIJU)

Die Studie „Bildungsverläufe und psychosoziale Entwicklung im Jugendalter" (BIJU) erlaubt zum einen die Untersuchung langfristiger Effekte des Interesses auf schulisches Lernen. Dazu stehen Längsschnittdaten von der 7. bis zur 12. Jahrgangsstufe zur Verfügung. Zum anderen ermöglicht die Studie die Überprüfung der Fragestellung, ob Interessen eine bedeutende Rolle zur Vorhersage von Leistungen zukommt, wenn Schülerinnen und Schüler interessengesteuert fachliche Schwerpunkte in Form von Leistungskurswahlen setzen können.

Die Gesamtkonzeption der BIJU-Studie wird bei Gruehn (in Druck), Köller (1998b) und Schnabel (1998) ausführlicher vorgestellt. Im Wesentlichen werden Bildungskarrieren im Jugend- und frühen Erwachsenenalter in einem Mehrkohorten-Längsschnitt untersucht, der eine vergleichende Analyse von Entwicklungsverläufen unter differenziellen institutionellen Rahmenbedingungen erlaubt. Die Studie wurde im Schuljahr 1991/92 begonnen, in dem in den neuen Bundesländern die Umstellung des Sekundarschulsystems von einem Einheits- in ein differenziertes Schulsystem erfolgte. Die Untersuchung hat *drei übergeordnete inhaltliche Komponenten* mit jeweils spezifischen Fragestellungen. Die *erste Komponente* bezieht sich (a) auf die Sicherung institutioneller und individueller Ausgangsdaten für die Integration der Bildungssysteme der alten und neuen Bundesländer und (b) auf die Beschreibung des institutionellen Strukturwandels in alten und neuen Bundesländern mit seinen Auswirkungen auf zentrale Leistungs- und Persönlichkeitsmerkmale. So wurde beispielsweise in einer Arbeit von Köller (1997) untersucht, wie erfolgreich das Einheitsschulsystem in der ehemaligen DDR in Bezug auf die Vermittlung mathematisch-naturwissenschaftlicher Kenntnisse gewesen ist.

Die *zweite Komponente* umfasst die Untersuchung schulischer Bildungsprozesse (a) im Zusammenhang mit der psychosozialen Entwicklung und (b) in Abhängigkeit von variierenden Schul- und Unterrichtsbedingungen. Eine zentrale Arbeit hierzu stammt von Gruehn (in Druck), in der der Einfluss von Unterrichtsmerkmalen (z.B. Klarheit der Instruktion) auf Wissenserwerbsprozesse in Mathematik, Biologie und Physik untersucht wurde. Das Zusammenspiel von Interesse und Leistung in Abhängigkeit von den schulischen Rahmenbedingungen lässt sich ebenfalls unter diese zweite Komponente der BIJU-Studie subsumieren.

Die *dritte Komponente* bezieht sich auf die Bewältigung des Übergangs in die berufliche Erstausbildung und die Erwerbstätigkeit als eines Wechselspiels zwischen persönlichen Ressourcen, Schul- und Unterrichtsmerkmalen sowie den Bedingungen des Ausbildungs- und Arbeitsmarktes. Hierzu werden aktuell kulturvergleichende Arbeiten durchgeführt, in denen die erfolgreiche Einfädelung in die Berufswelt in Abhängigkeit von unterschiedlichen Ausbildungssystemen (duales Ausbildungssystem in Deutschland vs. *training on the job* in den USA) untersucht wird.

Im Folgenden wird ein Teildatensatz aus der BIJU-Studie analysiert. Es handelt sich dabei um $N = 602$ Schülerinnen (59.5%) und Schüler (40.5%) aus Gymnasien, für die komplette Daten vom Ende der 7. bis Mitte der 12. Jahrgangsstufe vorliegen. Drei Messzeitpunkte (Ende der 7., Ende der 10. und Mitte der 12. Jahrgangsstufe) werden in den Analysen berücksichtigt.

Instrumente

Das Interesse an Mathematik wurde zu allen drei Zeitpunkten mit fünf Items erfasst, die in Tabelle 1 aufgeführt sind. Sie beziehen sich bewusst nicht explizit auf den Mathematikunterricht, sondern den Gegenstand „Mathematik" *per se*. Entsprechend der Person-Gegenstands-Konzeption sowie unseren theoretischen Ausführungen (s.o.) wird der emotionale Aspekt (Item 1), die Wichtigkeit (Items 2 und 5), das Erleben von *Flow* (Csikszentmihalyi & Nakamura, 1989) bei der Auseinandersetzung mit dem Gegenstand (Item 3) sowie entsprechend der Konzeption von Deci und Ryan (1985) das Bedürfnis nach Kompetenzgewinn (Item 4) erfasst.

Die Skala zeigt zu allen Zeitpunkten zufrieden stellende Reliabilitäten (Cronbachs $\alpha = .86$ am Ende der 7. Jahrgangsstufe, $\alpha = .83$ am Ende der 10. Jahrgangsstufe und

$\alpha = .85$ Mitte der 12. Jahrgangsstufe), und Hauptkomponentenanalysen belegen, dass sich die Items analytisch nicht trennen lassen, d.h. zu allen Erhebungszeitpunkten ergibt sich eine Ein-Faktor-Lösung (Eigenwertkriterium $\lambda > 1$). Die Ladungen auf der gemeinsamen Hauptkomponente schwanken zwischen .75 und .82 am Ende der 7. Jahrgangsstufe, zwischen .76 und .78 am Ende der 10. Jahrgangsstufe und zwischen .78 und .81 in der Mitte der 12. Jahrgangsstufe.

Tabelle 1: Items der Interessenskala in Mathematik

1.	An einem mathematischen Problem zu knobeln, macht mir einfach Spaß.
2.	Es ist für mich persönlich wichtig, eine gute Mathematikerin oder ein guter Mathematiker zu sein.
3.	Wenn ich an einem mathematischen Problem sitze, kann es passieren, dass ich gar nicht merke, wie die Zeit verfliegt.
4.	Wenn ich in Mathematik etwas Neues dazulernen kann, bin ich bereit, auch Freizeit dafür zu verwenden.
5.	Mathematik gehört für mich persönlich zu den wichtigsten Dingen.

Anmerkungen. Es wurde eine vierstufige Antwortskala von 1 (trifft überhaupt nicht zu) bis 4 (trifft voll und ganz zu) verwendet.

Die Leistungen in Mathematik wurden zu allen Zeitpunkten mit curricular validierten Tests erhoben. Die Items stammen aus der ersten und zweiten internationalen Mathematikstudie der International Association for the Evaluation of Educational Achievement (IEA; Burstein, 1992; Husén, 1967; Robitaille & Garden, 1989), der dritten internationalen Mathematik- und Naturwissenschaftsstudie der IEA (TIMSS; vgl. Mullis, Martin, Beaton, Gonzales, Kelley & Smith, 1998) sowie einer Studie des Max-Planck-Instituts für Bildungsforschung aus dem Jahre 1969 (vgl. Baumert, Roeder, Sang & Schmitz, 1986). Die Testversionen in der 7. und 10. Jahrgangsstufe enthielten einige gemeinsame Items, das Gleiche gilt für die Versionen in der 10. und 12. Jahrgangsstufe. Auf Grund dieses „Anker-Item-Designs" (vgl. Hambleton & Swaminathan, 1989) ist es möglich, auf der Basis der *Item Response Theory* über sogenannte *Test-Equating*-Verfahren (Baker, 1992, 1993; Stocking & Lord, 1983) die Leistungen zu allen Erhebungszeitpunkten auf einer gemeinsamen Metrik abzutragen (Details zu den Tests und zur Skalierung finden sich in Köller, 1998b, sowie Köller, Baumert & Schnabel, 1999). Die Metrik wurde so definiert, dass die Leistungen am Ende der 7. Klasse einen Mittelwert von $M = 100$ und eine Standardabweichung von $SD = 30$ aufweisen. In der 12. Jahrgangsstufe wurde zudem das im 11. Jahrgang gewählte Kursniveau (Grund- vs. Leistungskurs) in Mathematik erhoben.

Statistische Analysen

Die statistische Überprüfung der Hypothesen erfolgte mit Hilfe von Strukturgleichungsmodellen (SEM). Detaillierte Einführungen in SEM finden sich bei zum Beispiel bei

Hayduk (1987) oder Jöreskog und Sörbom (1993). Um Interesse als latente Variable spezifizieren zu können, wurden die fünf Items aus Kasten 1 zu zwei Subskalen zusammengefasst, die Items 1 und 3 bildeten die erste Skala, die Items 2, 4 und 5 die zweite (zu Vorteilen dieses Vorgehens vgl. Marsh, 1992; Marsh & O'Neill, 1984). Die Mathematikleistung wurde in den Analysen zu jedem Zeitpunkt mit nur einem Indikator (dem IRT-Wert, s.o.) berücksichtigt.

Alle Analysen wurden mit dem Programm *Mplus* (Muthén & Muthén, 1998) durchgeführt. Der zentrale Vorteil dieses Programms liegt darin, dass es die simultane Modellierung kontinuierlicher, kategorialer und dichotomer endogener Variablen erlaubt. Die Schätzung der Modellparameter erfolgt dann über so genannte *robust-weighted-least-square*-Verfahren (vgl. Muthén & Muthén, 1998).

Entsprechend den Empfehlungen von Hu und Bentler (1998) wurde zur Beurteilung der Modellgüte neben dem χ^2-Test der *root mean square error of approximation* (*RMSEA*; Browne & Cudeck, 1993) bestimmt, der im Gegensatz zur χ^2-Statistik weit gehend stichprobenunabhängig ist. Gute Modellanpassungen liegen vor, wenn der *RMSEA*-Wert unter .06 liegt (Hu & Bentler, 1998).

Jöreskog (1979) argumentiert, dass in Längsschnittanalysen, in denen dieselben Indikatoren zur Messung der latenten Variablen zu allen Messzeitpunkten verwendet werden, typischerweise Kovarianzen zwischen den entsprechenden Fehlertermen über die Zeit auftreten. Entsprechend müssen diese Kovarianzen mit modelliert werden, um valide Schätzungen der Zusammenhänge im Strukturmodell zu erhalten. Weiterhin ist es notwendig, identische Messmodelle für jede latente Variable über die Zeit anzunehmen, sofern sie immer mit denselben Indikatoren erfasst wird. Konkret führt dies in der Modellspezifikation dazu, dass die Faktorladungen und Fehlervarianzen über die Zeit invariant gesetzt werden.

Obwohl die analysierte Stichprobe lediglich aus Gymnasiasten bestand, stellt sich das Problem hierarchischer Daten. Die Schülerinnen und Schüler der untersuchten Stichprobe stellen nicht eine Zufallsstichprobe dar, wie es gängige statistische Verfahren erfordern. Vielmehr sind sie geschachtelt innerhalb von Klassen bzw. Schulen, und Schüler innerhalb einer Schule sind sich hinsichtlich der untersuchten Merkmale ähnlicher als Schüler aus unterschiedlichen Schulen. Dies ist bei der bloßen Punktschätzung von Parametern unproblematisch, in Signifikanztests werden aber die Standardfehler dieser Parameter systematisch unterschätzt, so dass sich die Gefahr von α-Fehlern bei Ignorierung der hierarchischen Datenstruktur dramatisch erhöhen kann. Für die empirische Forschung stellt sich somit das Problem, dass die untersuchten Probanden nicht unabhängig voneinander sind und erst ermittelt werden muss, von wie vielen unabhängigen Beobachtungen (effektive Stichprobe) in einer Stichproben ausgegangen werden kann. Dementprechend wurde die effektive Stichprobengröße berechnet, die sich aus der tatsächlichen Stichprobengröße, der Intraklassenkorrelation einer Variable und der mittleren Größe der untersuchten Schulklassen ergibt (vgl. Kish, 1965).[3] Für diese Korrektur wurde die mittlere Intraklassenkorrelation der Mathematikleistung aus den drei Jahrgangsstufen bestimmt. Entsprechend der Korrekturformel nach Kish (1965) ergab sich eine effektive Stichprobengröße von $N = 122$ Schülerinnen und Schülern. In allen unten berichteten Signifikanztests wurde diese korrigierte Stichprobengröße verwendet. Dies stellt insofern ein sehr konservatives

---

[3] Die Intraklassenkorrelation einer Variable ergibt sich als Quotient aus der Varianz zwischen den Schulklassen und der Gesamtvarianz dieser Variable.

Vorgehen dar, als die Teststärke durch Verwendung effektiver Stichprobengrößen abnimmt und die Wahrscheinlichkeit von β-Fehlern deutlich erhöht wird.

Ergebnisse

Die Tabelle 2 zeigt zunächst Mittelwerte und Standardabweichungen (in Klammern) für das Interesse und die Testergebnisse, getrennt nach Jahrgangsstufe und Kursniveau. Ein Drittel der Schüler besuchte einen Leistungskurs, entsprechend zwei Drittel einen Grundkurs. Die Interessenwerte wurden durch Addition der fünf Items mit anschließender Division durch die Anzahl der Items gebildet. Dadurch schwanken diese Werte zwischen 1 (kein Interesse) und 4 (starkes Interesse).

Tabelle 2: Interesse und Schulleistung in Mathematik: Mittelwerte und in Klammern Standardabweichungen nach Jahrgangsstufe und Kursniveau in der gymnasialen Oberstufe

	7. Jahrgang		10. Jahrgang		12. Jahrgang	
	GK	LK	GK	LK	GK	LK
Leistung	96.5	105.5	154.6	171.3	213.0	246.1
	(30.0)	(29.7)	(33.2)	(33.1)	(33.0)	(37.7)
Interesse	2.58	2.87	2.29	2.89	2.09	2.64
	(.66)	(.69)	(.60)	(.62)	(.67)	(.62)

Anmerkungen. GK: Grundkurs; LK: Leistungskurs.

Eine multivariate 2(Kursniveau) x 3(Jahrgangsstufe) Varianzanalyse mit Messwiederholung auf dem zweiten Faktor zeigt signifikante Ergebnisse für beide Haupteffekte und den Interaktionseffekt (Haupteffekt „Kursniveau": *Wilks* $\Lambda = .86$, $F(2,119) = 9.9$, $p < .001$; Haupteffekt „Jahrgangsstufe": *Wilks* $\Lambda = .02$, $F(4,117) = 1247.0$, $p < .001$; Interaktionseffekt „Kursniveau x Jahrgangsstufe": *Wilks* $\Lambda = .81$, $F(2,119) = 7.0$, $p < .001$). Angeschlossene univariate Varianzanalysen mit Messwiederholung zeigen für das Interesse signifikante Haupteffekte „Kursniveau" ($F(1,120) = 25.9$, $p < .001$; $\eta^2 = .11$), „Jahrgangsstufe" ($F(2,240) = 11.4$, $p < .001$; $\eta^2 = .04$), sowie einen bedeutsamen Interaktionseffekt „Kursniveau x Jahrgangsstufe" ($F(2,240) = 3.05$, $p < .05$; $\eta^2 = .01$). Leistungskursschüler weisen demnach ein bedeutsam höheres Interesse zu allen Zeitpunkten auf, und in beiden Kursgruppen ist eine signifikante Abnahme des Interesses über die Zeit beobachtbar. Der schwache, aber signifikante Interaktionseffekt „Kursniveau x Jahrgangsstufe" indiziert, dass das Interesse bei den späteren Leistungskursschülern im Gegensatz zu den Grundkursschülern nicht von der 7. bis zur 10. Jahrgangsstufe sinkt, so dass man vermuten kann, dass das stabil höhere Interesse die Wahl eines Leistungskurses nach Beendigung der Sekundarstufe I wahrscheinlicher macht. Wir werden dieser Vermutung unten weiter nachgehen.

Hinsichtlich der abhängigen Variable Leistung wurden beide Haupteffekte und der Interaktionseffekt signifikant (Haupteffekt „Kursniveau": $F(1,120) = 15.5$, $p < .001$; $\eta^2 = .11$; Haupteffekt „Jahrgangsstufe": $F(2,240) = 755.5$, $p < .001$; $\eta^2 = .68$; Interaktionseffekt „Kursniveau x Jahrgangsstufe": $F(2,240) = 7.0$, $p < .01$; $\eta^2 = .01$). Leistungskursschüler weisen demnach signifikant höhere Leistungen auf, die Wissenszuwächse im Laufe der Zeit sind ebenfalls statistisch bedeutsam, wobei der schwache, aber signifikante Interaktionseffekt anzeigt, dass Schüler, die später einen Leistungskurs in Mathematik wählen, stärkere Wissenszuwächse aufweisen. Dies sieht man in Tabelle 2 daran, dass die Differenz zwischen beiden Kursniveaus von neun Punkten in der 7. auf 33 Punkte in der 12. Jahrgangsstufe anwächst.

Im Folgenden wurden Strukturgleichungsmodelle zum Zusammenhang von Interesse und Leistung berechnet. Um die Bedeutung der Kurswahl zu untersuchen, wurde zunächst ein Modell ohne die Kursniveauvariable berechnet, anschließend ein Modell unter Einschluss dieser Variable. Abbildung 2 zeigt die Befunde der *Mplus*-Analyse ohne Berücksichtigung des Kursniveaus. Das Modell zeigt eine sehr gute Anpassung ($\chi^2 = 13.1$, $df = 23$, ns; $RMSEA = .000$). Der Pfad vom Interesse in der 7. auf die Mathematikleistung in der 10. Jahrgangsstufe wird nicht signifikant. Das Bild wandelt sich allerdings von der 10. zur 12. Jahrgangsstufe. Der Pfad ist deutlich höher (.31) und signifikant. Im Einklang mit unseren Erwartungen bedeutet der Übergang in die gymnasiale Oberstufe eine Veränderung der institutionellen Rahmenbedingungen, die die Bedeutung des Interesses für Lernerfolge deutlich anheben. Für den Einfluss der Leistung auf das Interesse ergeben sich inkonsistente Befunde, der Effekt wird von der 7. zur 10. Jahrgangsstufe signifikant, ist allerdings vom 10. zum 12. Jahrgang unbedeutend.

Im nächsten Schritt wurde das Kursniveau (Grundkurs = 0; Leistungskurs = 1) als zusätzliche Variable in das Modell eingeführt. In *Mplus* wird angenommen, dass die Wahl „Grund- oder Leistungskurs" auf eine kontinuierliche latente Entscheidungsdimension zurückgeführt werden kann. Überschreitet man auf dieser latenten Variable einen Schwellenwert, so wird ein Leistungskurs gewählt, ansonsten ein Grundkurs. Konkret modelliert *Mplus* also nicht die dichotome Kurswahlvariable, sondern die dahinter stehende kontinuierliche Entscheidungsvariable. Die Abbildung 3 zeigt die entsprechende Lösung, die Anpassungsgüte ist wiederum sehr gut ($\chi^2 = 9.7$, $df = 20$, ns; $RMSEA = .000$).

Erwartungskonform weist das Interesse am Ende der 10. Jahrgangsstufe einen signifikanten Einfluss auf die Kurswahl in der Oberstufe auf, und das Kursniveau selbst hat einen signifikanten Effekt auf die Leistung in der 12. Jahrgangsstufe bei Kontrolle des Vorwissens.[4]

Das Absinken des Effekts von Interesse am Ende der 10. auf die Leistung in der 12. Jahrgangsstufe (von .31 auf .20) zeigt, dass in der Tat ein Teil des Einflusses von Interesse auf die Leistung durch das Kursniveau vermittelt ist. Der dennoch signifikante direkte Effekt des Interesses auf die Leistung macht aber deutlich, dass es auch der Unterricht selbst in der gymnasialen Oberstufe ist, der Raum für interessengesteuertes selbst reguliertes Lernen lässt.

Das Kursniveau hat einen zusätzlichen signifikanten Effekt auf die Leistung, was angesichts der höheren Stundenzahl und des anspruchsvolleren Unterrichts nicht überrascht. Weiterhin zeigt sich auch ein positiver Effekt auf das Interesse, der allerdings nicht signi-

---

[4] Dieser Effekt zeigte sich auch in der signifikanten Interaktion „Kursniveau x Jahrgangsstufe" in der Varianzanalyse mit Messwiederholung.

fikant wird. Hinsichtlich des Effekts der Leistung auf das Interesse sind die Befunde wie schon in Abbildung 2 uneinheitlich.

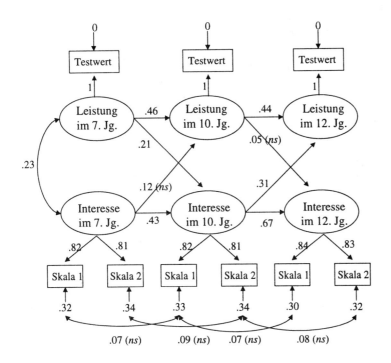

Abbildung 2: Strukturgleichungsmodell (standardisierte *Mplus*-Lösung) zum Zusammenhang von Interesse und Testleistung von der 7. bis zur 12. Jahrgangsstufe.

Diskussion

Interessen werden üblicherweise als wichtige Antezedenzien erfolgreichen schulischen Lernens angesehen (z.B. Krapp, 1998a, 1998b). Unsere Befunde auf der Basis von Längsschnittanalysen vom Ende der siebten bis zum Ende der 10. Jahrgangsstufe machen deutlich, dass dafür im Einklang mit unseren Annahmen wenig empirische Evidenz im schulischen Setting der Mittelstufe besteht (s. auch die uneinheitlichen Befunde für Berufsschüler bei Wild et al., in Druck). Bei Kontrolle des Vorwissens hat das individuelle Interesse keinen signifikanten Einfluss auf spätere Leistungen. Die Robustheit dieses Befundes, der sich im Wesentlichen auch in früheren nationalen und internationalen Studien mit unterschiedlichen Operationalisierungen des Interessses in Mathematik zeigte (vgl. Baumert et al., 1998), ist verblüffend. Es wäre aber sicherlich eine falsche Konsequenz aus unseren Ergebnissen, individuelles Interesse im schulischen Kontext der Sekundarstufe I für unwichtig zu halten. Wir haben oben schon argumentiert, dass Schule in der

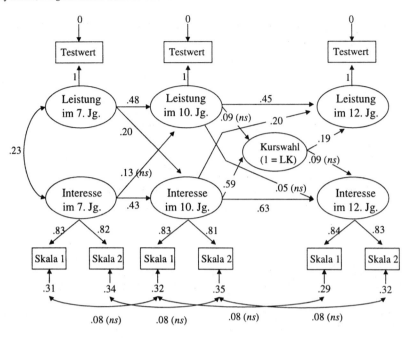

Abbildung 3: Strukturgleichungsmodell (standardisierte *Mplus*-Lösung) zum Zusammenhang von Interesse und Testleistung von der 7. bis zur 12. Jahrgangsstufe unter zusätzlicher Berücksichtigung des Kursniveaus.

Mittelstufe hinreichende extrinsische Anreize, zum Beispiel in Form von Klassenarbeiten und den mit den Noten verbundenen Folgen, bietet, um dauerhafte Lernmotivation und daraus resultierende leistungsthematische Aktivitäten aufrechtzuerhalten. Sobald die Frequenz extrinsischer Anreize zurückgeht, ist zu vermuten, dass intrinsische Reize, die in der Lernaktivität bzw. der Auseinandersetzung mit dem Lerngegenstand selbst liegen, stärker handlungsregulierend sind und den kontinuierlichen Wissenserwerb steuern. Schülerinnen und Schüler mit geringem Interesse wird es dann an hinreichender Lernmotivation mangeln. Genau dies bestätigen die pfadanalytischen Befunde von der 10. zur 12. Jahrgangsstufe. Interessierte Schüler wählen häufiger Leistungskurse in Mathematik, und die daraus resultierende intensivere, auf tieferes Verständnis zielende Beschäftigung mit dem Gegenstand führt zu höheren Leistungen. Zusätzlich zu den veränderten Lerngelegenheiten in der gymnasialen Oberstufe sind Leistungskontrollen in Form von Klausuren eher seltene Ereignisse, sodass vermutlich allein extrinsisch ausgelöste Lernaktivitäten im Vergleich zu interessengesteuerten Aktivitäten zu geringeren Wissenszuwächsen führen. Diese Vermutung wird durch den direkten Pfad des Interesses in der 10. auf die Leistung in der 12. Jahrgangsstufe gestützt. Bemerkenswert ist weiterhin, dass der Effekt des Interesses auf die Kurswahl (.59) deutlich stärker ist als auf die Leistung selbst (totaler Effekt = .31; vgl. Abbildung 2). Dies steht im Einklang mit der Argumentation der Eccles-Gruppe (z.B. Meece et al., 1990), wonach motivationale Merkmale stärker akademische Wahlen und weniger akademische Leistungen fördern. Für die pädagogische Praxis bleibt aber die auch andernorts aufgestellte Forderung (vgl. Krapp,

1998a, 1998b), Unterricht so zu gestalten, dass sich die Schüler nicht nur kurzfristig interessiert dem Fach zuwenden, sondern längerfristig im Sinne eines entstehenden habituellen oder dispositionalen Interesses die Auseinandersetzung mit dem Gegenstand suchen.

Hinsichtlich des Einflusses der Leistung auf das Interesse ist die Befundlage uneinheitlich. Von der 7. zur 10. Jahrgangsstufe wird unsere Hypothese gestützt, d.h. Schülerinnen und Schüler mit höheren Leistungen zeigen auch eine günstigere Interessenentwicklung. Dieser Zusammenhang verschwindet beim Übergang in die gymnasiale Oberstufe. Eine Ursache hierfür mag darin liegen, dass sich in der Oberstufe der Klassenverband auflöst und die Schüler in Grund- und Leistungskursen neu gruppiert werden. Diese Neugruppierung kann im Sinne der Theorie sozialer Vergleichsprozesse (vgl. Dauenheimer & Frey, 1996; Festinger, 1954) gerade für leistungsstärkere Schüler ungünstige psychosoziale Konsequenzen haben, da die neue Vergleichsgruppe viele leistungsstarke Schüler enthält. Als Konsequenz dieses neuen Bezugsrahmens kann vermutet werden, dass das Selbstkonzept eigener Begabung und als Folge daraus auch das Interesse leicht abnehmen. In Grundkursen kann zum Teil der gegensätzliche Effekt vermutet werden, d.h. leistungsschwächere Schülerinnen und Schüler können auf Grund der neuen Vergleichsgruppe ihr Begabungskonzept leicht erhöhen, was dann wiederum günstigere Effekte auf die Interessenentwicklung haben dürfte. Insgesamt kann es daher passieren, dass der Zusammenhang zwischen der Leistung vor der Neugruppierung und dem Interesse danach verschwindet. Gewisse empirische Evidenz bietet hierfür die Tabelle 1, in der deutlich wird, dass die Abnahme des Interesses für Grund- und Leistungskursschüler in der gymnasialen Oberstufe gleich stark ist, obwohl die vertiefende Auseinandersetzung mit dem Lerngegenstand im Leistungskurs eigentlich das Interesse eher erhöhen oder wenigstens halten sollte (vgl. hierzu Köller et al., in Druck).

Schließlich zeigt die Tabelle 1 interessante Ergebnisse im Hinblick auf die Interessenentwicklung. Die generelle Abnahme des Interesses über die Zeit steht durchaus im Einklang mit anderen Befunden aus der Interessenforschung (vgl. Baumert & Köller, 1998; Hoffmann & Lehrke, 1986; Krapp, 1998a) und bildet vermutlich einen Interessendifferenzierungsprozess ab. Baumert und Köller (1998) argumentieren, dass es für Schülerinnen und Schüler im Laufe der Adoleszenz durchaus funktional im Sinne einer erfolgreichen Bewältigung von zentralen Entwicklungsaufgaben wie der Berufswahl ist, Interessen in vielen Bereichen zu Gunsten anderer Bereiche zu verlieren, die zur erfolgreichen Bewältigung der Entwicklungsaufgabe hilfreich sind. Dies muss notwendigerweise zu einem Absinken des mittleren Interesses in untersuchten Kohorten führen (vgl. auch Krapp, 1998a). Als Indiz für diese Vermutung deuten wir das von der 7. zur 10. Jahrgangsstufe stabile Mathematikinteresse der Schülerinnen und Schüler, die dann in der 11. Jahrgangsstufe einen Leistungskurs wählen. Für diese Gruppe (etwa ein Drittel der untersuchten Stichprobe) bleibt das Interesse in der Mittelstufe hoch und fördert dann auch die Wahl des Leistungskurses (vgl. Abbildung 2).

Unsere Analysen machen für zukünftige empirische Forschung zum wechselseitigen Wirkungsverhältnis von Interesse und Fachleistung in der Schule die Notwendigkeit deutlich, die Betrachtung individueller Handlungs- und Entscheidungsspielräume mit einzubeziehen. Eine Notwendigkeit, die sicher über die Interessenforschung hinaus auch für andere Forschungsfelder der motivationalen Entwicklung unter den institutionellen Rahmenbedingungen von Schule im Jugendalter bestehen dürfte.

177

Literatur

Alt-Stutterheim, W. v. (1980). *Die Kollegstufe im Urteil von Kollegiaten*. München: Ehrenwirth.

Baker, F. B. (1992). Equating tests under the graded response model. *Applied Psychological Measurement, 16*, 87-96.

Baker, F. B. (1993). Equating tests under the nominal response model. *Applied Psychological Measurement, 17*, 239-251.

Baumert, J. & Köller, O. (1998). Interest research in secondary level I: An Overview. In L. Hoffmann, A. Krapp, K. A. Renninger & J. Baumert (Eds.), *Interest and learning* (pp. 241-256). Kiel: IPN-Schriftenreihe.

Baumert, J., Lehman, R. H., Lehrke, M., Schmitz, B., Clausen, M., Hosenfeld, I., Köller, O. & Neubrand, J. (1997). *TIMSS: Mathematisch-Naturwissenschaftlicher Unterricht im internationalen Vergleich*. Opladen: Leske + Budrich.

Baumert, J., Roeder, P. M., Sang, F. & Schmitz, B. (1986). Leistungsentwicklung und Ausgleich von Leistungsunterschieden in Gymnasialklassen. *Zeitschrift für Pädagogik, 32*, 639-660.

Baumert, J., Schnabel, K. & Lehrke, M. (1998). Learning math in school: Does interest really matter? In L. Hoffmann, A. Krapp, K. A. Renninger & J. Baumert (Eds.), *Interest and learning* (pp. 327-336). Kiel: IPN-Schriftenreihe.

Browne, M. W. & Cudeck, R. (1993). Alternative ways of assessing model fit. In K. A. Bollen & J. S. Long (Eds.), *Testing structural equation models* (pp. 136-162). Newbury Park, CA: Sage.

Bryk, A. S. & Raudenbush, S. W. (1992*). Hierarchical linear models: Applications and data analysis methods*. Newbury Park, CA: Sage.

Burstein, L. (Ed.) (1992). *The IEA study of mathematics III. Student growth and Classroom processes*. Oxford: Pergamon.

Csikszentmihalyi, M. & Nakamura, J. (1989). The dynamics of intrinsic motivation: A study of adolescents. In C. Ames & R. Ames (Eds.), *Research on motivation in education. Vol. 3: Goals and cognitions* (pp. 45-71). New York: Academic Press.

Dauenheimer, D. & Frey, D. (1996). Soziale Vergleichsprozesse in der Schule. In J. Möller & O. Köller (Hrsg.), *Emotionen, Kognitionen und Schulleistung* (S. 158-174). Weinheim: Psychologie Verlags Union.

Deci, E. L. (1975). *Intrinsic motivation*. New York: Plenum.

Deci, E. L. & Ryan, R. M. (1985). *Intrinsic motivation and self-determination in human behavior*. New York: Plenum.

Deutscher Bildungsrat (1970). *Empfehlungen der Bildungskommission. Strukturplan für das Bildungswesen*. Stuttgart: Klett.

Eccles, J. S. (1983). Expectancies, values, and academic choice: Origins and changes. In J. Spence (Ed.), *Achievement and achievement motivation* (pp. 87-134). San Francisco: Freeman.

Eccles, J. S. (1984). Sex differences in achievement patterns. In T. Sonderegger (Ed.), *Nebraska symposium on motivation* (Vol. 32, pp. 97-132). Lincoln, NE: University of Nebraska.

Eccles, J. S. (1994). Understanding women's educational and occupational choices: Applying the Eccles et al. model of achievement-related choices. *Psychology of Women Quarterly, 18*, 585-609.

Eisenhardt, W. B. (1976). *A search for the predominant causal sequence in the interrelationship of interest in academic subjects and academic achievement. A cross-lagged panel correlation study*. Unpublished doctoral dissertation, Due University, Durham, DC.

Festinger, L. (1954). A theory of social comparison processes. *Human Relations, 7*, 117-140.

Giesen, H., Gold, A., Hummer, A. & Weck, M. (1992). Die Bedeutung der Koedukation für die Genese der Studienwahl. *Zeitschrift für Pädagogik, 38*, 65-81.

Gruehn, S. (in Druck). *Unterricht und schulisches Lernen: Schüler als Quellen der Unterrichtsbeschreibung*. Münster: Waxmann.

Hacket, G. & Campbell, N. K. (1987). Task self-efficacy and task interest as a function of performance on a gender-neutral task. *Journal of Vocational Behavior, 30*, 203-215.

Hambleton, R. K. & Swaminathan, H. (1989). *Item Response Theory*. Boston, MA: Kluwer.

Hayduck, L. A. (1987). *Structural equation modeling with LISREL.* Baltimore: The Johns Hopkins University Press.

Heckhausen, H. (1989). *Motivation und Handeln.* Berlin: Springer.

Heckhausen, H. & Rheinberg, F. (1980). Lernmotivation im Unterricht, erneut betrachtet. *Unterrichtswissenschaft, 8,* 7-47.

Heinrichs, U. & Schulz, T. (1990). Mädchen und Naturwissenschaften in der Schule. Konsens. *Informationen des Deutschen Akademikerinnenbundes, e.V., 1,* 13-15.

Heubrock, D. (1979). *Die reformierte gymnasiale Oberstufe im Schülerurteil: Hintergründe, Analysen und Folgerungen einer empirischen Erkundungsstudie.* Würzburg: Königshausen & Neumann.

Hoffmann, L. & Lehrke, M. (1986). Eine Untersuchung über Schülerinteressen an Physik und Technik. *Zeitschrift für Pädagogik, 32,* 189-204.

Hodapp, V. & Mißler, B. (1996). Determinanten der Wahl von Mathematik als Leistungs- bzw. Grundkurs in der 11. Jahrgangsstufe. In R. Schumann-Hengsteler & H. M. Trautner (Hrsg.), *Entwicklung im Jugendalter* (S. 143-164). Göttingen: Hogrefe.

Hu, L. T. & Bentler, P. M. (1998). Fit indices in covariance structure modeling: Sensitivity to underparameterized model misspecification. *Psychological Methods, 3,* 424-453.

Husèn, T. (1967). *International study of achievement in mathematics. A comparison of 12 countries.* (Vols I & II). Stockholm: Almqvist & Wiksell.

Jöreskog, K. G. (1979). Statistical estimation of structural models in longitudinal investigations. In J. R. Nesselroade & B. Baltes (Eds.), *Longitudinal research in the study of behavior and development* (pp. 303-351). New York: Academic Press.

Jöreskog, K. G. & Sörbom, D. (1993). *LISREL 8. User's reference guide.* Chicago, IL: Scientific Software International, Inc.

Kish, L. (1965). *Survey Sampling.* New York: Wiley.

Köller, O. (1997). School achievement in East-West comparisons. In R. H. Lehmann, G. Venter, J. v. Buehr, S. Seber & R. Peek (Eds.), *Erweiterte Autonomie für Schule: Bildungscontrolling und Evaluation.* Berlin: Humboldt-Universität.

Köller, O. (1998a). Different aspects of learning motivation: The impact of interest and goal orientation on scholastic learning. In L. Hoffmann, A. Krapp, K. A. Renninger & J. Baumert (Eds.), *Interest and learning* (pp. 317-326). Kiel: IPN-Schriftenreihe.

Köller, O. (1998b). *Zielorientierungen und schulisches Lernen.* Münster: Waxmann.

Köller, O., Schnabel K. & Baumert, J. (in Druck). Der Einfluß der Leistungsstärke von Schulen auf das fachspezifische Selbstkonzept der Begabung und das Interesse. *Zeitschrift für Entwicklungspsychologie und Pädagogische Psychologie.*

Köller, O., Baumert, J. & Schnabel, K. (1999). Wege zur Hochschulreife: Offenheit des Systems und Sicherung vergleichbarer Standards. *Zeitschrift für Erziehungswissenschaft, 2,* 385-422.

Krapp, A. (1992). Das Interessenkonstrukt. In A. Krapp & M. Prenzel (Hrsg.), *Interesse, Lernen, Leistung* (S. 297-329). Münster: Aschendorff.

Krapp, A. (1998a). Entwicklung und Förderung von Interessen im Unterricht. *Psychologie und Erziehung im Unterricht, 44,* 185-201.

Krapp, A. (1998b). Interesse. In D. H. Rost (Hrsg.), *Handwörterbuch Pädagogische Psychologie* (S. 213-217). Weinheim: Psychologie Verlags Union.

Krapp, A. (1999). Intrinsische Lernmotivation und Interesse. *Zeitschrift für Pädagogik, 45,* 387-406.

Krapp, A., Hidi, S. & Renninger, K. A. (1992). Interest, learning, and development. In K. A. Renninger, S. Hidi & A. Krapp (Eds.), *The role of interest in learning and development* (pp. 3-25). Hillsdale, NJ: Erlbaum.

Krapp, A. & Prenzel, M. (Hrsg.) (1992). *Interesse, Lernen, Leistung.* Münster: Aschendorff.

Lopez, F. G., Lent, R. W., Brown, D. D. & Gore, P. A. (1997). Role of social-cognitive expectations in high school students' mathematics-related interest and performance. *Journal of Counseling Psychology, 44,* 44-52.

Marsh, H. W. (1992). *Self-Description Questionnaire (SDQ) II: A theoretical and empirical basis for the measurement of multiple dimensions of adolescent self-concept.* Sydney: Publication Unit, Faculty of Education, University of Western Sydney, Macarthur.

Marsh, H. W., Craven, R. G. & Debus, R. L. (in Druck). Separation of competency and affect components of multiple dimensions of academic self-concept: A developmental perspective. *Merrill-Palmer Quarterly.*

Marsh, H. W. & O'Neill, H. (1984). Self-Description Questionnaire III (SDQ III): The construct validity of multidimensional self-concept ratings by late-adolescents. *Journal of Educational Measurement, 21,* 153-174.

Meece, J. L., Parsons, J., Kaczala, C. M., Goff, S. B. & Futterman, R. (1982). Sex differences in math achievement. Towards a model of academic choice. *Psychological Bulletin, 91,* 324-348.

Meece, J. L., Wigfield, A. & Eccles, J. S. (1990). Predictors of math anxiety and its influence on young adolescents' course enrollment intentions and performance in mathematics. *Journal of Educational Psychology, 82,* 60-70.

Mullis, I. V. S., Martin, M. O., Beaton, A. E., Gonzales, E. J., Kelley, D. L. & Smith, T. A. (1998). *Mathematics and science achievement in the final year of secondary school. IEA's Third International Mathematics and Science Study.* Chesnut Hill, MA: Boston College.

Muthén, L. K. & Muthén, B. O. (1998). *Mplus user's guide.* Los Angeles, CA: Muthén & Muthén.

Pekrun, R. (1988). *Emotion, Motivation und Persönlichkeit.* München: Psychologie Verlags Union.

Prenzel, M. (1988). *Die Wirkungsweise von Interesse.* Opladen: Westdeutscher Verlag.

Prenzel, M., Krapp, A. & Schiefele, H. (1986). Grundzüge einer pädagogischen Interessentheorie. *Zeitschrift für Pädagogik, 32,* 163-173.

Rheinberg, F. (1996). Von der Lernmotivation zur Lernleistung: Was liegt dazwischen? In J. Möller & O. Köller (Hrsg.), *Emotionen, Kognitionen und Schulleistung* (S. 23-50). Weinheim: Psychologie Verlags Union.

Robitaille, D. & Garden, R. (1989). *The IEA study of mathematics II. Contents and outcomes of school mathematics.* Oxford: Pergamon.

Roeder, P. M. & Gruehn, S. (1997). Geschlecht und Kurswahlverhalten. *Zeitschrift für Pädagogik, 42,* 877-894.

Schiefele, H. (1978). *Lernmotivation und Motivlernen.* München: Ehrenwirth.

Schiefele, H. (1981). Interesse. In H. Schiefele & A. Krapp (Hrsg.), *Handlexikon zur Pädagogischen Psychologie* (S. 192-196). München: Ehrenwirth.

Schiefele, H. (1986). Interesse – Neue Antworten auf ein altes Problem. *Zeitschrift für Pädagogik, 32,* 153-162.

Schiefele, U. (1992). Topic interest and levels of text comprehension. In K. A. Renninger, S. Hidi & A. Krapp (Eds.), *The role of interest in learning and development* (pp. 151-182). Hillsdale, NJ: Erlbaum.

Schiefele, U. (1996). *Motivation und Lernen mit Texten.* Göttingen: Hogrefe.

Schiefele, U. (1998). Individual interest and learning – What we know and what we do not know. In L. Hoffmann, A. Krapp, K. A. Renninger & J. Baumert (Eds.), *Interest and learning* (pp. 91-104). Kiel: IPN-Schriftenreihe.

Schiefele, U., Krapp, A. & Winteler, A. (1992). Interest as predictor of academic achievement: A meta-analysis of research. In K. A. Renninger, S. Hidi & A. Krapp (Eds.), *The role of interest in learning and development* (pp. 183-212). Hillsdale, NJ: Erlbaum.

Schmied, D. (1982). Fächerwahl, Fachwahlmotive und Schulleistungen in der reformierten gymnasialen Oberstufe. *Zeitschrift für Pädagogik, 28,* 11-30.

Schnabel, K. U. (1998). *Prüfungsangst und Lernen*: Münster: Waxmann.

Sjöberg, L. (1985). Interest, effort, achievement, and vocational preference. *British Journal of Educational Psychology, 54,* 189-205.

Steyer, R. & Eid, M. (1993). *Messen und Testen.* Berlin: Springer.

Stocking, M. L. & Lord, F. M. (1983). Developing a common metric in Item Response Theory. *Applied Psychological Measurement, 7,* 201-210.

Wigfield, A. & Eccles, J. S. (1992). The development of achievement task values: A theoretical analysis. *Developmental Review, 12,* 265-310.

Wigfield, A., Eccles, J. S., MacIver, D., Reuman, D. A. & Midgley, C. (1991). Transition during early adolescence: Changes in children's domain-specific self-perceptions and general self-esteem across the transition to junior high school. *Developmental Psychology, 27,* 552-565.

Wigfield, A., Eccles, J. S., Yoon, K. S., Harold, R. D., Arbreton, A., Freedman-Doan, K. & Blumenfeld, P. C. (1997). Changes in children's competence beliefs and subjective task values across the elementary school years: A three-year study. *Journal of Educational Psychology, 89,* 451-469.

Wild, K.-P., Krapp, A., Lewalter, D. & Schreyer, I. (in Druck). Der Einfluß berufsbezogener Interessen und kognitiver Kompetenzen auf den Lernerfolg in der beruflichen Erstausbildung: Eine zweijährige Längsschnittstudie. *Zeitschrift für Entwicklungspsychologie und Pädagogische Psychologie.*

Zimmermann, H. (1987). Die Überformung von Orientierungen und Verhaltensweisen in der Schulzeit und Adoleszenz. In D. Jansen & H. Rudolph (Hrsg.), *Ingenieurinnen. Frauen für die Zukunft* (S. 85-128). Berlin: De Gruyter.

Ulrich Schiefele und Detlef Urhahne

Motivationale und volitionale Bedingungen der Studienleistung[1]

Bei der Suche nach vorhersagekräftigen motivationalen Bedingungsfaktoren der akademischen Leistung stellt man fest, dass es vorwiegend Studien zu einzelnen Variablen oder kleinen Variablengruppen gibt, dass aber nur selten verschiedene Forschungslinien aufeinander bezogen wurden. So gibt es z.b. eine Reihe von Studien zum Einfluss der Zielorientierung (Leistungs- vs. Lernziele; z.b. Anderman & Midgley, 1997), des Selbstkonzepts (vgl. Krapp, 1997b), der Selbstwirksamkeit (vgl. Bandura, 1997; Pajares, 1997), der intrinsischen Motivation (vgl. Deci & Ryan, 1985; Schiefele & Schreyer, 1994), des Interesses (vgl. Krapp, 1997a; Schiefele, Krapp & Schreyer, 1993) und der Handlungskontrolle (z.B. Boekaerts, 1994; Helmke & Mückusch, 1994; Volet, 1997). Es liegen jedoch bislang nur wenige Arbeiten vor, die zumindest einen Teil der genannten Konstrukte gleichzeitig untersucht (Pajares & Graham, 1999; Pintrich & De Groot, 1990) oder gar komplexere kausale Zusammenhänge zwischen den genannten Bedingungsfaktoren postuliert haben (Garcia, McCann, Turner & Roska, 1998; Helmke, 1992; Volet, 1997). Dies ist umso erstaunlicher, als die genannten Faktoren eng verwandten Forschungsbereichen entstammen und aus theoretischer Sicht vielfältige Verknüpfungen aufweisen.

Die vergleichende Untersuchung mehrerer motivationaler Prädiktoren würde die Möglichkeit eröffnen, Aussagen über deren relative Wichtigkeit sowie über Wechselwirkungen und kausale Relationen zwischen den Prädiktoren zu gewinnen. Um diese Lücke bisheriger Forschung ansatzweise zu schließen, haben wir den Versuch unternommen, einige der oben genannten motivationalen und volitionalen Faktoren in ein kausales Modell zur Vorhersage von Studienleistung einzuordnen und dieses Modell empirisch zu prüfen.

Es stellt sich natürlich die Frage, welche motivationalen Faktoren überhaupt in Frage kommen, wenn man Studienleistungen erfolgreich vorhersagen möchte. Historisch gesehen hat man ausgehend von der klassischen Motivationspsychologie (z.B. Lewin, McClelland, Atkinson) zunächst die Leistungsmotivation als die zentrale motivationale Bedingung von Lernen und Leistung in der Schule angesehen (Heckhausen, 1968; Heckhausen & Rheinberg, 1980). Einflussreich war dabei die Unterscheidung von Erfolgs- und Misserfolgmotiv, die vor allem Heckhausen (1989) aufgegriffen und in seinem Selbstbewertungsmodell des Leistungsmotivs konkretisiert hat. Eine entscheidende Rolle spielen in diesem Modell die subjektiven Kausalerklärungen bzw. -attributionen der handelnden Person für Erfolg und Misserfolg. Attributionen haben vielfältige Einflüsse auf leistungsbezogenes Verhalten, insbesondere auf Erfolgserwartungen und Selbstbewertungen nach Erfolg und Misserfolg (vgl. Möller & Köller, 1996). In einer Reihe von Studien konnte gezeigt werden, dass erfolgs- und misserfolgmotivierte Personen sich in ihren Attributionstendenzen deutlich unterscheiden und erfolgmotivierte Personen günstigere Attributionsmuster aufweisen (z.B. Attribution von Erfolg auf eigene Anstrengung; vgl. Heckhausen, 1989).

In neuerer Zeit haben Nicholls (1989) und Dweck (1986) eine Differenzierung des Konstrukts der Leistungsmotivation vorgeschlagen. Diese Differenzierung läuft im

[1] Wir möchten den folgenden Personen danken, die eine frühere Version dieses Kapitels kritisch gelesen und uns wichtige Hinweise gegeben haben: Olaf Köller, Jens Möller und Barbara Moschner.

Wesentlichen auf die Unterscheidung von zwei „Zielorientierungen" hinaus, nämlich eine Leistungs- bzw. Wettbewerbsorientierung (die handelnde Person verfolgt das Ziel, ihre überlegene Fähigkeit relativ zu anderen Personen zu demonstrieren) und eine Lern- bzw. Bewältigungsorientierung (die handelnde Person hat das Ziel, eine bestimmte Aufgabe zu bewältigen bzw. die eigene Kompetenz zu steigern). Diese Unterscheidung findet sich in ähnlicher Weise in der Theorie der Bezugsnormorientierung von Rheinberg, wobei deutliche Parallelen zwischen Wettbewerbsorientierung und Leistungsmotivation unter sozialer Bezugsnorm und zwischen Aufgabenorientierung und Leistungsmotivation unter individueller Bezugsnorm festzustellen sind (Rheinberg, 1997, S. 88). Man könnte dies auch so formulieren, dass eine aufgabenorientierte Person danach strebt, ein hohes Ausmaß an Kompetenz zu erreichen (im Sinne eines individuellen Gütemaßstabs), ohne dabei das vordergründige Ziel zu haben, besser zu sein als andere. Bei der wettbewerbsorientierten Person verhält es sich sozusagen umgekehrt. Sie strebt vor allem danach, andere zu übertreffen (d.h. sie orientiert sich an einem sozialen Gütemaßstab) und vernachlässigt den individuellen Kompetenzerwerb.

Trotz dieser neueren Entwicklungen hat die Leistungsmotivationsforschung ihre dominierende Position verloren. Dafür sind zumindest zwei Entwicklungen verantwortlich. Die *erste Entwicklung* (die vor allem die deutschsprachige Psychologie betroffen hat) haben führende Leistungsmotivationsforscher (z.B. Heckhausen, Kuhl, Gollwitzer) selbst in die Wege geleitet, indem sie sich fast gänzlich der Erforschung *volitionaler* Prozesse verschrieben haben. Im Gegensatz zur Motivationspsychologie i.e.S., die sich vor allem damit befasst, wie Handlungsabsichten zustande kommen, richtet sich die Volitionsforschung auf diejenigen Prozesse, die die Umsetzung von Absichten in tatsächliches Verhalten steuern.

Die *zweite Entwicklung* betrifft die Tatsache, dass neben der Leistungsmotivation einige andere motivationale Konstrukte zunehmend an Bedeutung gewonnen haben (z.B. Interesse, Selbstwirksamkeit). Dadurch ist die Leistungsmotivation ein Motivationskonstrukt neben anderen geworden, das in integrativen Modellen zwar seinen Platz hat, aber keinen Alleinanspruch besitzt.

Wenn man die genannten Entwicklungen zusammen betrachtet, lassen sich gegenwärtig mindestens drei neue Forschungslinien identifizieren, die sich – jenseits der Leistungsmotivation – mit motivationalen bzw. volitionalen Bedingungsfaktoren des Lernens beschäftigen. Diese Bedingungsfaktoren sind (1) Selbstkonzept und Selbstwirksamkeit, (2) intrinsische Motivation und Interesse sowie (3) Handlungskontrolle und Zielbindung (s.u.). Alle drei Forschungslinien werden in unserer Studie zusammen mit der Leistungsmotivation als Prädiktoren der Studienleistung berücksichtigt. Im Folgenden erläutern wir die genannten motivationalen und volitionalen Konstrukte, konkretisieren daran anschließend unsere Fragestellung und stellen das zu prüfende theoretische Modell vor.

Die untersuchten motivationalen und volitionalen Konstrukte

Selbstwirksamkeit

Eine der wesentlichsten Bedingungen der Motivation in Leistungssituationen ist die Erwartung, Erfolg zu haben. Diese Erwartung findet sich in etwas verallgemeinerter Form in

Heckhausens (1989) erweitertem kognitiven Modell der Motivation als Handlungs-Ergebnis-Erwartung wieder. Dort meint sie die Erwartung einer Person, durch eigenes Handeln in der Lage zu sein, ein angestrebtes Ergebnis (z.B. Prüfungserfolg) zu erzielen. Bandura (1997) hat diesen Erwartungstyp unter der Bezeichnung „Selbstwirksamkeitserwartung" zu einer eigenständigen Theorie ausgearbeitet. In Übereinstimmung mit Heckhausens Definition versteht man unter einer Selbstwirksamkeitserwartung die subjektive Erwartung einer Person, in der Lage zu sein, eine bestimmte Handlung oder eine Gruppe von Handlungen ausführen zu können, um ein bestimmtes Ziel zu erreichen. Selbstwirksamkeit kann dabei sowohl als dispositionales Merkmal, d.h. als überdauernde *Überzeugung*, als auch als aktuelles, situationsspezifisches Merkmal konzipiert werden.

Es ist natürlich von einem engen Bezug zwischen Selbstwirksamkeit und dem akademischen Selbstkonzept einer Person auszugehen. Vermutlich hat eine Person besonders in solchen Bereichen hoch ausgeprägte Selbstwirksamkeitserwartungen, in denen ihr fähigkeitsbezogenes Selbstkonzept ebenfalls hoch ausgeprägt ist. In unserer Studie haben wir nur ein Maß der (studienbezogenen) Selbstwirksamkeit einbezogen, da die Selbstwirksamkeit im Vergleich zum Selbstkonzept als direkter Vorläufer der Motivationsstärke und somit auch als verhaltensnäheres Maß gelten kann. Damit in Übereinstimmung erwies sich die Selbstwirksamkeit häufig als besserer Prädiktor akademischer Leistungen (vgl. Bong & Clark, 1999).

Extrinsische Motivation, intrinsische Motivation und Interesse

Die extrinsische Lernmotivation ist als diejenige Form der Motivation definiert, bei der die handelnde Person Handlungsfolgen anstrebt, die außerhalb der eigentlichen Handlung liegen bzw. in einem willkürlichen Zusammenhang mit ihr stehen (vgl. Schiefele, 1996; Schiefele & Köller, 1998). Unterschiedliche Formen der extrinsischen Motivation sind dabei durch die Art der jeweils angestrebten Handlungsfolge bestimmt. Nach Heckhausen (1989) lassen sich die motivationsrelevanten Folgen von Handlungen vier Kategorien zuordnen: Selbstbewertung (z.B. Stolz auf eine erbrachte Leistung), Fremdbewertung (z.B. Lob), Annäherung an Oberziele (d.h. die Handlung ist einer von mehreren Schritten zur Erreichung eines weiterreichenden Zieles) und Nebenwirkungen (nicht-intendierte Handlungsfolgen).

Im Rahmen unserer Studie gingen wir von drei relevanten Formen anzustrebender Folgen von Lernhandlungen aus: (a) gute Studienleistungen, (b) besser zu sein als andere, und (c) das Erreichen beruflicher Ziele. Diese drei Handlungsfolgen entsprechen der leistungsorientierten, der wettbewerbsorientierten und der berufsorientierten extrinsischen Lernmotivation. Eine Zuordnung dieser drei Formen der Lernmotivation zu den Folgenkategorien von Heckhausen (1989) ist nicht eindeutig möglich. Sowohl bei der leistungsorientierten als auch der wettbewerbsorientierten Motivation spielen vermutlich Selbst- und Fremdbewertungsfolgen eine zentrale Rolle. Dagegen lässt sich die berufsorientierte Motivation relativ klar der Kategorie „Annäherung an Oberziele" zuordnen.

Während die Klassifizierung der berufsorientierten Lernmotivation als extrinsische Form der Motivation vermutlich kaum umstritten ist, gibt es hinsichtlich der Leistungsmotivation auch konträre Auffassungen. Unser Standpunkt soll deshalb kurz begründet werden. Der leistungsmotivierten Person geht es darum, bestimmte Gütemaßstäbe (individueller oder sozialer Art) zu erreichen oder zu übertreffen (Heckhausen, 1989). Der eigentliche Anreiz zum leistungsmotivierten Handeln liegt dabei in den Folgen des Erreichens (bzw. Verfehlens oder Übertreffens) eines Gütemaßstabs. Diese Folgen (z.B. Selbst- und Fremdbewertung) sind nicht immanent mit der Handlung verbunden, sondern sind extrinsisch, d.h. sie liegen außerhalb der Handlung. Dieser Tatbestand sollte nicht damit verwechselt werden, dass eine leistungsmotivierte Handlung auch gleichzeitig intrinsisch motiviert sein kann. Es kann sogar vermutet werden, dass ein hohes Ausmaß an Leistungsmotivation das Erleben von intrinsischer Motivation begünstigt (Rheinberg, 1997, S. 145 f.).

Unter intrinsischer Motivation verstehen wir die Motivation, eine Handlung wegen der unmittelbar mit ihr verbundenen Anreize auszuführen (vgl. Schiefele, 1996; Schiefele & Köller, 1998). Dabei kann zwischen einer *tätigkeitszentrierten* und einer *gegenstandszentrierten* Form der intrinsischen Motivation unterschieden werden. Dieser Differenzierung liegt die Idee zugrunde, dass man eine Handlung reizvoll finden kann, weil sie sich auf einen Gegenstandsbereich bezieht, für den man sich interessiert, oder aber weil sie positive Anreize während der Ausführung bietet. Die letztgenannte, tätigkeitszentrierte Form der intrinsischen Motivation betrifft typischerweise vor allem Freizeitaktivitäten (z.B. Surfen, Schachspielen), bei denen der Gegenstand per se keine große Rolle spielt bzw. ein Gegenstand oder Thema nicht zu erkennen ist (vgl. Rheinberg, 1997).

Dazu im Gegensatz kommt dem Handlungsgegenstand eine sehr große Rolle bei Lernaktivitäten zu, insbesondere wenn es um den Erwerb *deklarativen* Wissens geht. In diesem Fall ist die Art der durchgeführten Handlungen (z.B. Lesen, Exzerpieren) häufig sekundär. Der Hauptanreiz zum Handeln besteht vielmehr in der subjektiven Wertigkeit (Valenz) des Lerngegenstands. Es ist unmittelbar einsichtig, dass das *Interessenkonstrukt* (das ja immer auf Gegenstandsbereiche bezogen ist; s.u.) für die gegenstandszentrierte intrinsische Motivation von entscheidender Bedeutung ist. In Anlehnung an Krapp (1992, 1999) verstehen wir unter Interesse die Wertigkeit, die ein Gegenstandsbereich für eine bestimmte Person angenommen hat. Diese Wertigkeit kann definiert werden als die kognitive Repräsentation der Verbindungen gefühlsbezogener Attribute (z.B. Freude, Angeregtsein) und wertbezogener Attribute (hier ist vor allem die persönliche Bedeutsamkeit gemeint) mit dem Interessengegenstand. Man bezeichnet diese kognitiv repräsentierten Verbindungen auch als *Valenzüberzeugungen* (vgl. Schiefele, 1996). Diese Valenzüberzeugungen haben *intrinsischen Charakter*, d.h. der Interessengegenstand besitzt seine Wertigkeit um seiner selbst willen, und nicht weil er eine instrumentelle Bedeutung zur Erreichung anderweitiger, positiv bewerteter Ziele hat.

In diesem Kapitel ist nur von *individuellem* Interesse die Rede, das vom *situationalen* Interesse unterschieden werden muss. Individuelles Interesse ist als relativ überdauerndes Personmerkmal zu verstehen, situationales Interesse dagegen als vorübergehender Erlebenszustand (vgl. Schiefele, 1996, S. 83 ff.).

Wir nehmen an, dass ein vorhandenes (individuelles) Interesse an einem Thema das Auftreten intrinsischer Lernmotivation begünstigt (vgl. Schiefele, 1991, 1996, in Druck). Die hohen, empirisch belegten Zusammenhänge zwischen Interesse und intrinsischer Motivation (Schiefele, Krapp, Wild & Winteler, 1993; Schiefele & Moschner, 1998) deuten darauf hin, dass das Interesse sogar als zentrale Bedingung (aktueller, situationsspezifischer) intrinsischer Motivation in Frage kommt. Es muss also mit sehr hohen Korrelationen zwischen der Ausprägung des Interesses (z.B. an einem Schulfach) und der habituellen intrinsischen Motivation (in diesem Fach) gerechnet werden. Aus diesem Grund haben wir in unserer Studie auf eine gleichzeitige Messung beider Konstrukte verzichtet und lediglich das Interesse der Studierenden an ihrem Fach erhoben.

Handlungskontrolle

Die klassischen Erwartungs-Wert-Modelle der Motivation können zwar das Zustande-kommen einer Handlungsabsicht erklären, aber sie vernachlässigen den Prozess der Um-setzung der Absicht in Verhalten. Die damit verbundenen willensbezogenen bzw. volitio-nalen Prozesse sind von Kuhl (1983), Heckhausen (1989) und Gollwitzer (1996) mit Be-zug auf die historische Willenspsychologie, wenn auch mit jeweils unterschiedlicher Ak-zentsetzung, aufgegriffen worden. Nach Kuhl (1983, 1986, 1998) dienen volitionale Pro-zesse der Abschirmung einer gefassten Absicht gegenüber konkurrierenden motivationa-len Tendenzen oder externen Störeinflüssen. Kuhl (1986) bezeichnet den volitionalen Ab-schirmungsprozess auch als „Handlungskontrolle". Die Handlungskontrolle beschränkt sich auf die Phase von der Intentionsbildung bis zum Beginn der Handlungsausführung. Die während der Ausführung der Handlung bis zur Zielerreichung auftretenden volitiona-len Prozesse werden als „Ausführungskontrolle" bezeichnet. Sie unterstützen den erfolg-reichen Abschluss der Handlung.

Kuhl (1983) hat eine Reihe verschiedener Mechanismen postuliert, die der Realisierung von Absichten dienen (z.B. Lenkung der Aufmerksamkeit auf handlungsrelevante In-halte). Der Einsatz dieser Strategien wird vor allem dann angeregt, wenn die Umsetzung einer Absicht auf Schwierigkeiten stößt, die handelnde Person sich aber grundsätzlich für fähig hält, die Handlung auszuführen. Die letztgenannte Bedingung verweist darauf, dass die oben erwähnte Selbstwirksamkeitserwartung für den Einsatz volitionaler Strategien von Bedeutung ist. Ebenso günstig für die Intensität und Effektivität volitionaler Prozesse ist die Stärke der Absicht. Daraus folgt, dass mit zunehmender Motivation auch die Wahr-scheinlichkeit der Intentionsrealisierung steigt.

In unserem Zusammenhang ist von besonderer Bedeutung, dass Kuhl (1983, 1994a) stabile interindividuelle Unterschiede hinsichtlich der Fähigkeit postuliert, Intentionen tatsächlich in Verhalten umzusetzen. Zum Verständnis interindividueller Unterschiede ist es zunächst wichtig, vollständige von degenerierten Absichten zu unterscheiden. Nach Kuhl (1983) zeichnet sich eine vollständige Absicht dadurch aus, dass sich die Person gleichermaßen auf das Ziel der Handlung, den zu verändernden gegenwärtigen Zustand, die zu überwindende Diskrepanz zwischen Ist- und Soll-Zustand und die beabsichtigte Handlung konzentriert. Ist eines oder sind mehrere dieser vier Elemente deutlich schwä-cher ausgeprägt als die anderen Elemente, so wird die Ausführung der Absicht sehr er-schwert. Solche degenerierten Absichten bleiben meist als Absichten weiter bestehen und binden die Aufmerksamkeit der Person an sich. Dadurch wirken sie behindernd auf die Durchführung anderer Aktivitäten. Kuhl (1983) spricht von einer „Handlungsorientie-rung", wenn alle vier Elemente einer Absicht gleichermaßen augeprägt sind, und von ei-ner „Lageorientierung", wenn die Elemente nicht gleichgewichtig sind. Der Ausdruck Lageorientierung rührt daher, dass im Falle degenerierter Absichten, die Aufmerksamkeit der Person auf bestimmte Zustände (bzw. „Lagen") konzentriert ist, z.B. eine kritische oder angstbesetzte Betrachtung des Ist-Zustands (wegen früherer Misserfolge) oder eine übermäßige Reflexion des Zielzustands, ohne an konkrete Handlungsschritte zu denken. Handlungs- und Lageorientierung werden einerseits als aktuelle, situationsspezifische Zustände aufgefasst, in denen sich jede beliebige Person einmal befinden kann. Eine ganze Serie von Rückschlägen wird z.B. auch bei selbstbewussten Personen möglicherweise zu einer Handlungslähmung und zu übermäßiger Reflexion der Misserfolge führen. Andererseits postuliert Kuhl (1983, 1994a, 1994b), dass sich Personen auch *generell* darin unterscheiden können, ob sie zu einer Handlungs- oder einer Lageorientierung neigen und somit generell besser oder schlechter in der Lage sind, ihre Absichten in Verhalten umzusetzen. Kuhl unterscheidet drei Formen dispositionaler Handlungskontrolle, nämlich Handlungskontrolle nach Erfolg (starkes Fokussieren auf erlebten Erfolg vs. Bildung oder Realisierung neuer Absichten), nach Misserfolg (starkes Fokussieren auf erlebten Misserfolg vs. Bildung oder Realisierung neuer Absichten) und prospektiv (ausgedehntes Abwägen von Handlungsalternativen bzw. der Vor- und Nachteile einer Handlung vs. effektives und rasches Initiieren von Handlungen). Den theoretischen Erwartungen entsprechend hat sich in den Arbeiten Kuhls (1994a, 1998) gezeigt, dass Lageorientierte nicht nur häufiger degenerierte Absichten bilden, sondern auch die oben erwähnten volitionalen Strategien in geringerem Ausmaß einsetzen.

Die wenigen bisher vorliegenden Befunde zum Zusammenhang von Handlungskontrolle und akademischen Leistungen sind nicht ganz eindeutig. Während Helmke und Mückusch (1994) keine signifikanten Korrelationen zwischen Handlungs- vs. Lageorientierung und Schulnoten fanden, konnten andere Autoren (z.B. Boekaerts, 1994; Volet, 1997) bei Verwendung spezifischerer Leistungsmaße (z.B. Leseleistung, Abschneiden in Klausur) substantiellere Zusammenhänge beobachten.

Zielbindung

Ein wichtiges Konzept volitions- und motivationspsychologischer Ansätze ist das „commitment", im Deutschen meist als *Zielbindung* bzw. *Selbstverpflichtung* übersetzt (vgl. Brunstein, 1995; Gollwitzer, 1996; Gollwitzer & Malzacher, 1996; Kleinbeck & Schmidt, 1996). Unter einer Zielbindung versteht man das Ausmaß, in dem eine Person ein bestimmtes Ziel mit ihrem Selbst verknüpft hat (z.B. Brunstein, 1995). Ist das *commitment* hoch, so ist die Person sich selbst gegenüber eine hohe Verpflichtung eingegangen, das betreffende Ziel zu erreichen. Man geht dabei von der Annahme aus, dass die Umsetzung von Zielen bzw. Absichten einer Person erleichtert wird, wenn eine starke Zielbindung bzw. Selbstverpflichtung besteht. Dies gilt insbesondere, wenn die Realisierung eines Handlungsziels durch Hindernisse, Schwierigkeiten und Fehlschläge gefährdet ist.

Aus motivationspsychologischer Sicht kann die Zielbindung mit der Entscheidung für eine bestimmte Absicht gleichgesetzt werden. Dies wird auch deutlich, wenn man das Handlungsphasen-Modell von Gollwitzer (1996) betrachtet. In diesem Modell endet die Motivationsphase, indem ein *commitment* zur Umsetzung einer bestimmten Absicht eingegangen wird. Danach beginnt die volitionale Phase der Umsetzung dieser Absicht. Eine hoch ausgeprägte Zielbindung bedeutet also im Handlungsphasen-Modell, dass die betreffende Person eine starke Absicht gebildet hat. Diese Sichtweise macht deutlich, dass die Zielbindung nicht eindeutig als motivational oder volitional klassifiziert werden kann, da sie eine „Schnittstelle" zwischen beiden Bereichen darstellt.

Das Konstrukt der Zielbindung wird meist im Zusammenhang mit Zieltheorien (Köller & Schiefele, 1998) genannt. Dabei ist im Kontext unserer Studie insbesondere das Konstrukt der „persönlichen Ziele" von Bedeutung. Persönliche Ziele werden von Brunstein und Maier (1996, S. 146) definiert als „Anliegen, Projekte und Bestrebungen [...], die eine Person in ihrem Alltag verfolgt und in Zukunft realisieren möchte". Zu den Anliegen und Bestrebungen der meisten Studierenden gehört sicherlich auch das Ziel, das Studium erfolgreich abzuschließen. Dieses Ziel erfüllt die Kriterien eines persönlichen Ziels, da es längerfristig angestrebt wird, häufig den Alltag bestimmt und persönlich bedeutsam ist. Zusammenhänge zwischen studienbezogener Zielbindung und Studienleistung wurden unseres Wissens bislang nicht untersucht.

Von Bedeutung ist auch, welche Antezedenzien der Stärke der Zielbindung angenommen werden. Dabei verwundert es nicht, wenn Kleinbeck und Schmidt (1996) postulieren, dass im Wesentlichen die gleichen Variablen, die der Entstehung einer Motivationstendenz oder Absicht zugrundeliegen, auch die Zielbindung beeinflussen. Diese Variablen sind u.a. der Anreizwert der Folgen sowie die Ergebnis-Folge- und die Handlungs-Ergebnis-Erwartungen. Als distale Bedingungsfaktoren sind z.B. Motive, Persönlichkeitsmerkmale, Fähigkeit, Selbstkonzeptvariablen und Attribuierungstendenzen zu nennen. Zu ergänzen wäre, dass in unserem Zusammenhang auch das Interesse am Studienfach als Determinante der Zielbindung in Frage kommt.

Das Modell zur Vorhersage der Studienleistung

Das generelle Ziel unserer Studie bestand darin, motivationale und volitionale Bedingungsfaktoren akademischer Leistung, die unterschiedlichen Forschungslinien entstammen, zusammenzuführen und in ihrer Wirkung auf die Studienleistung zu untersuchen. Dabei haben wir uns von einem theoretischen Modell leiten lassen (s. Abbildung 1), das sich u.a. an der Selbstwirksamkeitstheorie von Bandura (1997), der Interessentheorie von Krapp (1992, 1999) und Ansätzen zum selbst gesteuerten Lernen (vgl. Schiefele & Pekrun, 1996) orientiert. Das theoretische Modell soll mit Hilfe von Strukturgleichungsanalysen empirisch geprüft werden.

Neben den bereits dargestellten Konstrukten enthält unser Ausgangsmodell noch zwei weitere Variablen, nämlich Wiederholungs- und Elaborationsstrategien. Es handelt sich dabei um zwei typische Formen von Lernstrategien. *Wiederholungsstrategien* haben dabei vor allem die Funktion, das unmittelbare Einprägen neuer Information zu unterstützen. *Elaborationsstrategien* erleichtern dagegen die Speicherung bzw. Integration neuen Wissens im Gedächtnis, indem sie Verbindungen zwischen dem neuen Wissen und dem Vorwissen des Lerners herstellen (z.B. neue Begriffe auf bereits bekannte beziehen). Wiederholungsstrategien werden in der Literatur auch als „Oberflächenstrategien" bezeichnet (vgl. Krapp, 1993), da sie im Gegensatz zu Elaborationsstrategien kein tiefergehendes Verständnis der Lerninhalte erfordern. Lernstrategien werden allgemein als wichtige Merkmale der Lernaktivität angesehen, die wesentlich zur Erklärung von Lernleistungen beitragen sollen. Dennoch haben sich Lernstrategien nicht immer als prädiktiv für Lernleistungen erwiesen (vgl. Artelt, 1999; Wild, 2000).

In unserem Ausgangsmodell können ein motivationaler und ein volitionaler kausaler Pfad unterschieden werden. Im Unterschied zu aktualgenetischen Motivations- und Volitionstheorien (z.B. Gollwitzer, 1996) bezieht sich unser Modell auf die Zusammenhänge zwischen *habituellen* bzw. *dispositionalen* Variablen. Deshalb wurden die einbezogenen motivationalen und volitionalen Größen auch nicht im Sinne des Handlungsphasenmodells von Gollwitzer (1996) aufeinander folgend angeordnet, sondern stehen weitgehend unabhängig nebeneinander. Das soll nicht heißen, dass zwischen habituellen Merkmalen keine kausalen Abhängigkeiten modelliert werden können, sondern nur, dass das Merkmal Handlungs- vs. Lageorientierung u.E. unabhängig von der habituellen Motivation der Studierenden ist.

Zunächst postulieren wir in Anlehnung an die oben genannten Ansätze, dass die studienspezifische Selbstwirksamkeitserwartung die Studienleistung (Menge und Güte) positiv beeinflusst und dass dieser Einfluss teilweise über motivationale Größen vermittelt wird (*motivationaler kausaler Pfad*). Dabei wird zwischen Studieninteresse und extrinsischer Lernmotivation (Leistungs-, Wettbewerbs- oder Berufsmotivation) unterschieden. Das Studieninteresse und die extrinsische Lernmotivation beeinflussen ihrerseits die Bindung an das Ziel, einen erfolgreichen Studienabschluss zu erreichen. Dahinter steht die Überlegung, dass ein hohes Interesse am Studienfach sowie der Wunsch nach guten Noten (Leistungsmotivation), nach Überlegenheit gegenüber anderen (Wettbewerbsmotivation) und nach beruflich-finanziellem Erfolg (Berufsmotivation) das Eingehen einer Selbstverpflichtung zur erfolgreichen Beendigung des Studiums begünstigen. Die Zielbindung kann dabei im Sinne des Handlungsphasenmodells (Gollwitzer, 1996) als resultierende Absichtsstärke verstanden werden, die auf den genannten extrinsischen Motivationsformen sowie dem Studieninteresse basiert und deren Effekte auf den Einsatz von Lernstrategien und die Leistung vermittelt. Zwischen Zielbindung und Leistung werden jedoch auch direkte Effekte angenommen, weil Elaboration und Wiederholung nur zwei von vielen möglichen Lernstrategien darstellen, die hier als Mediatoren in Frage kommen. Den Lernstrategien selbst haben wir nur bezüglich der Qualität der Leistung eine bedeutsame Rolle eingeräumt. Es schien uns nicht sehr wahrscheinlich zu sein, dass das Ausmaß der Strategieverwendung die Leistungsmenge nennenswert beeinflusst.

Der *volitionale kausale Pfad* verläuft von der studienspezifischen Selbstwirksamkeit über die studienspezifische Handlungskontrolle (Handlungs- vs. Lageorientierung). Je höher die Selbstwirksamkeitserwartung ausfällt, umso positiver sollten alle drei Komponenten der Handlungskontrolle ausgeprägt sein. Analog zu dem motivationalen Pfad vermuten wir, das die Handlungskontrolle direkte und indirekte (über Lernstrategien vermittelte) Effekte auf die Studienleistung hat.

Darüber hinaus vermuten wir auch eine spezifische Verbindung zwischen dem volitionalen und dem motivationalen Pfad. Nach unseren Überlegungen sollte die *prospektive* (nicht jedoch die erfolgs- und misserfolgsbezogene) Handlungsorientierung mit zunehmender Zielbindung ansteigen. Der Grund für diese differenzierende Annahme liegt darin, dass sowohl für eine starke als auch eine schwache Zielbindung positive Effekte auf die Handlungs- bzw. Lageorientierung nach Erfolg und Misserfolg erwartet werden können. Einerseits ist bei niedriger Zielbindung ein geringerer Antrieb zu erwarten, nach Erfolg oder Misserfolg weiterführende Handlungen zu initiieren. Andererseits könnte aber eine hohe Zielbindung die Wertigkeit von Erfolg oder Misserfolg deutlich erhöhen und somit ebenfalls zu einer stärkeren Lageorientierung nach Erfolg oder Misserfolg beitragen. Dagegen geht es bei der prospektiven Handlungskontrolle darum, dass vorhandene studienbezogene Absichten in Verhalten umgesetzt werden. Es ist sehr plausibel, dass diese Form der Handlungsorientierung mit steigender Zielbindung erleichtert wird.

Schließlich enthält unser Modell noch die Geschlechtszugehörigkeit als weitere exogene Variable. Wir nahmen insbesondere an, dass Frauen niedrigere studienbezogene Selbstwirksamkeitsüberzeugungen aufweisen als Männer. Diese Annahme stützt sich auf Studien, die zeigen konnten, dass Frauen insbesondere bezüglich mathematischer, technischer und naturwissenschaftlicher Fächer über schwächer ausgeprägte Selbstkonzepte und Selbstwirksamkeitsüberzeugungen verfügen (z.B. Hoffmann, Häußler & Peters-Haft, 1997; Pajares, 1997). Da es sich bei Wirtschaftswissenschaften ebenfalls um ein Fach handelt, in dem Frauen zumindest unterrepräsentiert sind und in dem mathematische Inhalte eine wichtige Rolle spielen, gingen wir von ähnlichen Zusammenhängen aus.

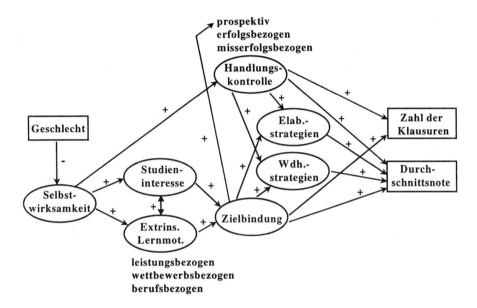

Abbildung 1: Strukturgleichungsmodell zur Vorhersage der Studienleistung (die negativen Pfade von Geschlecht zu Selbstwirksamkeit stehen für die Annahme, dass Frauen bezüglich dieser beiden Variablen niedrigere Werte als Männer aufweisen).

Empirische Prüfung des Modells

Stichprobe und Durchführung

An der Studie nahmen 113 Studierende des Studiengangs Wirtschaftswissenschaften der Universität Bielefeld teil. Das Alter der Studierenden variierte zwischen 19 und 28 und betrug im Durchschnitt 21.4 Jahre ($SD = 1.61$). Dreiundsiebzig Personen waren männlich (64.6%), 40 weiblich (35.4%). Das Geschlechterverhältnis in der Stichprobe entspricht in etwa dem der zugrundeliegenden Population (Gesamtheit der Studierenden der Wirtschaftswissenschaften in Bielefeld). Die meisten Studierenden befanden sich im ersten Studiensemester ($n = 88$ bzw. 77.9%), vier Studierende im zweiten Semester und 21 Studierende im dritten Semester.

Den Probanden wurde etwa sechs Wochen vor dem Ende des Wintersemesters 1996/97 im Rahmen verschiedener Lehrveranstaltungen ein Fragebogen zur Erfassung der Variablen unseres theoretischen Modells vorgelegt. Alle Teilnehmer wurden gebeten, ihre Matrikelnummer anzugeben. Unmittelbar nach Semesterende begann eine 14-tägige Klausurphase, in der Klausuren in insgesamt fünf Fächern angeboten wurden. Für die Studierenden des ersten und dritten Semesters waren dabei jeweils unterschiedliche Klausuren zu absolvieren (s.u.). Die Ergebnisse dieser Klausuren wurden spätestens zu Beginn des folgenden Semesters unter Angabe der Matrikelnummern öffentlich ausgehängt. Den entsprechenden Aushängen konnten wir die für unsere Studie benötigten Daten entnehmen.

Instrumente

Für alle im Folgenden geschilderten Skalen gilt, bis auf eine Ausnahme, dass die jeweiligen Items auf einer vierstufigen Ratingskala mit den Stufen „trifft nicht zu" (1), „trifft kaum zu" (2), „trifft weitgehend zu" (3) und „trifft voll zu" (4) zu beantworten waren. Für die Items der Skala zur Handlungskontrolle war dagegen ein dichotomes Antwortformat vorgesehen (s.u.). Angaben zum Umfang und zur Reliabilität der Skalen können der Tabelle 1 entnommen werden.

Die studienbezogene *Selbstwirksamkeitserwartung* wurde mit Hilfe einer Skala erfasst, die von Jerusalem und Schwarzer (1986) entwickelt und von Schiefele und Moschner (1997) überarbeitet wurde. Ein typisches Item lautet: „Auch wenn eine Prüfung sehr schwierig ist, weiß ich, was ich tun muss, um sie zu bestehen."

Das *Interesse* der Studierenden für ihr Studienfach wurde mit dem „Fragebogen zum Studieninteresse" (FSI; Schiefele et al., 1993) gemessen. Die Items des FSI verteilen sich auf die drei theoretisch postulierten Merkmale des Interesses, nämlich auf gefühlsbezogene Valenzüberzeugungen (z.B. „Nach einem langen Wochenende oder Urlaub freue ich mich wieder auf das Studium"), wertbezogene Valenzüberzeugungen (z.B. „Schon vor dem Studium hatte das Fachgebiet, das ich jetzt studiere, für mich einen hohen Stellenwert") und den intrinsischen Charakter des Interesses (z.B. „Wenn ich genügend Zeit hätte, würde ich mich mit bestimmten Fragen meines Studiums, auch unabhängig von Prüfungsanforderungen, intensiver beschäftigen").

Die drei Formen der *extrinsischen Lernmotivation* wurden mit Hilfe eines von Schiefele und Moschner (1997) entwickelten Instruments erfasst: (a) Leistungsorientierung (z.B. „Ich lerne im Studium, weil mir gute Noten viel bedeuten"), Wettbewerbsorientierung (z.B. „Ich lerne im Studium, weil ich in den Prüfungen besser abschneiden möchte als andere") und Berufsorientierung (z.B. „Ich lerne im Studium, um meine Einstellungschancen zu erhöhen").

Zur Erfassung individueller Ausprägungen der *Handlungskontrolle* im Sinne von Kuhl (1983, 1990, 1994b) haben wir einen von Geyer und Lilli (1992) entwickelten Fragebogen herangezogen. Dieser Fragebogen ist auf das Studium bezogen und unterscheidet drei Subskalen, nämlich *H*andlungs*k*ontrolle nach *E*rfolg, nach *M*isserfolg und mit *p*rospektivem Bezug (HAKEMP-S). Das dichotome Antwortformat des HAKEMP-S sieht vor, dass bei jedem Item zwischen einer handlungs- und einer lageorientierten Antwortalternative entschieden werden muss.

Nach Erfolg äußert sich lageorientiertes Verhalten darin, dass die Person längere Zeit auf den Erfolg und seine emotionalen Folgen fokussiert bleibt und keine neuen Handlungen in Angriff nimmt (z.B. „Wenn ein Veranstaltungsleiter mich anspricht und mich wegen meiner Diskussionsbeiträge lobt, dann - a) denke ich schnell wieder an etwas anderes" [handlungsorientiert], oder - „b) beschäftigt mich das noch sehr lange" [lageorientiert]). In analoger Weise zeigt sich im Falle von Misserfolg bei lageorientierten Personen ein exzessiv-perseverierendes Fokussieren auf den Misserfolg, während handlungsorientierte Personen schnell wieder handlungsfähig sind (z.B. „Wenn ich meinen ganzen Ehrgeiz daran gesetzt habe, eine bestimmte Zwischenprüfung erfolgreich abzuschließen, und es geht schief, dann - a) lasse ich den Kopf nicht hängen und fange mit den Vorbereitungen für die nächste Klausur an" [handlungsorientiert], oder - b) fällt es mir schwer, überhaupt noch etwas zu tun" [lageorientiert]). Schließlich äußert sich die prospektive Handlungskontrolle darin, wie gut es gelingt, vorhandene Lernabsichten in die Tat umzusetzen (z.B. „Wenn ich mich auf eine Prüfung vorbereiten muss, dann - a) fange ich sofort mit dem an, was mir am wichtigsten erscheint" [handlungsorientiert], oder - „b) beginne ich oft recht spät damit, weil ich nicht weiß, womit ich anfangen soll" [lageorientiert]).

Wie bereits im Theorieteil ausgeführt, können Zielintentionen der Person mit unterschiedlich großer *Zielbindung bzw. Selbstverpflichtung* verfolgt werden. In unserem Fall geht es dabei um das Ziel, das Studium erfolgreich zu einem Abschluss zu bringen. Die Zielbindung wurde mit Hilfe einer von Urhahne (1997) entwickelten Skala erfasst (z.B. „Mein Studium erfolgreich durchzustehen, ist für mich ein zentrales Lebensziel", „Es würde mir sehr viel ausmachen, wenn ich mein Studium aufgeben müsste"). Als Ausgangspunkt der Skalenkonstruktion wurde die Skala von Hollenbeck, Klein, O'Leary und Wright (1989) verwendet.

Die Skalen zur Erfassung der *Lernstrategien* sind dem „Fragebogen zu Lernstrategien im Studium" (LIST; Wild & Schiefele, 1994) entnommen.

Erfassung der Studienleistung

Wie oben bereits erwähnt, hatten die Probanden unmittelbar nach Semesterende die Möglichkeit, an maximal fünf Klausuren teilzunehmen. Die Ergebnisse dieser Klausuren gehen in die Vordiplomsnote ein. Für die Studierenden des ersten Semesters betrifft dies die Klausuren in Betriebswirtschaftslehre 1 (BWL 1), Volkswirtschaftslehre 1 (VWL 1), Mathematik 1, Statistik 1 und Rechnungswesen. Die Studierenden des dritten Semesters hatten die Auswahl zwischen den folgenden Klausuren: BWL 3, VWL 3, Mathematik 3, Ökonometrie und Privatrecht. Die Studierenden, die sich zum Zeitpunkt der Studie bereits im zweiten Semester befanden (weil sie ihr Studium im Sommersemester aufgenommen hatten; $n = 4$), nahmen an den Klausuren teil, die für das erste Semester vorgesehen waren. Insgesamt 14 Studierende absolvierten jeweils eine Klausur, die nicht ihrem Semester entsprach. In den meisten Fällen war dies darauf zurückzuführen, dass Studierende des ersten Semesters zusätzlich an der Klausur in Privatrecht teilnahmen.

Es war leider nicht möglich, Cronbachs α für die Klausurnoten zu berechnen, da nur ein kleiner Teil der Probanden an allen Klausuren eines Semesters teilgenommen hat. Um einen Eindruck von der internen Konsistenz unseres Leistungsmaßes zu bekommen, bleibt der Ausweg, Korrelationen für alle möglichen Paare von Klausuren zu berechnen. Für die Klausuren des ersten Semesters konnten dabei ausnahmslos signifikante Korrelationen festgestellt werden, die zwischen .36 (Statistik 1 x VWL 1) und .77 (BWL 1 x Rechnungswesen) variierten. Die Korrelationen zwischen den Klausuren des dritten Semesters variierten von .22 (Mathematik 3 x Privatrecht) bis .85 (VWL 3 x Mathematik 3). Aufgrund der erheblich geringeren Zahl von Probanden, die die Klausuren des dritten Semesters absolvierten, wurden nur fünf der 10 Korrelationen signifikant.

Für jeden Probanden wurde eine Durchschnittsnote berechnet, die als Indikator der Studienleistung verwendet wurde. Die Durchschnittsnoten wurden auf der Basis z-standardisierter Einzelnoten gebildet, da die individuellen Durchschnittsnoten auf unterschiedlichen Klausuren beruhen, die sich in ihren Schwierigkeitsgraden offensichtlich unterscheiden. Die Zensurengebung im Grundstudium fällt im Studienfach Wirtschaftswissenschaften vergleichsweise streng aus. Im Durchschnitt erhält etwa ein Drittel aller Klausurteilnehmer die Note 5. Im Fach Rechnungswesen liegt diese Quote sogar über 70%.

Neben der Durchschnittsnote wurde als weiterer Indikator der Studienleistung die Anzahl der geschriebenen Klausuren einbezogen. Dies ist insofern sinnvoll und notwendig, als die Studierenden sich in der Zahl der absolvierten Klausuren deutlich unterschieden. Zudem ist die *Menge* der gezeigten Leistung, unabhängig von ihrer *Güte*, ein wichtiger Bestandteil effektiven Studierens.

Ergebnisse

Deskriptive Befunde und Korrelationsanalysen

Tabelle 1 gibt für alle Variablen – mit Ausnahme der Leistungsdaten – die Mittelwerte, Standardabweichungen, Reliabilitäten und die Zahl der Items wieder. Keiner der Mittelwerte ist auffällig hoch oder niedrig, so dass keine Boden- oder Deckeneffekte zu vermuten sind. Der relativ hohe Wert für die berufsorientierte extrinsische Motivation ist angesichts des Studienfachs der Probanden nicht sehr verwunderlich.

In Tabelle 2 sind die Mittelwerte und Standardabweichungen der Klausurnoten dargestellt. Anhand der Klausurnoten lässt sich überprüfen, inwieweit die gezogene Stichprobe sich von der Gruppe derjenigen Studierenden unterscheidet, die nicht an unserer Studie teilgenommen haben. Dieser Vergleich ist möglich, da alle Noten öffentlich ausgehängt werden. Dabei zeigt sich zwar für die meisten Fächer, dass die Durchschnittsnoten unserer Stichprobe etwas besser sind als die der anderen Studierenden, dass die betreffenden Unterschiede aber nur in drei Fällen signifikant werden (VWL 3, Ökonometrie, Privatrecht). Wir können also davon ausgehen, dass die an der Studie teilnehmenden Personen sich nicht gravierend von den Nichtteilnehmern hinsichtlich ihrer Leistungsfähigkeit unterscheiden.

Im Durchschnitt nahmen die Probanden an 3.7 Klausuren teil. Die entsprechenden Häufigkeiten sind wie folgt: fünf Personen schrieben lediglich eine Klausur, neun Personen schrieben zwei Klausuren, 28 Personen drei Klausuren, 49 Personen vier Klausuren, 21 Personen fünf Klausuren und eine Person schrieb sechs Klausuren. Die letztgenannte Person absolvierte alle Klausuren des ersten Semesters plus eine Klausur des dritten Semesters.

Eine weitere wichtige Frage besteht darin, ob sich die Studierenden, die an den Klausuren des ersten Semesters teilnahmen ($n = 92$), hinsichtlich der Prädiktorvariablen von den Studierenden unterscheiden, die an den Klausuren des dritten Semesters teilnahmen ($n = 21$). Solche Unterschiede wären deshalb nicht überraschend, weil die zweite Gruppe über mehr Studienerfahrung verfügt. Es ergaben sich jedoch nur zwei signifikante Unterschiede. Die Studierenden des ersten Semesters haben sowohl höhere Werte für das Studieninteresse als auch für die Anwendung von Elaborationsstrategien.

Tabelle 1: Mittelwerte, Standardabweichungen und Reliabilitäten der Prädiktorvariablen

Prädiktorvariablen[a]	Zahl der Items	*M*	*SD*	α
Selbstwirksamkeit	10	2.86	.45	.87
Interesse	18	2.50	.51	.88
Leistungsmotivation	4	3.02	.51	.70
Wettbewerbsmotivation	4	2.06	.63	.80
Berufsmotivation	4	3.34	.53	.83
Zielbindung	7	3.17	.50	.79
Hk nach Erfolg	10	1.55	.28	.76
Hk nach Misserfolg	10	1.48	.20	.70
Hk prospektiv	10	1.58	.27	.74
Wiederholungsstrategien	6	2.78	.52	.76
Elaborationsstrategien	8	2.91	.54	.84

Anmerkungen. $N = 113$; Hk = Handlungskontrolle; [a]Die Mittelwerte der Skalen zur Handlungskontrolle variieren zwischen 1 (Lageorientierung) und 2 (Handlungsorientierung), die Mittelwerte der restlichen Skalen zwischen 1 und 4. In allen Fällen zeigen hohe Werte eine hohe Ausprägung der jeweiligen Variable an.

Tabelle 2: Mittelwerte und Standardabweichungen der Klausurnoten

Leistungsindikatoren	*n*	*M*[a]	*SD*
Betriebswirtschaftslehre 1	64	3.47	1.28
Volkswirtschaftslehre 1	78	3.68	1.07
Statistik 1	79	3.22	1.37
Mathematik 1	66	3.85	1.13
Rechnungswesen	35	4.43	1.01
Betriebswirtschaftslehre 3	17	4.18	1.01
Volkswirtschaftslehre 3	18	2.94	1.47
Ökonometrie	18	2.78	1.00
Mathematik 3	19	3.16	1.34
Privatrecht	20	3.20	1.24

Anmerkungen. [a]Die Klausurnoten variieren zwischen 1 (sehr gut) und 5 (nicht bestanden).

Als weiterer Schritt wurden Geschlechtsunterschiede geprüft. Dabei zeigte sich, dass Frauen ($n = 40$) im Vergleich zu Männern ($n = 73$) bei folgenden Variablen niedrigere Werte aufweisen: Interesse, Wettbewerbsmotivation, misserfolgsbezogene und prospektive Handlungskontrolle, Elaborationsstrategien und Zahl der Klausuren. Andererseits haben Frauen höhere Werte bei den Wiederholungsstrategien.

Als Nächstes betrachten wir die einfachen Korrelationen zwischen den einbezogenen Prädiktorvariablen (s. Tabelle 3). Bemerkenswert ist dabei zunächst, dass die motivationalen Prädiktoren relativ hoch und positiv korrelieren. Das gilt auch für Studieninteresse, das insbesondere mit der Leistungsmotivation signifikant zusammenhängt. Bedeutsam sind auch die hohen Korrelationen zwischen Selbstwirksamkeit und misserfolgsbezogener und prospektiver Handlungskontrolle. Wiederholungsstrategien korrelieren nur in geringem Ausmaß mit anderen Variablen. Geschlecht korreliert meist negativ mit anderen Variablen (d.h. Männer haben höhere Werte als Frauen). Die hohen Korrelationen der Zielbindung mit anderen Motivationsvariablen deuten schon die potentielle Mediatorrolle der Zielbindung an.

Ebenfalls in Tabelle 3 sind die Korrelationen zwischen den Prädiktoren und den Leistungsindikatoren wiedergegeben. Die meisten Prädiktoren korrelieren signifikant mit der Durchschnittsnote. Etwas überraschend ist der fehlende bzw. negative Zusammenhang zwischen dem Einsatz von Wiederholungsstrategien und der Leistungsgüte. Die Leistungsgüte scheint insbesondere von der Ausprägung des Interesses und der Zielbindung abzuhängen. Interessanterweise erweisen sich die prospektive und die misserfolgsbezogene Handlungskontrolle – zusammen mit der Zielbindung – als die besten Prädiktoren der Anzahl der Klausuren. Ebenfalls bemerkenswert ist die signifikante Korrelation zwischen Durchschnittsnote und Anzahl der Klausuren von -.28. Diese Korrelation bedeutet, dass mit der Zahl der Klausuren auch die Leistungsgüte ansteigt. Es kann also kein Mengen-Güte-Austausch festgestellt werden.

Strukturgleichungsmodelle

Das wichtigste Ziel der durchgeführten Studie bestand in der Überprüfung des oben dargestellten Modells zur Vorhersage der Studienleistung. Dieses Modell wurde mit Hilfe von Strukturgleichungsanalysen getestet (die Berechnung erfolgte mit dem Programm AMOS 3.6; Arbuckle, 1997). Um die Analysen für *latente* Variablen durchführen zu können, wurden die latenten Variablen zweifach indikatorisiert (durch Teilung der betreffenden Skalen).

Die Prüfung theoretischer Modelle mittels Strukturgleichungsanalysen beruht darauf, dass aufgrund der Vorgaben durch das Modell eine modelltheoretische Korrelations-(bzw. Kovarianz)matrix aufgrund der vorhandenen empirischen Korrelationen berechnet und mit der empirischen Korrelationsmatrix verglichen wird (z.B. Backhaus, Erichson, Plinke & Weiber, 1990; Schumacker & Lomax, 1996). Um das Ausmaß der erreichten Passung zwischen modelltheoretischer und empirischer Korrelationsmatrix bestimmen zu können, gibt es eine Vielzahl von Gütekriterien bzw. Fit-Indizes. Wir haben dabei, den Empfehlungen verschiedener Autoren folgend (z.B. Hu & Bentler, 1999; Marsh, Balla & Hau, 1996), die folgenden Indizes verwendet: χ^2-Test, „comparative fit index" (*CFI*) und „root mean square error of approximation" (*RMSEA*). Ein signifikanter χ^2-Wert zeigt eine schlechte Passung zwischen modelltheoretischer und empirischer Korrelationsmatrix an. Der χ^2-Wert ist allerdings sehr stichprobenabhängig und nicht sehr robust gegenüber Verletzungen der Normalverteilung. Es ist daher unerlässlich, noch weitere Fit-Indizes heranzuziehen, die weniger stichprobenabhängig und robuster gegenüber Verletzungen der Normalverteilung sind (z.B. *CFI* und *RMSEA*). Der *CFI* sagt etwas über die Größe der Diskrepanz zwischen dem angenommenen Modell und einem „Baseline"-Modell aus. Das Baseline-Modell ist das denkbar schlechteste Modell und geht von der völligen Unabhängigkeit der Modellvariablen aus. Je größer der *CFI*-Wert ausfällt, desto größer ist die Diskrepanz zwischen dem angenommenen Modell und dem baseline-Modell. Die entsprechenden Werte für den *CFI* können zwischen 0 und 1 variieren und Werte größer .90 zeigen einen guten Fit an. Der *RMSEA* ist ebenfalls ein

Diskrepanz-Wert, der allerdings auf der Diskrepanz zwischen modelltheoretischer Korrelations-matrix und Populations-Korrelationsmatrix beruht. In diesem Fall zeigen Werte zwischen 0 und .06 eine gute Passung des Modells an (Hu & Bentler, 1999).

Im ersten Schritt wurde das in Abbildung 1 dargestellte Modell getestet, und zwar zunächst nur für die *Durchschnittsnote* als vorherzusagendem Kriterium. Es ist dabei zu beachten, dass die erfolgsbezogene Handlungskontrolle von vornherein nicht berücksichtigt wurde, da sie keine Korrelationen zu anderen Variablen (mit Ausnahme der anderen beiden Komponenten der Handlungskontrolle) aufwies.

Das Ausgangsmodell zeigte zwar eine akzeptable Passung mit den Daten (χ^2 = 258.70, df = 181, $p < .001$; CFI = .93; $RMSEA$ = .062), aber es konnten einige nicht-signifikante Pfade beobachtet werden, die aufgrund der Korrelationen in Tabelle 3 teilweise auch zu erwarten waren. Andererseits wurde deutlich, dass in den empirischen Daten signifikante Beziehungen auftraten, die im Modell nicht berücksichtigt worden waren.

Um abschätzen zu können, ob für die beobachtete Diskrepanz zwischen Daten und Modell eher das Messmodell oder das Strukturmodell verantwortlich war, wurde das Messmodell separat geprüft (konfirmatorische Faktorenanalyse). Die resultierende Modellgüte war zwar zufrieden stellend, aber es trat eine bedenklich hohe Korrelation (.80) zwischen prospektiver und misserfolgsbezogener Handlungskontrolle auf. Dies deutete darauf hin, dass die beiden Konstrukte sich erheblich überlappen. Wir entschieden daher, diese beiden Komponenten zu einer neuen latenten Variable mit vier Indikatoren zusammenzufassen.

Das Ausgangsmodell wurde nach der vorgenommenen Änderung des Messmodells nochmals geprüft (χ^2 = 275.28, df = 186, $p < .001$; CFI = .92; $RMSEA$ = .065) und mit dem modifizierten Messmodell (χ^2 = 215.30, df = 156, $p < .001$; CFI = .95; $RMSEA$ = .058) verglichen. Der Vergleich der χ^2-Werte des Ausgangs- und des Messmodells fiel signifikant aus ($\Delta\chi^2$ = 59.98, df = 30, $p < .01$), d.h. die über das Messmodell hinausgehenden Parameterspezifikationen aufgrund des Strukturmodells führen zu einer signifikanten Verschlechterung der Modellgüte. Es kann daher geschlossen werden, dass Verbesserungen des Strukturmodells die Modellgüte noch steigern können.

Zur Modifikation des Strukturmodells wurden zunächst sukzessive die nicht-signifikanten und gleichzeitig nahe bei Null ($< .10$) liegenden Pfade eliminiert. Darüber hinaus wurde die Wettbewerbsmotivation aus dem Modell entfernt, da diese Variable mit keiner anderen signifikant zusammenhing.

Schließlich wurden noch zwei neue Pfade in das Modell aufgenommen. Die Bedeutung dieser zwei Pfade wurde durch hohe Modifikationsindizes (> 10) angezeigt.[1] Dies betraf die Pfade von Geschlecht zu Handlungskontrolle und zu Wiederholungsstrategien. Jeder der bisher genannten Schritte brachte für sich eine signifikante Verbesserung der Güte des jeweils vorhergehenden Modells. Alle anderen Effekte blieben davon so gut wie nicht berührt. Das resultierende modifizierte Modell zeigte eine gute Passung mit den empirischen Daten und stellte eine signifikante Verbesserung gegenüber dem Ausgangsmodell dar ($\Delta\chi^2$ = 99.96, df = 37, $p < .001$).

---

[1] Der Modifikationsindex schätzt für jeden als fest spezifizierten Parameter ab, um wie viel der χ^2-Wert sinken würde, wenn dieser Parameter freigesetzt würde. So kann z.B. geprüft werden, welche Auswirkung das Zulassen eines Pfades (entspricht der Freisetzung eines Parameters, der zuvor auf Null gesetzt war) zwischen zwei latenten Variablen auf den χ^2-Wert hat.

Tabelle 3: Produkt-Moment-Korrelationen zwischen allen Variablen

	Int	Lm	Wm	Bm	ZielB	HkErf	HkMiss	HkPro	Wdh	Elab	Gesch	DNote[a]	ZdK
Sw	.19*	.27**	.15	.26*	.24*	.12	.43	.45***	-.08	.27**	-.12	-.24*	.20*
Int	–	.35***	.22*	.16	.55***	-.11	-.19*	.37***	-.08	.24**	-.22*	-.33***	.15
Lm		–	.47***	.48***	.46***	-.00	-.04	.20*	.07	.18	-.09	-.24**	.08
Wm			–	.33***	.31***	-.16	-.06	-.00	-.01	.10	-.23*	-.13	.03
Bm				–	.22*	.00	-.02	.05	.23*	.17	-.01	.03	-.07
ZielB					–	-.05	.01	.24*	.03	.15	-.13	-.32***	.29*
HkErf						–	.28**	.20*	.00	-.11	-.03	.00	.09
HkMiss							–	.49***	-.20*	.16	-.37***	-.19*	.32**
HkPro								–	-.14	.30**	-.28**	-.26*	.30**
Wdh									–	-.07	.30**	.19*	-.11
Elab										–	-.18	-.04	.05
Gesch											–	.16	-.29**
DNote[a]												–	-.28**

Anmerkungen. $N = 113$; *$p < .05$, **$p < .01$, ***$p < .001$ (zweiseitige Tests); [a] negative Korrelationen zeigen eine positive Beziehung zwischen Prädiktor und Leistung an; Int = Interesse, Lm = leistungsorientierte Motivation, Wm = wettbewerbsorientierte extrinsische Motivation, Bm = berufsorientierte extrinsische Motivation, ZielB = Zielbindung, SW = Selbstwirksamkeit, HkErf = Handlungskontrolle nach Erfolg, HkMiss = Handlungskontrolle nach Misserfolg, HkPro = prospektive Handlungskontrolle, Wdh = Wiederholungsstrategien, Elab = Elaborationsstrategien, Gesch = Geschlecht (1 = männlich, 2 = weiblich), DNote = Durchschnittsnote, ZdK = Zahl der Klausuren.

Das dazugehörige Messmodell unterschied sich nun nicht mehr signifikant von dem Gesamtmodell. Dies bedeutet, dass die weitere Optimierung des Gesamtmodells nur noch über eine Verbesserung des Messmodells zu erreichen war.

Das bis zu diesem Punkt modifizierte Modell ließ erkennen, dass die einbezogenen Lernstrategien die Effekte der motivationalen und volitionalen Prädiktoren auf die Durchschnittsnote nicht vermitteln konnten. Wiederholungs- und Elaborationsstrategien hatten sogar erwartungswidrige Vorzeichen, d.h. sie schienen für eine gute Leistung eher hinderlich zu sein. Zusätzlich ist festzustellen, dass auch die berufsbezogene Motivation keinen leistungswirksamen Einfluss ausüben konnte. Wir schlagen daher ein Modell vor, das die genannten Variablen nicht mehr enthält (s. Abbildung 2).

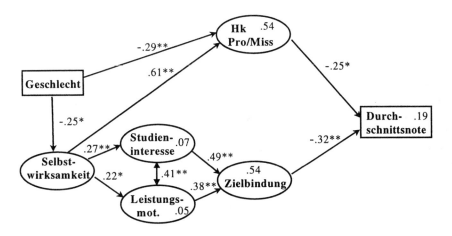

Abbildung 2: Modifiziertes Strukturgleichungsmodell zur Vorhersage der Durchschnittsnote (χ^2 = 66.02, *df* = 66, *p* = .48; *CFI* = 1.00; *RMSEA* = .002; *N* = 113; **p* < .05, ***p* < .01; Hk Pro/Miss = Prospektive und misserfolgsbezogene Handlungskontrolle; die in den Kästchen bzw. Ellipsen enthaltenen Werte geben das Ausmaß an aufgeklärter Varianz an).

Ein solches Modell ist als Heuristik für die weitere Forschung anzusehen. Es zeigt eine sehr gute Passung mit den empirischen Daten. Keine anderen Pfade als die angegebenen wurden signifikant. Daraus folgt, dass sowohl die Zielbindung als auch die Handlungskontrolle wirksame Mediatoren motivationaler Einflüsse auf die Leistung sind. Eine Aufstellung der indirekten Effekte der einbezogenen Prädiktoren ist in Tabelle 4 (linke Spalte) wiedergegeben

Da bekannt ist, dass für jeden empirischen Datensatz immer mehrere gleichermaßen passende Modelle existieren (die jedoch inhaltlich betrachtet z.T. auch unsinnig sein können), gewinnt der Nachweis an Bedeutung, dass sich das von uns postulierte Modell von plausiblen Alternativmodellen unterscheidet. Wir haben zu diesem Zweck drei Alternativmodelle postuliert. Das erste Alternativmodell sah vor, dass die Zielbindung nicht die Effekte von Interesse und Leistungsmotivation vermittelt, sondern die Rollen vertauscht sind und die Zielbindung über Leistungsmotivation und Interesse auf die

Leistung wirkt. In dem zweiten Alternativmodell wird auf die Zielbindung als Mediator-variable ganz verzichtet.

Tabelle 4: Indirekte Effekte in den modifizierten Strukturgleichungsmodellen

	Durchschnittsnote[a]	Zahl der Klausuren
Geschlecht[b]	.13	-.19
Selbstwirksamkeit	-.24	.28
Interesse	-.16	.10
Leistungsmotivation	-.12	.08

Anmerkungen. $N = 113$; [a]negative Werte zeigen eine positive Beziehung zwischen Prädiktor und Leistung an; [b]1 = männlich, 2 = weiblich.

Dadurch sollte geprüft werden, ob die Hinzunahme dieser Variable tatsächlich zu einer besseren Modellanpassung führt. Schließlich wurde als dritte Möglichkeit ein Modell geprüft, in dem Handlungskontrolle, Interesse, Leistungsmotivation und Zielbindung nur kovariieren, aber keine gerichteten Relationen untereinander aufweisen. Für alle drei Alternativmodelle ergab sich im Vergleich mit dem modifizierten Modell eine signifikant schlechtere Modellanpassung.

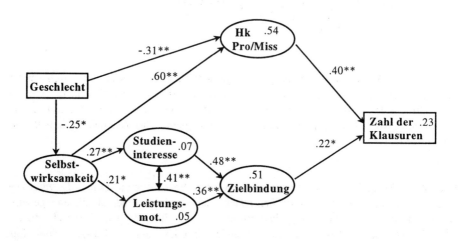

Abbildung 3: Modifiziertes Strukturgleichungsmodell zur Vorhersage der Zahl der Klausuren ($\chi^2 = 72.52$, $df = 66$, $p = .27$; *CFI* = 0.99; *RMSEA* = .030; $N = 113$; *$p < .05$, **$p < .01$; Hk Pro/Miss = Prospektive und misserfolgsbezogene Handlungskontrolle; die in den Kästchen bzw. Ellipsen enthaltenen Werte geben das Ausmaß an aufgeklärter Varianz an).

Wenden wir uns nun der Vorhersage der Zahl der absolvierten Klausuren zu. Das Vorgehen war hier sehr ähnlich. Im ersten Schritt wurde das in Abbildung 1 dargestellte Modell getestet, und zwar diesmal für die *Zahl der Klausuren* als vorherzusagendem Kriterium. Aufgrund der bereits erfolgten Analyse des Messmodells wurde auch hier die erfolgsbezogene Handlungskontrolle nicht weiter berücksichtigt, und die misserfolgsbezogene und die prospektive Handlungskontrolle wurden zu einer Variable zusammengefasst.

Das Ausgangsmodell zeigte zwar auch hier eine akzeptable Passung mit den Daten (χ^2 = 139.77, df = 88, $p < .001$; $CFI = .93$; $RMSEA = .072$), aber es konnten ebenfalls einige nicht-signifikante Pfade beobachtet werden und hohe Modifikationsindizes deuteten darauf hin, dass noch weitere Relationen zu berücksichtigen waren. Die schrittweise vorgenommenen Modifikationen waren nahezu die gleichen wie bei dem Modell zur Vorhersage der Durchschnittsnote. Das schließlich resultierende modifizierte Modell (s. Abbildung 3) zeigt eine gute Passung mit den empirischen Daten und stellt eine signifikante Verbesserung gegenüber dem Ausgangsmodell dar ($\Delta\chi^2$ = 67.25, df = 22, $p < .001$). Das modifizierte Modell erwies sich auch gegenüber den drei oben genannten Alternativmodellen überlegen. In dem modifizierten Modell wurden keine anderen Pfade als die angegebenen signifikant. Daraus folgt, dass auch bezüglich der Vorhersage der Zahl der Klausuren sowohl die Zielbindung als auch die Handlungskontrolle wirksame Mediatoren motivationaler Einflüsse auf Leistung sind (s.a. Tabelle 4, rechte Spalte).

Zusammenfassung und Schlussfolgerungen

Mit der in diesem Kapitel berichteten Studie haben wir den Versuch unternommen, die Effekte unterschiedlicher motivationaler und volitionaler Faktoren auf den Studienerfolg im Rahmen eines hypothetischen kausalen Modells zu überprüfen. Obwohl unser Ausgangsmodell den empirischen Daten relativ gut entsprach, waren doch zahlreiche Modifikationen angezeigt. Diese führten schließlich zu zwei explorativen Modellen, die wir als Heuristik für die weitere Forschung vorschlagen. Die beiden Modelle unterscheiden sich nicht hinsichtlich ihrer Struktur, so dass für beide Leistungskriterien, nämlich die Durchschnittsnote und die Zahl der Klausuren, im Prinzip das gleiche Modell Gültigkeit hat. In diesem Modell zeigt sich zunächst, dass die Selbstwirksamkeit und die Geschlechtszugehörigkeit deutliche indirekte Effekte auf die Leistung haben. Der Effekt der Selbstwirksamkeit wird zum größten Teil über die Handlungskontrolle vermittelt (.15 bzw. .23), während das Geschlecht den volitionalen und den motivationalen Pfad gleichermaßen beeinflusst. Darüber hinaus ist zu betonen, dass bei den Leistungskriterien immerhin 19% bzw. 23% der Varianz aufgeklärt werden konnte.

Ganz im Sinne der Theorie der Selbstwirksamkeit (Bandura, 1997) bestätigte sich, dass die motivationalen Prädiktoren Studieninteresse und Leistungsmotivation umso höher ausgeprägt sind, je höher der Grad der Selbstwirksamkeit ist. Darüber hinaus entspricht es motivationstheoretischen Vorstellungen, dass ein hohes Studieninteresse und ein hohes fachbezogenes Leistungsstreben zu einer starken Bindung an das Ziel eines erfolgreichen Studienabschlusses beitragen, das seinerseits einen signifikanten Effekt auf die Leistung ausübt. Sowohl bei der Zielbindung als auch bei der Handlungskontrolle konnten ca. 50% der Varianz aufgeklärt werden.

Ein weiterer wichtiger Befund besteht darin, dass der volitionale und der motivationale kausale Pfad unabhängig voneinander, ohne gegenseitige Beeinflussung, auf die Leistung einwirken. Dabei ist jedoch zu beachten, dass dieser Befund zumindest teilweise auf den differentiell-psychologischen Forschungsansatz zurückzuführen ist. Sowohl die motivationalen als auch die volitionalen Faktoren stellen relativ stabile Personmerkmale dar. In einem Modell jedoch, das stärker prozesshaften Charakter hätte bzw. Prozessmerkmale enthalten würde, wäre im Sinne des Rubikon-Modells von Heckhausen (1989) eine stärkere Abhängigkeit volitionaler Vorgänge von motivationalen Prozessen zu erwarten.

Schließlich ergab sich der interessante Befund, dass die Güte der Leistung, nämlich die Durchschnittsnote, stärker von motivationalen als von volitionalen Personmerkmalen abhängt (-.32 vs. -.25). Bezüglich der Menge der Leistung, nämlich der Zahl der Klausuren, verhält es sich genau umgekehrt. Hier erweist sich die Handlungs- vs. Lageorientierung als der stärkere Prädiktor (.39 vs. .21). Eine mögliche Interpretation wäre, dass die Motivation vor allem dafür sorgt, dass sich ein Studierender intensiv mit dem Lernstoff auseinander setzt und folglich gute Noten erhält. Dies ist auch deswegen plausibel, weil die resultierende Motivation (die Zielbindung) vor allem vom *Studieninteresse* beeinflusst wird (s.a. Tabelle 3). Die Handlungsorientierung trägt dazu insofern bei, als handlungsorientierte Personen besser in der Lage sind, ihre Lernintentionen in Verhalten umzusetzen. Offenbar leistet die Handlungsorientierung jedoch einen noch größeren Beitrag dazu, dass eine größere Zahl von Leistungssituationen (sprich Prüfungen) aufgesucht wird. Dafür könnte vor allem die *misserfolgsbezogene* Handlungsorientierung verantwortlich sein (s.a. Tabelle 3), denn sie kennzeichnet Personen, die mehr oder weniger in der Lage sind, nach Misserfolgen wieder schnell produktiv zu handeln.

Bislang liegen unseres Wissens nur wenige Studien zum Zusammenhang von Handlungs- vs. Lageorientierung und akademischer Leistung vor. Während Helmke und Mückusch (1994) bei Grundschülern keine signifikanten Korrelationen zwischen Handlungskontrolle und Leistung feststellen konnten, fanden Boekaerts (1994) und Volet (1997) bei Schülern (10 bis 15 Jahre) und Studierenden offenbar positive Hinweise auf solche Zusammenhänge. In unserer Studie ist es ebenfalls gelungen, für eine Gruppe von Studierenden signifikante Effekte der dispositionalen Handlungskontrolle auf Leistung nachzuweisen. Die Diskrepanz zwischen diesen Befunden könnte zum einen damit zusammenhängen, dass sich das Vermögen zur Handlungskontrolle in der Ontogenese erst verhältnismäßig spät entwickelt. Zum anderen wäre denkbar, dass die Fähigkeit zur Handlungskontrolle in späteren Schul- und Studienjahren in stärkerem Maße gefordert ist als in früheren. Der Befund einer stärkeren Beeinflussung der Leistungsmenge scheint uns dabei durchaus kongruent mit der Definition des Konstrukts Handlungs- vs. Lageorientierung zu sein. Studierende mit hoher Handlungsorientierung sind – auch unter widrigen Umständen (z.B. Misserfolg) – zu effektivem Umsetzen ihrer Lernabsichten befähigt. Diese Fähigkeit garantiert möglicherweise vor allem, dass quantitativ mehr geleistet wird, aber nicht im gleichen Maße, dass auch qualitativ bessere Leistungen erbracht werden.

Natürlich müssen wir zum Schluss auch einige Defizite der Studie einräumen. Dabei sind vor allem zu nennen die relativ geringe Stichprobengröße (gemessen an den Anforderungen für Strukturgleichungsmodelle), die Vernachlässigung kognitiver Prädiktoren, der querschnittliche Ansatz der Studie (die Prädiktoren wurden zum gleichen Zeitpunkt erhoben, nur die Leistungsmessung erfolgte zeitlich versetzt) und die problematische Erfassung der Lernstrategien. Diese Defizite geben uns auch Hinweise für die künftige Forschung. Neben der Replikation der vorliegenden Befunde mittels größerer Stichproben und anderer Studiengänge sind dabei vor allem die Berücksichtigung weiterer (insbesondere kognitiver) Prädiktoren und eine Verbesserung der Messung von Lernstrategien zu nennen. Wie bereits erwähnt wurde, hat sich in einigen Studien die Erfassung der Verwendung von Lernstrategien mittels Fragebogen als wenig prädiktiv für die Leistung erwiesen. In unserer Studie kommt erschwerend hinzu, dass die Studierenden gefragt wurden, in welchem Ausmaß sie *üblicherweise* Wiederholungs- und Elaborationsstrategien einsetzen, so dass kein direkter Bezug zu der eigentlichen Lernphase hergestellt werden konnte. Wünschenswert wären daher entweder ein deutlicherer Bezug der Lernstrategiemessung zu einer konkreten Lernphase oder die Verwendung alternativer Erfassungsmethoden (z.b. videogestützte Beobachtung, Tagebuchverfahren; vgl. Artelt, 1999; Wild, 2000).

Literatur

Arbuckle, J. L. (1997). *AMOS user's guide. Version 3.6.* Chicago: SmallWaters Corporation.

Artelt, C. (1999). Lernstrategien und Lernerfolg – Eine handlungsnahe Studie. *Zeitschrift für Entwicklungspsychologie und Pädagogische Psychologie, 31,* 86-96.

Anderman, E. M. & Midgley, C. (1997). Changes in achievement goal orientations, perceived academic competence, and grades across the transition to middle-level schools. *Contemporary Educational Psychology, 22,* 269-298.

Backhaus, K., Erichson, B., Plinke, W. & Weiber, R. (1990). *Multivariate Analysemethoden.* Berlin: Springer.

Bandura, A. (1997). *Self-efficacy: The exercise of control.* New York: Freeman.

Boekaerts, M. (1994). Action control: How relevant is it for classroom learning? In J. Kuhl & J. Beckmann (Eds.), *Volition and personality* (pp. 427-435). Seattle: Hogrefe & Huber.

Bong, M. & Clark, R. E. (1999). Comparison between self-concept and self-efficacy in academic motivation research. *Educational Psychologist, 34,* 139 - 153.

Brunstein, J. C. (1995). *Motivation nach Misserfolg.* Göttingen: Hogrefe.

Brunstein, J. C. & Maier, G. W. (1996). Persönliche Ziele: Ein Überblick zum Stand der Forschung. *Psychologische Rundschau, 47,* 146-160.

Deci, E. L. & Ryan, R. M. (1985). *Intrinsic motivation and self-determination in human behavior.* New York: Plenum.

Dweck, C. S. (1986). Motivational processes affecting learning. *American Psychologist, 41,* 1040-1048.

Garcia, T., McCann, E. J., Turner, J. E. & Roska, L. (1998). Modeling the mediating role of volition in the learning process. *Contemporary Educational Psychology, 23,* 392-418.

Geyer, S. & Lilli, W. (1992). Konsequenzen von Handlungs- und Lageorientierung im Studium: Ein Vergleich zweier Fachrichtungen. *Zeitschrift für Sozialpsychologie, 23,* 119-128.

Gollwitzer, P. M. (1996). Das Rubikonmodell der Handlungsphasen. In J. Kuhl & H. Heckhausen (Hrsg.), *Enzyklopädie der Psychologie: Themenbereich C Theorie und Forschung, Serie Motivation und Emotion, Band 4 Motivation, Volition und Handlung* (S. 531-582). Göttingen: Hogrefe.

Gollwitzer, P. M. & Malzacher, J. T. (1996). Absichten und Vorsätze. In J. Kuhl & H. Heckhausen (Hrsg.), *Enzyklopädie der Psychologie: Themenbereich C Theorie und Forschung, Serie Motivation und Emotion, Band 4 Motivation, Volition und Handlung* (S. 427-468). Göttingen: Hogrefe.

Heckhausen, H. (1968). Förderung der Lernmotivation und der intellektuellen Tüchtigkeiten. In H. Roth (Hrsg.), *Begabung und Lernen* (S. 193-228). Stuttgart: Klett.

Heckhausen, H. (1989). *Motivation und Handeln.* Berlin: Springer.

Heckhausen, H. & Rheinberg, F. (1980). Lernmotivation im Unterricht, erneut betrachtet. *Unterrichtswissenschaft, 8,* 7-47.

Helmke, A. (1992). *Selbstvertrauen und schulische Leistungen.* Göttingen: Hogrefe.

Helmke, A. & Mückusch, C. (1994). Handlungs- und Lageorientierung bei Grundschülern. *Zeitschrift für Pädagogische Psychologie, 8*, 63-72.

Hoffmann, L., Häußler, P. & Peters-Haft, S. (1997). *An den Interessen von Mädchen und Jungen orientierter Physikunterricht.* Kiel: IPN-Schriftenreihe.

Hollenbeck, J. R., Klein, H. J., O'Leary, A. M. & Wright, P. M. (1989). Investigation of the construct validity of a self-report measure of goal commitment. *Journal of Applied Psychology, 74*, 951-956.

Hu, L. T. & Bentler, P. M. (1999). Cutoff criteria for fit indices in covariance structure analyses: Conventional criteria versus new alternatives. *Structural Equation Modeling, 6*, 1-55.

Jerusalem, M. & Schwarzer, R. (1986). Selbstwirksamkeit. In R. Schwarzer (Hrsg.), *Skalen zur Befindlichkeit und Persönlichkeit* (Forschungsbericht Nr. 5). Berlin: Freie Universität.

Kleinbeck, U. & Schmidt, K.-H. (1996). Die Wirkungen von Zielsetzungen auf das Handeln. In J. Kuhl & H. Heckhausen (Hrsg.), *Enzyklopädie der Psychologie: Themenbereich C Theorie und Forschung, Serie Motivation und Emotion, Band 4 Motivation, Volition und Handlung* (S. 875-907). Göttingen: Hogrefe.

Köller, O. & Schiefele, U. (1998). Zielorientierung. In D. H. Rost (Hrsg.), *Handwörterbuch Pädagogische Psychologie* (S. 585-588). Weinheim: Psychologie Verlags Union.

Krapp, A. (1992). Das Interessenkonstrukt. In A. Krapp & M. Prenzel (Hrsg.), *Interesse, Lernen, Leistung* (S. 297-329). Münster: Aschendorff.

Krapp, A. (1993). Lernstrategien: Konzepte, Methoden und Befunde. *Unterrichtswissenschaft, 21*, 291-311.

Krapp, A. (1997a). Interesse und Studium. In H. Gruber & A. Renkl (Hrsg.), *Wege zum Können* (S. 45-58). Bern: Huber.

Krapp, A. (1997b). Selbstkonzept und Leistung - Dynamik ihres Zusammenspiels: Literaturüberblick. In F. E. Weinert & A. Helmke (Hrsg.), *Entwicklung im Grundschulalter* (S. 325-339). Weinheim: Psychologie Verlags Union.

Krapp, A. (1999). Intrinsische Lernmotivation und Interesse. *Zeitschrift für Pädagogik, 45*, 387-406.

Kuhl, J. (1983). *Motivation, Konflikt und Handlungskontrolle.* Berlin: Springer.

Kuhl, J. (1986). Motivation und Handlungskontrolle: Ohne guten Willen geht es nicht. In M. Amelang (Hrsg.), *Bericht über den 35. Kongreß der Deutschen Gesellschaft für Psychologie in Heidelberg 1986* (S. 227-236). Göttingen: Hogrefe.

Kuhl, J. (1990). *Fragebogen zur Erfassung von Handlungs- und Lageorientierung (HAKEMP 90)* (unveröffentlichtes Manuskript). Osnabrück: Universität, Fachbereich Psychologie.

Kuhl, J. (1994a). A theory of action and state orientations. In J. Kuhl & J. Beckmann (Eds.), *Volition and personality* (pp. 9-46). Göttingen: Hogrefe & Huber.

Kuhl, J. (1994b). Action versus state orientations: Psychometric properties of the Action Control Scale (ACS-90). In J. Kuhl & J. Beckmann (Eds.), *Volition and personality* (pp. 47-59). Göttingen: Hogrefe & Huber.

Kuhl, J. (1998). Wille und Persönlichkeit: Funktionsanalyse der Selbststeuerung. *Psychologische Rundschau, 49*, 61-77.

Marsh, H. W., Balla, J. R. & Hau, K. T. (1996). An evaluation of incremental fit indices: A clarification of mathematical and empirical processes. In G. A. Marcoulides & R. E. Schumacker (Eds.), *Advanced structural equation modeling techniques* (pp. 315-353). Hillsdale, NJ: Erlbaum.

Möller, J. & Köller, O. (1996). Attributionen und Schulleistung. In J. Möller & O. Köller (Hrsg.), *Emotionen, Kognitionen und Schulleistung* (S. 115-136). Weinheim: Psychologie Verlags Union.

Nicholls, J. G. (1989). *The competitive ethos and democratic education.* Cambridge, MA: Harvard University Press.

Pajares, F. (1997). Current directions in self-efficacy research. In M. L. Maehr & P. R. Pintrich (Eds.), *Advances in motivation and achievement* (Vol. 10, pp. 1-49). Greenwich, CT: Jai.

Pajares, F. & Graham, L. (1999). Self-efficacy, motivation constructs, and mathematics performance of entering middle school students. *Contemporary Educational Psychology, 24*, 124-139.

Pintrich, P. R. & De Groot, E. V. (1990). Motivational and self-regulated learning components of classroom academic performance. *Journal of Eucational Psychology, 82,* 33-40.

Rheinberg, F. (1997). *Motivation.* Stuttgart: Kohlhammer.

Schiefele, U. (1991). Interest, learning, and motivation. *Educational Psychologist, 26,* 299-323.

Schiefele, U. (1996). *Motivation und Lernen mit Texten.* Göttingen: Hogrefe.

Schiefele, U. (in Druck). The role of interest in motivation and learning. In S. Messick & J. M. Collis (Eds.), *Intelligence and personality: Bridging the gap in theory and measurement.* Mahwah, NJ: Erlbaum.

Schiefele, U. & Köller, O. (1998). Intrinsische und extrinsische Motivation. In D. H. Rost (Hrsg.), *Handwörterbuch Pädagogische Psychologie* (S. 193-197). Weinheim: Psychologie Verlags Union.

Schiefele, U., Krapp, A. & Schreyer, I. (1993). Metaanalyse des Zusammenhangs von Interesse und schulischer Leistung. *Zeitschrift für Entwicklungspsychologie und Pädagogische Psychologie, 25,* 120-148.

Schiefele, U., Krapp, A., Wild, K.-P. & Winteler, A. (1993). Der „Fragebogen zum Studieninteresse" (FSI). *Diagnostica, 39,* 335-351.

Schiefele, U. & Moschner, B. (1997). *Selbstkonzept, Lernmotivation, Lernstrategien, epistemologische Überzeugungen, Instruktionsqualität und Studienleistung: längsschnittliche Verläufe und kausale Zusammenhänge* (unveröffentlichtes Manuskript). Bielefeld: Universität, Abteilung für Psychologie.

Schiefele, U. & Moschner, B. (1998, September/Oktober). *Zum Zusammenhang von Lernmotivation, Selbstkonzept, epistemologischen Überzeugungen und Lernstrategien im Studium.* Beitrag zum 41. Kongress der Deutschen Gesellschaft für Psychologie, Dresden.

Schiefele, U. & Pekrun, R. (1996). Psychologische Modelle des fremdgesteuerten und selbstgesteuerten Lernens. In F. E. Weinert (Hrsg.), *Enzyklopädie der Psychologie: Themenbereich D Praxisgebiete, Serie Pädagogische Psychologie, Band 2 Psychologie des Lernens und der Instruktion* (S. 249-278). Göttingen: Hogrefe.

Schiefele, U. & Schreyer, I. (1994). Intrinsische Lernmotivation und Lernen. Ein Überblick zu Ergebnissen der Forschung. *Zeitschrift für Pädagogische Psychologie, 8,* 1-13.

Schumacker, R. E. & Lomax, R. G. (1996). *A beginner's guide to structural equation modeling.* Mahwah, NJ: Erlbaum.

Urhahne, D. (1997). *Interesse, Volition und Lernleistung – Motivationale Faktoren erfolgreichen Lernens.* Unveröffentlichte Diplomarbeit, Universität Bielefeld.

Volet, S. E. (1997). Cognitive and affective variables in academic learning: The significance of direction and effort in students' goals. *Learning and Instruction, 7,* 235 - 254.

Wild, K.-P. (2000). *Lernstrategien im Studium.* Münster: Waxmann.

Wild, K.-P. & Schiefele, U. (1994). Lernstrategien im Studium: Ergebnisse zur Faktorenstruktur und Reliabilität eines neuen Fragebogens. *Zeitschrift für Differentielle und Diagnostische Psychologie, 15,* 185-200.

Andreas Helmke und Friedrich-Wilhelm Schrader

Procrastination im Studium – Erscheinungsformen und motivationale Bedingungen

Die Erledigung unangenehmer Aufgaben und lästiger Pflichten auf „später" verschieben, mit notwendigen Vorbereitungen auf Prüfungen erst im letzten Moment beginnen, Papers, Manuskripte und Semesterarbeiten erst kurz vor der „deadline" bearbeiten: Wem ist dieses Verhalten nicht vertraut, sei es bei sich selbst, bei Kollegen oder Kommilitonen? Im Bereich universitären Lernens erscheinen solche Verhaltensweisen derart allgegenwärtig, dass leicht aus dem Blick gerät, dass es sich hier letztendlich um Störungen handelt. Diese sind nicht nur mit einer herabgesetzten Effizienz, sondern auch mit Erfahrungen verminderten Wohlbefindens bis hin zu erheblichem Leidensdruck sowie mit mangelnder Selbstwirksamkeit verbunden, und in chronifizierter Form können sie zu schwer wiegenden Lern- und Emotionsstörungen führen (vgl. Boice, 1996).

In der wissenschaftlichen Psychologie fasst man die oben skizzierten Verhaltensweisen unter der Kategorie „Procrastination" zusammen. Dieses Konzept hat – entgegen einer verbreiteten aber irrigen Meinung – nichts mit „*Prokrustes*(bett)" zu tun, sondern leitet sich aus dem lateinischen Verb *procrastinare* ab (wörtlich: etwas auf einen anderen Tag verlegen oder verschieben), wobei *pro* ein Adverb ist, das sich auf eine Bewegung bezieht, und *crastinus* „zu morgen gehörend" bedeutet. Bemerkenswerterweise hatte Procrastination bei den Römern nicht den heutigen negativen Beigeschmack, sondern wurde – insbesondere im militärischen Bereich – ausgesprochen positiv bewertet, nämlich im Sinne eines klugen Verschiebens von Aktionen (anstelle von Aktionismus), des Zeigens von Geduld und Ausdauer (man beachte die Verwandtschaft zu der in der Politik bekannten Taktik des „Aussitzens"). Procrastinieren hiess also: zunächst abwarten und *nicht* handeln. Erst mit Beginn der industriellen Revolution in der Mitte des 18. Jahrhunderts erhielt Procrastination die heute gültige negative Konnotation im Sinne von dysfunktionalem Verschieben, Aufschieben, Vermeidungsverhalten und Unpünktlichkeit.

Procrastination kann sich auf ein breites Spektrum von Verhaltensbereichen beziehen: vom Aufschieben kleiner lästiger Haushaltpflichten (wie Einkaufen, Abwaschen, Saubermachen) bis hin zum Aufschieben elementarer Lebensentscheidungen (wie Trennung von einem Partner, Wahl einer Stelle etc.). Im Folgenden beschränken wir uns auf „academic procrastination", das heisst auf Procrastination im Bereich des Lernens, die auch den größten Teil der empirischen Forschung in diesem Bereich abdeckt.

Im Alltag wird chronische Procrastination oft als Zeichen von Faulheit, Arbeitsscheu oder mangelndem Ehrgeiz, d.h. als Ausdruck eines motivationalen Defizits betrachtet (Ferrari, Johnson & McCown, 1995), und auch im Bereich des Lernens ist man schnell geneigt, auf derartige Ettikettierungen zurückzugreifen. In der wissenschaftlichen Auseinandersetzung mit diesem Verhaltensphänomen versucht man, anstelle globaler Eigenschaftszuschreibungen mit ihrem stark wertenden Charakter prozess- und verhaltensnahe motivationale Konstrukte heranzuziehen, die die Bruchstellen im Denken und Handeln deutlich machen, an denen es zu Schwierigkeiten kommen kann, und bessere Ansatzpunkte für eine gezielte Modifikation bieten. Sichtet man einschlägige motivationspsychologische Konzepte, die für den Lernerfolg eine Rolle spielen und somit auch als Begleiterscheinungen oder Bedingungen von Procrastination in Frage kommen, dann erscheinen folgende Konstrukte wichtig: Mangelnde Selbstwirksamkeit oder ein ungünstiges Selbstkonzept eigener Fähigkeit könnten dafür verantwortlich sein, dass Handlungen nicht oder erst unter wachsendem Druck in Gang gesetzt werden, weil man die dafür nötigen Fähigkeiten nicht zu besitzen glaubt oder sich ihrer unsicher ist. Angst, speziell Leistungsangst, dürfte häufig dazu führen, dass die Auseinandersetzung mit Problemen ganz oder zumindest so lange wie möglich vermieden wird. Wenn es dem Lernenden schließlich an Interesse an dem zu bearbeitenden Gegenstandsbereich fehlt, dann wird er unter Umständen nur mit Widerwillen an die Lerntätigkeit herangehen, sie aufschieben oder nur halbherzig in Angriff nehmen. Procrastination hat aber nicht nur mit motivationalen Defiziten im engeren Sinne zu tun, sondern vor allem auch mit Schwierigkeiten, eine einmal gebildete Handlungsintention umzusetzen, d.h. das dazu nötige Verhalten in Gang zu setzen und erfolgreich zu Ende zu bringen, also mit volitionalen Problemen.

Wer sich über den Stand der Forschung zur Procrastination – also zu Bedingungsfaktoren, Messinstrumenten, Interventionsmöglichkeiten – informieren möchte, den erwartet eine Überraschung: Dieses Konzept ist hierzulande so gut wie unbekannt, während im angloamerikanischen Sprachraum eine äußerst lebhafte Forschungs- und Interventionsaktivität zu verzeichnen ist, wie eine Suche im Internet (mit einer der gängigen Suchmaschinen) oder mithilfe von Literaturdiensten (wie PSYCLIT und PSYNDEX) zeigt.

Ziel dieses Beitrags ist es, Erscheinungsformen und Korrelate von Procrastination aus einer theoriegeleiteten Perspektive zu skizzieren und zwei Messinstrumente zur Erhebung von Procrastination vorzustellen. Nach einer theoretischen Einführung zum Stellenwert der Procrastination aus der Perspektive verschiedener psychologischer Theorien werden zwei von uns ins Deutsche übersetzte und adaptierte Messinstrumente zur Erfassung von Procrastination als *trait* und als *state* vorgestellt, und anschliessend soll das nomologische Netzwerk der Procrastination entfaltet werden; wir sehen dies auch als einen Beitrag zur konvergenten und diskriminanten Validierung des Konstruktes an.

Procrastination: Populärwissenschaftliches Konzept und wissenschaftliche Forschung

Procrastination ist ein im angloamerikanischen Sprachraum sehr bekanntes Konstrukt, über das in zahlreichen Veröffentlichungen und auf Internetseiten umfassend berichtet wird, was auf eine erhebliche Nachfrage schließen lässt. Es gibt zum Beispiel eine Vielzahl von Angeboten für Kurse, Therapien und Selbsthilfemaßnahmen, sowie Ratgeber vom Typ „Tipps and Tricks", wie man mit Procrastinationsstörungen am besten umgehen sollte. Um nur ein typisches Beispiel zu nennen: „(1) Make a list of everything you have to do. (2) Write an intention statement. (3) Set realistic goals. (4) Break it down. (5) Make your task meaningful. (6) Promise yourself a reward. (7) Eliminate tasks you never plan to do. (8) Estimate the amount of time you think it will take you to complete a task, then increase that amount by 100%" (Rabinowitz, 1999).

Daneben werden auf den einschlägigen Internetseiten auch verschiedenartigste Typologien vorgestellt, wie z.B. die Unterscheidung von sechs Arten von Procrastinatoren: dreamer, worrier, defier, crisis makers, perfectionists, overdoers (Sapadin, 1999), die zwar auf klinischer Erfahrung basieren mögen, jedoch der empirischen Absicherung entbehren. Eines der erfolgreichsten Selbsthilfebücher ist dasjenige von Knaus (1997) mit dem bezeichnenden Titel „Do it now: How to stop procrastinating".

Neben diesen populärwissenschaftlichen Veröffentlichungen gibt es jedoch auch eine große Zahl wissenschaftlicher Publikationen zur Procrastination, überwiegend aus diagnostischer und klinisch-psychologischer Perspektive; eine sehr gute Übersicht hierzu liefert das Standardwerk „Procrastination and task avoidance" von Ferrari, Johnson und McCown (1995), das u.a. Kapitel zur Diagnose und zur Therapie enthält. Dort werden auch Korrelationen zwischen habitueller akademischer Procrastination und einer Vielzahl von Personenmerkmalen berichtet. Allerdings kranken viele der zitierten Untersuchungen daran, dass ihnen keine Theorie des Zustandekommens und der Bedingungen von Procrastination zugrunde liegt, so dass viele der berichteten Korrelationen zwar nicht unplausibel erscheinen, jedoch den Anschein einer gewissen Beliebigkeit erwecken. Am auffallendsten und schwer erklärbar ist, dass keinerlei theoretische Verbindung zwischen Procrastination und neueren volitionspsychologischen Konzepten hergestellt wird, die hier eigentlich besonders nahe läge.

Zur Erfassung von Procrastination kann auf zwei englischsprachige Instrumente zurückgegriffen werden, die von uns im Folgenden benutzt werden: die „Aitken Procrastination Scale" (AITK; Aitken, 1982) und das „Academic Procrastination State Inventory" (APSI; Schouwenburg, 1995). Das erste Instrument (vgl. Tabelle 1) erfasst Procrastination als habituelles Personenmerkmal: Zu beurteilen ist auf einer recht allgemeinen Ebene die Tendenz, bestimmte Tätigkeiten zügig in Angriff zu nehmen, hinauszuzögern oder aufzuschieben sowie die Bereitschaft, Arbeiten und Verpflichtungen zügig und zeitgerecht zu bewältigen. Beim zweiten Instrument (vgl. Tabelle 2) ist zu beurteilen, wie häufig bestimmte Verhaltensweisen und Gedanken in der letzten Woche aufgetreten sind. Dieses Instrument bezieht sich stärker auf den aktuellen Zustand, wenngleich der zugrundeliegende Zeitraum (die letzte Woche) doch sehr viel größer ist, als das bei einer reinen State-Messung üblicherweise der Fall ist. Der Trait-Fragebogen thematisiert allgemeine Verhaltensgewohnheiten in unterschiedlichen Situationen; das State-Inventar erfasst dagegen ausschließlich Gedanken, Gefühle und Verhaltensweisen, die als Folge von Defiziten in der Handlungsplanung und -steuerung auftreten. Beide Instrumente verzichten auf den Einbezug von Gedanken und Überlegungen, die eine effektive Handlungsrealisierung begünstigen könnten, also auf die Erfassung der eigentlichen Kontrollprozesse.

Procrastination: Ein Prozessmodell

In der differentialpsychologischen Forschung zur Procrastination geht es schwerpunktmäßig um die Frage des nomologischen Netzwerkes, d.h. es werden Zusammenhänge mit vielfältigen anderen Persönlichkeitsmerkmalen untersucht, insbesondere mit Angst, Perfektionismus, Depression, Selbstwertgefühl und den „Big Five". Wie eingangs bereits dargelegt, dürften speziell für Procrastination im Bereich des Lernens Konstrukte wie Selbstkonzept eigener Fähigkeit, Selbstwirksamkeit, Angst und Interesse wichtig sein. Um ein genaueres Verständnis der Wirkungsweise der Procrastination und der dafür maßgeblichen Einflussfaktoren zu gewinnen, erscheint es uns sinnvoll, die Ebene habitueller Personenmerkmale vorübergehend zu verlassen, um auf der Prozessebene die volitionalen und motivationalen Phasen einer Leistungshandlung zu analysieren. Hierfür ist das von Heckhausen (1989) entwickelte und von Kuhl (1987, 1994) und Gollwitzer (1996) weiter ausgebaute Handlungsmodell geeignet, das vier verschiedene Phasen unterscheidet (s. Abbildung 1).

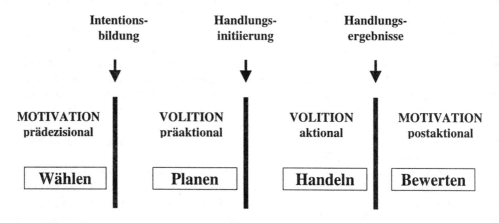

Abbildung 1: Handlungspsychologische Phasen-Abfolge (nach Heckhausen, 1989, S. 212, und Gollwitzer, 1996, S. 289).

(1) In der *präaktionalen Motivationsphase* geht es um die Frage, ob eine bestimmte Aufgabe oder Aktivität wünschbar (desirability) und machbar (feasability) ist; es kommen also alle aus den Erwartungs-mal-Wert-Modellen bekannten motivationspsychologischen Prozesse ins Spiel (vgl. Heckhausen & Rheinberg, 1980), d.h. die Einschätzung des Anreizwerts der Folgen der in Frage stehenden Tätigkeit (für die Selbstbewertung, für signifikante Andere, für Oberziele) sowie die Einschätzung der eigenen Kompetenz im Verhältnis zur Aufgabe. Wie insbesondere Rheinberg (1995) betont hat, spielt neben dem Anreizwert der Folgen auch der Anreizwert der Tätigkeit selbst eine wichtige Rolle. Üblicherweise denkt man an Konzepte wie intrinsische Motivation, Interesse oder das als Flow-Erleben bezeichnete Aufgehen in der Tätigkeit selbst (Csikszentmihalyi, 1987), aber die affektive Tönung kann selbstverständlich auch negativ bzw. aversiv sein, etwa im Falle monotoner Aufgaben.

Gerade dem Interesse wird im pädagogischen Kontext seit einiger Zeit verstärkt Beachtung geschenkt. Das Interessenkonstrukt ist in den letzten Jahren vor allem durch die Forschungen der Münchner Arbeitsgruppe um Krapp (vgl. Krapp, 1992, 1993a, 1998; Schiefele, 1996) wiederbelebt worden. Vor dem Hintergrund einer allgemeinen Person-Gegenstands-Konzeption des Interesses lassen sich situatives, durch die Interessantheit der Lernumgebung hervorgerufenes und individuelles, dispositionales Interesse unterscheiden, dem die Unterscheidung zwischen prozess- und strukturorientierten Forschungs- und Analyseperspektiven entspricht (Krapp, 1998; Krapp, Hidi & Renninger, 1992). Das Interesse an einem Gegenstands- oder Tätigkeitsbereich stellt eine für die Motivierung der Lerntätigkeit zentrale Klasse von Anreizen dar.

Folgt man dem Grundgedanken des Erwartungs-mal-Wert-Modells weiter, so kann man annehmen: Nur wenn der Anreizwert oberhalb einer Mindestausprägung liegt und die eigene Kompetenz weder zu niedrig eingeschätzt wird (dann erscheinen Handlungen als wenig aussichtsreich) noch zu hoch (dann ist die Bereitschaft gering, besondere Handlungsanstrengungen zu unternehmen), wird Handeln erwogen. Der Ausgang der motivationalen Prozesse hängt außerdem ganz wesentlich vom situativen Kontext ab, d.h. insbesondere auch davon, ob konkurrierende Wünsche und Ziele vorliegen und wie wünschbar und realisierbar diese eingeschätzt werden.

Nehmen wir eine typische Aufgabe aus dem Studium als Beispiel: die notwendige Vorbereitung auf eine schwierige Klausur. Hier kann es zu widerstreitenden Anreizen kommen: Die antizipierte Selbstbewertung (Stolz) und Fremdbewertung (Anerkennung durch signifikante Dritte), aber auch ein hohes sachbezogenes Interesse fördern typischerweise die Bereitschaft, die konkrete Arbeit in Angriff zu nehmen. Es lassen sich jedoch auch mehrere Beeinträchtigungen des Lernverhaltens vorstellen: *Erstens* kann – als Ergebnis einer negativen Lernbilanz der Vergangenheit – die Einschätzung der eigenen Selbstwirksamkeit auf einem Niveau liegen, das zu niedrig ist, um Lernanstrengungen als aussichtsreich zu bewerten. *Zweitens* ist die zeitliche Annäherung an Prüfungssituationen häufig mit Leistungsängsten verknüpft. Eine verbreitete, wenn auch langfristig destruktive Coping-Methode ist die, der angstbesetzten Prüfungssituation aus dem Wege zu gehen, sie zu vermeiden oder entsprechende Entscheidungen (mit der Arbeit zu beginnen) aufzuschieben; die kurzfristige Spannungsreduktion wirkt als Verstärker, ist selbstbelohnend. Eine *dritte* Beeinträchtigung des Lernverhaltens kann darin liegen, dass man aus Gründen der Selbstwerterhaltung leistungsrelevante Entscheidungen aufschiebt: Versagt man anschliessend, dann steht man vor sich selbst (wie vor anderen) vergleichsweise günstig da, weil man den Misserfolg nicht auf den Mangel an Fähigkeiten, sondern auf ungünstige Umstände (Zeitdruck) attribuieren kann; man spricht bei dieser selbstwertschützenden Strategie von „self-handicapping" (Covington, 1992; Ferrari, 1991). Transformiert man die motivationalen Aspekte der Prozessebene auf die Persönlichkeitsebene, dann sollte Procrastination als habituelles Merkmal negativ mit der Valenz und dem Anreizwert der Studiertätigkeit sowie (ebenfalls negativ) mit dem Selbstwertgefühl und dem Fähigkeitsselbstkonzept zusammenhängen.

(2) Wurde die Motivationsphase mit der Bildung einer Lernhandlungsintention abgeschlossen, folgt – bevor noch mit dem Handeln begonnen wird – als zweite Phase eine *volitionale Phase der Planung* (vgl. Abbildung 1). Jetzt geht es um die Konkretisierung der Intention, um die Planung des Wann, Wie, Wo und Wie lange des Arbeitsverhaltens. Hier ist geistige Anstrengung („mental effort expenditure", vgl. Salomon & Globerson, 1987) gefragt, um die Intention unbeirrt zu verfolgen, und Einfallsreichtum, um günstige und passende „Einstiegsgelegenheiten" zu identifizieren und zu nutzen. Ob die intendierte Handlung auch tatsächlich realisiert wird (oder zumindest mit ihrer Ausführung begonnen wird), entscheidet sich in dieser postintentionalen, aber präaktionalen Phase.

Die experimentelle Volitionsforschung (Gollwitzer, 1996) hat hierzu gezeigt, dass konkrete Planungsaktivitäten eine spätere Realisierung der Handlung insofern erleichtern, als sie eine bestimmte kognitive Strukturierung schaffen, einen „mind-set" bewirken; Gollwitzer spricht von „implemental set". Was allerdings bei den üblichen laborexperimentellen Settings leicht aus dem Blick gerät, ist folgendes: Der Prozess des Planens kann sich – gerade bei Procrastinatoren – auch verselbständigen und dient dann, etwa in Form exzessiver Planungen vergleichsweise kleiner Aufgaben, unnötig detaillierter Zeitpläne und extrem ausführlicher Gliederungen, nicht der Erleichterung, sondern der

Vermeidung der geplanten Arbeitshandlung. Unter diesen Umständen kann man von einer Degeneration von Plänen sprechen, die nur noch dem Zweck dienen, aversiv besetzte Aktivitäten – das Formulieren, Schreiben, Produzieren – möglichst lange hinauszuzögern.

Das von Kuhl (1987) entwickelte Konzept der Handlungskontrolle eignet sich nach unserer Einschätzung als Erklärung für die Verhaltensdefizite von Procrastinatoren besonders gut. Kuhl geht davon aus, dass sich zwei Zustände unterscheiden lassen: eine Handlungs- und eine Lageorientierung. Ist eine Person angesichts einer zu erledigenden Aufgabe im lageorientierten Zustand, dann richtet sie ihre Aufmerksamkeit auf die augenblickliche Lage (was sich z.B. in Form von Worry-Kognitionen oder der Beschäftigung mit alternativen Inhalten zeigt), anstatt zu handeln, d.h. die Aufgabe in Angriff zu nehmen. Kuhl postuliert eine Reihe von Kontrollprozessen, die dem Ziel dienen, bereits gefasste Handlungsintentionen gegen konkurrierende Intentionen und störende Kognitionen zu schützen, insbesondere die Aufmerksamkeitskontrolle (selektive Wahrnehmung, z.B. Ausblenden von Gedanken, die absichtswidrige Motivationstendenzen fördern würden), Motivationskontrolle (z.B. sich selbst „anzufeuern", die aktuelle Absicht zu realisieren), Emotionskontrolle (z.B. sich in einen lernförderlichen entspannten Zustand zu versetzen), Umweltkontrolle und handlungsorientierte Misserfolgsbewältigung (vgl. auch Rheinberg, 1995). Vermutlich sind es dysfunktionale, gestörte oder unvollständige Formen dieser Kontrollprozesse, die den Schlüssel für die Erklärung von Procrastination bilden.

Auf der Ebene von Personenmerkmalen sollten demzufolge folgende Merkmale mit Procrastination kovariieren: ein ineffizientes Zeitmanagement (als Teil der Lernstrategien), Leistungsangst und Lageorientierung. Zu Kuhls Operationalisierung der Lageorientierung durch den HAKEMP ist allerdings einschränkend anzumerken, dass die Items dieser Skala lediglich Situationen beschreiben, in denen gehandelt versus gezögert oder abgewartet wird – die für die Erklärung relevanten Kontrollprozesse selbst werden nicht thematisiert. Insofern besitzen die zu erwartenden Zusammenhänge zwischen Procrastination und Lageorientierung keinen Erklärungswert und sind trivial.

(3) Die Handlungsphase kann aus den gleichen Gründen beeinträchtigt werden wie die Planungsphase; hier gelten also die gleichen zuvor skizzierten Mechanismen. So kann eine bereits begonnene Handlung infolge plötzlicher Selbstzweifel, zu geringer Ausdauer oder der Verführung durch kurzfristig entlastende bzw. attraktivere Aktivitäten gestört, abgebrochen oder unterbrochen werden; Schwarzer (1996) spricht von „coping doubts", in Abgrenzung von „action doubts", die für die präaktionale Phase typisch sind. Volitionale Prozesse sind insbesondere dann wichtig, wenn das Interesse an der auszuführenden Tätigkeit gering und die Attraktivität anderer Aktivitäten hoch ist.

(4) Die abschließende Evaluationsphase ist für die Entstehung affektiv getönter Einschätzungen der eigenen kognitiven und volitionalen Kompetenzen vermutlich von entscheidender Wichtigkeit. Wiederholte Erfahrungen der eigenen Ineffizienz (Verzögern, Aufschieben, Vermeiden) können auf Dauer zu stabilen lernhinderlichen Persönlichkeitsmerkmalen führen.

Um eindeutige Erwartungen für die vorliegende Untersuchung formulieren zu können, müssen die bislang auf Prozessebene angestellten Überlegungen wieder auf die habituelle Ebene rückübersetzt werden (vgl. Helmke, 1992). Faktoren wie Selbstkonzept,

Leistungsangst und Studieninteresse werden von vornherein als relativ stabile dispositionale Merkmale angesehen, die in der Situation aktualisiert werden, d.h. die die in einer konkreten Handlungsepisode ablaufenden Gedanken, Einschätzungen und Bewertungen beeinflussen. Die dadurch in vielen Situationen in ähnlicher Weise beeinflusste Handlungsausführung und deren Rückwirkung auf die zugrundeliegenden Wissens- und Bewertungssysteme führt dazu, dass stabile Denk- und Verhaltensgewohnheiten herausgebildet werden, die sich als mehr oder weniger effizientes Zeitmanagement oder Tendenz zur zügigen Erledigung bzw. Aufschiebung von Aufgaben und Verpflichtungen manifestieren.

Zusammengefasst lassen sich also folgende Hypothesen formulieren: Procrastination hängt negativ mit dem Studieninteresse (Valenz), dem Fähigkeitsselbstkonzept, der Selbstwirksamkeit und dem Selbstwertgefühl zusammen, positiv dagegen mit ineffizientem Zeitmanagement, Leistungsangst und Lageorientierung.

Methode

Kontext der Untersuchung

Die Untersuchung ist Teil einer Langzeitstudie, an der Studierende der Universitäten Landau (Deutschland) und Hanoi (Vietnam) teilnahmen (Helmke & Schrader, 1999; Helmke & Vo, 1999). Die Fragebogenuntersuchung umfasste drei Erhebungswellen: (1) unmittelbar nach Studienbeginn, (2) gegen Ende des ersten und (3) gegen Ende des zweiten Studienjahres. An der Untersuchung nahmen in Deutschland 451 und in Vietnam 457 Studierende teil. Für den vorliegenden Beitrag wurde nur die Teilstichprobe der deutschen Studierenden zum 3. Messzeitpunkt, die alle Instrumente bearbeitet haben und für die vollständige Angaben zu allen Messzeitpunkten vorliegen ($N = 117$), herangezogen.

Stichprobe

Die deutsche Stichprobe umfasst Studierende der Studienfächer Psychologie, Pädagogik und Lehramt (Grund-, Haupt- und Sonderschule) an der Universität Landau. Ein Vergleich psychosozialer und lernbezogener Merkmale dieser Stichprobe mit einer bundesweiten Repräsentativstudie des BMBW (Arbeitsgruppe Hochschulforschung, Bargel, Multrus & Ramm, 1996) erbrachte nur minimale Unterschiede, so dass von einer annähernden Repräsentativität der deutschen Stichprobe ausgegangen werden kann. Das Durchschnittsalter der Stichprobe beträgt $M = 22.8$ Jahre, der Anteil männlicher Studierender liegt bei 24.6%.

Durchführung der Untersuchung

Die Fragebögen wurden allen Studierenden vorgelegt, die die Pflichtveranstaltungen zu Beginn des Studiums besuchten; die Verweigerungsquote lag bei 4%. Die hohe Beteiligung ist dadurch erklärbar, dass wir den Studierenden als „Gegenleistung" für ihre Teilnahme grafisch aufbereitete individuelle Profile ihres Lernverhaltens zusagten. Bei den Folgeerhebungen wurde der Fragebogen den Studierenden per Post übermittelt.

Eingesetzte Fragebögen

Alle im Folgenden beschriebenen Skalen waren bereits in früheren Studien (z.B Bargel et al., 1996; Helmke & Schrader, 1996; vgl. auch die folgenden Autorenangaben) mit Erfolg eingesetzt worden und erfüllen – sofern nichts Abweichendes berichtet wird – die üblichen psychometrischen Anforderungen an die Reliabilität.

Die für das Selbststudium zu Hause *aufgewendete Zeit* („Wie viel Zeit wenden Sie im Allgemeinen pro Woche für ... auf?") wurde mit einem Einzelitem der Konstanzer Gruppe Hochschulforschung (Bargel et al., 1996) erhoben.

Zeitmanagement wurde mit der vier Items umfassenden Subskala des LIST („Lernstrategien im Studium") von Wild und Schiefele (1994a) erfasst, der eine Weiterentwicklung des MLSQ („Motivated Strategies for Learning Questionnaire"; Pintrich et al. 1993) darstellt. (Beispielitems: „Ich lege bestimmte Zeiten fest, zu denen ich dann lerne"; „Beim Lernen halte ich mich an einen bestimmten Zeitplan").

Das *Selbstkonzept der Studierfähigkeit* wurde mit einer 11 Items umfassenden Skala von Bargel (Bargel et al., 1996) erhoben („In welchem Maße schreiben Sie sich die folgenden Eigenschaften und Fähigkeiten zu?" ... „selbstständiges Fragen und Arbeiten, Eigeninitiative"; „Auffassungsgabe, Erfassung von Zusammenhängen"; Antwortkategorien: von „gar nicht" bis „voll und ganz").

Die Skala *Selbstwirksamkeit* (10 Items) wurde von Schwarzer (1986) übernommen. Itembeispiele: „Wenn sich mir etwas in den Weg stellt, verliere ich schnell den Mut"; „Wenn ich nicht direkt mit einem Problem zurecht komme, habe ich keine Lust mehr weiterzumachen"; vier-stufige Antwortkategorie von „trifft nicht zu" bis „trifft genau zu".

Das *Studieninteresse* (18 Items) wurde mit dem Fragebogen zum Studieninteresse (FSI; Schiefele, Krapp, Wild & Winteler, 1993) erhoben (Beispielitems: „Ich bin mir sicher, das Fach gewählt zu haben, welches meinen persönlichen Neigungen entspricht"; „Nach einem langen Wochenende oder Urlaub freue ich mich wieder auf das Studium").

Zur Erfassung der *Leistungsangst* wurde die deutsche Übersetzung von Spielbergers „Test Anxiety Inventory" (Hodapp, 1991) herangezogen (30 Items), das folgende Aspekte abdeckt: Aufgeregtheit, (Mangel an) Zuversicht, Besorgnis und Interferenz.

Die Skala *Hilflosigkeit* (11 Items) wurde von Schwarzer (1986) übernommen. Itembeispiele: „Wenn ich auf Anhieb etwas nicht hinkriege, weiß ich nicht, was ich machen soll"; „Wenn sich mir etwas in den Weg stellt, verliere ich schnell den Mut"; vier-stufige Antwortkategorie von „trifft nicht zu" bis „trifft genau zu".

Tabelle 1: Deutsche Fassung der Aitken Procrastination Scale (APS; Aitken, 1982)

Geben Sie bitte an, inwieweit jede der folgenden Aussagen für Sie zutrifft. Lesen Sie jede Aussage sorgfältig durch. Es gibt keine richtigen oder falschen Antworten.

	Itemwortlaut	M	SD	r_{it}	Faktorladungen 1	2	3
1	Ich zögere den Beginn von Aufgaben bis zur letzten Minute hinaus.	2.03	1.22	.77	.82		
2	Ich brauche oft sehr lange, um mit einer Sache in Gang zu kommen.	1.88	1.17	.77	.80		
3	Selbst wenn ich weiß, dass eine Aufgabe unbedingt erledigt werden muss, kann ich mich nur schwer dazu durchringen, gleich damit anzufangen.	1.90	1.24	.74	.74		
4	Ich zögere den Beginn von Arbeiten so lange hinaus, dass ich nicht rechtzeitig damit fertig werde.	0.92	0.99	.72	.71		
5	Mit Arbeiten, die unbedingt getan werden müssen, fange ich unverzüglich an. *	1.75	1.14	.73	.71		
6	Ich muss mich oft furchtbar beeilen, um Dinge noch rechtzeitig fertig zu bekommen.	1.67	1.14	.73	.69		
7	Wenn ein wichtiges Problem anstehen würde, würde ich so schnell wie möglich damit anfangen. *	1.52	1.06	.65	.68		
8	Gäbe es einen Kurs, der mir helfen würde, meine Anlauf-schwierigkeiten beim Arbeiten abzubauen, würde ich ihn besuchen.	1.45	1.32	.39	.67		
9	Ich schiebe Arbeiten nicht auf, wenn ich weiß, dass sie un-bedingt erledigt werden müssen. *	1.73	1.31	.68	.65		
10	Ich bin mit meinen Arbeiten oft schon früher fertig als nötig. *	2.44	1.05	.69	.65		
11	Ich erledige meine Aufgaben regelmäßig jeden Tag, damit ich mit meinem Pensum nicht in Verzug gerate. *	2.27	1.00	.74	.58	.58	
12	Wenn eine Prüfung bevorsteht, bin ich oft noch mit anderen Arbeiten beschäftigt, die kurzfristig fertig gestellt werden müssen.	1.50	1.05	.41	.56		
13	Bei wichtigen Terminen an der Hochschule kalkuliere ich eine reichlich bemessene Zeitreserve ein. *	1.24	1.08	.53		.71	
14	Ich nutze Freistunden zwischen einzelnen Lehrveranstaltungen, um schon einmal mit meinen häuslichen Lernaufgaben in Gang zu kommen. *	2.17	1.16	.42		.70	
15	Wenn ich eine wichtige Verabredung habe, sorge ich dafür, dass die dafür benötigten Sachen am Abend vorher bereitliegen. *	1.24	1.07	.51		.66	
16	Ich achte sorgfältig darauf, ausgeliehene Bücher rechtzeitig zur Bibliothek zurückzubringen. *	0.78	0.94	.27		.57	
17	Zu Verabredungen und Treffen komme ich oft zu spät.	1.07	1.06	.37			.79
18	Im Allgemeinen komme ich rechtzeitig zu Lehrveranstaltungen. *	0.63	0.70	.25			.75
19	Ich neige dazu, die Arbeitsmenge, die ich innerhalb einer bestimmten Zeit bewältigen kann, zu überschätzen.	1.59	0.95	.47		.50	.47

Anmerkungen. Fünfstufige Antwortmöglichkeiten: trifft gar nicht zu, trifft eher nicht zu, trifft teilweise zu, trifft überwiegend zu, trifft genau zu. Die mit * gekennzeichneten Items sind umge-polt worden. Aufgeführt sind nur Faktorladungen > .44.

Zur Messung der *Handlungskontrolle* (Handlungs- versus Lageorientierung) wurde die Subskala *„Handlungsplanung"* (prospektive Handlungs-/Lageorientierung, 12 Items) des Fragebogens HAKEMP von Kuhl (1980) eingesetzt, wobei verschiedene Situationen („Wenn...") mit jeweils einer handlungs- und einer lageorientierten Antwortkategorie verknüpft sind. Beispielitems: „Wenn ich weiß, dass etwas bald erledigt werden muss, dann ..." (Antwortkategorie a) „fällt es mir leicht, es schnell hinter mich zu bringen" (Handlungsorientierung) bzw. (Antwortkategorie b) „muss ich mir oft einen Ruck geben, um den Anfang zu kriegen" (Lageorientierung) und „Wenn ich vor einer langweiligen Aufgabe stehen, dann ...." (Antwortkategorie a) „bringe ich die Sachen ohne Schwierigkeiten hinter mich" (Handlungsorientierung) bzw. (Antwortkategorie b) „bin ich manchmal wie gelähmt" (Lageorientierung).

Deskriptive Ergebnisse

Grundlegende Angaben (deskriptive Statistiken, Itemtrennschärfe, Faktorladungen) zu beiden Procrastinationsskalen sind in den Tabellen 1 und 2 dargestellt. Trait- und State-Skalen korrelieren miteinander in Höhe von $r = .59$. Mit Konsistenzkoeffizienten (Cronbachs α) von .91 (Trait) und .93 (State) kann die Reliabilität der beiden Skalen als sehr hoch bezeichnet werden.

Die Häufigkeitsverteilungen der beiden Skalen in den Abbildungen 2 und 3 zeigen, dass die Werte in beiden Fällen über einen großen Bereich der gesamten Skala streuen, auch wenn die oberen Extremausprägungen nicht erreicht werden. Beide Verteilungen weisen eine leichte positive Schiefe (Linksschiefe) auf. D.h. Ausprägungen unterhalb des Mittelwerts kommen etwas häufiger vor als solche oberhalb des Mittelwerts. Obwohl hohe Ausprägungen von Procrastination etwas seltener vorkommen als niedrige, stellen sie doch einen erheblichen Anteil der Gesamtverteilung dar. Demnach sind ausgeprägte Neigungen zur Procrastination auch bei deutschen Studierenden relativ verbreitet.

Dimensionsanalytische Ergebnisse

Eine Faktorenanalyse der AITK-Trait-Skala auf der Ebene der Items ergibt drei Faktoren, die wie folgt interpretiert werden können: Der *erste Faktor* (mit einer erklärten Varianz von 29.8% der rotierten Matrix) setzt sich aus Items zusammen, die die zentralen Procrastinations-Erscheinungen wie Hinauszögern von Tätigkeiten und Neigung zu Anfangsschwierigkeiten thematisieren. Der *zweite Faktor* (erklärte Varianz von 21.5% der rotierten Matrix) umfasst ausschließlich umgepolte Items, die folgenden Sachverhalt thematisieren: durch umsichtiges und vorausschauendes Handeln und durch effizientes Zeitmanagement dafür sorgen, dass Probleme wie Zeitdruck und Unpünktlichkeit vermieden werden. Da die Items im Sinne von Procrastination gepolt sind, könnte man von mangelnder Vorausschau sprechen.

Tabelle 2: Deutsche Fassung des Academic Procrastination State Inventory (APSI; Schouwenburg, 1995)

Wie oft sind in der letzten Woche die folgenden Verhaltensweisen und Gedanken bei Ihnen aufgetreten? Sie sind / haben

	Itemwortlaut	M	SD	r_{it}	Faktorladungen		
					1	2	3
1	vorzeitig mit dem Lernen aufgehört, um sich mit angenehmeren Dingen zu beschäftigen	1.78	1.03	.73	.86		
2	das Lernen eine Zeit lang unterbrochen, um andere Dinge zu tun	2.09	0.92	.70	.83		
3	sich von der Arbeit ablenken lassen	1.86	0.99	.70	.80		
4	die Fertigstellung einer Aufgabe hinausgeschoben	1.92	1.10	.71	.76		
5	keine Energie zum Lernen gehabt	1.96	0.95	.68	.72		
6	sich vorgenommen, zu einem bestimmten Zeitpunkt mit dem Lernen anzufangen, sind dann aber nicht weiter gekommen	1.63	0.97	.71	.72		
7	aufgehört zu lernen, als es mal nicht so gut lief	1.72	1.03	.64	.70		
8	beim Lernen Konzentrationsprobleme gehabt	1.89	0.97	.76	.66	.45	
9	so viele andere Dinge getan, dass nicht mehr genügend Zeit für das Lernen übrig geblieben ist	1.80	1.13	.49	.64		
10	auch tatsächlich den Stoff gelernt, den Sie sich vorgenommen hatten	1.57	0.93	.43	.63		
11	gedacht, Sie bräuchten noch nicht gleich mit dem Lernen anzufangen, weil noch ausreichend Zeit vorhanden wäre	1.89	1.09	.55	.61		
12	beim Lernen ins Tagträumen geraten	1.80	0.85	.64	.59		
13	mit dem Lernen aufgehört, weil Sie sich nicht so gut gefühlt haben	1.40	0.96	.56	.40	.57	
14	beim Lernen Panikgefühle erlebt	1.04	1.04	.57		.84	
15	Angst bekommen, den Anforderungen nicht gerecht werden zu können	1.43	1.13	.66		.79	
16	Zweifel an den eigenen Fähigkeiten bekommen	1.18	1.08	.62		.78	
17	beim Lernen eine besondere Anspannung verspürt	1.50	0.99	.59		.78	
18	einen regelrechten Hass auf das Lernen empfunden	0.86	0.98	.59		.72	
19	sich gefragt, wozu Sie eigentlich überhaupt studieren, wenn dies so viel Verdruss mit sich bringt	1.85	0.97	.45		.63	
20	beim Lernen eine Abneigung gegenüber dem Lernstoff empfunden	1.53	0.92	.63		.53	.55
21	sich gefragt, ob es überhaupt richtig war, die Lehrveranstaltungen/den Kurs zu besuchen	1.54	0.86	.21			.74
22	den Lernstoff langweilig gefunden	1.83	0.88	.59			.73
23	vergessen, die nötigen Vorbereitungen für das Lernen zu treffen	0.90	0.80	.55			

Anmerkungen. Fünfstufige Antwortmöglichkeiten: niemals, selten, manchmal, meistens, immer/ständig. Aufgeführt sind nur Faktorladungen > .44.

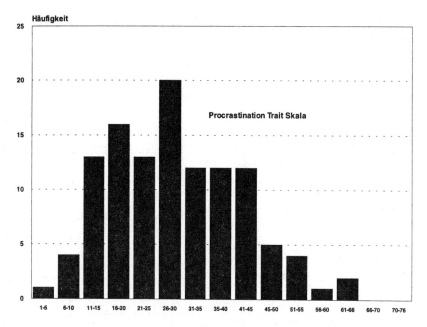

Abbildung 2: Häufigkeitsverteilung der Procrastination Trait Skala (Range: von 0 – 76).

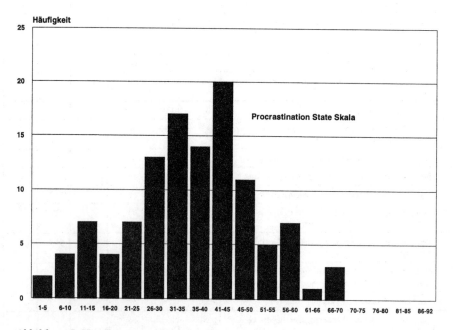

Abbildung 3: Häufigkeitsverteilung der Procrastination State Skala (Range: von 0 – 92).

Der *dritte Faktor*, auf dem nur zwei Items eindeutige Ladungen aufweisen (erklärte Varianz von 9.0 %), beinhaltet im Wesentlichen Unpünktlichkeit, die als Ergebnis eines übermäßigen Aufschiebens zu deuten wäre. Da alle drei Faktoren elementare Erscheinungsformen der Procrastination beinhalten, bilden wir im Folgenden keine Subskala, sondern nur die Gesamtskala (Procrastination als Trait).

Die Faktorenanalyse der APSI-State-Skala konnte exakt diejenigen Faktoren replizieren, die von Schouwenburg (1995, S. 88) berichtet wurden: (1) Procrastination im engeren Sinne (Verzögern, Aufschieben, Konzentrationsstörungen, Energiemangel), (2) Misserfolgsangst und (3) Motivationsdefizite (Aversion). Die drei Faktoren klären jeweils 32.2%, 16.7% und 10.9% der Varianz der rotierten Matrix auf. Als Kriterium verwenden wir im Folgenden ausschließlich die Subskala „state-procrastination im engeren Sinne", da es sich bei den Konstrukten der beiden anderen Subskalen zwar um verwandte, aber eben andere Konstrukte handelt, die wir im folgenden Abschnitt den mit Procrastination zu korrelierenden Variablen zuschlagen.

Nomologisches Netzwerk

Basierend auf den zuvor skizzierten handlungspsychologischen Überlegungen und dem empirischen Forschungsstand haben wir folgende Hypothesen zu den Korrelaten der Procrastination zugrundegelegt: Diese sollte umso höher ausgeprägt sein, (a) je niedriger das Studieninteresse ausgeprägt ist, (b) je ungünstiger die Werte für Selbstwertgefühl, Optimismus, Hilflosigkeit und Selbstkonzept der Studierfähigkeit ausfallen, (c) je ineffizienter das Zeitmanagement ist und (d) je höher die Lageorientierung ist.

Tabelle 3 zeigt die Ergebnisse. Die Hypothesen werden klar bestätigt. Die Zusammenhänge mit den aus theoretischer Sicht für relevant gehaltenen Personenmerkmalen fallen für beide Arten der Erfassung von Procastination (als Trait und als State) sehr ähnlich aus. Bei den Schulleistungen (Abiturnoten) deutet sich zwar ein plausibler Zusammenhang an (je höher die Procrastination, umso schlechter die Leistung), doch ist der Erklärungsabstand zwischen beiden Konstrukten zu hoch und durch zu viele zwischengeschaltete Prozesse vermittelt, als dass man hier wirklich eindeutige Beziehungen erwarten könnte. Ähnliches gilt auch für die im Selbststudium aufgewendete Zeit, deren eindeutige Interpretation dadurch erschwert wird, dass sie wie alle Lernzeitangaben einen Doppelcharakter hat: Zum einen spiegelt sie die Fähigkeit wider (je grösser die Fähigkeit, umso weniger Lernzeit wird benötigt), zum anderen ist sie ein Indikator für die Motivation (je größer die Motivation, umso mehr Lernzeit wird aufgewendet) (vgl. etwa Helmke & Schrader, 1996). So kann man auch hier zwar annehmen: Je höher die Procrastination, umso höher die benötigte Lernzeit. Andererseits kann man aber vermuten – was sich hier dann auch bestätigt – dass die Bereitschaft, Lernzeit zu investieren – also die aufgewendete Lernzeit – umso geringer ist, je höher die Neigung zu Procrastination ist.

Für Procrastination als Trait gibt es signifikante Geschlechtsunterschiede (vgl. Tabelle 4): Männer weisen deutlich höhere Werte als Frauen auf. Ein weiterer signifikanter Unterschied ergibt sich, wenn man nach dem Berufsziel fragt. Studierende, die bereits ein festes Berufsziel haben, weisen eine niedrigere Tendenz zur Procrastination auf als Studierende, die diesbezüglich noch nicht festgelegt sind (vgl. Tabelle 4).

Tabelle 3: Korrelationen von Trait- und State-Procrastination mit ausgewählten Skalen und Items

	Persönlichkeits-merkmal (trait)	Zustand (state)
Studieninteresse	-.42	-.45
Zeitmanagement	-.53	-.33
Selbstwirksamkeit	-.38	-.39
Selbstkonzept der Studierfähigkeit	-.44	-.36
Aversion (Subskala des APSI)	.42	.58
Misserfolgsangst (Subskala des APSI)	.40	.57
Leistungsangst	.32	.31
Hilflosigkeit	.47	.55
Lageorientierung: prospektiv	.69	.59
Abitur-Durchschnittsnote	.14	.10
Lernzeit: Selbststudium	-.20	-.26

Anmerkungen. Korrelationen >. 18 sind auf dem .05-Niveau und Korrelationen >. 22 sind auf dem .01-Niveau signifikant von Null verschieden.

Tabelle 4: Trait-Procrastination in Abhängigkeit vom Geschlecht und von der Berufsperspektive: Ergebnisse einer einfaktoriellen Varianzanalyse (ANOVA)

	M	SD	F	R^2 in %
Geschlecht			7.43**	6.2
Männlich	35.64	13.34		
Weiblich	27.81	10.12		
Berufsziel vorhanden?			3.03*	5.1
Nein	34.00	12.50		
Ja, aber unsicher	32.43	15.29		
Ja, ganz sicher	27.20	11.42		

Anmerkungen. $*p < .05$; $**p < .01$.

Diskussion

Insgesamt gesehen stellen die Ergebnisse eine gelungene Validierung der aus theoretischer Sicht zu erwartenden Zusammenhänge dar. Für die theoretische Einbettung des Merkmals „Procrastination" ist vor allem die moderne Volitionsforschung, die einen allgemeinen Bezugsrahmen für das Verständnis effektiver und uneffektiver oder gar beeinträchtigter Handlungsabläufe liefert, von zentraler Bedeutung. Die deutlichen Zusammenhänge mit Merkmalen wie prospektiver Lageorientierung, Zeitmanagement und Hilflosigkeit stützen unseren Vorschlag, verstärkt nach Anbindungen an diesen Teil der Grundlagenforschung zu suchen. Dies erscheint vor allem auch deshalb lohnenswert, weil dadurch eine genauere Aufhellung des Prozessgeschehens zu erwarten ist, über das Untersuchungen wie die vorliegende natürlich keine Auskunft geben können.

Die Herausarbeitung von Beziehungen zwischen Procrastination und Konstrukten wie Selbstkonzept, Selbstwirksamkeit und Angst war einer der Schwerpunkte der eher klinisch-therapeutisch orientierten Procrastinationsforschung (Ferrari, Johnson & McCown, 1995). Diese Merkmale werden meistens als motivationale Bedingungsfaktoren von Procrastination angesehen, welche meistens als eine Art von Vermeidungsverhalten konzeptualisiert wird. So beschreibt etwa die Selbstwerttheorie der Leistungsmotivation von Covington (1992) eine wichtige Bedingungskonstellation, unter der motivationale Widerstände gegen ein zügiges und effektives Erledigen von Aufgaben zu erwarten sind. Für das Entstehen von Vermeidungshaltungen gegenüber Leistungsanforderungen und von Widerständen gegenüber einer zügigen Aufgabenbewältigung können auch überhöhte Standards und ein niedriges Selbstkonzept verantwortlich sein, die beide Furcht vor Versagen auslösen. Gleiches gilt für ein niedriges Selbstwertgefühl, das häufig als Folge der chronischen Erfahrung, Leistungsmaßstäben nicht zu genügen, gesehen wird (Ferrari, Johnson & McCown, 1995). Zusammenhänge zwischen Procrastination und Angst werden ebenfalls häufig berichtet, was schon allein deshalb nicht verwunderlich ist, weil Procrastination meistens negativ mit Variablen wie Fähigkeitsselbstkonzept, Selbstwertgefühl und Selbstwirksamkeit zusammenhängt. Unklar bleibt allerdings oft, *welche* Aspekte und Komponenten der Angst (etwa Furcht vor Misserfolg, vor Ablehnung, vor Selbstwertbeeinträchtigungen) dabei tatsächlich maßgeblich sind. Letztlich stellt sich die Frage, ob Procrastination ein einheitliches Phänomen ist oder ob nicht unterschiedliche Erscheinungsformen, Bedingungen (z.B. allgemeine vs. furchtinduzierte Procrastination) und Typen unterschieden werden müssen (Schouwenburg, 1995). Man denke etwa an den misserfolgsorientierten und letztlich auch misserfolgreichen Procrastinator, bei dem sich Lernstörungen und mangelndes Selbstvertrauen nach Art einer Spirale wechselseitig verstärken, verglichen mit dem erfolgsorientierten Procrastinator, der zwar auch alles verzögert und aufschiebt, es am Ende aber doch (fast) immer irgendwie noch schafft.

Bemerkenswert ist der ausgeprägt negative Zusammenhang zwischen Procrastination und Studieninteresse. Dass Personen mit einem niedrigen Interesse an einem bestimmten Gegenstandsbereich die Erledigung von Aufgaben in diesem Bereich aufschieben und hinauszögern, erscheint nahe liegend und gut nachvollziehbar. Wenn entsprechende Aufgaben trotzdem angepackt und bewältigt werden, geschieht dies meistens aus Gründen, die ausserhalb der eigentlichen Aufgabe liegen, also auf der Grundlage irgendeiner Form von extrinsischer Motivation. Ein Hauptergebnis der neueren Interessenforschung ist, dass die Bedeutung des Interesses für die Qualität der Informationsverarbeitung und des Wissenserwerbs herausgearbeitet wurde: Personen mit hohem Interesse setzen in stärkerem Maße tiefenorientierte Lernstrategien ein, d.h. sie stellen in höherem Maße Beziehungen innerhalb des zu lernenden Stoffes sowie mit dem Vorwissen her und verarbeiten den Lernstoff dadurch viel tiefer (Krapp, 1993b; Schiefele & Schreyer, 1994). Die genauen Wirkungsmechanismen des Interesses sind bislang allerdings erst unzureichend bekannt (vgl. Krapp, 1998; Schiefele, 1996; Wild & Schiefele, 1994b). Unsere eigenen Ergebnisse deuten darauf hin, dass ein hohes Sachinteresse offenbar auch einer Neigung zur Procrastination entgegenzuwirken scheint. Hohes Interesse veranlasst Lernende offenbar stärker dazu, zügig an Lernaufgaben heranzugehen, dürfte also den initialen Handlungsentschluss erleichtern. Zusätzlich dazu wird aber vermutlich auch die effektive und zügige Aufgabenbearbeitung erleichtert, indem Tendenzen zur Ablenkung und Unterbrechung (einem weiteren Aspekt der Procrastination, der insbesondere im Academic Procrastination State Inventory thematisiert wird) ausgeschaltet werden. Rheinberg (1996) hat am Beispiel des

Textlernens flow- und willensgesteuerte Verarbeitungsprozesse voneinander abgegrenzt. Volitionale Prozesse, also willentliche Steuerungs- und Überwachungsleistungen, sind danach in umso größerem Maße notwendig, je weniger der Text selbst die erforderlichen Lernaktivitäten steuert und ein Flow-Erleben, also ein völliges Aufgehen in der Tätigkeit, ermöglicht (Rheinberg zufolge könnte man sich das etwa so vorstellen, dass im Idealfall mit jedem Satz ein neues Informationsbedürfnis erzeugt wird, das durch die nachfolgende Aktion gleich wieder befriedigt wird). Üblicherweise fördern interessante Texte solche flüssigen Funktionsabläufe und verringern daher die Notwendigkeit des Einsatzes mühsamer Überwachungs- und Steuerungsleistungen, so dass volitionale Beeinträchtigungen weniger wahrscheinlich sind. Inwieweit diese Überlegungen auf andere Bereiche des Lern- und Arbeitsverhaltens übertragbar sind und darüberhinaus eine Erklärung für den auf habitueller Ebene gefundenen Zusammenhang zwischen Procrastination und Studieninteresse darstellen, muss natürlich gezielter überprüft werden.

Ausblick und Perspektiven

Procrastination ist ein merkwürdiges Phänomen. Obwohl die damit charakterisierten Störungen des Verhaltens und der Effizienz vermutlich – zumindest in den westlichen Industriestaaten – universell auftauchen und weit verbreitet sein dürften, erfreut sich die Procrastination hauptsächlich in den USA einer extrem großen Beachtung, was sich nicht zuletzt in den einschlägigen WWW-Seiten und den zahlreichen Messinstrumenten (vgl. Ferrari et al., 1995; Schouwenbourg, 1995) niederschlägt. Ausgerechnet in Deutschland dagegen – dem Land, wo nach einem weit verbreiteten Stereotyp Tugenden wie Pünktlichkeit besonders wertgeschätzt werden – ist das Konzept der Procrastination weder unter diesem noch unter einem vergleichbaren Namen bekannt. Zeitmanagement zielt auf andere Bereiche ab und enthält insbesondere nicht die pathologische Komponente der Procrastination als einem motivational-volitionalen Störungsbild. Mit der theoretischen Fundierung verhält es sich dagegen genau umgekehrt: Die hierzulande dominierenden volitionspsychologischen Theorien (vgl. Gollwitzer, 1996; Heckhausen, 1989; Kuhl, 1987) bilden ein anspruchsvolles wissenschaftliches Fundament, das nach unserer Einschätzung als solide Basis für ein theoriegeleitetes Verständnis der Wirkungsweise, Bedingungsfaktoren und Begleiterscheinungen von Procrastination dienen könnte. Dagegen fehlen in der angloamerikanischen wissenschaftlichen Literatur zur Procrastination (vgl. Ferrari et al., 1995) Verknüpfungen zu modernen volitionspsychologischen Konzepten vollständig – obwohl man Autoren wie Heckhausen, Kuhl und Gollwitzer wirklich nicht vorwerfen kann, nicht international präsent zu sein, und obwohl auch amerikanische Autoren die Volition inzwischen „entdeckt" haben (vgl. Corno, 1993; Snow, Corno & Jackson, 1996). Eine Erklärung für dieses Ungleichgewicht könnte darin liegen, dass man in den USA dazu tendiert, praktischer, verhaltensnäher und effizienzorientierter zu denken – was im Falle der Procrastination allerdings zu Lasten der theoretischen Kohärenz und Stringenz dieses Konstruktes geht. Eine andere Erklärung könnte sein, dass sich die beiden von Cronbach unterschiedenen Disziplinen psychologischer Forschung – allgemeinpsychologische Suche nach universellen Gesetzmäßigkeiten des psychischen Funktionierens vs. differentiellpsychologische Suche nach Persönlichkeitsunterschieden – im Falle der Procrastination bisher noch nicht berührt und wechselseitig angeregt haben. Genau dies – einen Brückenschlag zwischen den beiden Richtungen zu initiieren – sehen wir als eines der Ziele unseres Artikels an.

Für die künftige Forschung auf diesem Gebiet halten wir vor allem eine theoretische Klärung für vordringlich: Es gibt zurzeit eine Art „Wildwuchs" von motivationalen, volitionalen, kognitiven und rein verhaltensmäßigen Konstrukten, die trotz unterschiedlicher Domänen (global vs. akademisch) und Generalität (auf der Achse *types – traits – habits – specific responses*, vgl. Snow et al., 1996) sowohl in konzeptueller als auch in empirischer Hinsicht eine erhebliche Überlappung aufweisen, die bisher jedoch kaum im Zusammenhang gesehen worden sind, da die zugrundeliegenden Forschungs- und Messtraditionen keine Berührungspunkte aufweisen. Helmke und Rheinberg (1996) haben dies exemplarisch für das Konzept der Anstrengungsvermeidung (Rollett, 1987) nachzuweisen versucht – einem Konstrukt, das vor allem deshalb Parallelen zur Procrastination aufweist, weil es auch primär an einem *Verhalten* – dem Vermeiden bzw. Unterlassen von Anstrengungsverhalten – orientiert ist. Andere verwandte Konstrukte sind Handlungs- versus Lageorientierung (Kuhl, 1987), die „Worry"-Komponente der Leistungsangst (Helmke, 1983), „mindful effort expenditure" vs. „effort avoidance" (Salomon & Globerson, 1987).

Nach unserem Verständnis sollte Procrastination als eine spezifische Manifestation gestörter Prozesse der Selbstregulation im Verhalten – sowohl im motivationalen als auch im volitionalen Bereich – angesehen werden. Handlungskontrolle, Selbstwirksamkeit, Angst und die anderen hier als „Korrelate" bezeichneten Konstrukte wären also eher als Bedingungsvariablen der Verhaltensstörung „Procrastination" anzusehen. Procrastination und die genannten latenten psychischen Dispositionen stünden demzufolge in einem ähnlichen Verhältnis zueinander wie die „Anstrengungsvermeidung" (ebenfalls auf der Verhaltensebene angesiedelt) und die ihr zugrundeliegenden Lern- und Leistungsmotive (bzw. deren Fehlen). So gesehen, stellt Procrastination unseres Erachtens eine Bereicherung dar, und die Erforschung der Entstehungsbedingungen von Procrastination erscheint aus theoretischer Sicht ebenso reizvoll wie die Entwicklung von Trainings, Interventionen und Therapien zu ihrem Abbau. Der motivationalen Basis wird dabei mit Sicherheit eine Schlüsselrolle zufallen. Vertiefende – d.h. über bloße Survey-Daten wie in der vorliegenden Studie hinausgehende – Analysen gerade des Zusammenhangs von Interesse und Procrastination, etwa mit Hilfe differenzierter Analysen von Verhaltensabläufen (Logbuch, „experience sampling", Videografie von Schlüsselsituationen mit anschließendem „stimulated recall") könnten fruchtbare Techniken der Untersuchung sein. Bei all dem sollte man jedoch nicht vergessen, dass Procrastination im schulischen/ akademischen Bereich nur *eine* Variante darstellt; sehr viel gravierender und therapiebedürftiger, aber zugleich theoretisch noch wesentlich schlechter verstanden ist die generalisierte, im gesamten Lebensbereich auftretende Procrastination, die mit massivem Leidensdruck, mit schwer wiegenden pathologischen Erscheinungsbildern (wie völliger Lähmung aller Aktivitäten, Depression oder Verwahrlosung) verbunden sein kann.

Literatur

Aitken, M. (1982). *A personality profile of the college student procrastinator.* Unpublished doctoral dissertation, University of Pittsburgh.

Bargel, T., Multrus, F. & Ramm, M. (1996). *Studium und Studierende in den 90er Jahren. Entwicklung an Universitäten und Fachhochschulen in den alten und neuen Bundesländern.* Duisburg: WAZ Druck.

Boice, R. (1996). *Procrastination and blocking. A novel, practical approach.* Westport, CT: Praeger.

Corno, L. (1993). The best-laid plans: Modern conceptions of volition and educational research. *Educational Researcher, 22(2),* 14-22.

Covington, M. V. (1992). *Making the grade: A self-worth perspective on motivation and school reform.* New York: Cambridge University Press.

Csikszentmihalyi, M. (1987). *Das Flow-Erlebnis.* Stuttgart: Klett-Cotta.

Ferrari, J. R. (1991). Self-handicapping by procrastinators: Protecting self-esteem, social-esteem, or both? *Journal of Research in Personality, 25,* 245-261.

Ferrari, J. R., Johnson, J. L. & McCown, W. G. (1995). *Procrastination and task avoidance.* New York: Plenum.

Gollwitzer, P. M. (1996). The volitional benefits of planning. In P. M. Gollwitzer & J. A. Bargh (Eds.), *The psychology of action: Linking cognition and motivation to behavior* (pp. 287-312). New York: Guilford.

Heckhausen, H. (1989). *Motivation und Handeln.* Heidelberg: Springer.

Heckhausen, H. & Rheinberg, F. (1980). Lernmotivation im Unterricht, erneut betrachtet. *Unterrichtswissenschaft, 8,* 7-47.

Helmke, A. (1983). Prüfungsangst. Ein Überblick über neuere theoretische Entwicklungen und empirische Ergebnisse. *Psychologische Rundschau, 34,* 193-211.

Helmke, A. (1992). *Selbstvertrauen und schulische Leistungen.* Göttingen: Hogrefe.

Helmke, A. & Rheinberg, F. (1996). Anstrengungsvermeidung – Morphologie eines Konstruktes. In C. Spiel, U. Kastner-Koller & P. Deimann (Hrsg.), *Motivation und Lernen aus der life-span Perspektive* (S. 207-224). Münster: Waxmann.

Helmke, A. & Schrader, F.-W. (1996). Kognitive und motivationale Bedingungen des Studierverhaltens: Zur Rolle der Lernzeit. In J. Lompscher & H. Mandl (Hrsg.), *Lernprobleme von Studierenden* (S. 39-53). Bern: Huber.

Helmke, A. & Schrader, F.-W. (1999). Lernt man in Asien anders? Empirische Untersuchungen zum studentischen Lernverhalten in Deutschland und Vietnam. *Zeitschrift für Pädagogik, 45,* 81-102.

Helmke, A. & Vo, T. A. T. (1999). Do Asian and Western students learn in a different way? An empirical study on motivation, study time, and learning strategies of German and Vietnamese university students. *Asia Pacific Journal of Education, 19,* 30-44.

Hodapp, V. (1991). Das Prüfungsängstlichkeitsinventar TAI-G: Eine erweiterte und modifizierte Version mit vier Komponenten. *Zeitschrift für Pädagogische Psychologie, 5,* 121-130.

Knaus, W. J. (1997). *Do it now: How to stop procrastinating (Revised edition).* New York: Wiley.

Krapp, A. (1992). Das Interessenkonstrukt. In A. Krapp & M. Prenzel (Hrsg.), *Interesse, Lernen, Leistung* (S. 297-329). Münster: Aschendorff.

Krapp, A. (1993a). Psychologie der Lernmotivation – Perspektiven der Forschung und Probleme ihrer pädagogischen Rezeption. *Zeitschrift für Pädagogik, 39,* 187-206.

Krapp, A. (1993b). Lernstrategien: Konzepte, Methoden und Befunde. *Unterrichtswissenschaft, 21,* 219-311.

Krapp, A. (1998). Interesse. In D. H. Rost (Hrsg.), *Handwörterbuch Pädagogische Psychologie* (S. 213-218). Weinheim: Psychologie Verlags Union.

Krapp, A., Hidi, S. & Renninger, K. A. (1992). Interest, learning, and development. In K. A. Renninger, S. Hidi & A. Krapp (Eds.), *The role of interest in learning and development* (pp. 3-25). Hillsdale NJ: Erlbaum.

Kuhl, J. (1980). *Fragebogen zur Erfassung von Handlungs- bzw. Lageorientierung* (unveröffentlichtes Manuskript). Bochum: Ruhr-Universität.

Kuhl, J. (1987). Motivation und Handlungskontrolle: Ohne guten Willen geht es nicht. In H. Heckhausen, P. M. Gollwitzer & F. E. Weinert (Hrsg.), *Jenseits des Rubikon: Der Wille in den Humanwissenschaften* (S. 101-120). Berlin: Springer.

Kuhl, J. (1994). A theory of action and state orientations. In J. Kuhl & J. Beckmann (Eds.), *Volition and personality: Action versus state orientation* (pp. 9-46). Seattle: Hogrefe & Huber.

Pintrich, P. R., Smith, D. A., Garcia, T. & McKeachie, W. J. (1993). Reliability and predictive validity of the Motivated Strategies for Learning Questionnaire (MSLQ). *Educational and Psychological Measurement, 53*, 801-813.

Rabinowitz, A. (1999). *Are you a procrastinator?* http: //superior.carleton.ca/ ~tppsychyl/tips.

Rheinberg, F. (1995). *Motivation.* Stuttgart: Kohlhammer.

Rheinberg, F. (1996). Von der Lernmotivation zur Lernleistung: Was liegt dazwischen? In J. Möller & O. Köller (Hrsg.), *Emotionen, Kognitionen und Schulleistung* (S. 23-50). Weinheim: Psychologie Verlags Union.

Rollett, B. (1987). Effort-avoidance and learning. In E. De Corte, H. Lodewijks, R. Parmentier & P. Span (Eds.), *Learning and instruction* (Vol. 1, pp. 147-157). Oxford: Pergamon.

Salomon, G., & Globerson, T. (1987). Skill may not be enough: The role of mindfulness in learning and transfer. *International Journal of Educational Research, 11*, 623-637.

Sapadin, G. (1999). *Procrastination.* http://nypsychotherapy.com/procrastination.

Schiefele, U. (1996). *Motivation und Lernen mit Texten.* Göttingen: Hogrefe.

Schiefele, U., Krapp, A., Wild, K.-P. & Winteler, A. (1993). „Der Fragebogen zum Studieninteresse" (FSI). *Diagnostica, 39*, 335-351.

Schiefele, U. & Schreyer, I. (1994). Intrinsische Lernmotivation und Lernen. Ein Überblick zu Ergebnissen der Forschung. *Zeitschrift für Pädagogische Psychologie, 8*, 1-13.

Schouwenburg, H. C. (1995). Academic procrastination: Theoretical notions, measurement, and research. In J. R. Ferrari, J. L. Johnson & W. G. McCown (Eds.), *Procrastination and task avoidance* (pp. 71-96). New York: Plenum.

Schwarzer, R. (Hrsg.). (1986). *Skalen zur Befindlichkeit und Persönlichkeit* (Forschungsbericht 5). Berlin: Freie Universität, Institut für Psychologie.

Schwarzer, R. (1996). Thought control of action: Interfering self-doubts. In L. Sarason, G. Pierce & B. Sarason (Eds.), *Cognitive interference* (pp. 99-115). Hillsdale, NJ: Erlbaum.

Snow, R., Corno, L. & Jackson, D. (1996). Individual differences in affective and conative functions. In D. C. Berliner & R. C. Calfee (Eds.), *Handbook of educational psychology* (pp. 243-310). New York: Simon & Schuster Macmillan.

Wild, K. P. & Schiefele, U. (1994a). Lernstrategien im Studium: Ergebnisse zur Faktorenstruktur und Reliabilität eines neuen Fragebogens. *Zeitschrift für Differentielle und Diagnostische Psychologie, 15*, 185-200.

Wild, K. P. & Schiefele, U. (1994b). Aufmerksamkeit als Mediator des Einflusses von Interesse auf die Lernleistung. *Sprache und Kognition, 13*, 138-145.

Hans Schiefele

Befunde – Fortschritte – neue Fragen

Interesse als Motiv

Die anfangs der Siebzigerjahre erfolgte Wiederaufnahme von längst gedachten Gedanken über die Bedeutung von Interessen erfolgte im Zusammenhang mit aktuellen Überlegungen und Befunden zur Lernmotivation, zunächst bezogen auf schulisches Lernen. Den Unterrichtsfächern liegen bekanntermaßen unterschiedliche geistige Strukturen zugrunde. Lernen und Motivation werden in der Psychologie als Grundlagenprobleme behandelt. Überträgt man nun solche Forschungsbefunde, ohne ausdrücklich die Spezifität der Unterrichtsgegenstände zu beachten, auf die Lehrmethode, so liegt es nicht nur am Unvermögen der Praktiker, wenn die erwarteten Erfolge ausbleiben.

Auch Forscher neigen dazu, mit dem Denken aufzuhören, sobald ihre experimentell gewonnenen Ergebnisse nur signifikant genug sind. Was dem Grundlagenforscher schon als die ganze Wahrheit erscheinen mag, ist es noch lange nicht für die Anwendung in vielfältigen Situationen, die in ihrer Besonderheit ja nicht alle den Untersuchungen zugrunde gelegt werden können. Es bleibt also ein Übersetzungs- bzw. Übertragungsproblem. Das ist ein Grund, weshalb motivationstheoretische Einsichten und lehr-lernwissenschaftliche Erkenntnisse nur zögerlich in die Praxis Eingang finden oder in guter Absicht schlecht angewendet werden.

Ein anderer Grund liegt darin, dass die pädagogisch-psychologische Forschung die Bedeutung der Lerngegenstände für Motivation und Lernen lange vernachlässigt hat. Diesen Mangel zu bemerken, war keine entdeckerische Leistung. Die traditionelle Schulpädagogik, mindestens seit Herbart, hat ja gerade von den Fächern her gedacht und anwendungsorientierte pädagogisch-psychologische Überlegungen führten immer wieder Interessen als wichtigen Lernantrieb ins Feld.

Nun ist aber Interesse ein Ausdruck, der in unterschiedlichsten Zusammenhängen gebraucht wird. Die Alltagssprache hat zwischen der Bezeichnung von materiellen und geistigen, triebbedingten und esoterischen, individuellen und kollektiven Interessen eine nahezu beliebige Vielfalt des Wortgebrauchs entwickelt. Aus der Häufigkeit seiner Verwendung folgt eine Vieldeutigkeit, die es geraten sein ließ, sich wissenschaftlich nicht weiter mit ihm zu befassen. Interesse blieb ein alltagsgebräuchliches Wort, die Psychologie hatte besser definierte Begriffe zur Verfügung, Leistungsmotivation zum Beispiel, Anreiz und Bekräftigung, kognitive Diskrepanz und andere.

Überblickt man die in diesem Band versammelten Aufsätze, so zeigt sich, dass die Theorie der intrinsischen Motivation und im Zusammenhang damit das Interessenkonzept in den vergangenen Jahren eine beachtliche Entwicklung in verschiedene Richtungen genommen hat. Das hat wiederum unterschiedliche Gründe. Teils sind sie didaktisch-unterrichtspraktischer Natur, wie zum Beispiel das mangelnde Interesse für die naturwissenschaftlichen Schulfächer oder der Schwund an schulischer Lernleistung im internationalen Vergleich, teils werden solche Problemstellungen untersucht, für die sich bewährte Untersuchungs- und Auswertungsverfahren wie zum Beispiel Fragebogenerhebungen, Korrelationsstudien, Faktoren- und Varianzanalysen anbieten. Angesichts der vielen offenen Fragen ist es natürlich höchst vernünftig, so vorzugehen. Die Mehrzahl der Arbeiten dieses Bandes sind solchen Arbeitsrichtungen zuzuordnen. Bemerkenswert erscheint mir auch, dass mehr und mehr der Diskurs mit verwandten und gut ausgearbeiteten Konzepten aufgenommen wird, wie sie etwa mit den Theorien der intrinsischen Motivation, der Leistungsmotivation und der Handlungskontrolle vorliegen.

Es ist auch nicht schwer zu erkennen, dass bezüglich der Interessenthematik nahezu ausschließlich Psychologen am Werk sind, pädagogische Psychologen immerhin. Die Pädagogik selbst, im engeren Sinn die Schulpädagogik und Unterrichtsdidaktik, erscheint von der Entwicklung auf dem Feld des Lerninteresses nicht sonderlich beeindruckt. Am ehesten noch werden lerntheoretische Befunde wahrgenommen, die auf den ersten Blick zur Steigerung der Schulleistung beitragen könnten, die ja zu allen Zeiten als unzureichend beklagt wird. Aber auch nur auf den ersten Blick, weil ja Handlungs-, Kognitions- und konstruktivistische Lerntheorien sich nicht kurzschlüssig in Lehr-Lern-Methoden übersetzen lassen. Auch die nach meinem Eindruck erste von der Schulpraxis in einem größeren Umkreis wahrgenommene Motivationstheorie, die der Leistungsmotivation nämlich, ist alles andere als eine Anleitung, aus lahmen Schülern oder Berufstätigen zielstrebig bewegliche zu machen.

Die Arbeiten zu einer Theorie des Interesses und die hier vorliegenden Aufsätze dokumentieren Fortschritte in mehrfacher Hinsicht. So wurde eine von verschiedenen Arbeitsgruppen aufgenommene begriffliche Klärung erreicht, Annäherungen und klärende Differenzierungen gegenüber anderswo erarbeiteten Konzepten haben sich ergeben, empirische Befunde über die Wirkung von Interesse auf Lernergebnisse liegen vor. Mit dem zunehmenden Wissen entstehen neue Fragestellungen nach dem Einfluss von Interessen auf andere Lernvoraussetzungen wie Aufmerksamkeit, Ausdauer, Sorgfalt und nach anderen Kriterien erfolgreichen Lernens: neben der Erfassungstiefe, Behaltensdauer, Fokussierung und Differenzierung der Wissensbestände, Übertragbarkeit des Gelernten auf neue Situationen, Transfer also, eigenständige Wissensaneignung und -steigerung.

Schließlich tauchen auch Überlegungen auf, ob sich die Bedeutung von Interesse in seiner Rolle als günstige Lernvoraussetzung erschöpft oder ob unabhängig davon Interesse auch ein wünschenswertes Entwicklungsziel ganz für sich selbst sein könnte. Eine Fragestellung, an der wahrscheinlich forschenden Psychologen weniger liegt, als sie die Pädagogen interessieren sollte.

Auf einige der Fortschritte und weiter gehende Problematiken, wie sie sich hier abzeichnen, möchte ich etwas ausführlicher eingehen.

Begriffsklärungen

Der Einfluss von Motivation und im engeren Sinn Interesse auf Lernen und verschiedene Arten von Lernergebnissen wurde und wird in unterschiedlichen Theoriezusammenhängen untersucht, ohne dass die irgendwie „verwandten" Ansätze voneinander nähere Kenntnis genommen hätten. Als Folge davon sind Fassung und Gebrauch des Interessenkonzeptes alles andere als einverständig. Entsprechend unterschiedlich sind deshalb die Fragestellungen, Untersuchungsverfahren und die Art der Befunde. Das scheint sich in den letzten Jahren zu ändern, und neben den Befunden und je eigenen Untersuchungen werden auch Konvergenzen mit anderen Forschungsansätzen entdeckt. Krapp (1992) hat dazu eine informative Übersicht erarbeitet.

Eine maßgebende Entwicklung hat sich in terminologischer Hinsicht vollzogen. Im Bereich pädagogisch-psychologischen Forschens und praktischen Handelns hat sich ein Grundverständnis des Interessenkonzeptes herausgebildet, auf das sich die an der Diskussion Beteiligten beziehen. Dass diese Begrifflichkeit zur Kenntnis und in theoretischen Gebrauch genommen wird, erscheint wichtig, weil ja sonst der Begriffswirrwarr nur mit neuen Mitteln fortgesetzt würde.

Damit könnten das Aneinander-Vorbeireden und die intellektuell bedenkenlose Beliebigkeit des Redens über Interesse für die Pädagogische Psychologie und die pädagogische Praxis ein Ende finden. Wenigstens die Hoffnung besteht. Ein überzeugend definiertes Interessenkonzept wird auch für die psychologische Forschung diskutabel.

Die nahezu unendliche Geschichte des Umgangs mit einem nicht nur pädagogisch zentralen Begriff sei hier nicht wiederholt. Hinreichende Ausführungen dazu liegen vor (vgl. Prenzel, 1988). Lediglich der Eindeutigkeit wegen hier noch einmal eine knappe Definition: Der Begriff Interesse bezeichnet eine epistemisch thematisierte Subjekt-Gegenstands-Beziehung, ausgestattet mit emotionalen und Wertevalenzen, die, „selbstintentional", nur dieser Beziehung gelten.

Da kaum ein Mensch ständig nur auf seinen Interessengebieten unterwegs sein kann, wahrscheinlich sogar nicht einmal die längste Zeit, ruht das Interesse, bis es wieder handlungsleitend wird. Demnach sind zwei Zustandsformen zu unterscheiden: dispositionales und aktualisiertes Interesse, beide zusammen als individuelles Interesse bezeichnet.

Davon wird das so genannte situationale Interesse unterschieden. In diesem Zusammenhang scheint mir eine differenzierende Klärung angebracht, auch deshalb, weil sie – aus kollegialer Nachsicht vermutlich – regelmäßig unterbleibt. Situationales Interesse bezeichnet Formen der Handlungsanregung, wenn keinerlei aktivierbares bzw. aktualisiertes Interesse vorauszusetzen ist. Anreize dieser Art bieten zum Beispiel bestimmte Einstiegsthematiken wie Abenteuer, Gefahr, Tod, Gewalt, persönliche Schicksale oder Variablen wie Neuheit, Überraschung, Unsicherheit, Widersprüchlichkeit (Berlyne, 1967; Schank, 1979).

Handelt es sich dabei um die initiale Zuwendung zu einem Sachverhalt, der dann Inhalt einer Handlung oder eines Lernprozesses wird, also um die erfahrene bzw. didaktisch erweckte Aufmerksamkeit gegenüber einem bestimmten Gegenstand, also der „Sache, um die es geht", scheint mir der Begriff „situationales Interesse" angemessen, weil Interessekriterien angesprochen werden. Von Anfang an bilden sich epistemische Tendenzen und emotionale Valenzen am Gegenstand selbst, während Werthaltigkeit und Selbstintentionalität zu Beginn nur keimhaft angelegt sein, sich aber im vorgegebenen Sachzusammenhang entwickeln können.

Wird aber bloß eine gegenstandsbeliebige, oft auch nur vorübergehende, Hinwendung zu erreichen versucht, sollte man den Interessenbegriff meiden und auch nicht von Interessantheit reden. Es handelt sich um Anreize, Spannung, Unterbrechung von Eintönigkeit und Langeweile, Abwechslung, die allesamt in keinem thematischen Zusammenhang mit der Lernaufgabe stehen, die sie in Gang setzen sollen.

Mit dem Vorschlag, situationales Interesse von Anreizmotivation begrifflich zu trennen, verbinde ich nicht die Meinung, beide Anregungsformen seien in der Praxis leicht auseinander zu halten. Es gibt Übergänge, aber auch offensichtliche Unterschiede. Es können auch beide Formen der situativen Anregung zu individuellem Interesse führen, aber der eine Weg ist ungewisser als der andere.

Wirkung und Bedingungen von Interesse

Die traditionelle Auffassung, Interesse sei eine besonders wirksame Lernvoraussetzung, liegt ursprünglich auch dem Versuch zugrunde, das Konstrukt Interesse wieder in den pädagogisch-psychologischen Diskurs um die Lernmotivation einzuführen. Dass Interesse nicht nur als Lernvoraussetzung Bedeutung besitzt, sondern auch als Element des Selbstverständnisses und der Selbstbestimmung der Person, wurde verschiedentlich ausgeführt (z.B. H. Schiefele, 1978, 1986). Auf diese eher pädagogische bzw. bildungstheoretische Problematik komme ich abschließend zurück.

Selbstverständlich bestehen und wirken neben den Interessen auch andere motivationale Lernbedingungen, beispielsweise Leistungsmotive, tätigkeitsspezifische Lernanreize, gegenstandsunabhängige Motive wie das Streben nach Autonomie, Kompetenz, Selbstwirksamkeit, sozialer Einbindung und die Vielzahl extrinsischer Motivationsmöglichkeiten. Sie alle können Lernprozesse in Gang setzen und unter Umständen auch zu individuellen Interessen führen, aber vom Lernen aus Interesse werden besonders nachhaltige Effekte erwartet.

Ob und wie weit sich solche Erwartungen erfüllen, entsprechende Hypothesen sich also bestätigen lassen, hängt natürlich auch davon ab, mit welchen Kriterien gemessen wird. Dass der Zusammenhang zwischen Interesse und Lernleistung in der Metaanalyse von U. Schiefele, Krapp & Schreyer (1993) nur um $r = .30$ liegt, hat sicher einen Grund in der vorwissenschaftlichen Ungenauigkeit dessen, was als Interesse gemessen wird und mit welchen Verfahren das geschieht. So kommt die oben erwähnte Meta-Analyse zu dem Schluss, es sei „kennzeichnend für die bisherigen Methoden ..., dass sie in der Regel nicht auf einer expliziten Interessentheorie beruhen" (U. Schiefele, 1996, S. 86).

Um zu aussagekräftigen Befunden zu kommen, ist es unerlässlich, Bedingungs- und Wirkungsaussagen nur innerhalb eines theoretisch definierten Verständnisses zu machen und auch nur solche weiterhin zu berücksichtigen. Das gilt übrigens auch für solche Effekte, die in der Folge gegenstandsunspezifischer Lernanreize auftreten.

Ferner macht es einen Unterschied, ob man den Zusammenhang von Interesse mit Schulnoten, standardisierten Leistungstests, Klassenarbeiten, Behaltensmenge und -dauer, Verständnistiefe oder praktischer Anwendung überprüft.

Mit Messproblemen und der Wirkung von Interessen beschäftigen sich Köller, Baumert und Schnabel (in diesem Band). Ausgehend von dem nicht gerade berauschenden korrelativen Zusammenhang von $r = .30$ zwischen Interesse und Lernen im Kontext Schule fragen die Autoren nach Gründen für den relativ niedrigen Wert, niedrig zumindest im bezug auf womöglich allzu euphorische Erwartungen.

Als einen der Gründe für den erwartungswidrig schwachen Zusammenhang vermuten sie unter anderem „die weit gehende Ignorierung des institutionellen Kontexts in schulischen Untersuchungen" und stellen Befunde aus einer Längsschnittstudie vor, „die zeigen, dass Interesse erst dann ein substantieller Prädiktor des schulischen Wissenserwerbs in Mathematik ist, wenn der institutionelle Rahmen den Schülerinnen und Schülern Freiräume für selbst reguliertes Lernen und interessengesteuerte Schwerpunktsetzung in Form von Leistungskurswahlen bietet."

Untersuchungslängsschnitte bestätigen die Annahme, dass lehrerzentrierter Unterricht „wenig Spielraum für selbst gesteuertes Lernen bietet. Zudem bieten regelmäßige Leistungskontrollen in Form von Klassenarbeiten und antizipierte Ergebnisse und Folgen der Ergebnisse hinreichende extrinsische Anreize für motiviertes Lernen." Besteht hingegen die Wahlmöglichkeit für Leistungskurse, so folgen die Wahlen eher dem Interesse (im vorliegenden Fall für Mathematik), „und die daraus resultierende intensivere, auf tieferes Verständnis zielende Beschäftigung mit dem Gegenstand führt zu höheren Leistungen."

Die Studie von K.-P. Wild über den Einfluss betrieblicher Lernumgebungen führt zu vergleichbaren Befunden. Beide Arbeiten legen eine Modifikation von Motivationseffekten durch die Lehr-Lern-Situation nahe. Ohne die organisatorische, inhaltliche, methodische und soziale Gestaltung der Lernumgebung zu unterschätzen, spielt die pädagogische Befähigung der Lehrenden eine kaum zu überschätzende Rolle. Neben dem fachlichen ist deshalb ein fundiertes pädagogisch-psychologisches Berufswissen zu fordern. Oft genug mangelt es daran, woran wiederum die mit traditionellen Vorurteilen und Fachegoismen zementierten Ausbildungsordnugen erheblichen Anteil haben. Schulpädagogik und Hochschullehre bilden da keine Ausnahme, im Gegenteil in ihrem Einflussbereich sind die Folgen besonders umfassend und nachhaltig.

Die Hochschuldidaktik betreffend konstatiert Winteler eine zunehmende Diskrepanz zwischen theoretischer Einsicht und daraus oft nur kümmerlich entwickelter Praxis in der akademischen Lehre. In diesem Beitrag zitierte Studien lassen sich in dem Befund verallgemeinern, dass „die *Lehr*konzeptionen der Dozenten" und „die *Lern*konzeptionen der Studenten" korrespondieren.

Beispielsweise ist es eine nicht eben neue Erfahrung, dass fehlende Lehrkunst, ganz abgesehen von hoher sach-fachlicher Qualifikation, das Entstehen und die Weiterentwicklung von Schülerinteressen beschädigt, wenn nicht gleich ganz verhindert, und das für eine lange Zeit. Das wäre dann gerade das Gegenteil von Bildung, obwohl doch am kurzen Zügel und unter Druck ganze Fuhren von sogenannten Bildungsgütern in den Gehirnen der Lernenden abgeladen werden können. Freilich kann in der Deponie bald nicht mehr gefunden werden, was nach einiger Zeit gebraucht würde.

Damit ist ein besonders signifikantes Kriterium aller Lehr-Lern-Prozesse angesprochen: der Transfer. Trägt also intrinsisch motiviertes Lernen aus Interesse mehr als andere Lernvoraussetzungen dazu bei, das erlernte Wissen und Können auf neue, unbekannte und nicht vorhersehbare Situationen zu übertragen?

Die Transferforschung hat eine beachtliche Tradition (H. Schiefele, 1964; Weinert, 1974), die hier nicht nachzuzeichnen ist. Nur ein, meines Wissens bisher nicht überbotener Befund, soll festgehalten werden. Er entstammt u.a. gestaltpsychologischen Erkenntnissen, bildet die Grundlage der sogenannten Verallgemeinerungstheorie des Transfer und besagt, dass die Erfassung von Beziehungsstrukturen, zugrunde liegenden Prinzipien, systematischen Zusammenhängen und Bedeutungsgehalten (bei Texten z.B.) die Übertragung des Gelernten auf neue Situationen begünstigen. Die Erfassung solcher dem Transfer förderlichen Tiefenstrukturen scheint durch interessengeleitete Lernprozesse gesteigert zu werden (zusammenfassend U. Schiefele, 1996, S. 194 ff.). Dieser Befund bestätigt sich erneut in der Untersuchung von U. Schiefele und Urhahne (und bekräftigt nebenbei eine uralte Annahme des Aristoteles [Buch X, Kapitel 5]: „Denn wer sein Werk mit Lust und Liebe tut", sagt er in der Nikomachischen Ethik, „der gewinnt in jeder Einzelheit das bessere Urteil und die größere Genauigkeit").

Die Frage nach dem Zusammenhang von Interesse und Transfer ist, soweit ich sehe, noch gar nicht in den Blick genommen.

Eine empirisch begründete Antwort darauf würde womöglich nicht nur die über Jahrzehnte liegen gelassene unterrichtspsychologische Transferforschung wieder beleben, sondern böte auch eine Ergänzung zu den seit etwa zehn Jahren vorgetragenen Argumenten, „die darauf hinauslaufen, Wissensbestände kontextgebunden und somit nur situationsspezifisch aktivierbar zu verstehen" (Klauer, 1999, S. 117). So genanntes „träges Wissen" sei in Problem- und Anwendungssituationen nicht zu mobilisieren. Neben der situativ aufbereiteten und konkret verankerten Gestaltung von Lehr-Lern-Prozessen könnte auch die Einsicht in die Tiefenstruktur von Sachverhalten dem Wissen seine Trägheit austreiben, ihm sozusagen Beine machen.

Eine Möglichkeit immerhin, die freilich davon abhängt, dass Motivation problematisiert und Interessen entwickelt oder wenigstens nach ihnen gesucht wird. Bereits diese durchaus sporadischen Andeutungen lassen noch viele offene Forschungsfragen vermuten, falls nicht die unaufhörlichen Trendfluten die Funde wieder versanden lassen. Im günstigeren Fall werden sie dann eines Tages wieder ausgegraben und mit modischer Terminologie versehen bestaunt, als wären sie ganz neu.

Annäherungen

Oben wurde bereits darauf verwiesen, dass Lernen keineswegs nur auf Interesse angewiesen ist. Man muss sich ja nur die Vielfalt der Lernaufgaben in Kindheit und Jugend vergegenwärtigen, darin eingeschlossen die Lehrpläne von Schule und Berufsausbildung. Es wird kaum einen Menschen geben, der all diesen Ansprüchen mit Interesse begegnet. Eine einzige Theorie, und sei sie noch so umfassend formuliert, gibt es nicht, kann es nicht geben, auch weil menschliches Handeln auf eine Vielzahl von Voraussetzungen, Anstößen, Bedürfnissen und Begründungen zurückzuführen ist.

„Konzepte genereller, bereichsunspezifischer motivationaler Orientierungen und die Annahme spezifischer Interessen" müssen sich also nicht ausschließen (U. Schiefele 1992, S. 90 f.). Mit der Betonung gegenstandsspezifischer Lernmotivation ist keineswegs die Annahme verbunden, es gäbe nicht auch bereichsübergreifende Lernmotive. Die Befunde aus einigen Jahrzehnten Leistungsmotivationsforschung in pädagogisch-psychologischer Absicht belegen das Gegenteil. Außerdem besitzt die schulpädagogische Praxis – und nicht nur sie – ganze Arsenale extrinsischer Lernanreize, die über mehrere Gegenstandsbereiche hinweg, z.B. die ganze Skala von Schulfächern, ihre Wirkung tun.

Dennoch kann man immer noch der Meinung sein, Interessen seien eine der besseren Voraussetzungen für Lernen, weil sie Gegenstands- und Umweltorientierungen thematisieren, die als individuell befriedigende, mehr oder weniger dauerhafte Charakteristika von Personen in Erscheinung treten.

Nun ist es natürlich nicht so, als hätten nur die Protagonisten der neuerlichen Interessendebatte bemerkt, dass nicht nur Gütemaßstäbe, Erwartungen und Anstrengungsniveaus in der Lernmotivation eine Rolle spielen, sondern eben auch die Sache, die gelernt werden soll.

Von größerem Einfluss und über Jahre beherrschend war die Leistungsmotivationstheorie auch für schulisches Lernen (Heckhausen, 1965; Heckhausen & Rheinberg, 1980). Das Verhältnis von Leistungsmotivation und dem später in die Debatte eingebrachten Interessenkonstrukt ist hinreichend behandelt worden. Bereits in der mittlerweile berühmten Definition von Heckhausen (1965) wird Leistungsstreben auf Tätigkeiten beschränkt, „in denen man einen Gütemaßstab für verbindlich hält". Rheinberg und Vollmeyer (in diesem Band) betonen in diesem Zusammenhang den „Primat der individuellen Bezugsnorm". Und: „Wichtiger als der Vergleich mit anderen ist der Vergleich mit den eigenen zuvor erzielten Resultaten."

Bezieht man den Gütemaßstab auf Wissen und Können und hält Verbindlichkeit auch auf emotionalen und Wertevalenzen beruhend – es gibt freilich viel mehr und noch ganz andere Gründe für Verbindlichkeit – so vermindert sich der Abstand zwischen den beiden Konzepten. Es erscheint ohnehin wenig sinnvoll, das Interessenkonzept als isolierte Motivationsthematik zu entwickeln, was ja auch bisher nicht geschehen ist. Vielmehr ist Interesse gewissermaßen als „missing link" in bereits vorhandene Theoriebestände einzubeziehen, in der Erwartung, dass die Berücksichtigung der Gegenstandsspezifität von Lernmotiven der Forschung präzisere Fragestellungen und angemessenere Untersuchungsverfahren und der Praxis wirklichkeitsnähere Anwendungen erlaubt. Ich denke auch, die Lernforschung wäre gut beraten, den Einfluss von Lerngegenständen und gegenstandsspezifischen Aufgaben mehr ins Einzelne gehend zu betrachten.

Rheinberg und Vollmeyer (in diesem Band) stellen fest, dass „zwei inhaltlich höchst verschiedene Motivationssysteme, nämlich Sachinteresse und Leistungsmotivation bei aller Unterschiedlichkeit doch mehr miteinander zu tun haben könnten, als man auf den ersten Blick meinen würde." Die erwartete positive Korrelation könnte nach ihrer Meinung auf dem Bedürfnis nach Kompetenzerleben beruhen, das den beiden Ansätzen gemeinsam ist (s.a. Krapp, 1999, S. 392/395). In der hier beschriebenen Studie „zeigen sich die erwarteten Zusammenhänge über verschiedene Aufgaben hinweg ausnahmslos in jedem Fall". Die „Beziehungen zwischen Sachinteresse und leistungsthematischer Herausforderung" legen nahe, „diesen beiden Komponenten der Lernmotivation nicht isoliert, sondern im Verbund nachzugehen, zumindest immer beide zugleich zu erfassen."

In dem Beitrag von Rheinberg und Vollmeyer findet sich die lapidare Feststellung: „Ist Leistungsmotivation gegenstandsgleichgültig, so ist Sachinteresse tätigkeitsgleichgültig." Das ist eine Formulierung, deren stilistische Präzision meinen Beifall findet, wenngleich eine weiterführende Überlegung dem Einwand begegnen kann. Neben der Unterscheidung von tätigkeitszentrierter und gegenstandsbezogener intrinsischer Motivation von U. Schiefele und Urhahne zielt mein Argument auf das Maß der Allgemeinheit, mit dem Interessen formuliert werden. Das Beispiel in dem Artikel von Rheinberg und Vollmeyer „Interesse an klassischer Musik" belegt zwar nicht Tätigkeitsgleichgültigkeit, wohl aber die Unbestimmtheit der mit dem Interesse möglicherweise verbundenen Handlungen. Irgendetwas muss die an Musik interessierte Person ja tun, aber die Rede von „Interesse an Musik" lässt völlig offen, was das im Einzelfall sein könnte. Nicht das Interesse ist tätigkeitsgleichgültig, sondern die Rede darüber unbestimmt. Solange über ruhende Interessendispositionen gesprochen wird, mag das hingehen, obwohl eine solche Aussage nicht gerade informativ ist. Aktualisiertes Interesse kann sich nur in Tätigkeiten äußern, und es spricht nichts dagegen, bei der Benennung und Beschreibung von Interessen die Handlungsebene mit zu formulieren. Also nicht „Interesse an Musik", sondern an Komponisten, ihrem Schaffen und Werk, oder Interesse am Besuch philharmonischer Konzerte verschiedener Art und Dirigenten, oder Interesse an eigener Musikausübung usw. Beim einigermaßen fortgeschrittenen Spiel eines Instrumentes können dann sehr wohl „tätigkeitsspezifische Vollzugsanreize" (Rheinberg, 1989) auftreten, wobei es der manuellen Spielkunst – den beiden Händen zum Beispiel und ihrer neuronalen Steuerung – egal ist, ob es sich um Bach handelt oder Jazz. (Beim Nachlesen fällt mir auf, dass das eine ziemlich leichtfertige Spekulation ist; es könnte nämlich auch das Gegenteil richtig sein.)

Analoges gilt für alle Interessenbezeichnungen, die oberhalb der Handlungsebene formuliert sind: Interesse für Literatur, Politik, Sport, Kunst. Ich denke, das ist die Lehre aus dem Hinweis der beiden Autoren: Grundsätzlich ist über Interessen so zu sprechen, dass die dazu gehörende Tätigkeit mit bezeichnet ist.

Einen weiteren Schritt der Zusammenführung motivationaler Faktoren aus verschiedenen Theorien und Forschungskonzepten unternehmen U. Schiefele und Urhahne in ihrem Beitrag. Diese Studie zielt darauf ab, „motivationale und volitionale Bedingungsfaktoren akademischer Leistung, die unterschiedlichen Forschungslinien entstammen ... in ihrer Wirkung auf die Studienleistung zu untersuchen." Von der empirischen Prüfung eines hypothetischen Kausalmodells zur Vorhersage erwarten die Autoren Hinweise auf die „relative Wichtigkeit sowie über Wechselwirkungen und kausale Relationen zwischen den Prädiktoren." Als bemerkenswerter Fortschritt erscheint die Einbeziehung volitionaler Prozesse in das Vorhersagemodell.

Die Befunde, vorbehaltlich einiger formaler Defizite der Studie, bestätigen einige, zumindest teilweise bereits bekannte Sachverhalte, insbesondere den positiven Zusammenhang von Selbstwirksamkeit, Studieninteresse und Leistungsmotivation und den Einfluss dieser Faktoren auf die Zielbindung und den Lerneffekt. Darüber hinaus eröffnet der Frageansatz der Studie den Zugang zum bisher vernachlässigten Bereich einer integrativen Motivations- und Willensforschung und initiiert damit interessante weiterführende Forschung.

Motivanregung und -entwicklung

Über den Einfluss von Interessen auf den Lernprozess, als unabhängige Variable also, ist mittlerweile einiges bekannt. Mit den Befunden haben sich neue differenzierende Fragen ergeben. Allein der vorliegende Band lässt vermuten, dass der Forschung die Problemstellungen so schnell nicht ausgehen werden. Eine andere Frage ist die nach der Anregung von Lernmotiven und des weiteren der Interessenentwicklung. Zum ersten Punkt äußern sich Stark und Mandl in ihrem Beitrag. Sie behandeln das Motivationsproblem im Kontext situierten Lernens als implizite Fragestellung. Ein Kernsatz der Argumentation ihres Beitrages besagt, es fehle „situierten Instruktionsansätzen an expliziten und elaborierten Motivationskonzepten, andererseits werden auf der Basis dieser Ansätze offensichtlich motivierende Lernumgebungen konstruiert." Potentielle Motivationseffekte der Jasper-Abenteuerserien werden angenommen. Es sei jedoch nicht erkennbar, „dass den Annahmen eine explizite Motivationstheorie zugrundeliegt." So erscheinen bei der Planung und Gestaltung situierter Lernprozesse gesonderte Überlegungen über Motivierungsmaßnahmen überflüssig, weil ja schon die Situation motivierend ist. Das kann man verstehen; so lange nämlich didaktische Modelle erwartungsgemäß erfolgreich sind, muss nicht nach den Gründen für Misserfolge gefragt werden. Und wer nicht nach Gründen sucht, findet natürlich auch keine.

Bei Ausweitung des Einsatzbereiches situierter Lernkonzepte auf verschiedene Inhaltsbereiche, Zielvorstellungen, Tätigkeitsfelder und Altersgruppen sind aber wohl ebenfalls Motivationsprobleme zu erwarten. Wahrscheinlich ändert auch situiertes Lernen nichts daran, dass Personen Lerngegenstände oder -bereiche bevorzugen oder ablehnen, bzw. je nachdem unterschiedliche Gütemaßstäbe für verbindlich halten.

Vorausgesetzt also, dass auch mit situiertem Lernen Motivationsprobleme nicht aus der Welt sind, warum sollen dann „bisherige, insbesonders kognitivistisch orientierte Motivationskonzepte ... mit einem situierten Pradigma nur bedingt kompatibel" oder gar „gänzlich unbrauchbar" sein? Da bleiben wohl doch einige Fragen offen, darunter auch die nach den fundamentalen Unterschieden „in Hinblick auf die zugrunde liegende Weltanschauung."

Dass die Autoren das Motivationsproblem im Zusammenhang mit dem Lerntransfer sehen, leuchtet ein. Die Überwindung „trägen Wissens" ist ja eines der zentralen Anliegen konstruktivistischer Modellbildung. Auch hier erhebt sich die Frage nach einer den situierten Konzepten immanenten Übertragungstheorie (Klauer, 1999). Um Wissen aus der Lernsituation auf neue Situationen anwenden zu können, liegt es nahe, den ursprünglichen Lernprozess bereits anwendungsnah zu gestalten. Das ist vielleicht, verglichen mit der Schule, bei beruflicher Aus- und Weiterbildung eher möglich. Andererseits ändern sich aber gerade dort die Anwendungssituationen unentwegt, häufiger jedenfalls als bei einem allgemeinbildenden Schulcurriculum, das von situierten Lernansätzen natürlich auch im Hinblick auf die Übertragung des Gelernten profitieren könnte.

Nun ist das didaktisch-methodische Arrangement des situierten Lernens nicht ohne Vorläufer. Frühere Konzepte können sich zwar hinsichtlich der heute möglichen multimedialen Gestaltungsmöglichkeiten nicht annähernd vergleichen, sind aber in ihren didaktischen Grundmustern so wesensverschieden nicht. Der Ansatz situierten Lernens erinnert zuweilen an das hier mehrfach zur Sprache gebrachte situationale Interesse, auch an schon bekannte didaktisch-methodische Entwürfe. Aus der Reformpädagogik, von Dewey oder von Piaget stammen unterrichtsmethodische Formen, die als entdeckendes oder praktisches Lernen, genetische Entwicklung, als Gruppen- und Partnerarbeit, exemplarisches Verfahren, Experimentalunterricht, als thematische Vorhaben oder Epochalunterricht bezeichnet werden (Terhart, 1999; Ullrich, 2000).

Andere Überblicke motivationsfördernder Gestaltung von Lernsituationen verweisen auf die Originalität („Authentizität") des Gegenstandes, Anschaulichkeit und Durchschaubarkeit der Zusammenhänge, Prozesshaftigkeit der Gegenstandserschließung, Problemorientierung, Aktualität, Lebensnähe, Kooperation und Angemessenheit der Leistungsforderung (z.B. H. Schiefele, 1978, S. 410 ff.; U. Schiefele & H. Schiefele, 1997).

Trotz der vielfältigen, zum Teil einfallsreichen Entwürfe und elaborierten Muster für anregenden und erfolgreichen Unterricht blieb oder wurde auf andere Weise die Motivationsfrage virulent. Andernfalls wären wohl kaum die Forschungsanstrengungen unternommen worden.

Vielleicht wäre es einer vertieften Fortentwicklung situierter Lernansätze förderlich, einen Überblick über lehr-lerntheoretische Prinzipien und Verfahren herzustellen, die im gerade vergangenen Jahrhundert entwickelt und in der Praxis als hilfreich erfahren wurden. Sie in einem theoretisch differenzierten Kontext situierten Lernens neu zu durchdenken, sie darin zu plazieren oder auszuschließen, erschiene als eine Maßnahme kritischen Wissensmanagements, das die Bestände nicht unbesehen liegen lässt und vermeidet, neu zu erfinden, was schon erfunden ist. Zieht man darüber hinaus die erst in jüngster Zeit entwickelten medialen Möglichkeiten der Präsentation, Bearbeitung und professionellen Unterstützung der schulischen wie beruflichen Bildungsarbeit in Betracht, sind überzeugende Fortschritte zu erwarten. Im Sinne konstruktivistischen Denkens können moderne Lehr-Lern-Konzepte etabliert werden, die bewährte Fundamente mit einbeziehen und die Möglichkeit bieten, sie entsprechend theoretisch-kritischer Vorgaben zu überprüfen.

Was die Entwicklung von Motivation und Interessen durch Kindheit und Jugend, aber auch in späteren Lebensaltern betrifft, so ist leicht einzusehen, dass diese Frage zwar wichtig, aber methodisch schwierig zu bearbeiten ist. Ohne Längsschnittstudien wird da nicht viel zu machen sein. Einige solcher Ansätze liegen vor (Fink, 1992; Kasten & Krapp, 1986). Mit welcher Art von Aufschlüssen gerechnet werden kann, zeigt beispielsweise der Artikel von Köller et al. (in diesem Band).

Prenzel, Lankes und Minsel (in diesem Band) haben für die Grundschule ebenfalls darauf hingewiesen. Sie ziehen eine Bilanz des Forschungsstandes zur Interessenbildung im Grundschulalter, um daraus „Perspektiven und theoretisch begründete Fragestellungen" für eine entsprechende Interessenforschung zu gewinnen. Bis heute fehlen „einigermaßen aussagekräftige Surveydaten zu Interessen im Grundschulalter."

Diese Feststellung kann sehr wohl als Vorschlag verstanden werden, sich diesem für das gesamte Bildungswesen und damit die psychisch-geistige Bildung aller Kinder (ehe sie in Leistungs- und Karrierekohorten aufgeteilt werden) nachdrücklicher zu widmen. Dabei legen die Autoren „eine Konzentration auf Sachbereiche" nahe, „die in irgendeiner Weise mit dem Curriculum der Grundschule bzw. einem grundschulbezogenen Bildungskonzept zu tun haben."

Zwei weitere Artikel des Bandes behandeln Fragen der Entwicklung motivationaler Orientierungen; beide Untersuchungen haben den Vorzug, längsschnittlich angelegt zu sein. E. Wild und Hofer gehen dem Einfluss elterlicher Erziehungspraktiken auf „Ausprägung und Entwicklung" solcher Orientierungen bei Gymnasiasten und Berufsschülern nach. Die Autoren berichten von Zusammenhängen zwischen autoritativem (demokratischem) Erziehungsverhalten und intrinsischer Lernmotivation und autoritären Erziehungspraktiken und extrinsischer Lernmotivation. Über weiterführende Differenzierungen und Zweifel hinweg ist der Einfluss familialer Erziehung auf die Art schulischer Lernmotivation belegt. Daraus ergibt sich das Problem der Einflussnahme auf elterliche Erziehungspraktiken, ein bekanntlich schwieriges Metier. Mit raschen Änderungen ist da wohl kaum zu rechnen und sicher nicht durch eine von der Schule betriebene Elternarbeit. Ihr fehlte es neben der Zeit vor allem an der entsprechenden Qualifikation.

Eine in diesem Zusammenhang nahe liegende Zuspitzung der Fragestellung könnte dem elterlichen Einfluss auf Interessenbildungen nachgehen. Man kann ja wohl vermuten, dass häusliche Lebensumwelten nach unterschiedlichen Sach- und Gegenstandsfeldern hin thematisiert sind, auf die sich Berufs- und Freizeittätigkeiten, Gespräche und entsprechende Wertschätzungen beziehen und die bis in die Alltagsroutinen hinein Orientierungsstränge vorgeben. Intrinsische Motivation könnte sich so auf der Grundlage von früh einwirkenden lebensweltlichen Thematisierungen entwickeln, die sich in Interaktion mit signifikanten Bezugspersonen herausbilden. Auf einige Anfänge solcher Fragestellungen wurde oben bereits verwiesen (Fink, 1992; Kasten & Krapp, 1986).

Die von K.-P. Wild vorgelegte Untersuchung über betriebliche Lernumwelten und motivationale Lernorientierungen belegt, dass die Befriedigung der (angenommenen) Grundbedürfnisse nach dem Erleben von Kompetenz, Selbstbestimmung und sozialer Einbindung in positivem Zusammenhang mit intrinsischer Motivation steht. Organisatorische und didaktische Arrangements spielen eine nicht zu vernachlässigende Rolle. Im schulischen Lernfeld dürften gerade sie von noch größerer Bedeutung sein.

Betriebliche Ausbildungsprogramme sind zielgenauer und inhaltlich begrenzter als das weit gefächerte Schulcurriculum. Analoge Untersuchungen wären wohl schwieriger, aber nicht weniger nötig, weil ja die Schule eines der elementarsten Lernfelder unserer Soziokultur darstellt. Und noch einmal ein Hinweis auf die Lerninhalte! Berufliche Ausbildung und Schulbildung haben es immer mit zusammengesetzten Sachbereichen und Aufgabenfeldern zu tun, deren Einzelkomponenten durch unterschiedliche methodische Zugänge zu beeinflussen sind. Je vielfältiger die Unterrichtsgegenstände sind, desto weniger präzise können die Zusammenhänge zwischen thematisch unspezifischen motivationalen Orientierungen und verschiedenen Lernumgebungen erfasst werden. Es empfiehlt sich also, ganz im Sinne der Interessentheorie, die gegenstandsspezifischen Wirkfaktoren auf die Motiventwicklung nachdrücklicher zu bedenken.

Abgesehen davon ist ein motivationsbezogener Befund noch keine Praxisanweisung für Lehrpersonen. Wie nämlich Kompetenz, Selbstbestimmung und zum Teil wohl auch soziale Einbettung für das lernende Individuum in verschiedenen Lernbereichen, Fächern und Altersstufen zu entwickeln und weiterhin zu sichern sind, bleibt fast ausschließlich dem Geschick und der Erfahrung der Lehrenden überlassen, ihrer „Lehrkunst" also. Obwohl eine Kunst, bedürfen auch die bestgemeinten derartigen Bemühungen der empirisch prüfenden Unterstützung. Da ist noch viel an Kooperation zu leisten, denn Wissen um Zusammenhänge nützt nicht viel, wenn es nicht gelingt, die als hilfreich erkannten Einflussfaktoren auch wirksam werden zu lassen.

„Die andere Seite"

Man kann die Frage nach dem Zustandekommen von Lernmotiven, von Interessen im engeren Sinn, auch ex negativo beantworten. Ein Kabinettstück sozusagen ironischer Empirie liefert Prenzel (1997) in seinem Aufsatz „Sechs Möglichkeiten Lernende zu demotivieren". Lewalter und Schreyer (in diesem Band) nehmen die Ironie beim Wort und untersuchen die Entwicklung von Abneigungen, hier am Beispiel der beruflichen Erstausbildung im Rahmen einer Längsschnittstudie. Die Befunde sind für einen, der sich einen Rest von pädagischem Optimismus bewahrt hat, nicht gerade erhebend. Die Kompetenz der Berufsschule, Abneigung zu erzeugen, ist erheblich größer als ihr Beitrag zur Entwicklung berufsspezifischer Interessen. Dass der Lernort Betrieb alles in allem auch nicht viel besser abschneidet, mag daran liegen, dass die gewerbliche Berufsausbildung weit weniger Freiheitsgrade bietet als etwa der Lehrplan allgemeinbildender Schulen. Außerdem sind extrinsische Motivationsfaktoren allgegenwärtig. Wer in der Lehre nicht vorankommt, wird seinen Ausbildungsplatz verlieren, was einem bei bestehender Schulpflicht nicht passieren kann, und damit möglicherweise für sein Leben scheitern. Da spielen dann auch Interessen keine besondere Rolle mehr, schon gar nicht, wenn eine Ausbildung aufgenommen werden muss, die dem eigenen Berufswunsch gar nicht entspricht.

In ähnlicher Weise kommen Köller et al. (in diesem Band) zu dem Schluss, zur Erkundung des „wechselseitigen Wirkungsverhältnisses von Interesse und Fachleistung in der Schule" sei es notwendig, „die Betrachtung individueller Handlungs- und Entscheidungsspielräume mit einzubeziehen."

Leichter in den Motivationszusammenhang einzuordnen wäre der Beitrag von Helmke und Schrader über Procrastination, könnte man auf eine „Theorie des Zustandekommens und der Bedingungen von Procrastination" zurückgreifen. Dann wäre nämlich nicht allzu beliebig auf Motivations- bzw. Interessenmängel als Ursache zu plädieren; schließlich ließe sich der Zusammenhang ja auch umkehren: Motivationsmangel ist eine Konsequenz von Procrastination, und die Ursachen liegen ganz woanders, in chronisch gewordenen Persönlichkeitsstörungen zum Beispiel. Die Autoren weisen auch mehrfach auf diese unklaren Kausalitätsverhältnisse hin.

Der ausführlicher behandelte Zusammenhang zwischen Procrastination und Befunden der Volitionsforschung bzw. dem von Kuhl (1987) entwickelten Konzept der Handlungskontrolle ermöglichen die Formulierung von Untersuchungshypothesen, die ihrerseits wiederum auf Zusammenhänge mit Motivationsfaktoren verweisen. Die Korrelationen von Procrastination betreffend zeigen sich stark negative Beziehungen zu Selbstkonzept, Zeitmanagement und Studieninteresse. Um daraus Konsequenzen für die pädagogischpsychologische Förderung von Lernmotivation, darunter Interessen, zu ziehen, müssten im pädagogischen Feld Voraussetzungen bearbeitet werden, die für das Auftreten von Procrastination ursächlich sind. Solche hat die Faktorenanalyse ergeben. Mir scheint, es hat wenig Sinn, mit Motivations- bzw. Interessenanregung gegen Procrastination anzugehen, ebenso gut könnte man versuchen, einen Rheumatiker zu heilen, indem man ihn als Sprinter trainiert.

Motivation durch Medien

Weidenmann verweist in seinem Beitrag einleitend auf Comenius, der bereits Bilder als unterstützende Lernmedien einsetzte, abgesehen von seinen sonstigen Maßnahmen einer anschaulichen und naturgemäßen Unterrichtsgestaltung. Damit hatte der große Didaktiker durchaus auch motivationale Einflussnahme im Sinn. Die Entwicklung multimedialer Lehr-Lern-Programme hat solche Möglichkeiten in einem Umfang erweitert, der noch vor wenigen Jahrzehnten unvorstellbar war. In virtueller Form lassen sich neben den kognitiv zu bearbeitenden Inhalten vielfältige motivierende Dramaturgien gestalten, die sich an motivationstheoretischen Vorgaben orientieren, was ja auch für die Herstellung situativer Lernumgebungen gilt.

In diesem Zusammenhang verweist Weidenmann auf die Möglichkeit multimedialer Programme, motivationstheoretisch bedeutsame Prinzipien zu realisieren, so zum Beispiel Selbstwirksamkeit und Selbststeuerung. Sie zu ermöglichen, erscheint ihm als wesentlicher Vorzug multimedialer Situationsgestaltung. Ergänzend stellen Köller et al. in ihrem Beitrag fest, dass sich in dem in unseren Schulen üblichen lehrerzentrierten Unterricht, selbstgesteuertes Lernen nicht entfalten kann. Damit wird natürlich auch die Erfahrung von Selbstwirksamkeit behindert. Der Vorzug multimedial entsprechend entworfener Lernsituationen liegt auf der Hand.

Auch an diesem Beitrag fällt auf, dass das ausführlicher besprochene Beispiel eine berufsbezogene Lernsituation beschreibt, während sich offenbar allgemein bildende schulische Lerninhalte für die multimediale Gestaltung von Lernsituationen nicht gleichermaßen anbieten.

Bemerkenswert ist ferner, dass sich Kritiklinien, die noch aus Zeiten der behavioristisch induzierten Programmierten Unterweisung bekannt sind, im Zusammenhang mit multimedialen Lernprogrammen erneut abzeichnen. So wird darauf hingewiesen, dass sich Neuheits- und Spieleffekte bei häufiger Anwendung totlaufen und dann doch wieder

Motivationsprobleme auftreten. Ferner wiederholen sich Befürchtungen, dass die persönlichen Beziehungen zwischen Lehrenden und Lernenden verkümmern und die „Medien ein isoliertes, egozentrisches Lernen zum Normalfall machen." Dagegen bleibt das alte Argument in Kraft, die sozialen Bezüge seien keineswegs immer hilfreich und motivierend. Den emotional- und interaktionsgestörten Verhaltensweisen im pädagogischen Feld – keine Seltenheit wie man weiß – sei ein professionell entwickeltes multimediales Programm allemal überlegen. Weniger überzeugend finde ich den Einwand, „dass gerade die neuen Medien auch neue Chancen bieten, mit anderen Lernenden und den Lehrenden in Kontakt zu treten und zu kooperieren". Zumindest ist ungewiss, inwieweit in Lernbeziehungen ein virtueller Partner einen realen ersetzt.

Als Vorzug traditioneller Unterrichtsprogramme wurde stets das unaufdringlich kontrollierende Feedback angesehen. Je offener die Umgebungen gestaltet sind, in denen sich die Lernenden selbst gesteuert bewegen, desto wichtiger wird es, Fehler und Irrwege rechtzeitig zu korrigieren und so die Motivation aufrechtzuerhalten. Der Autor bemängelt, nach aller Unterrichtserfahrung zu Recht, dass die Lernsystementwickler „die Herausforderungen zum Thema ‚Feedback in interaktiven Lernumgebungen' noch zu wenig erkannt und angenommen" haben. Wenn man aber davon ausgeht, dass auch in Zukunft nicht ausschließlich mit multimedialen Materialien gelernt werden wird und Lehrer, Experten und Mitschüler nicht nur virtuell in Erscheinung treten, kann man nicht nur mit Neuerungen, sondern auch mit Fortschritten rechnen. Vielleicht mit größeren als gegenwärtig vorstellbar, vielleicht auch mit geringeren. Wie weit sich mit den medialen und situierten Lernvorgaben auch die Lerner selbst verändern, bleibt abzuwarten.

Der Intensivierung, Anreicherung und multimedialen Vielfalt auf der Seite der Lehre, die bisher wenig angeregte Leistungen aktivieren können, steht gleichwohl mit dem menschlichen Gehirn ein Organ gegenüber, dessen Fähigkeit zu lernen sich nicht einfach mit dem Reichtum der Lehrangebote steigert.

Pädagogische Nachgedanken

In allen Beiträgen des Bandes sind Motivation und Interesse als Bedingungen von Lernprozessen behandelt. Aufs Ganze gesehen wirken sie förderlich, begünstigen umfangreiches und/oder gründliches Lernen, gelten folglich als einflussreiche Prädiktoren von Lernerfolgen auf allen denkbaren Gebieten. Kritisches zu dieser Auffassung findet sich ebenfalls in den hier versammelten Texten und es hat wohl seine Ordnung, Motivation und Interesse als bedeutsame unabhängige Variablen zu betrachten und in Untersuchungen einzubeziehen.

Nun lässt sich aber auch die Frage stellen, ob denn Motivationen lediglich Mittel zum Zweck (des besseren Lernens und Arbeitens zum Beispiel) sind, oder ob es nicht selbst ein Zweck ist, Motive zu haben, nicht beliebige, sondern ganz bestimmte. Dass sich Psychologen nicht gerade um die Beantwortung einer solchen Frage reißen, ist einzusehen. Handelt es sich doch um die Bewertung von Beweggründen menschlichen Verhaltens, und es ist nicht Sache einer empirischen Disziplin, in einer pluralistischen Lebenswelt Werturteile zu liefern.

Erziehung und Unterricht kommen um solche Werturteile nicht herum, mit ein Grund übrigens, an ihrem Wissenschaftscharakter zu zweifeln. Ob beabsichtigt oder nicht liegen aller pädagogischen Einflussnahme Zielerwartungen zugrunde, mögen sie auch noch so vage sein. Die Diskussion darüber füllt Bände. Immerhin gibt es in demokratischen Gesellschaften einen Konsens, freilich einen sehr allgemein gehaltenen und vielfältig interpretierbaren. Als Bildungsziel gilt die sich selbst bestimmende mündige Person. Trotz aller Unschärfe schließt diese Formulierung doch eine Anzahl von Beweggründen des Handelns aus, so zum Beispiel unkritischen Gehorsam (natürlich auch gegenüber Erziehungspersonen), solidaritätsferne Rivalität, ängstliche Konventionalität, und fordert andererseits Motivationen, wie sie in den vorliegenden Texten immer wieder zur Sprache kommen, also das Bestreben nach Kompetenz, Autonomie, Kooperation (im Hinblick auf die mitmenschliche Bedingtheit von Eigenständigkeit), Erfolg, Wissen u.ä..

Auch Interessen sind solche intrinsischen Beweggründe, unterscheiden sich aber von den in der Regel formal bzw. funktional formulierten Motivgruppen durch ihren Gegenstandsbezug. In diesem Zusammenhang äußern Rheinberg und Vollmeyer eine – wenn auch von ihnen, weil empirisch nicht prüfbare, für müßig gehaltene – bemerkenswerte Spekulation. Danach wäre es möglich, „die Entwicklung von Interessen vielleicht ‚allgemein menschlich‘, mithin ‚evolutionsbiologisch‘" zu begründen. Die Konzentration auf bestimmte Gegenstände bzw. Inhaltsbereiche könnte „einen Vorteil beim Kompetenzerwerb bedeuten" und den so Ausgestatteten gegenüber Konkurrenten im Verdrängungswettbewerb begünstigen. Wie gesagt eine Spekulation, aber auch ein stimulierender Gedanke.

Nun ist es nicht leicht, sich Gegenstandsbereiche und Wissensinhalte vorstellen, für die man sich nicht interessieren kann. Die Bewertung von Interessenthematiken ist in großen Zügen kulturabhängig, erfolgt im Einzelnen aber individuell, durchaus im Sinne subjektiver Eigenständigkeit der Person. Schulcurricula sind, unvermeidlich, solche bewertende Einschränkungen, die jedoch in Zeiten multimedialer Weltvermittlung immer mehr ausgeglichen werden.

Die pädagogische Problematik entsteht aber bereits vorher, und zwar mit der Forderung nach Interessenentwicklung als Bildungsziel. Eine mündige sich selbst bestimmende Person kann ohne Interessen, in denen sie ja stets ihr Selbstverständnis in und gegenüber ihrer Lebenswelt thematisiert, eigentlich nicht gedacht werden. Es ist schwer vorstellbar, dass Identität ganz ohne Interesse Bestand haben könnte. Der materielle Lernerfolg, der ja auch ohne Interesse zustande kommt, ist nicht alles. Auf die gesamte Lebensführung eines Menschen bezogen, ist er nicht einmal die Hauptsache. Über interessierende Sachverhalte Bescheid zu wissen, erscheint subjektiv sinnvoll, nicht bloß um des Nutzens willen. Vielmehr erschließt sich darin jene Art von Lebenssinn, die darin liegt, die Welt zu begreifen, in der man lebt. Wenigstens etwas davon. So gesehen, verwirklicht der Mensch in seinen Interessen immer auch sich selbst; in ihnen wird er für sich und andere begreifbar.

Aus solchen Überlegungen ergeben sich keine Fragestellungen, die psychologische Tatsachenforschung unmittelbar in Unruhe versetzt. Aber es könnte nicht nur motivationspsychologische Überlegungen anregen, würde immer wieder einmal bedacht, dass mit allen analytisch erfassten, beschriebenen (oder im Dunkeln gelassenen), so oder so beurteilten, aktivierten, verstetigten Motivationen Persönlichkeitsentwicklung beeinflusst wird, nicht nur bei Kindern. Das ist, neben den mit den Forschungsanstrengungen verbundenen positiven Erwartungen, doch auch ein beachtenswerter Tatbestand.

Literatur

Berlyne, D. E. (1967). Arousal und reinforcement. In D. Levine (Ed.), *Nebraska symposium on motivation*. Lincoln, NE: Nebraska University Press.

Fink, B. (1992). Interessenentwicklung im Kindesalter aus der Sicht einer Person-Gegenstands-Konzeption. In A. Krapp & M. Prenzel (Hrsg.), *Interesse, Lernen, Leistung* (S. 53-83). Münster: Aschendorff.

Heckhausen, H. (1965). Leistungsmotivation. In H. Thomae (Hrsg.) *Handbuch der Psychologie, Band. 2: Motivation* (S. 602-702). Göttingen: Hogrefe.

Heckhausen, H. & Rheinberg, F. (1980). Lernmotivation im Unterricht, erneut betrachtet. *Unterrichtswissenschaft, 8*, 7-47.

Kasten, H. & Krapp, A. (1986). Das Interessengenese-Projekt – eine Pilotstudie. *Zeitschrift für Pädagogik, 32*, 175-188.

Klauer, K. J. (1999). Situated Learning: Paradigmenwechsel oder alter Wein in neuen Schläuchen? *Zeitschrift für Pädagogische Psychologie, 13*, 117-121.

Krapp, A. (1992). Konzepte und Forschungsansätze zur Analyse des Zusammenhangs von Interesse, Lernen und Leistung. In A. Krapp & M. Prenzel (Hrsg.), *Interesse, Lernen, Leistung* (S. 9-52). Münster: Aschendorff.

Krapp, A. (1999). Intrinsische Lernmotivation und Interesse. Forschungsansätze und konzeptuelle Überlegungen. *Zeitschrift für Pädagogik, 45*, 387-406.

Kuhl, J. (1987). Motivation und Handlungskontrolle: Ohne guten Willen geht es nicht. In H. Heckhausen, P. M. Gollwitzer & F. E. Weinert (Hrsg.), *Jenseits des Rubikon: Der Wille in den Humanwissenschaften* (S. 101-120). Berlin: Springer.

Prenzel, M. (1988). *Die Wirkungsweise von Interesse*. Opladen: Westdeutscher Verlag.

Prenzel, M. (1997). Sechs Möglichkeiten, Lernende zu demotivieren. In H. Gruber & A. Renkl (Hrsg.), *Wege zum Können* (S. 33-44). Bern: Huber.

Rheinberg, F. (1989). *Zweck und Tätigkeit*. Göttingen: Hogrefe.

Schank, R. C. (1979). Interestingness: Controlling inferences. *Artificial Intelligence, 12*, 273-297.

Schiefele, H. (1964). Psychologische Befunde zum Problem des bildenden Lernens. *Psychologische Rundschau, 15*, 2, 116-134.

Schiefele, H. (1978). *Lernmotivation und Motivlernen*. München: Ehrenwirth.

Schiefele, H. (1986). Interesse – Neue Antworten auf ein altes Problem. *Zeitschrift für Pädagogik, 32*, 153-162.

Schiefele, U. (1992). Interesse und Qualität des Erlebens im Unterricht. In A. Krapp & M. Prenzel (Hrsg.), *Interesse, Lernen, Leistung* (S. 85-121). Münster: Aschendorff.

Schiefele, U. (1996). *Motivation und Lernen mit Texten*. Göttingen: Hogrefe.

Schiefele, U., Krapp, A. & Schreyer, I. (1993). Metaanalyse des Zusammenhangs von Interesse und schulischer Leistung. *Zeitschrift für Entwicklungspsychologie und Pädagogische Psychologie, 25*, 120-148.

Schiefele, U. & Schiefele, H. (1997). Motivationale Orientierungen und Prozesse des Wissenserwerbs. In H. Gruber & A. Renkl (Hrsg.), *Wege zum Können* (S. 14-31). Bern: Huber.

Terhart, E. (1999). Konstruktivismus und Unterricht. Gibt es einen neuen Ansatz in der Allgemeinen Didaktik? *Zeitschrift für Pädagogik, 45*, 629-647.

Ullrich, H. (2000). Naturwissenschaft und Bildung. Betrachtungen über die Aktualität des genetischen Lernens. *Zeitschrift für Pädagogik, 46*, 235-249.

Weinert, F. E. (1974). Lernübertragung. In F. E. Weinert, C. F. Graumann, H. Heckhausen & M. Hofer (Hrsg.), *Funk-Kolleg Pädagogische Psychologie* (Band 2, S. 685-709). Frankfurt a.M.: Fischer.

Pädagogische Psychologie
und Entwicklungspsychologie

HERAUSGEGEBEN
VON DETLEF H. ROST

BAND 11

Jürgen W.L. Wagner
SOZIALE VERGLEICHE UND SELBSTEINSCHÄTZUNGEN
Theorien, Befunde und schulische Anwendungsmöglichkeiten
1999, 258 Seiten, br., 49,90 DM
ISBN 3-89325-764-0

BAND 12

Sabine Gruehn
UNTERRICHT UND LERNEN
Schüler als Quellen der Unterrichtsbeschreibung
2000, br., 49,90 DM,
ISBN 3-89325-757-8

BAND 13

Ulrike Sirsch
PROBLEME BEIM SCHULWECHSEL
2000, br., 49,90 DM,
ISBN 3-89325-758-6

BAND 14

Gerd Schulte-Körne
LESE-RECHTSCHREIBSCHWÄCHE UND SPRACHWAHRNEHMUNG
Psychometrische und neurophysiologische Untersuchungen zur Legasthenie
Sommer 2000, br., 49,90 DM,
ISBN 3-89325-790-X

BAND 15

Detlef H. Rost
HOCHBEGABTE UND HOCHLEISTENDE JUGENDLICHE
Sommer 2000, br., 49,90 DM
ISBN 3-89325-685-7

BAND 16

Klaus-Peter Wild
LERNSTRATEGIEN IM STUDIUM
Strukturen und Bedingungen
2000, 296 Seiten, br., 49,90 DM
ISBN 3-89325-791-8

BAND 17

Sigrid Hübner
DENKFÖRDERUNG UND STRATEGIEVERHALTEN
2000, br., 49,90 DM
ISBN 3-89325-792-6

BAND 18

Cordula Artelt
STRATEGISCHES LERNEN
2000, br., 300 Seiten, 49,90 DM,
ISBN 3-89325-793-4

BAND 19

Bettina S. Wiese
BERUFLICHE UND FAMILIÄRE ZIELSTRUKTUREN
2000, br., 49,90 DM,
ISBN 3-89325-867-1

BAND 20

Gerhard Minnameier
ENTWICKLUNG UND LERNEN – KONTINUIERLICH ODER DISKONTINUIERLICH?
Grundlagen einer Theorie der Genese komplexer kognitiver Strukturen
2000, br., 49,90 DM,
ISBN 3-89325-790-X

BAND 21

Gerhard Minnameier
STRUKTURGENESE MORALISCHEN DENKENS
Eine Rekonstruktion der Piagetschen Entwicklungslogik und ihre moraltheoretischen Folgen
2000, br., 49,90 DM
ISBN 3-89325-685-7

Waxmann Verlag GmbH
Münster · New York · München · Berlin
http://www.waxmann.com